立憲民政党全史

1927–1940

一般財団法人櫻田會◉編
著者代表 井上寿一

講談社

序

一九八四年の櫻田會設立五〇周年記念事業として『総史 立憲民政党』が刊行され、四〇年経った九〇周年を迎える本年、更に充実した続編が完成したことは実に感慨深い。五〇周年を迎えた前回は櫻田會が戦後初代理事長であった松村謙三のもと一九六七年に完工した東京桜田ビルの借入金の返済が漸く終わり、その賃貸料を原資に先駆者が目指した政治研究助成がスタートした時であった。当該ビルは五〇年の月日を経て、都市再開発で取り壊しとなり、助成金の原資となる賃料が途絶えた時期を経て、その後、部分取得した新たなビルの収益を以て公益事業の運用が安定するようになった。

このことを受けて、コロナ禍になる直前の二〇一九年に櫻田會賞審査委員会委員長の中邨章明治大学名誉教授に幾分か生じた余資の有効活用についてご相談を申し上げたところ、四〇年前に櫻田會が委嘱して沖田哲也明治大学教授（当時）を長とする特別研究グループによって完成された立憲民政党史の出版に中心的役割を果たされ、ご自身も執筆者として関与された書の更なる充足を図りたいとのご要望を受けた。

そこで立憲民政党史研究の公募を経て、学習院大学の井上寿一法学部教授を代表とする特別研究グループのご尽力により、この度『立憲民政党全史』が完成した。ここに井上寿一先生以下、執筆者の皆様、中邨先生に深謝申し上げる次第である。

二〇二四年一月

一般財団法人櫻田會理事長　増田勝彦

『立憲民政党全史』の刊行に寄せて

明治大学名誉教授　中邨章

今回、井上寿一教授を中心にした研究グループによって『立憲民政党全史』がまとめられた。関係者の方々の長年にわたるご努力と、その果実として生まれた素晴らしい成果に深い敬意と祝意を表したいと思う。

三五年近く前になるが、今回の試みと同じような計画が行われたことがある。内容は今回の刊行物に比較するまでもないが、昭和が終焉を迎える一九八九年に『総史 立憲民政党』が出版されている。これは、当時、明治大学政治経済学部に在籍され、地方自治論を専攻してこられた沖田哲也教授を編集責任者として進められたプロジェクトであった。同氏をリーダーに「立憲民政党史研究会」が組織され、竹下譲（拓殖大学教授・当時）、竹本徹（桜美林大学教授・当時）、土屋光芳（明治大学・当時）、それにわたくしなどが研究会のメンバーに加わった。

参考までに『総史 立憲民政党』が取り上げたテーマにつき紹介しておくと、沖田教授が立憲民政党の前身である憲政会と第二次護憲運動から記述を進め、政党活動が終わりを迎える昭和一五年までの通史をまとめている。それに続くのが各論にあたるいくつかの論策である。普通選挙法の成立と地方財政の救済（竹下）、東京市会と地方政治の混乱（中邨）、民政党と外交政策（竹本）などが、その中身になる。

当初、櫻田會からは三五〇頁前後の民政党史をという依頼があったそうである。最終的に総史は一五〇〇頁を超える大部の出版物になった。自省を込めて言うと、成果物が膨大になった分、政党史研究の焦点が散漫になった気がする。今回、井上教授がまとめられた編著書は、簡潔にして要を得た中身になっている。以前の作品とは相当、異なった分かりやすい立憲民政党史ができ上がった。素晴らしい成果を挙げられた井上教授をはじめ関係各位に改めてお礼とご祝詞を申し上げたい。

立憲民政党全史　1927―1940　目次

立憲民政党全史　１９２７―１９４０

はじめに

本書は一九二七（昭和二）年から一九四〇（昭和一五）年までの約一三年間、近代日本の憲政史において、光芒を放った立憲民政党（以下、民政党と略）の全史である。

憲政会と政友本党の合同によって、新党として結成された民政党は、浜口雄幸内閣と若槻礼次郎内閣を実現した。民政党は立憲政友会（以下、政友会と略）との間で二大政党制を支えた。

政党内閣制の崩壊後も民政党に対する国民の支持は変わらなかった。一九三六（昭和一一）年二月二〇日の衆議院議員総選挙で、民政党は二〇五議席を獲得して第一党になっている。翌年四月三〇日の総選挙でも、一七九議席ながら第一党の地位を確保している。

その後、日中戦争下、新体制運動が起きる。社会大衆党を筆頭に、政党は次々と解党して新体制運動に合流する。もっとも遅れたのは民政党だった。大政翼賛会の成立に至る過程で民政党は抵抗した。このような民政党を象徴する政治家が斎藤隆夫である。斎藤は一九三六年の二・二六事件後、いわゆる粛軍演説によって軍部の政治介入を批判した。また一九四〇年にいわゆる反軍演説をおこなったことは、今も記憶されている。

以上のような民政党の歴史を振り返る今日的な意義は何か。

自由民主党の一党優位の政治体制＝一九五五年体制は、一九九三年の非自民・連立政権の成立によって終わったはずである。ところが今の日本政治は、「ネオ一九五五年体制」と呼ばれることがあるように、旧体制への回帰が顕著である。野党の政党支持率は、いずれも一桁パーセント台で、自民党と公明党に代わって政権の座に就けそうもない。他方で国民は、世論調査の結果が示すように、政権交代を求めている。そうだとすれば、民政党の歴史は振り返るに値する。

なぜならば第一に民政党は、反政友会の新党として結成されたからである。今日において自民党に対抗するには野党の再編が不可避だろう。野党の再編にはどのような理念と政策の共有が必要なのか。民政党から学ぶべきことは多い。結党後の最初の衆議院議員総選挙は第一回男子普通選挙でもあった。民政党は、不利な野党選挙と政府与党（政友会）からの選挙干渉にもかかわらず、あと一議席で第一党に並ぶまでに有権者・国民の支持を得ることができた。

ここまで健闘できたのは、新党としての民政党の初代総裁＝浜口雄幸に政治的な個性の魅力があったからである。浜口は丸眼鏡に豊かな口髭の風貌から「ライオン宰相」と親しまれた。第一回男子普選の際にはビラやポスターをとおして露出した。経済危機下において首相に就任すると、国民は謹厳実直そうな浜口とともに、緊縮（消極）財政を耐え忍んだ。浜口は国民の共感を呼ぶような政治の言葉を持っていた。浜口は政権をめざす政党のトップの資質とは何かを教えている。

第二に民政党は、二大政党制の一翼を担ったからである。政権交代が可能な政党政治システムを再構築するには、第二次世界大戦後の一九五五年体制よりも戦前昭和の二大政党制の歴史の方が役に立つ。

一九五五年体制下の保守政党と革新政党の対立は、資本主義か社会主義かの体制選択が争点だった。対する戦前の二大政党制はどうか。民政党は政友会との間で基本的な国家目標を共有していた。違ったのは政策である。保守化する政友会に対して、民政党は漸進的なデモクラシー化を進める。二大政党は社会的な格差の是正や政治参加の拡大をめぐって、政策を競うようになる。イデオロギー対立ではなく、政策の優劣を競うようになれば、政権交代が可能になる。民政党の歴史は政権交代の条件を示唆している。

第三に民政党は、政党内閣崩壊後も政党間提携を模索しながら、政党内閣の復活を志向したからである。政党内閣復活の具体的な構想は三つあった。一つは民政党の単独内閣である。二つは政友会との連携による連立内閣である。

三つは「絶対多数の一党」を作りその新党による内閣である。今の日本政治も同様に、政権交代可能な政党政治システムは二大政党制に限ることなく、政党間連携の再編を試みるべきだろう。

民政党の政党内閣復活の構想は実現しなかった。代わりに成立したのは近衛文麿内閣である。この内閣の下で近衛新党運動が起きる。民政党は、内発的ではない外からの新党運動を警戒した。他方で国際情勢の変動が日本の国内政治に影響を及ぼすなかで、政党政治の枠組みも問われるようになっていた。

当時と今は状況が類似している。政党の存在意義が問われた時代に民政党は何と答えたのか。そこには今日の日本の政党政治を考える重要な手がかりがある。

＊

本書は二部構成になっている。第一部（第一章～第五章）は通史である。民政党の前史から始まり解党に至るまでを扱う。第二部（第六章～第一〇章）は政策別である。外交、軍事・安全保障、経済・財政、社会、メディア・文化の五つの政策を扱う。通史と政策に関する個別テーマの組み合わせによって、民政党の全体像が明らかになるだろう。

第一部の第一章は近代日本の政党政治史のなかに民政党を位置づける。第二章は民政党の「日常」にふれながら、最初の民政党内閣＝浜口内閣を多角的に再構成する。第三章は若槻礼次郎の人物像を活写しながら、組織の政治力学との交錯において、国内外の危機に直面した民政党の若槻内閣の軌跡をたどる。第四章はストーリー性に富む叙述スタイルをとおし、政党内閣の崩壊後も多様な政党間連携や新党構想によって、政党内閣の復活をめざす民政党を描く。第五章は近衛内閣の成立から新党運動を経て大政翼賛会に至る過程において、解党を余儀なくされる民政党の悪戦苦闘を再現する。

第二部の第六章は民政党の外交をとおして、近代日本の協調外交の意義と限界を論じる。第七章は民政党と軍部の関係を制度・組織・人事の観点から明らかにする。この分析手法によって民政党の軍部コントロールの何が問題だったのかがわかるだろう。第八章は民政党内の経済・財政政策をめぐる二つの潮流の対立と相互補完の関係に注目することで、民政党＝「緊縮（消極）財政」とは異なる評価を与えている。第九章は今日の社会問題と通底する当時の社会的な格差の是正の問題に対して、民政党がどのように取り組んだのかを主題とする。第一〇章は従来ほとんど言及されることのなかった民政党のメディア・文化政策を分析することで、浜口内閣の画期性を描出する。最先端の研究の開拓に裏づけられたこの章は、本書の新規性を強調する章の一つになっている。

著者代表　井上寿一

史料引用における〔　〕で括られた部分は、引用者による補足である。
なお、引用にあたっては、史料の歴史研究上の必要から正確性を優先し、原典に忠実な形で掲載した。

第一部

通史篇

第一章

立憲民政党の結成——新党の誕生

村井良太
MURAI Ryota

I　立憲民政党のルーツ

1　維新の果ての立憲国家――立憲民政党にいたる系譜と伝統（1）

◉帝国議会の開設と政党の誕生

一九二七（昭和二）年六月一日、憲政会、政友本党がそれぞれ解党合同し、新正倶楽部からも参加して新たに立憲民政党が結成された。これによって一九〇〇年に結成された立憲政友会との間で二大政党化しただけでなく、以後、両党間での政権交代によって国政が運営されることが「憲政の常道」であると当然視されるようになった。一八九〇（明治二三）年に、貴族院と衆議院からなる帝国議会が初召集され、大日本帝国憲法が施行されてから三七年になろうとしていた。

政党は選挙を通じて政府と国民を媒介し、統治と参加の間に立つことで立憲国家、民主国家の主要な政治アクターとして政治を形作る役割を担う。個々のアクターの行動や性格を理解するためには、行動の前提となるルールや政治構造への理解が不可欠である。(1)

徒党や派閥はいかなる社会にも古より存在した。しかし、議会政治を担う近代政党は議会主義と同様、幕末以来、欧米諸国に学び、明治初年の国会開設運動に始まる。(2) 明治六年政変の結果、一八七四（明治七）年、民撰議院設立建白に際して愛国公党が組織され、解党を経ながら、日本最初の全国政党である自由党が一八八一（明治一四）年一〇月一八日に組織された。それは明治一四年政変を受けて一八八一年一〇月一二日に国会開設の詔勅が発せられた直後であった。さらに翌一八八二(明治一五)年四月一六日、立憲改進党が組織された。また三月には政府を支持する立憲帝政党も結成されていた。なお地方では一八七八(明治一一)年の府県会規則、一八八〇(明治一三)年の区町村会法によって公選による地方民会が設置されていた。

立憲改進党こそ立憲民政党のルーツと位置づけられる政党である。明治一四年政変で下野した大隈重信を中心に組織され、責任内閣制などイギリス型の立憲政体を目指した。社会において明治の新知識を体現した福沢諭吉も大隈と親しかった。同時期に板垣退助が組織した自由党が立憲政友会に流れ込んでいくのに対して、大隈の系譜が立憲同志会、憲政会、民政党へとつながりながら非自由党系の政治家を糾合していく。

国会開設前の政党は不安定で、一八八四(明治一七)年には自由党が解党、改進党も指導者の脱党によって事実上の解党状態に陥った。その後しばらくの停滞期を経て、一八八七(明治二〇)年頃から大同団結運動によって再び盛り上がりを見せた。

一八八九(明治二二)年に大日本帝国憲法が発布され、翌一八九〇(明治二三)年の帝国議会初召集にあわせて施行された。帝国議会召集に向けた最初の衆議院議員選挙法は選挙権が満二五歳以上の男子で直接国税一五円以上、被選挙権は満三〇歳以上の男子で直接国税一五円以上と定めていた。有権者の内地人口に占める割合は、一・一%であった。政府は、維新変革を主導した薩摩藩、長州藩を中心とする藩閥政府であり、衆議院は一八九〇年に再結成された立憲自由党(翌年、自由党に改称)と立憲改進党が民党として協力、「民力休養」を唱えて対抗した。政府は「超然主義」を唱え、一党一派に偏するとして政党内閣を否定した。一八九〇年から一八九四(明治二七)年の日清戦争開戦までの時期は初期議会期と呼ばれ、第一議会こそ妥協が成ったものの、藩閥政府と民党が対峙して解散が重ねられた。幕末に結ばれた不平等条約の改正が大きな政治課題で立憲改進党は日清戦争直前に対外硬派を形成していく。

◉日清戦争と初の政党内閣

日清戦争を経て藩閥政府と民党は提携と離反を繰り返すようになる。帝国議会に予算議定権を認めたために、藩閥政府も政党の協力なしには必要な予算を確保することができず、政党も予算の削減はできても活用に参画できなかった。一八九六（明治二九）年に立憲改進党は立憲革新党などと合同して進歩党を結成した。これによって初めて議席数で自由党と並立する存在となった。一八九八（明治三一）年六月、進歩党はその自由党と政府反対の立場で合同して憲政党となる。憲政党は衆議院の圧倒的多数を占め、退陣する伊藤博文首相の仲立ちで党首大隈重信を首相とする日本最初の政党内閣を組織した。進歩党系の大隈が首相、自由党系の板垣が内相を務めた。日本憲政史上初めての政党内閣となる第一次大隈重信内閣である。

ところが与党憲政党は再び自由党系と進歩党系に分裂した。旧自由党系が憲政党、取り残された旧進歩党系は憲政本党となった。憲政党と憲政本党はほぼ同数の議席であった。しかし、政局の主導権は自由党系が握っていく。憲政党はその後、山県有朋内閣と提携して一九〇〇（明治三三）年に選挙権を満二五歳以上の男子で直接国税一〇円以上（被選挙権が満三〇歳以上の男子）と拡張したが（有権者の内地人口比は二・二%）、軍部大臣現役武官制など政党の政府への進出を阻む制度が同時に整えられる中で決裂、同年、伊藤のもとに結集して立憲政友会となった。政友会結成は伊藤の考える政党改善が一つの主題で、穏健着実の方針と総裁専制が掲げられた。こうして政友会は日本政党史の主役の座に躍り出て、以後、進歩党系は少数派として受難の時期が続く。他方、日本は日清戦争の結果、台湾を領有し、異民族統治を行う植民地帝国となった。植民地は帝国憲法の外郭を形作っていく。また産業の勃興と共に社会主義が日本でも漸く起こり始め、一九〇一（明治三四）年には最初の社会主義政党として社会民主党が結成されたが、数日で結社禁止となった。

2 二〇世紀を迎えて――立憲民政党にいたる系譜と伝統(2)

◉日露戦争と第一次憲政擁護運動――立憲同志会の結成と学士官僚の参加

初期議会期以来、自由党と改進党・進歩党は相互の激しい競争とともに藩閥政府に対抗する民党連合に努めてきた。それは社会の期待でもあった。しかし、一九〇〇年の政友会結成後、進歩党の系譜は反藩閥・非自由党の努力を重ねていく。藩閥勢力内での長州派と薩摩派、民党勢力内での自由党系と進歩党系の対抗関係は、長州派と自由党系の優位の固定化へと向かった。さらに長州派は伊藤を中心とする立憲派と、山県を中心とする陸軍・官僚系に分かれ、日露戦争後には、陸軍・長州派を中心に貴族院にも基盤を持つ桂太郎と、伊藤の後を受けて政友会総裁となった西園寺公望とが交互に政権を担当する桂園時代を迎える。一〇年にわたって政友会は衆議院での一党優位状況を維持し、藩閥官僚勢力内で政党の地位を確立していった。その中で海軍・薩摩派は政友会と良好な関係を築きつつ宮中にも進出していった。

他方、一九一〇(明治四三)年三月、非政友諸派をまとめて立憲国民党が犬養毅や大石正巳らを中心に組織されたが勢力は伸びなかった。また日本での社会主義は、明治天皇の暗殺を謀ったとされる同年六月の大逆事件で後退期を迎えた。桂内閣下で日本は同年八月に韓国併合を行い、帝国を広げた。

藩閥政府内での政友会の地位の確立で一つの憲政の進歩とみられた桂園時代も永遠ではなく、一九一二年の大正改元直後に憲政擁護運動が起こった。二個師団増設問題で陸軍が政党内閣の西園寺内閣を倒したことは世論の強い抗議を招き、次の内閣を三度、陸軍出身の桂が引き継いだことで群衆は議事堂を包囲した。当時「護憲運動」とも呼ばれたが、憲法違反ではなくても議会を重視するのが憲法政治の望ましいあり方であり、閥族なかでも軍閥の介入批判は国民の広い支持を集めた。運動の中で「憲政の神様」と呼ばれたのが、尾崎行雄と犬養であった。立憲国民党は積極的に運動に参加した一方、桂が新党を構想すると、犬養を残して過半が合流する。この時、犬養が「民党連合論」を唱えたのに対して、新党運動に参加した大石らは「二大政党論」を唱えていた。[3]

批判の中に発足した第三次桂内閣では、官僚出身の加藤高明が外相、若槻礼次郎が蔵相を務めた。山県系官僚の一人で桂を支えた内相の大浦兼武、逓信大臣の後藤新平を含めて、この四名が新党結成の中心となった。桂は第二次内閣退陣後に政党結成を念じて若槻を連れて訪欧の途についたが、明治天皇の崩御で急遽帰国した経緯があった。新党を構想する中では、桂と領袖の間で「責任内閣並に政党間政権授受の意見」が了解されていた。[4] 政府反対運動が盛り上がる中で少数与党の桂内閣は解散総選挙に踏み切るか否かの判断を迫られていた。加藤はイギリスに範を取って勅語を用いた諒闇中の政争回避を説いたが、さらに形勢が悪化すれば総辞職が立憲的と考えていた。[5] この時、後藤逓相の下で次官を務めていた浜口雄幸は議会の解散を期待していたが、西園寺に下した大正天皇の勅語が問題解決につながらない中で桂は総辞職を決断した。[6]

第一次憲政擁護運動は国民の批判によって政変が起こることを示したこと、政友会に次ぐ二つ目の政界縦断政党（衆議院を超えて貴族院や官僚にも影響を持つ政党）である立憲同志会を生み出したこと、そして、国民の支持を受けた政党が政権を担当すべきであるという「憲政常道」論が唱えられるようになった点で画期的であった。「憲政常道」という言葉は時々の政治情勢で意味内容を多少変えつつも議会を中心とした政治を訴えていく。[7]

民政党につながる立憲同志会についてもう少し詳しく述べておきたい。同志会は一九一三（大正二）年、桂の構想を受けて立憲国民党、中央倶楽部を吸収して結成された。立憲政治における旧政治打破の呼び声は政治青年を引きつけ、彼らは政友会に対して同志会支持の傾向が強かった。桂は新党実現を見ることなく病死したが、加藤が引き継いだ。加藤は一八六〇（万延元）年、名古屋藩の下級藩士服部重文の子総吉として生まれ、同じく下級武士の加藤家を嗣いだ。[8] 高明と改名し、東京大学法学部から三菱本社に入り、イギリスに遊学、外交官となった。三菱財閥の創設者岩崎弥太郎の長女と結婚した。第四次伊藤内閣、第一次西園寺内閣で外相を務めるなど政友会との結びつきを深めたが、イギリスの自由主義的な立憲帝国像を桂と共有することで道が分かれた。その間、二度の総選挙で当選し、新聞社社長も務めた。資金的にも新党を支えていく。

同志会には国民党からは脱党組五領袖と呼ばれた大石・河野広中・島田三郎・武富時敏・箕浦勝人などが参加し、中央倶楽部からは安達謙蔵が参加した。加藤を支えたのは同じく官僚出身の若槻であった。若槻も優秀な官僚として西園寺とも付き合いは深かった。桂は若槻を右腕と考え、加藤も同様であった。同志会で加藤は会計監督を初めて政党に置き、若槻を充てたという(9)。他に大浦兼武もいた。後藤新平は見切りをつけて離脱したが、彼に引き立てられた浜口は新党に残り、加藤と若槻を支えながら成長を遂げていく。

官僚派、党人派という言葉があるが、明治国家の官僚には初期の藩閥官僚や維新官僚と、帝国大学など近代教育機関が整備されていく中で育成された学士官僚があり、次第に入れ替わっていく(10)。学士官僚には立憲政治に共鳴する者が多く、政党を支え、自ら担っていく。政友会は違勅の罪を受けた西園寺の後を原敬が引き継いだ。それは世代交代の時期が来たと考える西園寺の意向でもあった。政友会には原の薫陶を受けた鹿児島県出身の内務官僚床次《とこなみ》竹二郎《たけじろう》が入党する。人材の政党への流入は続く。第三次桂内閣の後を受けて成立した第一次山本権兵衛内閣は薩派で海軍出身の首相であったが、閣僚の入党を条件に政友会の支持を受けた。高橋是清は薩派と親しい財政家で入閣したところ求められて政友会に入った。さらに山本内閣は、軍部大臣現役武官制の「現役」を取り、予備役、後備役まで任用の幅を広げ、文官任用令も改正することで政党の官僚機構参入のハードルを下げた。ところが海軍内の贈収賄事件であるシーメンス事件が起こり、再び群衆が議会を取り囲んだ。攻守ところを変えて立憲同志会が政府を攻めたが、最終的に貴族院が内閣を退陣に追い込んだ。

◉第一次世界大戦と憲政会の成立

政治が流動化する中で存在感を増したのは薩長藩閥出身の元首相たちである元老であったが、彼らに自由な選択ができたわけではない。国民に人気のある大隈重信を再び担ぎ出し、一九一四（大正三）年四月、同志会を与党として加藤が外相を務める第二次大隈内閣が成立した。その直後、七月に第一次世界大戦が始まると、大隈首相、加藤外相はイギリスと協調し、積極的に参戦した。政友会の半分程度の議員規模で発足した同志会はこの選挙で政友会を上回る議席を獲得し、解散による第一二回総選挙では与党が大勝を博した。大隈内閣で同志会は行政経験を得、進歩党以来の拮抗した二つの政党となった。他方、大隈内閣の参戦決定が過度に積極的に見えた元老山県の不信を買い、また、対華二十一箇条要求は外交的失敗とみられて長く政治的負債となった。そして大浦内相による議員買収事件が起こり、同志会は閣外協力に転じることになった。これによって改造大隈内閣はポピュリズム的な要素を増し、革命に揺れる中国の正統政府（袁世凱政権）を排撃することにもなる。

先の総選挙では大隈首相が大々的に選挙応援を行うなど、立憲的というに止まらない民主的な様相を強めた。第一次世界大戦の勃発と長期化は一九一六（大正五）年一月号の『中央公論』に政治学者吉野作造が論説「憲政の本義を説いて其有終の美を済すの途を論ず」を記したように第一次護憲運動以来の憲政擁護の主張を再燃させる面とともに戦時下を理由に抑制する面があった[11]。同年一〇月の大隈内閣退陣後には山県が望んだ長州派で陸軍出身の寺内正毅が与党を持たない「超然内閣」として組閣した。それでも政党の支持を得なければ帝国議会は乗り切れない。政友会が閣外協力した。そして多数派でありながら野党に転じた大隈内閣時の与党は同志会を中心に合同して憲政会を組織したのであった。総裁は加藤である。憲政会はこの時点で衆議院第一党であったが、ロシア革命とアメリカの参戦によって世界史を画する一九一七（大正六）年の総選挙で再び政友会の後塵を拝し、第二党に転落した。与党を持たない寺内内閣は大戦外交のために臨時外交調査会を組織して、政友会、憲政会、国民党の三党首、原、加藤、犬養に参加を求めたが、加藤だけは責任外交を唱えて入らなかった。寺内はシベリア出兵にともなう米価高騰が招いた米騒動を受けて、最終的に退陣を選んだ。次に首相に指名されたのは政友会総裁の原であった。原内閣は「初の本格的政党内閣」と言われる。

II 第二次憲政擁護運動——「護憲三派」の協力と政友会の大分裂

1 原内閣下での憲政会の統治政党化の進展——第一次世界大戦の戦後課題

◉原内閣と憲政会

原は多数党の総裁であった。しかし、多数党の総裁であったから首相に選ばれたわけではなく、彼を選んだのは従来通り元老で、第一候補であった西園寺が辞退したことによる。つまり、政党が内閣を組織すべきであるという政党内閣主義による選択ではなく、結果としての政党内閣に過ぎなかった[12]。

対して、多数党でありながら野党となり、選挙で第二党に後退した憲政会には四つの障害が立ちはだかっていた。第一に政党および多数のもつ信頼性という問題である。寺内内閣成立時、大隈は多数を占める与党を引き継ぐよう求めたが、寺内は衆議院の多数が国民の多数とは考えないと答えた。第二に元老による個人中心的な首相選定である。首相になるには元老に気に入られなければならないのか。第三に対華二十一箇条要求に代表される第二次大隈内閣の外交政策の失敗である。そして第四に政友会に対する反対派を時々に吸収してきたことからくる党の統一性への懸念であった。

ところが憲政会は原内閣の下で後の民政党につながる成長を遂げていく。憲政会は原内閣の成立を政党内閣として歓迎し、同時に野党として批判していった。原内閣の成立直後、第一次世界大戦は日本を含めた連合国の勝利に終わり、デモクラシーが戦後思潮となった。加藤も国内政治と国際政治を結ぶデモクラシーを評価した。第二次世界大戦の敗戦後に吉野が広めた「民本主義」という言葉に注目が集まり、民主主義と比べて不完全であると議論されたが、第一次世界大戦後のデモクラシーをことさら限定的に考える必要はない。すでに「デモクラシー」というカタカナ英語も使われている。それは戦勝国における戦後の大勢であった。デモクラシーの達成目標には参加の高度化と拡大があり、それぞれ政党内閣制と普通選挙制の実現であった。政党内閣制につながる政党内閣はすでに度々成立しており、男子普通選挙法案（正確には衆議院議員選挙法改正案）も衆議院を通過したことがあった。

原政友会は漸進主義をとった。一九一九（大正八）年三月、原内閣は衆議院議員選挙法を改正し、従来の納税資格要件は一〇円から三円に引き下げられ（有権者は内地人口の五・五％）、選挙区制度は大選挙区制から原が念願していた小選挙区制に変更された。小選挙区制は政党を強化する意味があると考えられ、貴族院は社会主義者の当選を排除する効果に期待して法案を認めた[13]。

憲政会も当初制限の緩和を主張していた。特に加藤ら党首脳は政党内閣制の実現に積極的である一方、男子普通選挙制には消極的で、元老山県の警戒を呼ぶことも十分意識していた。対して党内で男子普選に熱心だったのは小泉又次郎など党人派であった。原内閣に対抗し、第一次世界大戦後の世論の盛り上がりを受けて憲政会は男子普通選挙制支持に転じる。一九二〇（大正九）年初頭に独立の生計を営むという条件付きではあるものの男子普選案を提出して政策の舵を切ったのであった[14]。女性の政治参加への動きも始まっていた。一九一九年一一月二四日、平塚らいてうは市川房枝と奥むめおを誘って新婦人協会結成を発表し、女性が政談集会で演説を行うことも聴くことも許されない治安警察法の改正を求めて議会運動を開始した[15]。

こうして男子普選を求める社会的圧力が急激に高まる中、原は先手を打って衆議院を解散し、第一四回総選挙で圧勝した。それでも流れは止まらない。憲政会の中でもより進んだ案を求める尾崎らが党議違反で除名されている。尾崎は紛れもない党の看板政治家であったが、政党内閣が誕生する中で個人の魅力よりも党の政策や組織が重要になっていた。この時、憲政会を離れた尾崎や田川大吉郎、島田らは一九二二（大正一一）年一一月の革新俱楽部結成に参加していく。

日本を含めた戦勝国はパリ講和会議に集まり、国際連盟を発足させた。さらに連盟に参加しなかったアメリカを中心にワシントン会議が開催され、米国、英国、日本、フランス、イタリアの各国は主力艦の軍縮に合意した。同時に中国の門戸開放も確認されたが、対華二十一箇条要求を行った同志会の流れを汲む憲政会は当初その正当性を訴え、克服に苦労した。しかし、若槻を中心に憲政会も戦後の国際協調体制に適応し、受け入れていく[16]。

一九二一（大正一〇）年一一月四日、原首相は東京駅改札口で刺殺され、忽然として去った。党幹部の浜口は「憲政会の者じゃなかろうな、院外団じゃなかろうな、もしそんなことをやったらみっともない話だ」と心配したが、幸い杞憂であった[17]。憲政会は政友会内での政権交代を支持し、原内閣と同様、政策による批判に努めた。

◉憲政会の「苦節十年」——政党内閣制への停滞と男子普選への進展

原歿後の政局で山県ら元老はまたも西園寺を望んだが、西園寺は再び拒否し、政友会の中から政友会員らしくないという理由で高橋是清を指名した。元老に指名された高橋が総裁にもなるかどうかは議論となったが、総理総裁不可分という考えが最後には党内で支持され、党総裁に就いた。原内閣からワシントン会議を引き継いだ高橋内閣は会議を成功させ、第一次世界大戦終結時には「東洋のドイツ」と批判されていた国際的孤立を解消していく。また政党内閣が連続する中で、一九二二年五月一〇日、新婦人協会の尽力で、女子の政談演説会への参加を認める治安警察法第五条第二項改正が実現している。

ワシントン会議を乗りきった高橋内閣であったが原歿後の政友会内は混乱しており、閣内不統一で総辞職する。原内閣の後を高橋内閣が継いだことで社会では、今後は政党内閣が連続するのではないかと見た者もあった。しかし首相を選定する元老たちの間ではいずれもあくまで危機対応であり、政党内閣制の否定の上に連続した政党内閣に過ぎなかった。

山県の死で西園寺と二人残された元老松方正義は次期内閣にワシントン会議で首席全権を務めた加藤友三郎海相を望んだが、社会的圧力の中で組閣できない場合には加藤高明憲政会内閣でもやむを得ないと考えていた。その報に驚いた政友会は急ぎ加藤海相の組閣を支えた。この時、加藤高明が組閣していれば、ここから戦前日本の政党内閣制が始まっていたかも知れない。しかし、一度扉が開かれてしまえば二度三度と連続するのは官僚内閣も変わらない。加藤友三郎首相が在任中に死去すると山本権兵衛が再び首相となり、摂政狙撃事件を受けて山本内閣が退陣すると今度は枢密院議長の清浦奎吾が貴族院を基盤として内閣を組織した。いずれも元老の選択と指名による。清浦内閣の成立に際して政友会と憲政会と革新倶楽部は連合し、政権に反対して第二次憲政擁護運動を起こした。

2 第二次憲政擁護運動と一九二四年総選挙――「護憲三派」内閣の成立

◉第二次憲政擁護運動と院外団

第二次憲政擁護運動は清浦内閣の成立を機に、清浦内閣を批判して始まった。しかし、政友会や憲政会の幹部間ではすでにその前の山本内閣下で憲政擁護を旗印とした運動が話し合われていた。加藤友三郎内閣は政党内閣ではなかったが、高橋内閣の閣僚が首相となり、人脈的にも政友会内閣の延長内閣と考えることができた。対して山本内閣の成立は政友会内での高橋総裁の指導力を低下させた。総裁の指導力が低下していたのは憲政会の加藤高明も同様であった。原内閣時には反対党としての存在感があったが、政党内閣が遠のき、政友会と距離のある山本内閣を政党内閣ではないという理由で否定する憲政会に未来はあるのか。総裁を変えるべきではないか。山本への首相指名直後に起こった関東大震災は、戦争と同様の甚大な被害を首都にもたらしたが、政治に新しい息吹を与えたようにも思われる。こうして政友会の総裁派と憲政会の総裁派が結びつき始めたところで第三の非政党内閣である清浦内閣が成立したのであった。

政友会、憲政会、革新倶楽部が一致して「政党内閣制の確立」を求めた第二次憲政擁護運動は、まず院外団の結びつきによって始まった。院外団とは何か。憲政会院外団の様子が『憲政公論』で紹介されている。[18] 記者によれば「政党に於ける院外団の地位を世間では新聞の三面に現はれた記事に想像して、何か暴力団か、それとも本部お雇壮士の一集団位に思ふて居るかも知れないが、決してそんなものではない」。院外団は党大会の前日に大会を開き決議を発表する。それは現職でない比較的自由な地位にあるために自由で明快な意思を発表し、本部の宣言決議に示唆を与えるのだという。憲政会の院外団は結党と共に創立され、大隈伯後援会の有志、中正倶楽部の有志、国民党から脱党してきた有志を中心とする寄り合い所帯で始まり、毎月数回集会して時事問題の研究や選挙の応援をしていた。その後、落選した前代議士が入り、党籍を有する市府会議員が入るようになった。そして一九二〇年の総選挙で落選し、院外にいた改進党以来の長老政治家である加藤政之助を最初の団長に推戴して組織を整えた。加藤政之助は嘉永七(一八五四)年の生まれ、埼玉県会議員を経て一八九二(明治二五)年には代議士となっていた。高橋内閣、加藤友三郎内閣、山本内閣と対決し、小泉又次郎を相棒に街頭行進も試みたという。[19]「代議士は議院の内に在つて奮闘するが、院の外にあつて民衆運動のリーダーとなるものは院外団の重要なる使命の一つである」[20]。第二次憲政擁護運動では三派首領を演説会の壇上に揃え、また毎夜、市内数ヵ所で大演説会を開いた。

◉政友本党の結成と初の総選挙結果に基づく首相指名

院外団の結びつきから始まった運動が全面的に展開する上で決定的に重要だったのは多数党政友会の選択であった。清浦を選んだのは元総裁の元老西園寺であり、彼は先の選挙から四年が経とうとする中で選挙が公平に実施され、政友会を軸に政治が展開していくことを期待していた。しかし、高橋総裁は党の分裂を賭して護憲運動への参加を決め、事実政友会は真っ二つに分裂した。床次竹二郎、山本達雄、中橋徳五郎、元田肇らが脱党して清浦内閣を支持し、後に政友本党を組織したのである。戦後の首相鳩山一郎もこの動きに参加している。

三代の官僚内閣は政党内閣制の前に立ちはだかったが、男子普選については次第に積極的になっていた。清浦内閣も男子普選法案を閣議決定したが状況を支配できていなかった。第二次憲政擁護運動は元老も批判対象であり、政党の自律性を求める闘いでもあった。政党が政権をめざす組織である以上、首相選定が元老の意向次第であるというのは深刻かつ克服されるべき問題であった。議場の混乱を受けて清浦首相は議会を解散し、第二次憲政擁護運動の帰趨は一九二四（大正一三）年五月一〇日の第一五回総選挙で決せられた。憲政会の安達謙蔵選挙委員長は政友会が分裂した以上、憲政会が第一党となる見通しをもっていた。政友会と政友本党は激しく競い合った。選挙の結果、憲政会は第一党（一五一議席）に躍進、以下、政友本党一一六、政友会一〇〇、革新倶楽部三〇と続いた。憲政会の一人勝ちであったが、占めた議席は三分の一程度であった。総選挙後には臨時議会が開かれる。それを前に「護憲三派」は結束を維持することを申し合わせた。

対華二十一箇条要求と党内の不統一性から憲政会を評価しない西園寺は、総選挙後も清浦内閣が政権を維持し、その間に政友会と政友本党を中心に政界再編が起こることを期待していた。事実、政友本党の床次は西園寺のもとに政友会復帰の意向を伝えていた。西園寺の企図を挫いたのは清浦首相その人であった。清浦は選挙の公正な実施を済ませた以上、選挙結果による政権交代を希望したのであった。

首相を選べるのは絶大な権力であるかに見えて、首相が辞めてしまえば元老は次の首相を選ぶことを強いられる。西園寺は基本的に自ら総裁を務めた政友会を信頼し、憲政会については特に外交面を懸念していた。しかし政友会の大分裂は小党分立を予見させ、政党全般への評価も低下させていた。憲政会を排除して再び政友会内閣と協力できる官僚内閣に続く道を模索するか。それは元老の判断に異を唱え政党内閣制の確立を求める運動が街頭や新聞に溢れ出た後でできる相談ではない。西園寺は第一党の党首加藤高明を首相に指名した。松方が死を間近にする中すでに事実上唯一の元老となっていた西園寺にとっては信頼性でも政策面でも不本意な指名であった。

Ⅲ　加藤高明内閣の展開と第一次若槻礼次郎内閣の誕生

1　「護憲三派」内閣と第五〇議会での課題達成――男子普通選挙制度の実現

◉「護憲三派」内閣の成立と男子普選の実現

第二次憲政擁護運動の枠組みであった「護憲三派」の協力が維持されるかどうかは政治を観る者の大きな関心事であった。加藤は組閣の大命を受けると早速、政友会の高橋、革新倶楽部の犬養を訪問し、協力と入閣を求めた。六月一一日、三者そろい踏みでの「護憲三派」内閣が成立した。

野党では総選挙後に床次が政友本党総裁に就任した。床次は一八六六（慶応二）年、薩摩藩士の息子として鹿児島に生まれた。帝国大学法科大学政治学科を卒業、入省した大蔵省から内務省に転じ、第一次西園寺内閣で原内相の下で地方局長を務め、見出された。その後、第一次山本内閣では鉄道院総裁を務め、政友会に入党、衆議院議員となった。原内閣でも内相と鉄道院総裁を兼任し、課題の変化に応じて内務省社会局を設置した。

政友本党は政党内閣制に反対し続けたのかと言えばそうではない。政友本党の政党内閣制への反対はあくまで時期尚早論であって、西園寺の描いていた政友会を軸とした政治再安定構想を共有していた。つまり、多数党を排除して貴族院を中心に組閣する憲政の変態は、元老の政治介入に関する清浦首相の議会答弁のように憲政の「過渡期」においてのみ許されることであって、政友本党は護憲三派内閣が成立すると野党として政権を批判し、与野党間での政権交代を目指した。

加藤三派内閣は男子普通選挙制の実現にまず取り組んだ。一九二五年選挙法である。この度の衆議院議員選挙法改正には三つのポイントがあった。第一に納税資格が撤廃され、いわゆる男子普通選挙制が導入された。これによって有権者の内地人口比は二〇・〇%となった。第二に選挙区制も原内閣が導入した小選挙区制から日本特有の制度として、敗戦直後を除いて一九九三(平成五)年まで長く日本政治を規定していく中選挙区制が導入された。そして第三に、選挙運動に関する規制が強化された。従来、いわゆる普選実現に注目が集まっていたが、近年では連立内閣としての政治力学と中選挙区制の導入に注目が集まる。[21]中選挙区制導入は第一党である憲政会が主導したものであった。他に、貴族院改革、政務次官制度の導入、行財政整理が矢継ぎ早に行われた。一九二四年七月には行政財政整理委員会が設けられ、翌一九二五(大正一四)年五月に設置された行政調査会は憲政会が与党を務め続ける間、第一次若槻内閣総辞職まで続いた。[22]そして、第一次世界大戦後の引き続く思想不安が課題となる中で、ロシア革命後に成立したソ連との国交回復と抱き合わせで治安維持法を成立させた。これも主要政党の参加する連立内閣であったことが相互の反対を弱めた。同法は改正を重ねる中で問題が大きくなる。

憲政会が主導した護憲三派内閣の成立と男子普通選挙制の実現は日本政治を活性化させた。一つは、無産政党と呼ばれる社会民主主義政党の相次ぐ誕生である。納税資格の撤廃は想定される有権者像をあらためた。もう一つは、女性参政権獲得運動の活発化である。一九二四年一二月、男子普選法の成立が見込まれる通常議会の直前、久布白落実《くぶしろおちみ》、市川房枝らの婦人参政権獲得期成同盟会が組織された。婦人参政権(国政参加)、婦人公民権(地方参政)、婦人結社権(政党加入)を総称して婦人三権と言われる。その実現を期して彼女たちは街頭や議事堂に出た。[23]

◉連立内閣の破綻と加藤への大命再降下——憲政会単独内閣の成立

一九二五年春の第五〇議会で、護憲三派内閣は第二次憲政擁護運動で提起された課題にあらかた決着をつけた。憲政会は原内閣下で原則男子普選を決断して以来、社会の追い風を受けていた。そのテーマを失ってどう過ごしていくのか。そもそも加藤や若槻など主流派は男子普選には消極的で小泉又次郎など非主流派の主張を受け止めたものであった。したがって、男子普選が実現したことで何かが大きく変わったわけではない。大きく変わったとすれば、外相に据えた外交官出身の幣原喜重郎に外交を委ねることで、新外交への適応を確かなものとしたことであろう(24)。

主要課題の解決は同時に新たな政党間競争の始まりともなった。政友会は高橋が総裁を引退し、原内閣で陸相を務めた田中義一が新総裁に迎えられた。また革新倶楽部の犬養は少数党の役割に見切りをつけて政友会に合流した。これで加藤内閣は二派連立内閣となった。かつて総選挙前には第一党、総選挙後も第二党であった野党政友本党も安泰ではなく、政友会に戻る議員が続出し、第二党の座を政友会に明け渡した。こうして、憲政会、政友会、政友本党はおおむね二対二対一の比率となっていた。政友会が憲政会と対決する決意を固めるとともに「護憲三派」の枠組みを離れた多数派工作が始まる。

その結果、一九二五年七月三一日、第一次加藤内閣は閣内不統一で総辞職し、直後に政友会と政友本党は両党の提携を発表して元老の判断を待った。しかし、大命は再び加藤に降下した。選んだのは唯一残された元老西園寺であり、このことの意味は大きい。西園寺は、難しい連立政権を堅実に運営する加藤の能力を見直し、幣原外相の穏健な外交方針を支持して憲政会への評価を変えていた。また、元老の補充をしないことから内大臣の役割が大きくなっており、山県系官僚の平田東助、そして牧野伸顕に交代していった。平田も政党内閣を結構と言うようになりながらも何ができるか実質を問題にしていた。その中で、政友会だけでなく憲政会もまた、統治を担い得る主体として社会のみならず元老・宮中から評価されたのであった。

2　加藤憲政会単独内閣と憲政会内閣の継承――第二次加藤内閣

◉第二次加藤内閣の成立と加藤首相の急死

再び組閣を命じられた加藤は、一九二五年八月二日、憲政会単独内閣を組織した。第二次加藤内閣である。少数与党である以上、いかにして多数を獲得するかが重要である。多数を目指すのは野党も同じで、なかでも政友本党の危機感は強かった。政友会と政友本党の提携は首相指名の思惑が外れると沙汰止みとなったが、以後も政友会への復帰を模索する政本合同論と、憲政会と連携して政権を目指す憲本連盟論で、政友本党は股裂き状態となっていく。

加藤は一九二六（大正一五）年一月二一日の第五一議会冒頭に「国民参政の権利は既に大に拡張せられ、其地方自治に参与する権利も亦次いで拡張せらるるに於きましては、国民の政治生活の基礎は此に安定したものと見るべきであります」と演説し、次に力を注ぐべき課題として「国民の経済的社会的生活の充実安定を図る」と述べた[25]。こうして政治生活の基礎が男子普選で安定したと考える加藤憲政会は経済社会生活の安定に尽力する。

ところが、加藤首相は翌日の議場で体調を崩し、首相在任のまま急死した。首相が死去した以上、西園寺は次の首相を決めなければならない。元老西園寺と牧野内大臣の話し合いで次期首相には同じく憲政会から臨時首相代理を務めていた若槻が選ばれた。若槻指名が社会に伝わる頃には若槻はすでに憲政会の次期総裁に決まっていたが、西園寺と牧野が若槻を選んだ段階ではまだそうではなく、議会開会中の急死に対応した首相指名と考えられる。全閣僚留任のまま若槻内閣が発足した。

Ⅳ 三党鼎立下の若槻礼次郎内閣と新党立憲民政党の誕生

1 若槻礼次郎内閣と昭和改元——三党鼎立下での憲本連立構想

◉延長内閣と昭和改元

一九二六年一月三〇日、憲政会単独の若槻内閣が成立した。若槻は護憲三派内閣で内相を務めたが、最初の議会で「私ハズット以前カラ政党内閣ノ制ヲ主張シテ居ル者デアリマス、立憲政治ガ行レテ居レバ、政党ニ依ッテ自カラ民意ガ現レテ来ルノデアルカラ、内閣ハ政党内閣ニナルノガ宜シカラウト私ハ常ニ信ジテ居ル者デアリマス」と答弁していた(26)。西園寺に用いられ、桂に信頼され、加藤を支え、そして今、首相を務める。

少数与党を率いて施政に臨む若槻は政友本党との連立を希望していた。ところが憲政会内に反対があり、政友本党も反対にまとまることとなり話は流れた。したがって暮れに始まる通常議会では解散総選挙となることが予想されていた。それは男子普通選挙制に基づく初の総選挙となるはずであった。しかし、相次ぐスキャンダルが政界に影を落としてもいた。そうした中、政党政治への支持者として社会からも宮中でも理解されるようになっていた西園寺は、政治の問題に天皇や宮中が介入するのではなく解散総選挙で解決されることを望んでいた。

一二月二四日、第五二帝国議会が召集されたがその翌二五日、大正天皇が崩御した。このことは政治にも影響を与えた。内相代理として総選挙の準備にあたっていた安達謙蔵は早速西園寺の意向を尋ねたが、西園寺は「議会解散差し支えなし」「此の際人心を一新し国論を一定するには解散の断行当然」と若槻への伝言を依頼した。[27] しかし、若槻は解散ではなく議会乗り切りを優先し、三党首会談で諒闇《りょうあん》中の政争中止に合意した。それは浜口を始め党内では驚きをもって迎えられた。選挙をすれば勝てるのにと。

大正天皇の崩御と新天皇の践祚《せんそ》によって改元され、昭和となった。若槻は新元号の意味を「内は君民一致の親睦を極め外は列国協同の平和を致す」と説明した。[28]「協和万邦」とは単なる平和政策ではなく、天子が内を和睦させ外に及ぼすことで万邦を導くものであるともいう。「昭和は正義と親情とを内外に徹底せしむべき厳粛にして、且つ偉大なる決意を象徴するもの」なのであった。

◉「憲政常道」による政権交代

若槻は三党首会談後も必要に応じて解散できると語っていたが、機を逸した以上、院内での多数派工作が進められた。一九二七（昭和二）年二月には憲本連盟ができた。三月七日、首相官邸で開いた議員懇親会席上で憲本連盟締結の意義を説明した若槻は、中国動乱に触れて、日中共存の大策を国際正義の原則に適応させなければならないと説いた。それは日本の重大な責務であって「外に此責務を遂行せんが為には、内に一層堅実なる政治の基礎を確立せねばならぬ。由来二大政党の対立は立憲政治上の一の理想であるが、我邦今日の如き数党対立の場合には、政見を同うする政党が提携若くは聯盟して多数を制するより外に、其の主張を実現する手段はない」「克く大事を成す者は克く忍ぶ者であつて徒らに踴躍して快を一時に取る者ではない」と述べた。[29]

当然に政友会は反発し、政党間の対立が昂じる中で三月一四日、議場での答弁を引き金に金融恐慌が起こった。それでも憲政会と政友本党をあわせれば多数を占めているため衆議院を乗り切ることはできた。しかし議会後に続いて起こったのが台湾銀行救済問題であった。緊急勅令案で対処しようとしたが枢密院によって否決された。これをうけて四月一七日に若槻内閣は総辞職した。組閣の大命は政友会総裁である田中義一に降り、四月二〇日、新内閣が成立した。首相選定に際して牧野内大臣は「憲政の常道に依り田中男に大命の降下あるを以て至当とする」という意見を持たせて京都に滞在していた西園寺のもとに派遣した。[30] 西園寺も田中に同意して送り返した。こうして与野党間での政権交代が初めて起こり、田中内閣の成立で憲政会は再び在野党として政権をめざすことになった。

2 立憲民政党の誕生――政党内閣制かつ男子普選下で新たな憲政を担う

◉立憲民政党の創立

一九二七年四月二三日、憲政会、政友本党、新正倶楽部の三派懇親会が行われ、新党創立申し合わせが行われた。新正倶楽部は革新倶楽部、中正倶楽部の中で政友会に合同しなかった代議士の院内交渉団体で一時二五人を数えた。二四日に床次政友本党総裁が安達憲政会総務を訪れ、二七日には浜口憲政会総務が床次を訪問した。三派合同の流れに対して、五月一日に政友本党から杉田定一、元田肇、川原茂輔ら脱党者がでた。

五月三日、床次は新党組織の必要を述べたところ浜口も賛成、両党で新党倶楽部を組織した。[31] 憲政会内の不参加組は浜口が説得した。金融恐慌に対処する臨時議会を間に挟んで五月一〇日、新党倶楽部は議員総会を開き、あわせて町田忠治を座長に新党創立準備委員総会が開かれ、六月一日の創立大会開催が決められた。[32]

新党趣意書は中野正剛が起草した。中野の声が党の声となったことは民政党の性格を考える上で重要である。[33] 中野はもともと新聞記者出身で犬養に傾倒していた。政治への関心も高く、新政会の松永安左エ門に一度選挙で敗れたが一九二〇年の総選挙で当選を果たした。当初、無所属倶楽部をつくったが一九二二年に革新倶楽部が結成されると加わり、主として中野が書いた創立宣言は政党の宣言として初めて口語文を用いて話題になったという。[34] 中野は一九二四年五月の総選挙で再選すると革新倶楽部を脱党し、憲政会に入った。五月二七日付で犬養に宛てた決別の手紙では、日本の政界では、自由・改進両党の流れがたがいに消長しながら進むほかに第三党の存在の余地はないと説いた[35]。

五月一三日の新党創立準備常務委員会で新党の党名が立憲民政党と決定され、一四日、趣意書とともに発表された。憲政会では断続的に最高幹部会や幹部会が開かれてきたが、一六日の幹部会で安達総務は新党樹立時の「新興勢力の糾合については主として地方青年を目標とするつもりである」と述べた[36]。

問題は党首であった。若槻は、再び野党となると、金を作れない総裁であるという意識と、人心の一新が必要であるという考えから、総裁退任を考えていた。新党結成に向けた流れの中で、若槻は浜口を推し、説得に努めた[37]。しかし、憲政会系、政友本党系がともに浜口で一致しながら、本人は健康を理由に態度を保留していた。浜口は親しくしていた幣原前外相からも説得を受けたが、若槻を訪問して金を作ることもできなければ体もよくないからとなかなか引き受けなかった。なかには幣原を総裁に迎えようという一派まで党内にあると報道された[38]。しかし、ついに説得を受け入れた浜口は二八日、若槻と仙石貢を相次いで訪問した。

この日、憲政会院外団による最後の大会が赤坂三会堂で開かれ、三一日、憲政会は東京會舘で最後の臨時党大会を開いた。憲政会は結党一一年で歴史に幕を下ろした。憲政会の中堅幹部であった斎藤隆夫には不満で、日記に「十有余年の歴史終る。是れ全く若槻総裁無能に原因す」と記した[39]。政友本党でも五月二八日に院外団大会が開かれ新党参加が決議された。六月一日午前に政友本党は最後の党大会を開いた。床次は政友本党の解党を、「時論は小党の分立に満足せず、又新選挙法の実施に直面して」と説明した[40]。

そして同日、上野精養軒において結党式が行われ、立憲民政党が結成された。憲政会は全百六十余名が参加し政友本党からは六十余名が参加した。尾崎は、民政党結成にも加わらなかった。また、政友本党の中心人物の一人であった元田肇は民政党に合流せず、政友会に戻った。憲政会総務から貴族院勅選議員となっていた武富時敏は民政党顧問になった。

発表された創立趣意書は、冒頭、「世界の進運は年々速度を加へ、環境の変化は絶えず幾多の新問題を提供する我国は憲政を布きて四十年、過去を顧み現状に即し、今や普通選挙の実施と共に国民的一大飛躍をなして外は世界の進運に寄与し、内は国勢の変局に善処せねばならぬ」と新党を必要とする時代認識を示した[41]。そのためには一定の順序に従い、進んで退くことなく、一歩一歩力を増さないといけない。「吾人が新政党の創立を提唱するは正に政治を基礎として秩序ある局面展開を実現せんが為めである」。

立憲民政党という名称については、「国体の精華に鑑み、一君万民の大儀を体し、国民の総意によりて責任政治の徹底を期する」と述べ、「吾人は普通選挙により全国民の要求を帝国議会に集中し君主統治の下に政治上に徹底せる議会中心主義を確立せんことを要望する」と党の性格を明らかにした。政綱では「国民の総意を帝国議会に反映し天皇統治の下議会中心政治を徹底せしむべし」と表現されている。趣意書ではさらに、外交では「国際正義を高調する」、内政では「社会共存の原則を樹立して階級闘争の禍根を除く」と大方針を示し、「役員公選の原則を確立」したと強調した。立憲民政党は「今や普選の実施を前にして政局転換の基準は確定せられた」と述べるように政党内閣制を前提として、「野に在りて権威を発揮すると共に、朝に立ちて国務を担任するの重大責務を有する」と自己規定した。

続いて総裁選挙が行われた。総裁選挙は町田座長から投票の省略が提議され、満場一致で浜口に決定する形をとった。浜口は総裁就任の辞で「我が立憲民政党の如く、率直に大胆に進歩的色彩を表明したる大政党は、未だ類例を見ない」と述べ、あらためて「普通選挙を前にし、政局転換の基準は確立せられて居る」と述べて、「今日野党として堂々と声明した所は、他日必ず廟堂に立ちて之を実行せねばならぬ」と訴えた[42]。

ここまでが結党式で、さらに総務の選挙が行われ人事が決定された。顧問に若槻前憲政会総裁、床次前政友本党総裁、山本（政友本党）、武富（憲政会）が就任、総務には安達、町田、原脩次郎、富田幸次郎、斎藤、小泉又次郎（以上、憲政会）、榊田清兵衛、松田源治、小橋一太、八木逸郎（以上、政友本党）が選ばれ、役員として幹事長桜内幸雄（政友本党）、党務部長田中善立（憲政会）、政務調査会長小川郷太郎（政友本党）、遊説部長中野（憲政会）、会計監督池田泰親（憲政会）・一柳仲次郎（政友本党）が名を連ねた。総裁を憲政会から出したので幹事長は政友本党出身者を充てるなど両派の融和方針が表れている。

中野が部長となった立憲民政党遊説部は、早速、宣言、政綱と、浜口新総裁、若槻前憲政会総裁、床次前政友本党総裁の演説をまとめて八月、『立憲民政党の本領』と題する小冊子を作成した。これは中野がまとめたものであるようで、当初註釈を加えて世の諒解を仰ぐことを考えたが、「宣言政綱の文字は包容する所大に含蓄する所深く迚も代表的説明をなすことは却々難事である」ので演説速記を掲載して参考資料としたという[43]。中野は一冊を註釈書でまとめたかったのかも知れない。演説以外の政綱の解説は中野の演説集にも所収されている[44]。

キリスト教人道主義の観点から日本の社会主義政治運動の草分けの一人であり、この時、早稲田大学教授を辞めて社会民衆党中央執行委員長を務めていた安部磯雄は、『中央公論』七月号で、「立憲民政党の政綱を評す」と題して立憲民政党の政綱を好意的に論評した[45]。

◉一五年に及ぶ政治改革の帰結として

以上をまとめれば、日本の議会制は一九世紀後半の国民国家形成期の課題に応えるものであった。周辺環境の厳しさから「富国強兵」の促成を期す中央集権的な近代国家建設に際して、地方の声を届けたのは中央から派遣された牧民官的官吏に止まらず、議員達であり、政党が集約した。また、二〇世紀に入ると豪商・豪農の時代から産業資本家の政治への包摂や新たに育まれた国民の参加が進んでいく。それは立憲政治の二〇世紀的展開と言えよう。全国津々浦々に鉄道を引き、港を作り、社会政策にも取り組んだ。日清戦争、日露戦争の勝利で足早に進んだ新たな帝国の勃興とは時に齟齬したが、教育の体系化も進み、五箇条の誓文で謳われた「官武一途庶民にいたるまで、おのおのその志を遂げ」られる社会を目指した。それは一九世紀的立憲政治の二〇世紀的政党政治への展開であった。

日本の政党史には大きく二つの流れがあると言われる。自由党―立憲政友会の流れと、立憲改進党―立憲同志会―

憲政会―立憲民政党の流れである。しかしこの流れは第二次憲政擁護運動からの数年間に大きなねじれを含んでいる[46]。政友会は真っ二つと言って良い分裂を経て一方は民政党に流れ込んだ。他方、改進党の流れの正統を自認した立憲国民党は革新倶楽部を経て政友会に流れ込み、後に総裁まで出した。革新倶楽部から憲政会に移った中野が民政党の顔を形作る作業にあたったことも興味深い。それは第一次憲政擁護運動以来の一つの歴史過程の帰結であった。日清戦争、日露戦争を通した明治立憲制の定着を土台としてその後の一五年間の政治改革過程が生み出したものこそ、政党内閣制と選挙権の男子普通選挙までの拡大、そしてその新たな担い手である立憲民政党であった。その先には女性の地方からの参政と国政への進出が見えていた。

憲政会のままでも男子普選体制下の日本政治を牽引できただろうか。おそらくできた。しかし、憲政会はいわば第一次憲政擁護運動と戦時デモクラシーの申し子であり、そこには明治以来の自由主義エリートを中心とする統治政党の要素が大きく、新しい課題への対応は原内閣の成立を機としていた。それは国際秩序に責任を負う大帝国化であり、国内政治の大衆化であった。民政党は大戦後の大きな流れと課題に沿ったいわば戦後デモクラシーの申し子として誕生したのであった。

第二章

浜口雄幸内閣と新しい日本——民政党内閣の誕生

村井良太
MURAI Ryota

Ⅰ　浜口民政党内閣誕生への道——野党として田中政友会内閣と対峙する

1　野党として臨む初の男子普選総選挙

◉浜口総裁と野党民政党の一九二七年

一九二七（昭和二）年六月一日に立憲民政党が結成されると、男子普通選挙制を基礎として二大政党が競争しながら政権を担っていくことが当然視されるようになった。一般に「憲政の常道」と呼ばれたこのような日本政治理解は、政党内閣制の支持者や首相選定者だけでなく、批判者や外国人観察者にも共有された。一〇月に日本を訪れたアメリカの金融家トーマス・ラモントは昭和天皇に謁見したが、面会リストには野党指導者として浜口の名前があり、日米両国はワシントン会議という大戦後の平和への枠組みだけでなく、デモクラシーという政治体制を共有する面があった。帰国後の夕食会でラモントは見聞した日本の政治情勢について「男子普通選挙はまさに効力を発し、有権者の数は四倍以上となります。アメリカやイギリスの視点から見ればデモクラシーは不完全かも知れませんが、選挙権の大幅な拡張があり、一般にもっとも保守的な人達でさえ、この拡張を平静と確信によって受けとめています。自由な心証の証拠は至るところにあります」と語り、対外政策についても「現在では、大衆や報道は中国との和解に向いており、その政策を支持しないたった一人の政治家にも会わなかった」と述べた(1)。

浜口は一一月二二日に大阪中之島公会堂で開かれた民政党関西大会に出席した。演説では「憲政布かれて殆んど四十年、従来政機の転換は概ね世人の意表に出で、国民をして政党内閣制の確立果して何れの日に在るやを嘆ぜしめたのである。然るに最近に到り二大政党対立の勢成り、政党内閣交立の原則も略々確定し、国民は茲に始めて公明なる政治の実現を期待し、憲政有終の美を翹望《ぎょうぼう》するに至ったのである」と述べた。[2] それは自由主義に立脚し、次なる女性参政権の実現にも続いていく道である。

浜口は一八七〇(明治三)年、高知県の水口胤平・繁子の三男に生まれ、浜口家の養子となった。浜口が長じていく中で高知県には明治六年政変に敗れた板垣退助の一統が戻り、政治的な雰囲気は知らず知らず浜口の人格形成に影響したという。帝国大学法科大学政治学科に進み、日清戦争後の一八九五(明治二八)年に卒業、同期の首席卒業は政治学者となる小野塚喜平次で、他に幣原喜重郎、下岡忠治、伊沢多喜男ら多士済々で、「二八会」というまとまりのもと、浜口の政治生活を支える心強い同志となっていく。浜口はこの時すでに将来政治家にという志望を描いていた。[3] 一七年間の大蔵官僚生活を経て、後藤新平の引き立てで逓信次官を務め、立憲同志会に進んだ。後藤は党を去ったが、浜口は加藤、若槻礼次郎ら幹部のもとで党務に励み、代議士となり、「護憲三派」内閣で蔵相を務めた。

民政党は、前章で示した綱領に示されるように、自由と平等を目指す進歩的な政党として自らを位置づけていく。[4] 平等への志向は、先の男子普選への跳躍に見られるように政友会や無産政党との対抗関係の中で育まれていった。また、男子普選を基盤とする政党内閣制を前提に「議会中心政治」を追求する民政党は、枢密院に対する帝国議会の優位を図り、貴族院には帝国議会での第二院としての役割を求めた点で政友会とも異なる憲政像を描いていた。

◉初の男子普選総選挙での善戦

田中内閣成立直後の臨時議会(第五三議会)で若槻率いる憲政会は政友本党と院内統一会派新党倶楽部を組み、枢密院への弾劾決議案を可決する一方、高橋是清元首相が蔵相に復帰して対応した金融危機について、国家的課題であると政府の対応を支援した。立憲民政党の結成により、各地に支部や民政倶楽部が組織されていく。[5] また、一九二七年九月から一〇月にかけては府県会議員選挙が行われた。男子普選が地方にも広げられた初の男子普通選挙制に基づく地方統一選挙であった。

一二月二四日に召集された第五四帝国議会は、与党少数のため解散が予想された。年末年始の休会後、一九二八（昭和三）年一月二一日の議会再開冒頭に、民政党は不信任決議案を上程する動議を出し、可決された。対して田中内閣は速やかに衆議院を解散した。政府だけが施政方針演説を行い、直後に解散することで野党の反駁を認めなかったことを、憲法学者の美濃部達吉は「立憲政治の精神を蹂躙するの甚しきもの」と批判した(6)。美濃部は明治憲法下で政党政治を支える立憲主義的な天皇機関説を唱えていた。政党内閣は存在として立憲的であることに止まらず、立憲的な振る舞いを求められた。第一六回総選挙、すなわち初の男子普通総選挙は二月二〇日に予定された。

自由主義者でありナショナリストであった政治評論家の馬場恒吾は、元老が介在せず二大政党が交互に政権を授受する「憲政常道」論を時代の進歩と評価しながらも、さらに進めて、選挙によって政権が動く「憲政常道」論への展開を求めた(7)。他方、天皇機関説を批判し、天皇主権説をとる憲法学者の上杉慎吉は、「組閣と同時に解散して選挙の結果多数を得れば、止まつて具体的の政策を行ひ、若し少数なれば辞職するといふのが彼等の所謂憲政の常道である」。にもかかわらず「解散すべき時期に解散せず、党略から今頃解散するといふのは一種のクーデターの如き暴挙といはねばならぬ」と政府を批判した(8)。改革は道半ばであったが、「憲政常道」は次期政権の予測可能性を高め、党略といっても毎年一二月末から三ヵ月間の決まった時期に通常議会が開かれることから、それまでにいかに実績を上げるかという以上の操作ができたわけではない。

より大きな問題は選挙の公正であり、選挙管理の公平性も重要であった。選挙管理は、官選知事を通して地方行政を担い、警察を管轄していた内務省が行っていた。したがって官僚内閣では第三者的な立場を主張できたが、政党内閣では選挙管理行政が与党の指揮下に入る。野党として総選挙に臨む民政党は、内務省の大物であった伊沢多喜男を中心に独自に選挙監視委員会を組織した(9)。民政党の警戒ぶりは、婦人参政権の実現を各党本部に働きかけていた市川房枝が「政府のスパイ排斥のため無断で階上に上るべからず」という大きな張り紙を見たという逸話にもうかがえる。[10]

男子普選の実現は婦人参政権獲得運動を刺激した。久布白落実や市川ら婦選獲得同盟は、婦人参政権（国政参加）、婦人公民権（地方参政）、婦人結社権（政党加入）のいわゆる婦人三権実現を求めて議会運動を行った。彼女らは農民労働党、労働農民党、日本農民党、社会民衆党、日本労農党など婦人参政権を綱領に掲げる「無産《プロレタリア》政党」に期待を寄せながらも、政党に対しては中立を標榜し、「既成政党乃至は金持《ブルジョワ》政党」と呼ぶ政友会、民政党にも申し入れを行った。[11] 市川らの訪問に民政党で対応したのは総務の富田幸次郎であった。富田はかつて新婦人協会が運動を始めた際に請願書の紹介者となった「昔なじみ」であった。富田は「民政党は「綱領の第一に国民の総意を議会に反映せしめ……」という事を掲げているが、国民という以上勿論其の中に婦人参政権も含むべきである」と好意的、積極的であった。[12]

投票日前日の二月一九日、選挙を管轄する鈴木喜三郎内相が声明を発し、問題となる。鈴木内相は「我憲法上内閣の組織は畏くも大権発動に職由して政党員数の多寡を以て直に内閣が生れると云ふが如き他外国の例と照比するを許されない」と述べ、民政党の政綱を「議会中心主義など言ふ思想は民主々義の潮流に棹した英米流のものであつて我国体とは相容れない」と攻撃した。[13] これは政党政治家の自己否定であり、復古的声明と歴史学では評価されている。しかし内実は、政友会への投票を求め、選挙結果による政変を警戒する点で議会主義を前提とする発言であった。「既成政党」を「利権渉猟株式会社的」と批判して政党政治の弊害を冷眼視していた陸軍指導者の宇垣一成《うがきかずしげ》でさえ、「三百代言的」「何に血迷ふたのか理解し兼ぬる程度」と日記に記した。[14] 宇垣は若槻内閣から田中内閣への政変時に留任せず、政党内閣制に適応した行動をとった。

一九二八年二月二〇日、男子普通選挙制に基づく初の総選挙（第一六回）が実施された。[15] 一八九〇年の第一回総選挙以来四〇年と経たずに男子に限られるとはいえ普通選挙が実現した画期的な総選挙であった。若き昭和天皇の関心は高く、午前の政務に際して出勤前に投票を済ませた侍従野口明に「投票場その他の模様について」尋ね、開票状況にも注目した[16]。総選挙の結果、政友会二一七議席、民政党二一六議席、実業同志会四議席、社会民衆党四議席、革新党三議席、労働農民党二議席、日本労農党一議席であった。民政党にとって議席を減らす選挙ではあったが、野党ながらも互角の成績を上げ、総得票数では上回ってすらいた。鈴木内相の声明も有権者の心を摑まなかったのである。二大政党が圧倒的多数を占めつつ一議席差で拮抗したこと、無産政党が議会進出を果したことが特徴的であった。直後の三月一五日、政府は共産党員の一斉検挙を行った。また、労働農民党は治安警察法によって結社禁止処分を受けた。

当時の日本は帝国である。外地朝鮮でも関心は高かった。現地の新聞では、選挙権こそ行使できないが、政友会内閣がのるかそるかの勝負であり、民政党が勝利すれば政友会内閣で指名された山梨半造朝鮮総督は辞任すると予想されていた[17]。当時の選挙法は内地のみに属地的に施行されたので（小笠原諸島と千島列島を除く）、内地在住の朝鮮人台湾人には選挙権被選挙権があり、朝鮮台湾在住の内地人には選挙権がなかった。ただし被選挙権には住所制限がなかったので、朝鮮台湾在住の内地人、朝鮮人台湾人にも被選挙権はあった[18]。

2　議会の混乱と政変──床次脱党問題と不戦条約批判

◉床次脱党の衝撃と不戦条約批判

一九二八年四月二〇日、第五五特別議会が召集された。初の男子普選議会である。焦点となったのは、二大政党伯仲という選挙結果にともなう野党議員の切り崩し、鈴木内相の声明、そして議会再解散論であった。

政友会はかろうじて第一党を占めたが過半数は得られておらず、議会を切り抜けるために小会派とも政策協定を結ぶなどしゃにむに多数派工作を行った。切り崩しを受けた民政党からは脱党者も出た。対抗策として民政党は所属議員の宿所への缶詰を行い、富山県出身で初当選の松村謙三は、北陸団体の代議士一同と箱根湯本に集められたという。[19] 温泉に入っても碁を打っても退屈に過ぎる。滞留が続くと不満も噴出し、缶詰も終わった。

五月七日までの特別議会での最初の政治争点は鈴木内相弾劾決議案であった。民政党は無産政党とも協力して内閣を攻めた。政友会内の不満も大きく、五月三日に鈴木内相は自発的な辞任に追い込まれた。四日、選挙干渉弾劾決議案が修正可決され、この問題は幕引きとなった。

次は内閣不信任決議案であった。民政党から提出され、浜口は、政務と事務を混同する人事行政の失敗、総選挙への計画的干渉、議会解散後も多数を得ていないこと、そして山東出兵をめぐる対中国政策の失敗をあげて決議を求めた。[20] 田中首相は状況によっては再解散を奏請する意思を宮中に伝えていた。宮中にとっても悩ましい判断を迫られる中、二大政党伯仲の結果として少数党明政会がキャスティングボートを握り、審議未了廃案となった。

こうして特別議会を乗り切った田中内閣であったが、議会後も混乱は続いた。資質に問題がある資金提供者を大臣にしようとしたのではという疑義が出た久原房之助入閣問題や、その入閣に反対する閣僚を天皇の言葉で引き留めようとした水野錬太郎文相優諚《ゆうじょう》問題が起こり、あげく貴族院各派が政府への問責を表明すると田中首相は天皇に進退伺いを出す挙に出た。辞任を申し出るならまだしも、継続する意思がある内閣に安易に辞めろとは言えない。

混乱は内政に留まらず、外交でも事件が相次いだ。憲政会内閣の幣原外交を批判した政友会内閣は居留民現地保護を掲げて山東出兵を重ねていたが、議会中の五月三日、日中両軍が武力衝突する済南事件が起こった。さらに、六月四日には奉天近郊で張作霖爆殺事件が起こった。現地には松村謙三など済南事件の調査で訪中していた民政党調査団がいた。[21] 張作霖爆殺事件が日本軍人による陰謀であることが窺《うかが》えた。しかし、民政党は浜口総裁に問題の取り扱いを委ね、国益を考えて公にしない形で政府批判を強めることになった。また、田中内閣は、六月二九日、議会で審議未了に終わっていた治安維持法改正を枢密院への諮詢によって緊急勅令で行った。

政界の波乱は民政党内に波及した。八月一日に先の政友本党総裁床次竹二郎が突如脱党し、新党樹立を声明したのである。[22]床次は中国政策と二大政党対立の不安定を解消するために小選挙区制導入を目指すことを脱党の理由にあげた。元政友本党領袖で民政党最高顧問となっていた山本達雄は党を離れず、小橋一太や大麻唯男《おおあさただお》など残った旧本党系代議士たちも床次の行動を非難した。[23]若槻礼次郎は九月一一日、地元島根県の後援者への手紙で、この出来事は民政党にとって「赤面之至」であり、「床次氏ノ脱党ハ、一日モ速カニ総理大臣ト為リ度希望ニ出テタルモノナルヘシト存候」と推測した上で「恐ラク結局失望ニ終ルナルヘシ」と記した。「政党カ志ヲ得タル」時に受ける待遇に不安を感じる人は不平を覚え、「政界ノ悪ブローカー」に乗じられる。とはいえ「火事ハ間モナク落付可申ト存候」と言う。[24]前年一〇月の民政党島根支部発会式には若槻と共に床次が足を運んでいた。地方での元憲政会系と本党系の融和に果たしてきた床次の役割は大きく、驚きの脱党であった。

話を少し戻して八月二七日、田中内閣は戦争放棄に関する条約（不戦条約）に調印した。党内に動揺を抱える民政党は、不戦条約を田中内閣倒閣の手段とした。浜口は政策を政争の具とすることに警鐘を鳴らし、特に外交の取り扱いには慎重を求めてきた。しかし、機関誌『民政』に総務中村啓次郎による「不戦条約締結に対する田中内閣の責任を問ふ」という文章が掲載された。[25]中村は冒頭で「我等は不戦条約そのものに苦情はない」と述べながら、「人民の名に於て」という文言をとらえて田中内閣の責任を問うた。九月一八日の党総務会でこのような姿勢が申し合わされ、二五日の幹部会では大々的に倒閣運動を起こすことに意見が一致した。

一一月一〇日、京都紫宸殿にて即位の大典が挙行された。折しも民政党では床次に続いて田中善立も党を去り、さらなる脱党者が危惧されていた。[26]貴衆両院議員が京都に揃う中、そこでも引き抜き合戦が行われるのではないかと警戒された。

◉昭和天皇による弾劾

一九二八年一二月に第五六回帝国議会が召集され、年を越えた一月二〇日、民政党は党大会を開いた。民政党を脱党した床次新党は政友会に合流するでもなく二六人の新党倶楽部を組織して政界を展望していた。先の総選挙では政民両党の議席差は一議席だったが、政友会は過半数に届かないまでも第二党民政党との差を五〇議席に広げていた。二月五日に提出された内閣不信任案は反対多数で否決された。三月五日には治安維持法改正緊急勅令の事後承諾案が衆議院で可決されたが、同夜、労働農民党から当選していた山本宣治代議士が右翼に刺殺される事件が起こった。三月七日、床次は政友会とともに小選挙区制を提案したが大混乱となった。

このような大混乱を来しながらも衆議院で倒れない政党内閣には貴族院が攻撃の矢を向けた。二月二二日には貴族院での内閣不信任案にあたる首相問責決議案が可決された。それでも内閣は倒れない。田中政友会は意に介さず、衆議院の信任を重視したからである。議会後の四月一六日には共産党の一斉検挙が行われた。また対外的には済南事件の撤兵と列強に比して遅れていた国民政府の承認も行われた。こうして衆議院でも貴族院でも倒れないとなれば、田中内閣に批判的立場からは枢密院に期待が集まる。条約案は枢密院で審議される。田中内閣は枢密院に不戦条約の諮詢を求め、民政党は六月二二日、「人民の名に於て」という文言を批判し、内閣に退陣を求める声明を出した。しかし、田中内閣を退陣に追い込むことはできず、二六日に条約案は承認された。

衆議院で倒れず、貴族院も倒せず、枢密院とは関係が良好で、元老西園寺が政治への関与を自制する中で、望ましくないにもかかわらず強すぎると見られた政党内閣は、天皇・宮中によって倒されることになる。昭和天皇と牧野伸顕内大臣ら宮中官僚は他の倒閣手段が機能しないことが分かった五月には準備に入っていた。

宮中にしてみれば西園寺が引導を渡してくれれば良かったのだが、倒閣も辞さなかった山県有朋と違って消極主義にたつ西園寺はその期待に応えない。そこには二つの立憲君主像の違いもあった。西園寺は全権委任型の立憲君主像で施政は内閣や選挙に任せるべきであると考えていた。対して昭和天皇と牧野が奉じたのが政党政治補完型の立憲君主像であった。[27] 昭和天皇と宮中は独裁的であったわけでも反政党政治的であったわけでもない。正しくイギリス的であった。昭和天皇は皇太子時代の一九二一（大正一〇）年、六ヵ月に及ぶ外遊でイギリスを訪れ、ジョージ五世から親しく議会政治下での君主の役割を教わった。「君臨すれども統治せず」という言葉で理解されがちなイギリス王室は議会政治の調整にあたって時に踏み込んだ役割を果たしてきた。国民も自身の行動を支持するだろうと考えていた。六月二七日、不戦条約が批准されたこの日、昭和天皇による異例の内閣弾劾が行われた。後の回想では「前と話が違ふ」「辞表を出してはどうか」とまで言ったという。[28] それは張作霖爆殺事件の処理をめぐる不満に止まらず、田中の態度が立憲的でないと見えており、昭和天皇の内閣弾劾を西園寺が支持したと考えた宮中官僚の不幸な誤解にも根ざしていた。天皇の使命感と宮中官僚の楽観と善意による倒閣は、当事者の意図せぬ波紋を起こす。

七月二日に田中内閣は総辞職し、同日、浜口に大命降下した。元老が東京にいなければ考えられない早さである。午後一時に大命を受けた浜口はまず山本、若槻両顧問を訪問し、午後六時には閣僚名簿を奉呈、九時には親任式に臨んだ。富田幸次郎民政党幹事長は「世界に立憲の制度を採用せる国多しと雖も、斯くの如く迅速なる多く其の類例を見ざる所にして独り我党の誇りとする所なるのみならず、汎く政党内閣制の為に気を吐くに足ものである」と述べた。[29] 浜口は財部《たからべ》彪《たけし》海相にその日の内に親任式をあげたいと述べており、準備と意気込みによって即日に組閣を完了した。[30] 民政党の斎藤隆夫は、六月二九日の日記で「田中内閣総辞職決定、党内歓喜」と党内の様子を記し、「数日内に浜口内閣成立せん」と見込んでいた。[31] 西園寺の姿勢は政友会幹部小川平吉の記録にも枢密院議長倉富勇三郎の日記にも残されている。倉富は「西園寺公は今後元老を設けず政機の移転は自然に行はるる様の考なる様に聞き居る」と記し、小川は「政権授受の基準は公が多年苦心せし所にして一歩も之を誤るの虞なき」と記した。[32]

他方、床次は君主の弾劾の翌二八日、枢密顧問官の田健治郎《でんけんじろう》に電話をかけ、二九日に面会、「若し後継内閣、民政党に帰せんか、議会解散民心益す動揺の虞れ有り、幸ひ西園寺公及び牧野内大臣に対し、君より一言推挙を煩し、幸ひに組閣の大命を奉ずるを得ば、幸慶之れに過ぎず」と述べた。[33] 田は高橋内閣後に加藤友三郎内閣が成立した時の再現を図るものとして「時勢の変遷、寧ろ至難」と警告し、牧野に間接に伝えようかと考えた。翌朝の新聞では西園寺と牧野の間で「略ぼ民政党総裁浜口雄幸推挙に内定」と報じられ、田は七月二日の日記に、「所謂憲政の常道に従ひ、在野党主領浜口民政党総蔡《ママ》を推挙するや、疑ひを容る〻べからず」と記した。一方で田は、台湾総督を務めた経験から「内閣更迭が植民地に波及するの弊」を「国家の為め憂ふるべき」と記した。そして「床次党」は「遂に無条件を以て政友会に合同す」ることになった。西園寺は床次の政友会への復党を喜び、こうして第三党勢力は失われ、あらためて二大政党中心の政党システムとなった。

II 浜口内閣最初の一五〇日——総選挙まで

1 明るく正しく強き政治を求めて

◉浜口民政党内閣の誕生

一九二九（昭和四）年七月二日、浜口民政党総裁に組閣の大命が降下し、即日民政党内閣が成立した。首相就任時五九歳。浜口は原敬以来の衆議院に議席を持つ首相、いわゆる「平民宰相」であり、初めての明治生まれの首相でもあった。浜口内閣は首相が浜口、幣原外相（貴）、安達謙蔵内相（衆）、井上準之助蔵相（貴）、宇垣陸相（陸）、財部海相（海）、渡邊千冬法相（貴）、小橋文相（衆）、町田忠治農相（衆）、俵孫一商相（衆）、小泉又次郎逓相（衆）、江木翼鉄相（貴）、松田源治拓相（衆）で、閣僚に四人の貴族院議員が含まれていた。なかでも日銀総裁などを務めた井上蔵相は民政党に入党し、党務の中心を担うようになっていく。また宇垣と財部は先の憲政会内閣でも軍部大臣を務めていた。

このような閣僚名簿に昭和天皇は特に牧野内大臣を呼んで「良い顔触れなり」と満足の意を語った[34]。民政党の内部は旧憲政会と旧政友本党が合同してまだ日が浅く、官僚系と党人派の相違もあったが、浜口はいずれからも支持されていた[35]。また、婦選獲得同盟の久布白落実は、浜口首相と全閣僚が妾をもたないと言明したことを歓迎し、「党として立つ時に、其総裁たる人に、又其閣員の首相たる人に、其事情の如何に関はらず、公然人倫の破壊たる妾の存在と其関係とを公認して、恥づることなき態度は、天下の公党として免すべきでない、又将来の内閣として断じて免すべきでない」と述べた[36]。「憲政常道」時代の首相の資格論として興味深い。政治は文化も表象する。

浜口内閣は七月九日、野党時代から主張していた政策を総合し、緊急の課題と向き合う十大政綱を発表した。（一）政治の公明、（二）国民精神の作興、（三）綱紀粛正、（四）対中国外交の刷新、（五）軍備縮小の促進、（六）財政の整理緊縮、（七）非募債・減税、（八）金解禁の断行、（九）社会政策の確立、（十）その他の政策として教育の更新などである。浜口の主導で作成され、次回の総選挙で有権者に承認を求めるものであった[37]。

八月一五日に斎藤を朝鮮総督に再任する相談を財部海相が仲立ちした。斎藤は参政権付与について成案を得たいと考え、浜口も「独り朝鮮と云はず内地に於ても進歩主義を以て進む積なれば、固より子爵の建策は逐次相談して実行を期すべき」と述べたという[38]。山梨半造朝鮮総督は八月に病気を理由に辞職した。腹心が疑獄で逮捕されており、一一月には山梨自身が取り調べを受けることになる。五私鉄疑獄事件や売勲事件など同時期に政治スキャンダルが相次いだが、山梨の疑獄事件は政党と軍の関係を考える上でも悪影響が大きかった。

九月二九日に田中前首相が突然の狭心症で死去した。田中は内閣退陣後も再起を期していた。首相指名は天皇の大権であり、昭和天皇の不信任によって辞職した田中が再び大命を受けることなどあるだろうか。ある。田中が政友会総裁であり、浜口民政党内閣が倒れれば、田中を指名せざるを得ないことを牧野内大臣は憂慮した。牧野は田中の死に「将来再び政権を執るの日到来せずやとの懸念は蓋し心あるもの皆気遣ひたるところなりし。天の解決か」とまで日記に記している。[39]「憲政常道」はそれほどの力を持っていたのである。一〇月一二日、政友会は男子普選体制に適応し、再び政党としての輝きを取り戻すために、事実上の引退状態にあったかつての「憲政の神様」、犬養毅を総裁に選んだ。こうしてともに代議士を総裁とする浜口民政党内閣と野党犬養政友会が対峙する。

◉世界大恐慌と重なる金解禁と国際軍縮

浜口は首相となった秋から毎週とはいかないまでも週末休養のために鎌倉を訪れるようになり、余暇に折々の雑感を書き記すようになった。後に『随感録』としてまとめられるこの記録によれば、浜口は政党政治家への自らの転身に「妥協又は情意投合政治の別名を有する官僚政治は、茲に終焉を告げて、二大政党対立に依る責任ある政党政治の発達がこれから始まらなければならぬ」という思いであったという。[40]にもかかわらず「政党の首領でない」加藤友三郎、山本権兵衛、清浦奎吾が相次いで首相を務める中で、憲政会は「苦節十年」という「失意の時代」を送った。そして加藤高明内閣の成立以来、「我が国の憲政は茲に始めて其の軌道の上に運転するに至り、十五年一月加藤首相職に斃れ、若槻氏代って憲政会内閣の首班となり、若槻内閣倒れて田中男の政友会内閣組織せられ、田中内閣倒れて、余が率ゆる民政党内閣の成立を見るに至った」。

浜口は「この顕著なる進歩」の理由を第一に憲政会、なかでも加藤高明の「偉大なる精神的努力」に求め、第二に、言論機関に代表される国民の政治的自覚が発達し、「政党内閣制の確立に対する澎湃たる輿論の欲求が頗る熾烈であった結果」であり、第三に、「残存せる元老政治家等の透徹せる進歩的識見の結果である」と総括した。[41]

浜口は「明るく正しく強き政治をして国民道徳の上に反映せしめん」と述べたように正しい政治が国民道徳を牽引することを願ったが、その背景には「我が国民は、政党政治の樹立を認識するや否や、直ちに其の弊害の甚しきに失望せり」という理解があった。[42]「政党政治は、少く共我が国に於ては、今の所、大切なる試験時代である。試験時代には傍目をふってはならない」のであった。宇垣陸相も「浜口氏の進む道は消極たるを免かれぬけれども真面目である、真剣味を比較的帯びて居る。是非成功せしめ度ものである」と考えていた。[43] 宇垣は内閣が早々に解散総選挙を行って「敗るれば退き勝てば四年間内閣持続を前提として思ひ切りたる政策を遂行して国歩の大展開を策すべき」とも考えていた。

浜口内閣の二枚看板は井上蔵相による金解禁政策と、幣原外交なかでも国際軍縮の遂行であった。浜口内閣は日本経済の窮境打開のために金本位制への復帰を目指していた。その準備として七月二九日に当初予算を約五％削減した緊縮実行予算を発表した。すでに議会で協賛されている予算をさらに絞り込む行為は「憲法の精神を蹂躙する不当の処置である」と野党政友会は批判した。[44] そして九月一二日には、消費生活での婦人の協力を求めるために、東京連合婦人会が首相官邸で催した会合に浜口首相、井上蔵相、安達内相が出席して懇談した。[45] この場に参加していた市川は後日あらためて安達内相を訪れ、「婦人の協力を求めるなら、同時に権利を与えてください。婦人公民権を与える公約を速やかにしてほしい」と要望した。

一九二九年一〇月七日、イギリス政府からロンドン海軍軍縮会議への招請を受け、協調外交だけでなく財政政策上の必要も大きく、一六日に参加を回答した。その前日の一五日には、翌年からの官吏の一割減俸を閣議決定していた。デフレ基調で国民全般の収入が低下する中で官吏の給与は定額であるために実質的な給与増になっていると支出削減を図ったものであったが、一律の減俸方針は強い不満と反発を招いた。田中前首相に「前と話が違ふ」と引導を渡した昭和天皇はなり行きを憂慮し、宮中官僚同意の上で財部海相に非公式の使者を送った。浜口は二二日、早々に撤回した。

そこに起こったのが、二四日、米国ニューヨークでの株価大暴落であった。「暗黒の木曜日」と呼ばれ、世界大恐慌への引き金となった。景気後退下で金解禁を目指すことは、かえって旧平価解禁の追い風となると当時の主流の経済学では考えられており、政府の基本姿勢であった。年が明け、一九三〇（昭和五）年一月一一日、浜口内閣は金解禁を断行した。

2 与党として臨む二度目の男子普選総選挙

◉施政方針演説と解散総選挙

一九三〇年一月二一日の議会休会明け冒頭、浜口首相は衆議院で施政方針演説を行い、犬養政友会総裁が批判の質問を行った。政権党と反対党の総裁が初めて共に代議士として議場で対峙したのである。与野党が議場で考えを述べた後、衆議院は解散された。

二月二〇日に第一七回総選挙が実施され、四六六議席のうち、民政党は二七三議席で圧勝、政友会は一七四議席を占めた。他、革新党三、社会民衆党二、労働農民党一、日本大衆党二、国民同志会六、無所属五であった。得票、議席とも二大政党に集中し、その上で民政党が過半数を占める勝利を飾った。

個々の候補者は様々である。解散後の一月一九日、前職横山勝太郎を有志代表として芝民政倶楽部が発会式をあげた。芝区内の民政党員がすべて組織されるわけでもなく、事実上、横山の個人後援会であった。来賓には小泉又次郎や俵孫一、松田源治、永井柳太郎、中野正剛らが名を連ねた[46]。横山は当選を果たした。田健治郎の甥の田昌は先の田中内閣下での総選挙で民政党から当選していたが、議席を維持した。

政治学者の川人貞史は離合集散による議会内での政党の規模の変化と選挙による規模の変化を分析したが、今回の総選挙の結果、離合集散による大政友会の復活は阻止され、以後、選挙による競争となる[47]。また政友会が農村部で強く民政党が都市部で強いというのも印象に過ぎず、選挙毎のナショナル・スウィング（全国的な票の大きな揺れ動き）が確認されている。

外地の京城でも二一日に開票が始まると総督府では仕事そっちのけで歓喜悲痛の叫びが上がり、街頭でも開票気分がたぎっていたという[48]。二五日の新聞外地版で児玉秀雄政務総監は、「政府党が絶対多数になつたことは国民総意の現れであつて、国策遂行上非常に喜ばしいことである、一面この総選挙によつて二大政党の対立が明瞭に区分せられたことは政党政治における一大進歩であらう、現内閣の施政方針に順応してゐる朝鮮統治については政府党が絶対多数を得たことによつて何ら変ることはない、いづれにしてもこれで暗雲低迷の政局が安定したことは慶びに堪へない」と述べた。(49)

市川房枝ら婦選獲得同盟は前回総選挙時の支持候補応援ではなく選挙革正運動に力を入れた。それは腐敗選挙が問題になっていたためでもあるが、政友会と民政党が共に婦人公民権に関心を示す中で地方からの選挙権実現は時間の問題と見られたためでもあった。市川は機関誌『婦選』で選挙を総括し、「若し民政党が途中で分裂等のことなく現在の絶対多数を保持していれば、理論上からいえば、民政党内閣は四年後の改選期迄は確実に続く筈である」と記した。(50)それは国民の投票結果を受けた多数党政権論を当然視するものであった。無産政党は新たに参加の場を得たが、植民地に選挙権は無く、女性にも選挙権は無かった。それでも帝国日本は政党政治によって全体が統合されようとしていたのであった。

一九三〇年の総選挙の後、婦選獲得同盟は運動への支持が期待できる当選者に祝辞を送り、政友会の犬養をはじめ、二大政党、無産政党を問わず多くの政治家からの礼状が返送されてきている。そこには民政党の杉浦武雄からの「絶対多数を得た民政党は国民の期待に副うべくその政策の遂行に努力致さねばならぬと思ひます。従って僕達若き者の責任はかなり重いと思ひます」と印刷されたものがあり、また、若槻礼次郎からの一九三一年の年賀状も残されている。(51)

III 衆議院の多数を得て——「強く明るく正しい政治」の挑戦と浜口遭難

1 ロンドン海軍軍縮会議と選挙革正の検討

◉民政党内閣とロンドン海軍軍縮会議

一九三〇年三月一日発行の『民政』は「選挙大捷号」と銘打たれた。金解禁を断行し、総選挙で衆議院の過半数を得た民政党内閣は、軍縮交渉を本格化させた。大きな流れを述べれば、四月二二日に条約署名、直後から五月まで開かれた特別会（第五八議会）、七月に統帥権干犯問題が大きくなり、一〇月一日には枢密院での批准達成というように進展した。しかし一〇月三日には全権として首席全権の若槻を支えた財部海相が退任に追い込まれた。若槻の妻が旅行嫌いであると聞いた財部は代わって妻の帯同を請け合い、国際儀礼の中で自由主義諸帝国との文化的連帯も示していた。[52]浜口は原内閣のワシントン会議時の前例にならって臨時海相代理を務めたが、臨時海相代理としての指導力を積極的に発揮することはなく、財部を通して海軍の支持を調達し、海軍の自律性に委ねる対応をした。

第一次世界大戦の悲惨を二度と繰り返さないために、戦後、日本を含む戦勝国は国際連盟を創設するとともに国際軍縮に力を入れた。ワシントン会議で主力艦の軍備制限が成功すると建艦競争は大型巡洋艦に移っていた。そこでジュネーブ会議でその制限が議論されたが日本の斡旋にもかかわらず英米が対立したために合意できなかった。今度のロンドン会議では米英での政権交代、両国間での予備交渉を経て、三度目の議論がなされたのであった。日本政府はワシントン会議での主力艦の比率を大型巡洋艦にまで当てはめることを嫌い、対米七割を掲げて会議に臨んだ。とはいえ交渉には相手があり、最終的に大型巡洋艦については対米六割、全体では六・九七五の比率で折り合い、次の軍縮会議までは対米七割を下回らない合意をした。

歴史の後知恵ではこの英断の代償は大きかった。全権によって調印された条約は国内で批准される必要があるが、その過程で海軍の組織統治の破綻と右翼の直接行動を誘発する結果となったのである。浜口内閣は右傾の取り締まりを強化した。[53] そして海軍内の対立は野党政友会の利用するところとなった。先の不戦条約への民政党の批判に倣ってではないだろうが、政友会は軍縮条約の廃棄を主張して倒閣を迫った。しかし、軍事参事官会議も枢密院も条約を認め、可能な手段で国防力を補う結果となった。

こうして一九三〇年代半ばから四〇年代半ばまでいわば一〇年間の文化内戦を日本にもたらすこととなるロンドン海軍軍縮条約であったが、このときは国民の強い支持を得ていた。若槻全権が神戸港に着くと国民の歓呼の声に迎えられた。前年秋の米国発の世界恐慌は日本経済にも深刻な打撃を与えており、国民は軍備縮小を歓迎したのである。軍当局者にとって憂慮される事態であり、以後、国民に国防の重要性を説く宣伝活動に力を入れていく。特筆すべきは、軍縮条約への引き続く昭和天皇の明確な支持であった。交渉に際して「世界ノ平和ノ為メ早ク纏メル様努力セヨ」と浜口を励ました昭和天皇は、調印後に英国大使と面会した際、「日英米三国ノ協調ニヨリ満足ナル結果ヲ期待シ得ル事態ニ至リタルハ此上モナク悦ハシ」く、「今後益々列国特ニ日英米ノ協力ニヨリ世界平和ノ増進セラレンコトヲ希望ス」と述べた。[54] 最後の元老でパリ講和会議の首席全権を務めた西園寺も軍縮条約を積極的に支持していた。明治維新後約一〇年間フランスに遊学していた西園寺は、軍縮も不戦条約も一八世紀の啓蒙思想の系譜を引き、パリ講和会議後の新機軸、すなわち「平和の促進とか、人類の幸福」といった精神に立脚していると考えていた。[55] こうして浜口内閣は上下に及ぶ心強い支持を背景に、枢密院に批准を強く迫ることができた。

条約の批准書は米国経由で英国に送られ、一〇月二七日に批准書寄託式が行われた。この日、浜口首相はフーヴァー米大統領、マクドナルド英首相とともに国際ラジオ放送を行った。浜口が日本時間午後一一時五〇分から約一〇分間の演説を行い、約二分後からフーヴァーが四分間、また二分おいてマクドナルドが約一〇分間演説して、最後に松平恒雄駐英大使が浜口の演説を約一〇分間通訳して終わった。「遠距離間放送の最初の試みとしては、大体において大成功」であった。浜口は条約が「各国民間相互の信頼と友誼とを明確に表示」するもので、各国が時に力に訴えてでも国益を追求する「冒険時代」から、共存共栄の「安定時代」へと「人類の文明に一新紀元を画した」と述べた。それは「国際的平和親善の確立に向って大なる一歩を進めたもの」であった(56)。

米国全権代表ヘンリー・スティムソンは後の満州事変時に国務長官を務め、第二次世界大戦時には陸軍長官として日米戦争の前面に立った。一九四五(昭和二〇)年、戦火が内地の沖縄に及びいよいよ本土決戦を迎えようとする中、国務省から早期終戦のための条件提示が提案されるとスティムソンは、「日本が幣原、若槻、浜口といった西洋世界の指導的政治家と同等にランクされうる進歩的指導者を生み出す能力を持っている」ことを指摘して賛成した(57)。国務省で提案を行ったグルー国務長官代理は五・一五事件後の駐日大使として昭和天皇や牧野伸顕内大臣など宮中の自由主義者への信頼があったが、状況を決定する陸軍省を動かしたのは民政党政権内の自由主義者への信頼であった。こうしてロンドン海軍軍縮会議は帝国日本を亡ぼす契機となり、ロンドン海軍軍縮会議が日本再生の契機ともなった。

◉政治と道徳と制度——選挙革正審議会と婦人公民権問題

浜口内閣は先の解散の直前、一九三〇年一月一八日に衆議院議員選挙革正審議会を設置した。海軍の間違った自己利益や組織統治の失敗が陸軍の動向も含めて後の帝国日本の崩壊につながったのは、政党政治への様々な不満が社会に横溢していたためでもあった。総選挙後、軍縮問題と並行する形で進展していく。

四月一二日に第一回総会が開催された。冒頭浜口は設置の理由を「我国政界の現状に鑑み之が浄化を図るの必要を感じ」てまず「選挙界を革正すること」が急務であるためと述べた。[58] 選挙界の革正といっても多岐にわたる。選挙権・被選挙権、選挙費用・選挙運動、比例代表制の問題、さらには政治教育の普及にも及んだ。小野塚喜平次、佐々木惣一も参加し、美濃部達吉は政治教育との関わりを説いた。美濃部は現行選挙の弊害として、第一に買収、第二に巨額の選挙費用、第三に官憲の干渉をあげた。[59] 買収にはブローカーの問題もある。高田早苗貴族院議員は憲政についての歴史的教育を主として進めるべきと発言した。腐敗選挙の問題はイギリスの七〇年、八〇年前の状況に似ていると見られていた。制度に関する議論では比例代表制導入への関心が高いが、「婦人参政権、即ち性に関する選挙権の事柄」についても委員の言及があった。[60] 選挙法改正に関わる検討課題と立憲教育に関わる検討課題を分けてそれぞれ特別委員会で検討することにした。同月発行の『民政』でも「我党の選挙革正調査要綱」が掲げられ、教員、宗教師とともに「婦人」の政党加入の自由が検討課題となっている。[61] 四月一七日には本部で有志代議士会が開かれ、婦人公民権問題を中心に議論した。[62]

一九三〇年四月二一日に選挙後の特別議会が召集され、二三日から五月一三日まで開かれた。その間の四月二七日、市川ら婦選獲得同盟は他の婦人団体と協力して第一回全日本婦選大会を明治神宮外苑の日本青年館に開催した。市川は各政党に祝辞を求め、民政党からは加藤鯛一情報部長が登壇した。婦人公民権問題には、二大政党の双方が当時の社会問題に柔軟に適応していた跡がうかがえる。民政党有志が提出した婦人公民権案、すなわち市制、町村制、北海道会法改正案は五月一〇日に初めて衆議院を通過したが、貴族院で審議未了廃案となった。六月一日発行の『民政』では、政治学者高橋清吾の論説「婦人公民権案」が掲載された。こうして与党民政党は次の通常議会に向けて態度決定を迫られる。九月二七日、民政党は選挙革正委員会を開き、婦人参政権について議論し、まず婦人公民権のみを与えることで一致した。[63] 以後、選挙革正の議論からは独立して進められることになる。全国町村長会が一一月四日、婦人公民権付与に反対する声明を出す中での進歩的政策であった。

2 浜口遭難と第五九議会の両義性

◉浜口遭難と民政党の動揺

先の国際ラジオ演説から一ヵ月と経たない一九三〇年一一月一四日、浜口首相は岡山県での陸軍特別大演習陪観に向かう東京駅プラットフォーム上で、一青年、佐郷屋留雄《さごうやとめお》によって撃たれた。佐郷屋の行為は反民主的であるが、皮肉なことに政党内閣制を念頭に置いていた。佐郷屋は政友会院外団主催の演説会を聞きパンフレットを読んで内閣を更迭すべきと考え、浜口内閣が倒れれば「積極政策を標榜する政友会内閣」が誕生すると目論んで凶行に及んだのであった(64)。

一二月下旬に召集される通常議会は目前に迫っていた。民政党の結束が心配される中、浜口首相の回復が見込まれたこともあって、幣原外相を臨時首相代理に据えて通常議会を迎えることにした(65)。しかしそのことは野党政友会からの強い批判を招いた。それは政党内閣の首相が党人でないのはおかしいという批判であった。一九三〇年一二月二四日に召集された第五九通常議会は混乱に次ぐ混乱となった。幣原臨時首相代理がロンドン海軍軍縮条約への批判を天皇の批准で反駁する失言問題を起こしたことも大きかった。とはいえ、民政党が多数を占める議会で予算案などは通過し、衆議院での内閣不信任案は否決された。

その一方で、労働組合法案は世界大恐慌下で衆議院を通過しながらも貴族院で審議未了廃案となった。また一九三一(昭和六)年二月五日、政府は制限婦人公民権案を提出した。「制限」とは男女の条件を分けることである。男子二〇歳、女子二五歳、女子のみは府県を除外し、名誉職に当選したものは夫の同意が求められた。市川らは二月三日に安達内相と面会の約束をえて訪問した。この日乱闘国会で帰宅が深夜となった安達は、「なかなか反対は根深いものです。あなたがたの方からいったら不満だらけだろうが、このたびはこれで我慢してください」と理解を求めたという。[66] 安達内相の夫人雪子は「婦人参政権は大賛成です」と雑誌記者に語っていた。[67] また安達は第一次世界大戦後の欧米視察時に婦人参政権についても関係各所を訪問していた。市川らは一度制限案が成立してしまうと完全婦人公民権の実現、さらには婦人参政権の実現が遅れると考え、制限案に反対した。とはいえ彼女らの反対とは無関係に、政府案が衆議院を通過する一方、これも貴族院で否決された。婦獲同盟は遠からず完全婦人公民権が実現し、他の権利獲得に進めると考えていた。しかし、約半年後の満州事変勃発で見通しを失うことになる。

◉浜口登院問題と三月事件

その後の歴史を知るものにとって第五九議会は政党政治の末期症状のように映る。政党間競争が激しさを増す中で野党政友会の政府攻撃と議会の混乱は浜口首相登院問題を引き起こした。政友会の求めに応じて議会中に臨時首相代理を解き、職務に復帰したが、「衰弱甚しく、顔色蒼白」であった。[68] 宮中官僚の木戸幸一内大臣秘書官長はそんな浜口首相を登院させる「四囲の状勢、党人の心理」に「再考三思を要すべき」と批判的であった。[69]

また後に知られていくことであるが、議会中に陸軍中枢を巻き込むクーデターが計画された。三月事件である。軍内に桜会を結成した橋本欣五郎や国家主義者の大川周明らが「政党内閣はもう到底駄目」と直接行動を志向した。しかし、第五九議会は政党政治の強さをうかがわせるものでもあった。クーデター計画を持ちかけられた小磯国昭軍務局長の第一声は世間はそこまで議会に反感を持っておらず、東京を攪乱しても「国民は吾人に賛成せず」というものであった。[70] 結局、計画は未遂に終わった。

浜口は政党政治の試験時代と述べていたが、「此の試験には相当長い年月を要するであらう。又長い年月をかけて改善しなければならぬ」とも述べていた。では、一体いつまでが日本の政党政治の試験時代であったのだろうか。一九六〇年代ぐらいまでか、あるいは今もって続いているのかもしれない。

第五九議会閉会とともに浜口は再入院した。回復の見込みは厳しく、内閣総辞職と総裁の交代に向けた準備が進められた。浜口の辞意を受けて、民政党は四月一三日に大会に代わる両院議員と評議員の連合会を開き、総裁選挙については選挙を省略して前総裁指名とした。筆頭総務と幹事長が帝大病院に訪問して受けとった浜口の指名書には若槻の名が記され、満場一致で承認された。次期総裁に宇垣の名前もあがりながら最終的に若槻が指名されたことは重要であり、詳しくは次章を参考されたい。

同日、党の連合会に先立って、浜口内閣は総辞職を決め、首席大臣である宇垣陸相が閣僚を代表して辞表を捧呈《ほうてい》した。昭和天皇は牧野内大臣を呼び、興津にいる西園寺に後継首相について下問した。翌一四日朝、牧野内大臣から西園寺の奉答を聞いた昭和天皇は若槻を呼び組閣の大命を下した。若槻は党の選んだ次期総裁であり、西園寺は牧野に「今日所謂政党内閣の成立せる時代」との理解を示して「民政党の総裁たる若槻」への大命降下を「最も可然」と答えた(71)。こうして民政党内で政権は引き継がれた。退任した浜口は治療に専念したが、同年八月二六日に死去する。六月に病室で書いた『随感録』の自序には「倫敦会議の目的たる世界平和の樹立に依る建艦競争の危険の防止と、国民負担の軽減とを、二つながら成功せしめたことは、聊か余の満足するところである」と述べられている(72)。

Ⅳ 立憲民政党の日常

◉民政党の一年間

昭和は平成となり、令和となった。その間、日本の政党史研究は長足の進歩を遂げた。中央地方関係に焦点を当てて広く政党史研究を開いた升味準之輔、占領研究から日本の政党史を整理した粟屋憲太郎の道標的作品、そして三谷太一郎などによる高度経済成長と自民党長期政権に刺激された立憲政友会研究の充実はすでにあったが、昭和天皇崩御後、政治史を書き換える重要資料が相次いで公開され、また、同時代の五五年体制の終焉過程に刺激されて政党への関心が高まった。[73] 戦後が長くなり冷戦終焉が歴史学に与えた影響も大きい。その中で、研究が遅れていた立憲同志会・憲政会・立憲民政党の系譜の検討、政党の行動を規定する首相選定ルールの解明、歴史アプローチによる選挙研究の進展、そして天皇・宮中、貴族院、枢密院、司法部など明治立憲制の全体像への研究が顕著に進んだ。政軍関係は引き続き盛んである。地方での文書館の設置や自治体史にも支えられて地方での政党組織や活動についての資料の発掘と検討が進んだことも有意義であった。

ここでは時系列的な叙述を少し離れて立憲民政党創立期の日常を俯瞰する。

一九二七年六月一日に立憲民政党が結成されてから一年間のスケジュールを党機関誌『民政』の党報から拾ってみる（**表1－1**）。この一年間には、府県会議員選挙、解散総選挙、それにともなう特別議会があった。一九二八年二月の第一六回総選挙が男子普選制導入後初めての総選挙であるだけでなく、それに先だって一九二七年九月以降の府県会議員選挙は衆議院議員選挙法改正に沿う一九二六（大正一五）年六月の府県制改正によって初めて男子普選制下で行われた府県会議員選挙であった。東京・神奈川・千葉・埼玉は関東大震災時の一年延期を受けて、また他にも解散や府県制施行遅れなどの事情で統一選挙から外れているものがある。[74]

表1－1　民政党の第一年（機関誌『民政』の党報より）

一九二七（昭和二）年

6・1　立憲民政党結党式

6・2　総務会（総務会を毎週火曜日、役員会を毎月第一、

第三水曜日）
6・4 党務部役員会、遊説部役員会
6・6 政務調査役員会
6・7 総務会
6・10 議員総会、政務調査総会
6・12 院外団発会式
6・13 総務会
6・14 総務会
6・15 各地で支部発会式（〜11・24）
浜口総裁議員招待会
6・16 政務調査総会
6・21 総務会
6・28 総務会
7・6 役員会
7・12 総務会
7・17 幹部会
7・19 総務会、党務理事会
7・26 総務会
7・28 臨時総務会（府県会議員選挙対策）
8・2 総務会
8・3 役員会
8・18 全国支部長会議

8・23 総務会
9・6 総務会
9・8 議員総会
9・15 臨時役員会（水害対策）
9・24 ◆この日の前後から10月初旬まで全国一斉の府県会議員選挙
10・3 臨時総務会
10・11 総務会
10・14 有志代議士会（震災関連）
10・16 有志代議士連合会（震災関連）
10・18 総務会、役員会
10・25 総務会
10・29 臨時総務会
11・2 茶話会（万国議院会議報告など）
11・4 最高幹部会
11・5 東京支部役員会
11・7 懇親会
11・8 総務会
11・12 有志代議士会（内閣弾劾）
11・15 総務会
11・16 役員会
11・18 院外団役員会

11・19―20　関東・東海支部長会議
11・22　関西大会
11・23　関東大会準備会
11・24―25　北海道・東北・北陸支部長会議
11・25　臨時総務会
11・30　幹部会、近畿中国支部長会議
12・1　四国九州支部長会議
12・6　幹部会
12・7　役員会
12・11　岩手県支部総会、新潟県支部大会
12・12　福島県支部総会
12・13　総務会
12・14　関東大会
12・20　総務会
12・23　議員総会
12・24　◆第五四回帝国議会召集
有志代議士会（旧本党系結束）
12・26　◆第五四回帝国議会開院式

一九二八（昭和三）年

1・7　総務会
1・10　総務会
1・12　在京議員総会
1・15　神奈川県支部大会
1・17　院内総務会（質疑者決定）、総務会
1・19　院外団大会
1・20　第一回党大会、幹部会
1・21　◆帝国議会の再開と解散
前代議士懇談会
1・25　幹部会
2・20　◆第一六回総選挙（初の男子普選総選挙）
2・23　幹部会
2・24　有志懇談会
2・25　東京支部会、選挙祝勝会
2・28　総務会
3・3　臨時総務会
3・8　緊急総務会（親王薨去）
3・9　政務調査総会
3・13　総務会
3・14　議員総会
3・15　党務部役員会
3・16　政務調査総会
3・19　有志代議士会
3・27　総務会

3・29　倒閣国民大懇親会、関東会
4・2　有志代議士会
4・5　総務会
4・7　最高幹部会
4・10　総務会
4・14　緊急総務会、院外団臨時大会
4・16　臨時党大会
4・17　近畿代議士有志会（社会事件につき調査）
4・18　緊急総務会
4・19　議員総会（院内役員選挙）
4・20　◆第五五回帝国議会（特別）召集
4・21　院内総務会
4・23　◆第五五回帝国議会開院式
4・23　役員会
4・26　最高幹部会
4・28　代議士会
4・30　総務会、院外団幹事会
5・1　浜口総裁代議士招待会
5・7　◆特別議会閉会
　　　代議士会（特別議会終了後）
5・14　総務会
5・17　政務調査総会

民政党の一年間の日程を通して分かるのは、第一に、一二月末に召集され、年末年始の休会を経て翌一月下旬の再開後三月まで開かれる帝国議会通常議会を軸として配置されていることである。議員総会、院外団大会、党大会といった重要行事が通常議会の召集と休会明けに向かって並んでいる。第二に、一年を通した党組織の動きがうかがえる。総務会、役員会、政務調査会などの活動である。そして第三に、全国支部長会議や関西大会など、全国的な人のつながりが表れている。政党の結びつきにおいて直接会うことは重要である。党大会に東奔西走する原敬に体を大切にするよう述べたのは高橋是清であった。それでも党幹部は全国を大移動する。

戦後長期政権を担った自民党は議院内閣制、総裁公選制、中選挙区制の選挙、政治資金の調達に促されてほぼ全員が派閥に入り、活動の基本単位となっていた。(75)立憲民政党創立期は議院内閣制的な首相選定が見込まれ始め、総裁公選挙制が導入されてまだ運用されず、中選挙区制も導入直後であった。政治資金は党首と幹部の役割が大きかった。派閥は強い地縁関係とともに総裁派と反総裁派の緩やかなまとまりがあったが、次第に政治資金も含めた新しい派閥が形成されつつあった。時事新報記者の加藤正造が一九二八年一〇月に刊行した『政党の表裏』は、「憲政布かれてこゝに四十年、わが国の立憲制もどうやら政党内閣制が確立したようである」と見通しを示し、その中で代議士は幹部の方策に従って一路邁進、前後左右に動く「陣笠である」と描かれている。(76)

◉中央組織と出版物

出版物はより頻繁により広範にアイデアを交換することを可能とする。政党の出版物は、政党機関誌、議会報告、党史に関わる書籍、演説集や時事問題での党の姿勢を記したパンフレットなど多岐にわたる。その中でも中心的なのは党機関誌であり議会報告書もその中に含まれる。一九二七年六月一日の立憲民政党結成にあわせて、憲政会の党機関誌『憲政公論』七巻六号は、改題されて『民政』一巻一号となった。(77)『民政』への改題とともに、社長には総務の小泉又次郎を得て、民政党総務、幹事長を顧問として社名も憲政公論社あらため民政社とした。『民政』の使命は「立憲民政党の政綱政策を拡充実現することに向ての協力」と述べられている。(78)第二号では浜口総裁に「民政」の題字を受け、小泉社長自ら意気込みを示した。『民政』の編集方針は前誌『憲政公論』から引き継がれているが、口絵に写真が掲載され、党首等の主要演説が収録され、時事的な政治評論、野党批判に加えて、企画ものとして「政治経済講座」、歴史読み物、代議士会や幹部会の記録である党報が掲載されている。党報で注目されるのは、まず民政党の地方支部が相次いで発足していくことである。次に、民政党の青年組織の結成が相次いで報じられる。英国労働党の宣伝振りが参照されていることや、無産政党への反論が見られることから、当時の民政党が何を将来の脅威と考えていたのかがうかがえる。(79)

◉地方政情と青年組織

一九二六年九月三日、浜松市会議員選挙で初の男子「普通選挙」が実施され、全国で続いていった。一九二八年二月一二日に出版された『県政物語』は、初の男子普選府県会議員選挙を全国的に取材した『朝日新聞』の連載企画を、初の男子普選総選挙を前に刊行したものであった。序文で下村宏（海南）は「昭和二年の秋、全国一斉に施行された府県会議員の総選挙は改正衆議院議員選挙法、即ち普選法に則つて行はれたもので、地方自治制度に一新紀元を劃するものであつた」と述べた[80]。

地方政情の変化については、松尾尊兊や伊藤之雄の先駆的研究があり、この時期の内務省による調査記録も資料として残されている[81]。ここでは京都の例を採り上げる。一九二五年の衆議院議員選挙法改正は男子に限られる男子普通選挙であったが、納税資格が撤廃されたことは当時「普通選挙」として画期的な出来事と受け止められていた。したがって、初の男子普選総選挙は人々の心持ちを揺るがし、さらなる変化の出発点ともなっていく。この総選挙に際して京都で民政党候補を応援し政友会政府と対峙した「民政党を守る青年同志」は、その後の与野党伯仲での特別議会の混乱を批判して、民政党京都支部の別働隊として活躍する青年民政党を創立することにした[82]。

八月一〇日に「新生日本の新文化を建設し、以て昭和維新の大業を成就」するという立党趣意書を発し、九月には政綱を立憲民政党の政綱に定め、一〇月一日から一〇日間にわたる演説会を京都市内一一ヵ所で開催した。一六日の立党式を前に総裁には永井柳太郎を迎え、立党式には永井の他、土屋清三郎、加藤鯛一《かとうちょういち》が民政党本部から派遣された。決議には田中政友会内閣の倒閣、政治道徳による政界刷新、そして満二〇歳以上の男子選挙権が謳われた。その後、遊説部をつくって倒閣演説会を行ったほか、郡部選挙、市会議員選挙、府県会議員補欠選挙、学区会議員選挙を応援し、時に民政党京都支部と対立し、浜口内閣が成立すると自ら政務調査会を設置した。

注目したいのは一九二九年四月二一日に青年民政党員の政治的訓練と政治教育普及徹底のために開催した模擬帝国議会である。政府提出議案と野党提出議案が議論されているが、田中政友会内閣の下で、政府提出議案に両税委譲に関するものがあるので、これは政友会を想定したものだろう。対する野党は民政党が想定されていると見られるが、その中には「選挙国管法案」や「婦人公民権付与法案」があり、「中立提出」の「小選挙区制法案」、「無産党提出」の「廃娼法案」が並んでいる。そして最後は内閣不信任決議案に野党と中立の連合がなり、絶対多数で通過しそうになったところで解散が宣せられ、聴衆熱狂のうちに散会したという。

なおこの時期に活性化した青年層の戦後政界との連続性も見過ごせない。一九二九年に民政党から東京市会議員となった小沢佐重喜《おざわさえき》は、一九三六年、一九四〇年と東京府会議員に当選し、戦後、三木武吉とともに自由党に進む[83]。他に民政党については井上敬介による党外人との関係についての研究も進んでいる[84]。民政党は党員の外側に幣原や伊沢などのような重要な支援者を持っていた。浜口内閣で警視総監を務める丸山鶴吉も、かつて床次と浜口から盛んに入党を勧められたが、政党の弊害を嫌って入党しなかった。その丸山に浜口は「政党を改革するには、真剣な人がその中心に飛込んで来て改革を断行せねば実績は到底挙らない。泥田の中で、泥まみれになつている人を見つけたら、自分も泥田にはいつて行つて、相手の泥を落さなければ駄目だ」と述べたのだという[85]。

第三章

第二次若槻礼次郎内閣期の立憲民政党

若月剛史
WAKATSUKI Tsuyoshi

I　第二次若槻礼次郎内閣の政治史的意味

若槻礼次郎と、彼を首班とする第二次内閣は、満州事変と昭和恐慌という二大危機に対して、十分に対応できなかったとして低く評価される傾向にある。

一九九〇年代から二〇〇〇年代にかけて、現実政治のなかで強いリーダーシップを求める声が強まり、日本政治史研究においても、政治指導者のあり方を探究する動きが強まっていった。そのなかで、リーダーシップを発揮できなかった政治指導者については批判的な見方で描かれるようになり、満州事変にも昭和恐慌にも有効に対処できないまま退陣を余儀なくされた若槻のような人物及びその内閣については、その限界こそ指摘されるものの、彼らが何を考えて何を行おうとしたのかについて真剣に検討されることは少なかった。もちろん、政治の世界では結果が何よりも重要であり、その点で若槻に及第点を与えることは難しいかもしれない。しかし、だからと言って、若槻やその内閣が行おうとしていたこと、そして、その可能性を無視してよい訳ではないだろう。

この点を意識しながら、本章ではまず、第二次若槻内閣が満州事変と昭和恐慌という二大危機が深刻化する以前に、どのような政治課題に取り組もうとしたのかという点に着目する。なかでも、同内閣が行政整理の一環として官僚制の組織改革に熱心に取り組もうとした点に焦点をあてたい。その理由は、以下のとおりである。

◉官僚の「政党化」と「専門化」

官僚制との関係を政党がどのように構築するのかという点は、現在でもなかなか簡単には答えを出すことができない問題である。ましてや、戦前の政党内閣の場合、これから見ていくように、政党が官僚制を統制するのには、現在よりもはるかに複雑な問題を抱えていた。なぜならば、政党内閣の時代は、官僚制の民主化と専門化が同時に要請された時代であったからである。

二大政党が官僚制への統制を強化するためには、官僚人事を通じて影響力を拡大するのが手っ取り早い。実際、政党内閣期の二大政党は、多かれ少なかれ、党派的な官僚人事を行っていた。官僚の側も政党に参加する者が増えていった。このような現象を、政治学者の升味準之輔は「官僚の政党化」が生じたと主張した(1)。このような官僚人事を通じた統制によって、政党内閣期には、官僚制の民主化が進んだ。しかし、他方で、こうした党派的な人事は「党弊」であるとして批判にさらされ、全面的に行うことは難しくなっていく。

他方、政党内閣の時代は、後述するように新しい政策課題が登場し、官僚制にさらなる専門性が求められるようになった。この点について、升味は「官僚の専門化」が進んだと述べている。こうして、この時期の官僚制内では専門性を尊重する雰囲気が醸成され、そうした専門性に基づいて展開される政策要求の正当性は高まった。

二大政党は、官僚の「政党化」と「専門化」の両者をそれぞれ適度に進めながら、そのうえで両者のバランスをとるという難しいかじ取りを余儀なくされていた(2)。官僚の「政党化」を進めると官僚制への統制を強化することはできる。しかし、それが過度に行われると、専門性に基づく行政が十分に行われなくなり、行政機関のパフォーマンスは低下してしまう。

他方、官僚の「専門化」を促進するような方策をとると、官僚制全体が活性化し、政党内閣はそこから生み出された新しい政策を活用することができる。しかし、そうした専門性の尊重が過度に行われると、各官庁からの政策要求が噴出して、省庁間でのセクショナリズム的対立が強まっていき、その調整は困難を極めることになる。

このような、官僚の「政党化」と「専門化」との間で生じる相克に対して、第二次若槻内閣は行政組織の改革を行うことで対応しようとした。それが実現する前に同内閣は崩壊してしまうが、その挫折の過程を見ることで、戦前の政党内閣制が抱えていた困難を理解することができよう。
この点を意識しながら、本章では、第二次若槻内閣は何を行おうとしたのか、それがどのようにして実現にまでは至らなかったのかという点を中心に、第二次若槻内閣の事績を見ていきたい。

II 若槻礼次郎とは？

◉苦難の半生

第二次若槻内閣は、首相の病気で総辞職を余儀なくされた浜口雄幸内閣の後継として成立した。そのため、浜口内閣の延長線上として捉えられる傾向が強い。実際、大臣の名簿を見れば、陸軍、商工、拓務の三大臣を除いて、大臣はすべて前内閣からの留任である。しかし、言うまでもないことであるが、内閣の性格は、そのトップである首相のキャラクターに強く規定される。そのため、第二次若槻内閣の性格を知るためには、首相の若槻がどのような人物だったのか見ていくことが重要になってくる。そこで、本節では、まず若槻のライフ・ヒストリーを辿っていくことにしたい。

現在、若槻礼次郎に関する史料は必ずしも多く残されているとは言えない。他方で、若槻は、戦後、『古風庵回顧録』（読売新聞社、一九五〇年）を刊行するなど、自らの半生について多くを語っている。また、政党の方も、選挙対策の一環として党首のイメージを良くするために、彼らの伝記の刊行に協力的な姿勢を見せていた。[3] こうした伝記は、若槻の青少年時代について多くのことを伝えてくれる。これらの文献を参考にしながら、若槻とはどのような人物だったのか見ていこう。

若槻は一八六六（慶応二）年に、松江藩の下級武士であった奥村仙三郎とその妻のクラの次男として生まれた(4)。奥村家は貧しく、若槻は教員伝習校内変則中学科に入ったものの、学資が続かず、数ヵ月にして退学を余儀なくされたという。その後、山へ薪を取りに行ったり、家事の手伝いをしたりして暮らしていたが、数えで一六歳の時に家計を助けるために小学校の代用教員となって、約三年間を過ごす。この間、若槻の同窓の者たちは、東京の学校へし進学し、若槻は「羨ましくてたまら」なかったという。何とか上京しようと、若槻は学費が不要の陸軍士官学校の入学試験を受験するが不合格となる。若槻は「この時の私の失望は、見るもあわれであつたろう」と後に回想している。

翌年、若槻は同じく学費が不要の司法省法学校を受験する。試験場の東京まで行く費用を、後に養父となる叔父の若槻敬に出してもらって、やっとのことで受験できたという。しかし、若槻は、正規の中等教育を受けていなかったこともあって試験の成績が悪かったため、入学することこそできたものの、学費が必要な私費生となってしまった。そのため、若槻は兄と叔父の若槻敬に手紙を出して、何とか毎月四円の学資を出してもらうことになった。しかし、それだけでは不十分で生活は苦しかった。そのうち、叔父に養子に迎えられ、学資も毎月一〇円を出してもらえるようになって、ようやく勉強に集中できる環境ができた。

こうして勉強に集中できるようになった若槻はめきめきと頭角をあらわしていく。帝国大学法科大学（司法省法学校は一八八五〈明治一八〉年に東京大学と合併して、翌年帝国大学法科大学となる）では、荒井賢太郎（のちに農商務相）や水野錬太郎（のちの内相）、安達峰一郎（のちに国際司法裁判所所長）ら錚々たる秀才たちのなかで、若槻はずっと首席であった。のちに京都帝国大学法科大学の教授となる織田萬は、同期であった若槻の勉強の仕方について「特別に糞勉強するのではないが、傍で他人が騒いでも、平気で本を読む度胸があつた」と述べている。また、織田によれば、若槻は熱心になると爪をかむ癖があったが、その集中力は「若槻が爪を嚙みはじめたら専心一意物に集中した証拠で、富士山が崩れたつて気がつかんのだから、声を掛けても駄目だと吾々はきめてゐた」ほどであったという。ただし、若槻は、必ずしも勉強漬けの毎日を送っていた訳ではなかった。スポーツにも熱心で、嘉納治五郎の講道館に入門して柔道の稽古に励み、のちに「軍神」として知られる広瀬武夫と取り組んでいたという。また、この時期、弓術の練習もはじめ、晩年まで毎朝、弓の練習をしていたことはよく知られている。

さて、大学の卒業が近づいてくると、就職のことを考えないといけなくなる。若槻の場合、まず梅謙次郎から自分の後継者として大学教授の道に進まないかと打診されたという。しかし、養父が少しでも早く官途についてほしいという希望を持っていた。そのため、若槻は官僚の道を進むことにしたが、官庁への就職もなかなかうまくいかなかった。[5] 当初、農商務省を志望していたが空きがなく、さらに内務省や逓信省にも職を求めたがかなわなかった。結局、大学の卒業式のころになって、先輩の水町袈裟六の推薦で、ようやく大蔵省入りが決まったのである。

これまで見てきたように、若槻はかなりの苦労人で、何度も失敗を重ねたうえで、数少ないチャンスをものにして、ようやく上昇への道筋を摑んだ。単純な学歴エリートではないのである。その点では、海軍兵学寮の入学試験に落ち、司法省法学校を退校させられるなど辛苦を重ねて上昇していった原敬と似ている。[6] しかし、藩閥への敵愾心をエネルギーにしながら、もともと強い関心があった政治や外交の分野で上昇の道を模索した原とは異なり、若槻は淡々と与えられた環境のなかでベストを尽くすことで、自分の人生を切り拓いていこうとするタイプだった。

●大蔵官僚時代の若槻礼次郎

大蔵省に入ってからも、若槻のそのような姿勢は続く。若槻は主に主税局畑を歩き、一九〇四（明治三七）年一〇月には主税局長となる。大蔵省入省後の若槻の働きぶりについて、先輩の添田寿一は、単に「頭脳の明晰」だっただけでなく、「独創的」な面もあったと述べている。[7] その後、第一次西園寺公望内閣の阪谷芳郎大蔵大臣の下で次官となる。ここで西園寺の信頼を得たと言われる。次官時代には、日露戦争時に増発された国債の整理にあたった。その後、ロンドンやパリに特派財務委員として派遣された後、第二次桂内閣の桂首相兼蔵相の下で再び大蔵次官となり、膨張する予算の抑制に努めた。

回顧録での次官時代を語るくだりでは、政友会の原敬や、寺内正毅陸相、後藤新平逓相などとどのように予算の問題を解決したのかという記述が目だつ(8)。しかし、若槻は、自らの交渉力によって解決したとは言わない。原に対しては桂が、寺内に対しては石本新六陸軍次官が、後藤に対しては寺内が説得したというように、いずれも他の人たちの交渉力によって解決したと述べている。

こうした若槻の語りから、彼は他者と協調して問題解決を行うことを重んじていたのが読み取れる。そして、その際には、交渉が重要になるが、自分自身はその能力に欠けていると若槻が考えていたことが窺われる。桂が「後藤を抑えるのは寺内に限る」と言って、寺内を後藤の説得にあたらせたのと同じように、若槻は、自分自身が交渉するよりも、その相手に対して影響力がある人物が交渉して問題解決にあたった方がうまくいくと考えていたふしがある。この点で、重要な問題については自らが交渉に乗り出し、それが不調に終われば、最後は「力」で押し切るタイプの浜口雄幸とは対照的であると言えよう。こうした若槻の問題解決のあり方は、後述するように、第二次若槻内閣期においても見られる。

III 第二次若槻礼次郎内閣成立

◉浜口後継としての若槻礼次郎

一九三一（昭和六）年三月二八日、波乱含みの第五九議会は閉会した。その後、四月四日に浜口雄幸首相が再入院し、一〇日には閣議で総辞職が決定された。民政党内では、後任総裁を選ぶ動きが本格化した。宇垣一成や安達謙蔵、山本達雄などの声があがるなか、浜口が後継総裁として選んだのは若槻だった。

若槻は、前の首相時代に、いわゆる三党首会談で衆議院の解散を避けて議会を乗り切ろうとしたために憲政会内の反発を惹き起こしたことがあった。また、加藤高明や浜口と異なって、カネ（＝政治資金）を作ることもできない。若槻自身も、自分は政党総裁として適任者ではないと述べている。それにもかかわらず、なぜ若槻は民政党の後継総裁に選ばれたのだろうか。

四月に浜口と後継総裁について話した幣原喜重郎によれば、浜口は、安達については「後事を託する信頼」がなく、宇垣については「最初は余程期待を懐きたるも其後共に事を為したる経験に徴し物足らぬ感を起し、今日となりては此人を推す自信を持たざる感想」をもらしていたという(9)。しかし、浜口が若槻を適当だとする理由については、「諸般の事情」に鑑みてとしか述べていない。

「諸般の事情」とは何か。新聞の観測記事を見てみよう。『東京朝日新聞』は、「元老重臣の好悪」に配慮して、「真に党の結束力をもち、実際に党をまとめてゐる人」を選ぼうとせず、「絶対多数党に対する自信を欠き、政党政治に対する確信を有せざるを自白してゐる」として批判的である。確かに、後継首相の実質的な決定権を有している元老や、その近くにいる重臣たちへの配慮はあっただろう。ただ、この記事が言うように、民政党をまとめられるだけの人物がいたかというと必ずしもそうではないようである。(10)

民政党内では、党外の伊沢多喜男が影響力を持ちながらも、同じ官僚出身者の江木翼《えぎたすく》との間で確執があったと言われている。また、いわゆる党人派も、中野正剛らが安達謙蔵を推す一方で、富田幸次郎らは宇垣一成の擁立を目指すというように決して一枚岩ではなかった。このように党内対立が大きい状況の下で、浜口辞任後も自党の政権を継続させるためには、とりあえず党が割れるのだけは防がなければならなかった。原敬没後に、政友会が内部対立によって政権を手放したこと（高橋是清内閣の総辞職）、その後、政友会になかなか政権が回ってこなかったことは、記憶に新しいことであった。このような状況の下で、総裁として座りがよいのは長老政治家である。そして、この時期における民政党の長老政治家と言えば、若槻か山本達雄であった。

若槻自身は山本を推していた。しかし、山本に固辞されてしまい、結局、若槻は総裁を引き受けざるを得なくなる。その後、浜口内閣の総辞職が閣議決定された一〇日の夜、江木鉄相と安達内相が若槻を訪問して、閣議の決定及び浜口が後継総裁として若槻を推していることを伝え、若槻に後継総裁の就任を求める。(11)党側からも頼母木桂吉《たのもぎけいきち》筆頭総務と桜内幸雄幹事長が若槻を訪れて、若槻の総裁就任を求めている。翌一一日、若槻は帝大病院に入院中の浜口を訪れ、その夜、安達、江木、頼母木、桜内と会見して、後任総裁受諾の意志を伝えた。その後、一二日に幹部会で推薦を受け、一三日に党大会に代わる貴衆両院議員並びに評議員の連合会で、浜口総裁が後任総裁に指名するという形がとられて若槻が総裁に就任することになる。

後継総裁を引き受けるよう説得するため、閣内からは、党人派の安達と官僚派の江木、党からは、政友本党出身の桜内と、立憲同志会・憲政会出身の頼母木が若槻のもとに訪問した。そして、最終的には、浜口総裁が推薦したという形が採られた。このように、党を挙げて若槻を支持しているという演出がなされている。前述したように、自党政権の継続のためには、民政党が若槻の下にまとまっていることを示す必要があったからである。

◉第二次若槻内閣の顔ぶれ

若槻が後継総裁に選ばれた一三日、浜口内閣は総辞職、翌一四日に若槻に組閣の大命が降下し、第二次若槻礼次郎内閣が成立した。浜口内閣の施政を引き続き行う姿勢を見せる第二次若槻内閣は、陸軍大臣、商工大臣、拓務大臣以外の閣僚は留任し、陸相であった宇垣一成にも留任することを求めた。しかし、宇垣は固辞し、代わりに宇垣が推した南次郎が陸相として入閣した。

商工大臣と拓務大臣が交代したのは、民政党内で大臣の交代を求める声が高まっていたからである[12]。大臣が交代すれば、それだけポストがまわってくる可能性が高まる。このように大臣交代の圧力が強まるなかで、二大臣の交代にとどまったのは、若槻が前内閣の施政の継続を重視したからだと言える。他方、政務次官や参与官などの政務官は全て交代した。

ここで改めて若槻内閣の閣僚を見てみたい。

外務大臣　幣原喜重郎
大蔵大臣　井上準之助
内務大臣　安達謙蔵
陸軍大臣　南次郎
海軍大臣　安保清種《あぼきよかず》
司法大臣　渡邊千冬
文部大臣　田中隆三

農林大臣　町田忠治
商工大臣　桜内幸雄
逓信大臣　小泉又次郎
鉄道大臣　江木翼
拓務大臣　原脩次郎
書記官長　川崎卓吉
法制局長官　武内作平

この顔ぶれの特徴として指摘できるのは、たたき上げの政治家も少なくない点である。[13]例えば、商工大臣として初入閣した桜内幸雄は、島根県の下級士族の家に生まれ、少年時代には豆腐を売る毎日を過ごしていたという。[14]その後、上京して文選工などをしながら夜学で学び、新聞記者を経て、実業界に転じる。その後、複数の電力会社や紡績会社で重役を務めるなどして実業界で成功をおさめた。

同じく拓務大臣として初入閣した原脩次郎も下級士族出身で、小学校卒業後は、若槻と同じように小学校の代用教員をしながら家計を助けていたという。[15]その後、上京して人力車夫や牛乳配達をしながら学んだ。原の転機となったのは一八九五（明治二八）年に、日本の植民地となったばかりの台湾に渡ったことである。台湾総督府で警視などをした後に、台湾の実業界に転じて成功をおさめた。こちらも、桜内に劣らず立志伝中の人物である。

民政党、そして、その前身の立憲同志会や憲政会と言えば、一般に学歴エリートの官僚出身者が主導権を握っていたと考えられている。確かに、第二次若槻内閣でも、井上や江木ら帝大法科卒の学歴エリートたちが中心的な位置を占めている。しかし、その周囲には、桜内や原のようなたたきあげの苦労人たちが並んでおり、そうした二重構造が見られることを見逃してはならない。そして、首相の若槻は、先ほど見た彼の経歴からも窺い知ることができるように、学歴エリートの側面も、苦労人の側面も併せ持っていた。こうした点も、若槻が民政党総裁として座りがよかった理由の一つかもしれない。

Ⅳ　行政改革の展開と挫折

◉行政改革に対する積極的な姿勢

前述したように、第二次若槻内閣が積極的に改革に取り組もうとしていたことについては、実際にはその大半が実現されなかったこともあって、あまり顧みられてこなかった。しかし、若槻内閣成立の翌日に開かれた閣議で、真っ先に行政、財政、税制の整理準備委員会の設置について協議されたことにも表れているように、同内閣は成立当初から改革に熱心な姿勢を見せていた。

これらの改革について、これまで昭和恐慌によって生じた歳入不足への対応策として経費削減の文脈で言及されることが多かった。実際、若槻が四月二七日から行われた地方長官会議では、「政費の節約」を行うために、従来の行政組織に相当の整理を加える必要があると述べている[16]。しかし、他方で、この会議の場で、各地方長官から「行政、財政、税制整理に当つては〔……〕行政官庁の整備、局課の廃合の如き末節の整理には、手をつけないことを希望する」などの意見が出されたように[17]、行政整理による経費削減という方法は限界に達していた。

第一次世界大戦後の恐慌以来、行政整理が頻繁に行われたが、その方法として多用されたのが行政組織の統廃合と人員整理であった[18]。しかし、他方で、重化学工業化や都市化が進展する一方で都市と農村の格差が拡大し、また、通信・交通事業が拡大するなど、この時期は新たな行政需要が生じていた[19]。その結果、各省庁の業務量は増大し、これ以上人員の削減を行うことは難しくなっていた。そのなかで、民政党内閣によって過度な経費削減が求められた結果、官僚や軍部との間での摩擦が大きくなっていったのである。浜口内閣期の官吏減俸案をめぐる紛糾は、その最たるものである。

こうした状況のなかで第二次若槻内閣は、従来と同様に、行政組織の統廃合と人員整理を中心とした行政整理を進めようとした。当然の結果として、それは官僚制の強固な反発を惹き起こすことになり、行政整理案は後退を余儀なくされる。その過程を見ていくことで、政党内閣と官僚制との間で、どのような問題が生じていたのか明らかにしていきたい。

◉行政組織の統廃合

行政整理準備委員会では、江木翼鉄相を主務委員として、行政組織の統廃合を中心として調査が進められた。その後、六月二〇日に、若槻首相を会長とする臨時行政財政整理審議会が設置され、引き続き行政整理について調査が行われ、九月九日に行政整理案が決定された。その内容は、①拓務省を廃止し拓務院として、内閣に直属させ、その総裁は首相の兼任とする、②農林省と商工省を合併して産業省とする、③予算定員の一割（現業員については五分）の人員整理を行うというものであった[20]。

これに対して、閣内では反対の声が出された[21]。その急先鋒だった町田忠治農相は多少の財源を求めるためだけに省の廃合を行うのは「不穏」であるとして批判した。これに桜内幸雄商相や原脩次郎鉄相（江木翼が病気のため鉄相を辞任し、原が拓相から鉄相に転じた）も同調した。

これに対して、井上準之助蔵相は、拓務省廃止・拓務院設置は「内閣所管事項として、首相の監督下に置くを拓殖行政上緊要なりと認む」として、その正当性を主張した。[22] また、井上は、産業省の設置についても「原始産業を司る農林省と、商工業行政を司る商工省とは連絡があり、これを一貫して官掌《ママ》するが一般産業の発達上必要である」と訴えた。しかし、町田らは納得しなかったため、若槻首相にその解決を一任することになった。

これを受けて、若槻は農林・商工両省を合併して産業省を設置することは中止することにして、拓務省の廃止だけが行われることになった。しかし、第二次若槻内閣の総辞職によって、拓務省の廃止も中止されることになった。

◉官吏減俸の断行

次なる歳出削減の方法として、第二次若槻内閣によって検討されたのが、官吏減俸と恩給法の改正であった。その背景には、昭和恐慌が深刻化し、民間の俸給生活者の待遇が切り下げられていく中で、官吏の有する「特権」に対して批判が高まっていたことが挙げられる。

このうち官吏減俸については、一九二九（昭和四）年に浜口内閣も行おうとしたが、官吏らの猛反発にあって撤回を余儀なくされたものであった。[23] そのため、第二次若槻内閣は慎重に検討を行った結果、実現の意志を固め、江木鉄相を中心とする行政整理準備委員会で具体案の作成が進められた。同委員会は、五月九日に、減俸を受ける官吏の範囲を、奏任文官及び同相当官以上は全部、判任官及び同相当官は月額五〇円以上の給料を受ける者とし、累進的に減俸を行うことを決定した。また、軍人や司法官に対しても同様の減俸を行うこととされた。

このような官吏減俸に向けての動きが伝わるや、猛烈な官吏の反対運動が起こった。なかでも現業員を多数抱える鉄道省や逓信省の反発は強固なものとなった。鉄道省では、五月七日から開催されていた国有鉄道現業員会で減俸問題が議論されたのを契機として、現業員の反対運動は全国に広がっていった。五月一九日には、鉄道従業員三一万人の名において、減俸反対の決議が江木鉄相に手渡された。その後も、江木に対して何度も減俸反対の陳情書や意見書が出された。減俸案立案の責任者である江木を糾弾する声も高まっていった。さらに、五月下旬には、鉄道省本省及び地方局の高等官及び判任官の全員がいっせいに辞表を提出する動きまで見られるようになった。

逓信省でも、逓信従業員会を中心として減俸反対の動きが強まり、それに本省の高等官や判任官の反対運動が合流して、全省が一丸となって減俸反対の運動が展開されるに至った。高等官らの反対運動が五月二三日に決議した「減俸反対期成同盟誓約書」には、「景気の良否に関せず、生活の安定せることのみを頼りとして、一身を棒《ママ》げその職務に励み来りたるに薄弱なる理由を以て、減俸の悪例を作ることは、将来永く官吏の生存権に累を残す」として、減俸反対の理由として、官吏の生存権に対して脅威を与えるという論理が全面的に打ち出されている。さらに、「経済国難を来したる原因」は、俸給費の増加というような局部的なものではなく、「国民経済機構の根底より、必然的に生じたるもの」であり、「この根元に遡及して、改善を遂げず」に、「最も抵抗力なく、しかも、最も忠実なる官史の生存権を脅かす」ものであるというように、減俸反対の運動は、政府の経済・財政政策に対する批判へと発展している。

このように官僚制内での反対運動が強まるなか、第二次若槻内閣は妥協を余儀なくされた。五月二六日の閣議で、六月一日から減俸を実施するものの、減俸を受ける官吏の範囲を、判任官については月額五〇円以上の給料を受ける者だったのを、月額一〇〇円以上の給料を受ける者に限るなどして大幅に狭めるとともに、減俸率も緩和することに決定した。

一日、若槻首相は各官庁に対して訓示を発し、官吏減俸を必要とする理由について、次のように述べた。


抑々官吏は、一身を棒《ママ》げて国家の公務に服する者なるを以て深くその職分の重要なるを自覚し、高く矜恃するの自信を失はず、進んで、常に一般国民と苦楽休戚を共にするの覚悟なかるべからず。即ちこの経済上の難局に際せる国民生活の苦痛に対しては、その地位に顧みて、何人よりも能くその実状を了解し、必らずやこれに同情して、敢てその苦悩を分担するの念、殊に切なるものあるべきを疑はず。是れ此の如き特殊の時機に処するの方途として、今次官吏の減俸を断行し、以て同胞相済ふの志を遂げしめむとする所以なり。

この訓示の根底には、官吏は人民を慈しんで統治すべきだという儒教的な思想が垣間見られる。[24]しかし、それと、逓信省の官吏が「官吏の生存権」を守るために減俸反対を訴えたのとは、考え方に恐ろしいほどの距離がある。

こうした距離が生じた背景には、両者の間で官吏に対するイメージの違いが大きくなっていたことがあるように思われる。一口に官僚制と言っても、その中身は、文官高等試験に合格したエリート官僚から、現在のノン・キャリアに相当する「属官」と呼ばれる人々や理工系の技術官僚、郵便・鉄道事業の現業員など、多様な人々によって構成されていた。[25]

なかでも、一九二〇年代を通じて鉄道網や電話などの通信網が大幅に拡充した結果として、現業員は増加の一途をたどり、官僚制内における彼らの比重は高まっていった。彼らは、官庁に勤務しているものの、その職務内容や待遇は民間の俸給生活者と大きく異なるところはなかった。むしろ、待遇面では民間よりも悪かったようであり、民間への人材流出が進んでいた。また、労働運動も発生するようになっていた。鉄道省や逓信省などの現業官庁にとって、いかにして現業員の待遇を改善して、人材の流出や労働運動の激化を防ぐのかが大きな課題となっていたのである。[26]

当初、政党内閣はいずれもそうした課題を受け止め、現業員の待遇改善に積極的に取り組んだため、現業官庁との関係は良好であった。しかし、浜口内閣や第二次若槻内閣が行おうとした官吏減俸は、この関係にヒビを入れかねないものであった。実際、第二次若槻内閣が当初示した官吏減俸案では、少なからぬ現業員が減俸の対象となるなど、現業官庁に対して十分な配慮がなされていたとは言えない。

例えば、江木鉄相は「高等官は勿論一般の官吏が、国家の窮乏状態をよく見てくれたならば、さう反対も出来ないではなからうか」と述べ、さらに減俸案が実施されても「細君の縮緬の衣服をやめるとか、化粧代を減らす位の所で、いはばぜいたく費の節約位で済むと思ふ」と語っている。実際に、「ぜいたく費の節約」で済むかは別として、こうした発言からも窺われるように、江木は、鉄道現業員にも高等官と同様に「国家の窮乏状態」を考えることを求める一方で、その生活や職務の厳しさについては特別な配慮を見せていない。官吏の多様性と、それによって生じる利害の分裂について、少なくとも官吏減俸案を決定する段階において顧みられた形跡はない。江木に対して、「鉄道職員は日常危険繁劇の業務に服し、且つその勤務は昼夜を分たず。為に心身を労すること甚しくその死亡年齢の低きことは、統計の示す所なり」というような不満が出てくるのにも理由があったのである。[27]

その後、強固な反対運動によって、減俸の対象となる現業員の範囲は大幅に狭められることになったものの、後手後手の感は否めず、現業員の間では自分たちの生活のことは顧みられていないとの不満が残ることになった。これ以降、昭和戦前期を通じて、鉄道省や逓信省は現業員の待遇改善を前面に押し出して、自らの政策要求を押し通そうとする姿勢を見せるようになるが、その契機となったのが、官吏減俸問題をめぐる紛糾だったのである。

◉恩給法改正問題

このような現業員や下級官吏に対する第二次若槻内閣の「冷たさ」を示したものとして、他に恩給法改正の動きが挙げられる。その骨子は文官の恩給が支給される年限（恩給年限）を一五年から二〇年に延ばそうとするものであった。この改正がなされた背景として、緊縮財政が求められている中で、恩給額だけは増加の一途をたどっており、「恩給亡国」の声も上がるようになっていたことが挙げられる。[28]

しかし、これに対して、官僚制内から反対の声が出された。鉄道省では、現業員は、恩給年限のカウントが始まる判任官になる前までに傭人や雇として一〇年以上働く必要があり、恩給法の改正によって恩給年限が延ばされると、恩給年限に達せずに退職しなければならなくなる者が増えるとして、むしろ現業員一般の恩給年限は短くすべきだという声があがった。また、軍人や教員に対しては恩給面で特別に優遇されていたのを、改正案では廃止または縮小することになっていたことに対して、陸軍省や文部省から批判が出されていた。

こうした反発に対して、第二次若槻内閣は軍人の恩給に対しては妥協したものの、他については原案のまま押し通し、改正恩給法案は第六〇議会に提出されることになった。ただし、その成立を見る前に第二次若槻内閣は退陣し、一九三三（昭和八）年になって同案は成立することになる。しかし、その後も、傭人や雇の期間は恩給年限にカウントされなかったため、鉄道省が提起した、長年にわたって公務に従事しながらも恩給を支給されない下級官吏の問題は、改善が求められることになる。

◉統合強化構想の展開

このように多様性が増大した官僚制内で、分裂化したそれぞれの利害に基づいて要求や不満が噴出するなか、第二次若槻内閣期の民政党では、そうした個々の要求や不満を抑え、政府全体をまとめる仕組みの創出、すなわち制度面での統合強化を求める動きが見られるようになった。

政党内閣期において、制度面での統合強化に熱心だったのは政友会である[29]。積極財政を展開する政友会の内閣の下では、各省庁から政策（＝予算）要求が噴出し、それを調整する必要性が高くなったからである。政友会を与党とする田中義一内閣期には、予算統制の強化や、省庁間の対立を調整するシステムの構築など、種々の統合強化策が検討された。しかし、その大半が実現には至らなかった。

他方、憲政会―民政党の方は、制度改革によって統合を強化しようとする発想は乏しかった。加藤高明や浜口雄幸らを中心として党内の人的結合が強かったことで、それによって、政府内の対立が生じたとしても最終的には抑え込むことができたからである。また、緊縮財政を一枚看板に掲げていることによって、予算をめぐる対立も、政友会内閣と比べて大きくはなかった。

しかし、昭和恐慌によって緊縮財政の正当性が揺らぎ、また党内の人的結合の要にあった浜口が撃たれてしまった。さらに、前述したように大幅な行政整理が進められることになって、各省庁の不満を抑えることができなくなった。こうして統合強化の必要性が高まることになったのである。[30]

その結果、第二次若槻内閣期になると、それまで見られなかった無任所大臣の設置など、統合強化のための方策が民政党内から出されるようになる。[31] 民政党内に設置された行政整理準備委員会で、富田幸次郎や頼母木桂吉らが中心となって行政整理の具体的な方法について検討が進められた。同委員会では、拓務省の廃止や産業省・交通省の設置といった行政組織の改廃案が作成されるとともに、「総理大臣を輔佐して政務統一の実を計り、予算争奪各省割拠の弊を是正」することを目的として無任所大臣（三名以内）を設置することも構想されていた。

これに対して、行政整理準備委員会や行政財政審議会では、これまで見てきたように、拓務省の廃止など行政組織の改廃が全面的に打ち出される一方で、無任所大臣の設置などの統合強化のための制度改革案が示されることはなかった。ただし、無任所大臣制自体は行政整理準備委員会で検討されていたようであり、また無任所大臣制に準ずる案として内閣書記官長や法制局長官を国務大臣と同格に引き上げることも考えられていたようである。[32] このように政府側でも予算争奪や各省割拠の弊害を克服するために、制度的に統合を強化する方法が検討されていた。しかし、それが具体化する前に、第二次若槻内閣は崩壊してしまい、日の目を見ることはなかった。こうして第二次若槻内閣や民政党の統合強化構想は忘れられていったのである。

V 満州事変の衝撃と総辞職

◉満州事変の勃発と朝鮮軍の越境問題

一九三一年九月一八日、奉天付近の南満州鉄道の線路が関東軍によって爆破された（柳条湖事件）。これを関東軍は中国軍の犯行だとして、爆破現場の近くにある北大営（中国軍の兵舎）と奉天城を攻撃した。満州事変の勃発である。[33]

翌九月一九日、臨時閣議が開かれ、事変不拡大の方針が決定された。その後、若槻首相は参内して昭和天皇に事変不拡大の方針を奏上している。また、陸軍では、南次郎陸相、金谷範三参謀総長、武藤信義教育総監の三長官会議が開かれ、南陸相から閣議で不拡大方針が決定されたことが伝えられ、その後、南や金谷は本庄繁関東軍司令官に対して、事変不拡大を指示した。

他方、関東軍は同日、満鉄沿線にある長春や営口などの都市を占領した。さらに、夕刻には、本庄関東軍司令官が金谷参謀総長に対して関東軍が満州全体の治安維持を担うべきだとする意見を電報で具申した。

また、この日、関東軍増援のため朝鮮軍が満州に向けて出動していた。このことについて南陸相から聞かされた若槻首相は、「政府の命令なしに、朝鮮から兵を出すとはけしからん」と南を難詰した。これに対して、南は「一部既に〔鴨緑江を―筆者注〕渡つてしまつたものは已むを得ない」と答えたという。実際には、この段階では、朝鮮軍は、参謀本部の指示によって満州との国境にある新義州に留まっていたのであるが、南の発言に衝撃を受けた若槻は、元老西園寺公望の秘書である原田熊雄を呼び、「陛下の軍隊が御裁可なしに出動する」ような状況では、「自分の力では軍部を抑へることはできない」として相談をもちかけた。(34) 前述したように、若槻は、自分の交渉能力の限界を自覚し、他の適当な人物が交渉した方がうまくいくと考えていたふしがあるが、この場合、元老や内大臣などの宮中重臣の支援を期待してのことだと思われる。

若槻から相談を持ちかけられた原田は、一木喜徳郎宮内大臣や鈴木貫太郎侍従長、木戸幸一内大臣秘書官長と会談し、若槻との会談内容を伝え、「軍部統制の良策」について相談した。これに対して、西園寺が上京することや、閑院宮載仁《ことひと》親王に協力を求めることなどの意見が出された。ここで、木戸が「この難局に際し、首相がこれが解決につき、いわゆる他力本願なるは面白からず」と若槻の姿勢を批判し、閣議を何度でも開いて確固たる決心を示せば軍部を抑えることができると主張した。原田は翌日、この旨を若槻に伝えた。

このエピソードは、若槻にリーダーシップが欠けていることを示すものとして、よく取り上げられる。しかし、川田稔が指摘しているように、出動した出先軍隊を内閣が直接抑える方法は制度上存在せず、実際問題として、この段階で朝鮮軍の独断行動を阻止することは限りなく不可能であった。(35) そして、九月二一日には、参謀本部の停止指示を無視して、林銑十郎朝鮮軍司令官の独断で朝鮮軍は越境を始めた。

この事態を受けて、九月二二日の閣議で、すでに朝鮮軍は出動しており、閣僚全員はその事実を認めて、これに要する経費を支出するとの決定が行われた。一般には、この決定が満州事変の重要な分岐点になったと理解されている。すなわち、ここで第二次若槻内閣が朝鮮軍の満州派遣を追認しなければ、昭和天皇の裁可も得られず、派遣部隊は朝鮮に撤兵せざるを得なかった可能性がある。その場合、満州事変はその後のように拡大することはなかったかもしれない。また、第二次若槻内閣が出兵の経費支出を認めなければ、朝鮮軍の派遣部隊、ひいては関東軍のその後の作戦行動は困難になったはずである。これらの点を考えれば、若槻及びその内閣の決断は、結果として満州事変の拡大を許すことになったと言えよう。

しかし、若槻の方にも経費支出を認めなければならない理由があった。川田が指摘するように、陸軍省や参謀本部の首脳部は一致して、朝鮮軍派遣と経費支出の承認を求めており、もし閣議での承認が得られなければ、陸相や参謀総長がともに辞職するとの合意が交わされていた。[36] 南陸相が辞任し、さらに後任の陸相が得られなければ内閣総辞職となる。それを避けるためには、経費の支出を認めざるを得なかったのである。

◉陸軍首脳部を通じての統制確保

朝鮮軍派遣の経費支出が認められた九月二二日、政府の不拡大方針を支持する旨を昭和天皇が発言し、南陸相や金谷参謀総長に伝えられた。これを受けて、彼らは関東軍に事態不拡大を指示した。そして、これ以降、南や金谷は第二次若槻内閣の不拡大方針に協力的な姿勢を見せていく。九月二三・二四日には、南や金谷は関東軍に満鉄附属地への撤兵を指示している。さらに、二六日には、若槻首相の方針を受けて、金谷は、満州での新政権樹立の運動に関与してはならないとする指示を関東軍などに伝えていた。

しかし一〇月に入ると、陸軍内部での突き上げによって、南や金谷は満州での新政権樹立を主張するようになる。彼らによる陸軍の統制に依存せざるを得ない第二次若槻内閣は、一〇月六日の閣議とその後の主要閣僚間での意見交換において、陸軍の意向を是認する方針を決めることとなった。若槻は、新政権樹立を認めることで南や金谷との連携を維持し、ソ連や国際連盟との関係から問題化する恐れがあった北満や錦州への関東軍の進出を食い止めようとしたのである。このとき、若槻には新政権樹立を認めないという選択肢もあった。しかしその場合、南が辞任する可能性があり、内閣総辞職も視野に入れなければいけなかった。本章でこれまで見てきた通り、若槻の政治姿勢は、「力」で押し通すのではなく他者と協調しながら問題の解決を図ることを基本としていた。そのため、ここで新政権樹立を容認するという妥協を行ってでも、南や金谷との連携を維持することで関東軍を抑制するという方針を選んだのである。

◉スティムソン談話の影響

こうした南や金谷と連携するという若槻の方針は、関東軍の北満や錦州への進出を阻止したように一定の成果を見せていた。しかし、その成果は、アメリカ国務長官スティムソンの一一月二七日の談話とその談話に関する声明によって完全に吹き飛んでしまうことになる[37]。スティムソンの談話と声明の内容は、金谷参謀総長が関東軍に対して錦州攻撃の中止を命令したのは、単に幣原外相との約束だけでなく、幣原を通じてアメリカの国務長官との間で交わされた約束のためであると誤解されかねないものであった。これ以降、金谷参謀総長の陸軍部内での権威は失われ、関東軍に対する参謀本部の統制は急速に失われることになる。こうして、一二月七日には、錦州攻撃を容認する南陸相の電報が関東軍と支那駐屯軍に対して発せられ、満州事変の不拡大方針は完全に挫折するに至ったのである。

◉協力内閣運動の展開と総辞職

満州事変が拡大するなか、一〇月一七日には、橋本欣五郎ら陸軍の将校や民間右翼が主要閣僚や宮中の重臣を襲撃しようとするクーデター計画が発覚した（十月事件）。このような状況を打開すべく、一〇月下旬、安達謙蔵内相によって政友会・民政党の連立内閣（協力内閣）が提唱されることになる[38]。安達内相や富田幸次郎、中野正剛ら党人派は、総辞職の可能性も出てきた若槻内閣後における政局の主導権を握ろうとして、協力内閣工作を進めようとしたのである。また、彼ら党人派には、政友会内閣の下での解散総選挙を回避するという意図もあったという[39]。

若槻も最初は、協力内閣に積極的であったらしい。若槻は「満州軍が政府の命令を軽視するのは、今の政府は、一党一派の民政党内閣であり、国民の一部の意見を代表しているに過ぎない」ため、「各政党の連合内閣を作れば、政府の命令は国民全体の意志を代表することとなり、政府の命令が徹底する」と考えたという[40]。しかし、若槻が幣原外相と井上蔵相に相談すると、両者ともに反対の姿勢を見せた。政友会との連立になると、彼らが推し進めてきた協調外交と緊縮財政に軌道修正を迫られるからである。こうした閣内の反対を受けて、若槻は協力内閣構想を断念する。

そして、一一月一四日には、閣僚・党幹部懇談会で、若槻は政権維持の決意を示すに至った。

しかし、一一月二一日、安達内相は協力内閣の樹立をめざす声明を出した。また、富田幸次郎らが政友会側と協力内閣に向けて交渉を進め、一二月九日には、政友会の久原房之助幹事長との間で協力内閣に関する覚書が交わされた。しかし、この覚書を見せられた若槻首相は、安達以外の閣僚を招集して協力内閣反対の方針を確認した。その後、安達を呼んで翻意を促したが、安達は拒否して、閣議にも出席しなかった。やむなく、若槻は安達に辞職を求めたが、これも安達は拒否した。こうして、一二月一一日、若槻内閣は総辞職するに至ったのである。

Ⅵ 第二次若槻礼次郎内閣とは？

これまで見てきたように、第二次若槻礼次郎内閣は、政党内閣期を通じて抱え込まれてきた矛盾を一手に引き受けざるを得なかった内閣であったと言えよう。政党内閣期に財源捻出の方法として行政整理が頻繁に行われ、第二次若槻内閣期には、官僚制内に人員や予算を削減する余地はほとんどなくなっていた。それゆえ、いざ若槻内閣が行政整理に着手しようとすると、官僚制内から強烈な反発が示された。第八章で見るように、昭和恐慌の進展によって、看板政策の緊縮財政の正当性が失われたことは、この傾向に拍車をかけた。陸海軍もまた、度重なる軍縮によって不満を蓄積させていき、ついには「政治的弱者の反動」として満州事変が惹き起こされるに至る。[41] こうした不満の噴出に対して、第二次若槻内閣及び与党の民政党は、制度面での統合強化で乗り切ろうとした。しかし、それが実現される前に、第二次若槻内閣は崩壊してしまうのである。

第四章

挙国一致内閣期の立憲民政党

小山俊樹
KOYAMA Toshiki

I

政権陥落後の立憲民政党

◉幹部級人材の喪失

一九三一年（昭和六）一二月一四日、三日前に総辞職した第二次若槻礼次郎内閣の前閣僚に、宮中で御陪食の席が設けられた。その場での若槻はかなり多弁で、自身の内閣について「弁護らしき口気」を述べ立て、同席した牧野伸顕内大臣は「寧ろ恐縮して謹慎、沈黙を守る」べきところ「聴くに堪《た》へざる思ひ」であったという(1)。

思わぬ内紛によって政権から陥落した民政党の前途は、誰の眼にも多難に映った。衆議院における多数は、一九三二（昭和七）年頭の解散総選挙で失われる公算が大である。しかも「選挙の神様」の異名をとる安達謙蔵内相は、富田幸次郎幹事長とともに脱党したが(2)、党内には安達の息がかかる代議士が多数残存した。民政党は事実上の分裂状態に陥ったのである。

若槻は党総裁の地位にとどまった。永井柳太郎が若槻の辞意を押し止めたという(3)。だが若槻の政権を支えた幣原喜重郎（前外相）は、民政党との距離を広げつつあった。体調の悪化していた党内実力者の江木翼（前鉄相）は、幣原も病気と聞いて伊沢多喜男（元台湾総督・元東京市長）に「吾々《われわれ》がいぢめしが為《ため》発病せしか」と書き送っている(4)。江木も伊沢も、浜口首相遭難をうけて幣原を臨時首相に擁立したが、彼らからみた幣原は政治家として落第であった。以降、幣原は民政党から距離を置く。

独り気を吐いたのは、いま一人の有力閣僚であった井上準之助（前蔵相）であった。幣原と異なり、民政党に入党して政党政治家の道を選んだ井上は、総選挙を前に闘志を燃やし、筆頭総務・選挙委員長として、候補者選定、資金調達、応援演説などに精力的に取り組んだ。井上こそ次期党総裁だとの声が上がったが、その矢先、本郷駒本小学校での選挙応援演説に駆け付けた井上に向けて、小沼正が三発の銃弾を放ち、井上は絶命する（血盟団事件）。選挙活動中であった斎藤隆夫は、井上の暗殺を聞いて「我党の一大事なり」と驚愕した(5)。

かつて浜口総裁のもとに団結を誇った民政党の幹部級人材は、わずかな時間で失われた。若槻総裁だけが依然として党の中枢にあったが、政策転換を図る原動力も、政権への意欲も乏しかった。ただそのなかでも、党内には若槻内閣の閣僚／準閣僚級を中心とする次代の人材が残されていた。町田忠治（前農相）、川崎卓吉（前内閣書記官長）、斎藤隆夫（前法制局長官）らである。彼らは旧安達派の浸透に対抗し、党としての戦略を立て直して、挙国一致内閣への対応に直面することになる。

◉桜田門事件・第一八回衆議院議員総選挙

政友会の犬養毅内閣は高橋是清蔵相のもと、浜口内閣が実施した金解禁政策を破棄し、再び金本位制を離脱して新たな財政政策を実行した（金輸出再禁止）。多年の政策を覆された民政党は、金輸出再禁止を厳しく非難するとともに、それにともなって発生した「ドル買い」による一部財閥等の利得を批判した。

さらに一九三二年一月八日、陸軍観兵式から戻る昭和天皇の車列に爆弾が投じられた（桜田門事件）。犬養内閣はただちに総辞職の構えをみせ、閣僚全員の辞表を捧呈した。大正末期、第二次山本権兵衛内閣の前例からすれば、内閣総辞職もあり得る事件であった。しかも山本内閣の逓相であった犬養毅は当時、強く総辞職を主張していた。だが西園寺公望（元老）や山本権兵衛（元首相）も、総辞職には及ばないとの意見で一致し、閣員は天皇の優諚を拝受して、総辞職は撤回された。

民政党は新たに取りまとめた政策の筆頭に「国体観念に関する国民精神の徹底」を掲げ、辞職を撤回した犬養首相

	1934年7月	1935年1月	1936年4月	1937年2月	1937年6月
	岡田啓介	岡田啓介	広田弘毅	林銑十郎	近衛文麿
	若槻礼次郎 （～11/4）	町田忠治 （1/20～）	町田忠治	町田忠治	町田忠治
	町田忠治（商）	町田忠治 （商・蔵 ※1）	小川郷太郎 （商）※3	—	永井柳太郎（逓）
	松田源治（文）	松田源治（文） ※2	頼母木桂吉（逓）	—	—
	大麻唯男	川崎卓吉	永井柳太郎	小泉又次郎	小泉又次郎
	俵孫一	永井柳太郎	山道襄一	桜井兵五郎	桜井兵五郎
	（文相就任） （商相就任） （文部次官就任） 平川松太郎 桜内幸雄 前田房之助 山本厚三 高田耘平 富田幸次郎	小川郷太郎 頼母木桂吉 中島弥団次 太田政弘 大麻唯男 藤田永吉 武富斉 田中武雄 鶴沢宇八 内ヶ崎作三郎	桜内幸雄 一宮房治郎 加藤鯛一 工藤鉄男 松村謙三 木檜三四郎 小坂順造 斎藤隆夫 一松定吉 八並武治	永井柳太郎 内ヶ崎作三郎 松本忠雄 小川郷太郎 大麻唯男 川崎克 高田耘平 田中武雄	（逓相就任） （文部次官就任） （外務次官就任） 小川郷太郎 大麻唯男 川崎克 高田耘平 田中武雄

（『民政』および『近代日本政治史必携』より作成）

立憲民政党役員一覧（1932-1937）

年月	1932年1月	1932年5月	1933年1月	1934年1月
内閣	犬養毅	斎藤実	斎藤実	斎藤実
総裁	若槻礼次郎	若槻礼次郎	若槻礼次郎	若槻礼次郎
閣僚	—	山本達雄（内）		
	—	永井柳太郎（拓）		
幹事長	永井柳太郎	小山松寿	松田源治	大麻唯男
政調会長	添田敬一郎	添田敬一郎	川崎克	俵孫一
総務	井上準之助（〜2/9） 堤康次郎 吉田磯吉 広瀬徳蔵 木檜三四郎 小坂順造 小西和 山本厚三 川崎卓吉 小川郷太郎	町田忠治 松田源治 牧山耕蔵 広瀬徳蔵 木檜三四郎 小坂順造 小西和 山本厚三 川崎卓吉 小川郷太郎 原夫次郎	桜井兵五郎 八木逸郎 鈴木富士弥 頼母木桂吉 原脩次郎 田中隆三 俵孫一 片岡直温 川崎卓吉	松田源治 町田忠治 添田敬一郎 平川松太郎 桜内幸雄 前田房之助 山本厚三 高田耘平 富田幸次郎

※1　高橋是清蔵相死去（1936.2.26）→町田忠治（蔵兼任）
※2　松田源治文相死去（1936.2.1）→川崎卓吉（文）
※3　川崎卓吉商相死去（1936.3.27）→小川郷太郎（商）

を「臣節問題」ありとして激しく非難した。江木翼は原田熊雄（西園寺秘書）をつかまえると「一体、君！　西園寺公はどこか身体の加減でも悪いのぢやないか」と詰め寄り、犬養の留任を容認する元老の態度を難じた。(6)その江木はこの年九月、癌によって死去する。

第六〇通常議会を前に、民政党は一月二〇日の党大会で「国体観念に関する国民精神の徹底」を筆頭とする一二の新政策を発表した。二一日に衆議院は解散。多年の緊縮財政政策に対する反発や、井上前蔵相の遭難もあり、二月二〇日の総選挙で民政党は大敗。二六〇名の議席は一四六にまで急減した。他方で与党の政友会は、三〇三議席という議会開設以来最大の多数を得た。

同年三月に召集された第六一臨時議会で、民政党は斎藤隆夫を議場に起てて、犬養内閣の「臣節問題」を中心に攻撃した（三月二二日）(7)。政権の失点をひとつでも稼ぎたいとの思惑であった。だがそれだけで劣勢を覆せるものではない。民政党は議長・副議長を失い、政友会に従来慣行の党籍離脱を求めるも失敗した。桜田門事件の責任追及も、中橋徳五郎内相の病気を理由とした辞職でうやむやになり、民政党は攻撃目標を失った。党の求心力は低下の一途をたどっていく。

II　斎藤実内閣期の立憲民政党

◉五・一五事件と斎藤実内閣の成立

一九三二年五月一五日夕刻、首相官邸に侵入した海軍青年将校が銃弾を放ち、犬養毅首相を殺害した（五・一五事件）。犬養内閣は総辞職し、高橋是清蔵相が臨時首相代理に就任した。

後継政権については当初、政友会総裁に就任が決まった鈴木喜三郎（内相）の首班が予想された。だが陸軍が政党内閣の継続に難色を示しており、政友会と軍部の間には対立が生じていた。他方で、宮中官僚も政党の政権担当能力に疑問を抱いていた。とくに政友会鈴木派が党利党略にはしる傾向の強いことについて、天皇をふくむ宮中には田中義一内閣以来の不信感があった。首相を推挙する元老西園寺公望は、当初政党政治の定着を考えて鈴木政権を想定していたが、次期首相に「人格」の保証や、政務官と事務官の峻別を求める昭和天皇の要望を言い渡されたことで考えを改め、西園寺内閣で海相を務めた経験のある斎藤実（前朝鮮総督）の推挙に同意した。(8)

この政変の間、民政党と若槻総裁の動向は消極的であった。事件直後、政友会の森恪《もりつとむ》幹事長は「政民協力内閣」の構想を若槻総裁に持ち込み、若槻は了承して三木武吉を窓口とする。だが鈴木政友会総裁の反対によって、大連立計画は流れた。(9)後継首相の推挙について西園寺に意見を求められた若槻は、「不祥事件を生ずるに至った時においては、必ずしも政党内閣を主張すべきではない。意志の強固な、軍の衆望を負う者を推薦」すべきだと答えた。(10)若槻は政権意欲を示さなかったが、西園寺は若槻が「一番話の筋は判つてゐた」と感じたという。(11)

果敢な動きを見せたのは民政党系官僚の実力者、伊沢多喜男であった。伊沢は五月一八日、河井弥八（侍従次長）に電話して、第三次若槻内閣を作るよう要望したが、提案は容れられなかった。伊沢の意見は河井から、牧野（内大臣）・一木喜徳郎（宮相）・鈴木貫太郎（侍従長）や木戸幸一（内大臣秘書官長）に伝えられたが、木戸にとって若槻の再登板は理解不能な提案であった。(12)宮中官僚のなかで、若槻はすでに首相としては不適任と判断されていたのである。伊沢が若槻を推したのは、森恪らが画策したとみられる平沼騏一郎の擁立を阻止するためであったが、斎藤実に組閣の大命が降下することがわかると、伊沢は斎藤の組閣に協力することで民政党系官僚の主導権確保をめざした。

五月二五日、伊沢は丸山鶴吉（浜口内閣期に警視総監、貴族院議員）を斎藤実のもとに派遣して、組閣を援けさせた。民政党重鎮・山本達雄の邸宅に陣取った伊沢は、組閣参謀として送り込んだ丸山ら、斎藤が朝鮮総督時代に配下だった官僚たちを指揮しながら、山本達雄を内相に推した。伊沢自身は山本からの強い入閣要請を固辞して、代わりに体制内革新をめざす「新官僚」の代表格とされていた後藤文夫を農相に入れた。柴田善三郎（内閣書記官長）、堀切善次郎（法制局長官）、藤沼庄平（警視総監）、および斎藤隆夫（内務政務次官）などの推薦も、伊沢によるものであった[13]。このときの暗躍で、伊沢は「大臣製造者」の異名をとり、「次には伊澤内閣が出来るのではないか」などの皮肉さえ飛んだという[14]。内閣成立後、斎藤首相・山本内相・後藤農相に官吏身分の保障を求めた伊沢は、新官僚の政界進出につながる文官分限令改正（一九三二年一二月）への道筋を引いたといえる。

だが伊沢の権勢は陰りが早かった。九月に河井弥八が侍従次長から帝室会計審査局長官へ転任となり、翌三三（昭和八）年二月に一木宮相・関屋貞三郎宮内次官らが辞任して、伊沢の宮中に対する影響力は低減した。伊沢は後藤農相の支援に力を尽くしたが、次第に後藤とともに斎藤内閣への不満を感じ、後継首相として近衛文麿や宇垣一成などを考慮する姿勢を見せ始める。とくに衆議院議員選挙法改正や製鉄会社合同問題などをめぐって、貴族院で政府法案に反対の論を張る伊沢と、斎藤内閣の距離は開いていった。斎藤内閣は「挙国一致」を標榜し、閣僚構成は政友三、民政二、官界三、軍部三、財界一の割合で、最大多数党である政友会の影響力は依然として強かった。平沼騏一郎の司法閥や、平沼の弟分であった鈴木喜三郎政友会総裁への激しい対抗心を抱く伊沢は、政権の全面的賛同者たりえなかったのである。

◉挙国一致内閣下の臨時議会

五・一五事件発生のために延期した第六二臨時議会は、六月一日に開会し、持ち越されていた追加予算案が討議、可決された。この予算は、民政党が推進した緊縮財政（高為替・高金利政策）から、高橋財政への転換をもたらした。為替レートは下落し、公定歩合の引き下げによる低金利政策のもと、日本銀行による大量の公債引き受けが実行された。そして公債の発行がもたらす通貨増量によって、軍事費と景気回復政策に政府支出が可能となった。

民政党は高橋財政に批判的であったが、二大政党が与党化した挙国一致内閣の主導する衆議院では財政をめぐる大きな議論は発生せず（公債依存に対する批判はむしろ貴族院で目立った）、多数の請願が行われた農村救済に関心が向けられた。政友会は平価切り下げを要求したが、これは実現困難な案であり、六月一三日に上程された決議案は、農村救済のため再度の臨時議会召集を要求するものとなった。これに対し、民政党は農村にくわえ「中小商工業」の救済を求める抽象的な決議案を準備したが、最終的に政友会案への賛成を決めた。衆議院の議決によって、臨時議会の開会が決定したのは初めてであった。なおこの議会で、政党政治への不信を払拭するための選挙制度改革や議会運営の方法を検討する場として、議会振粛委員会が議院内に設置された。さらに満州国の承認を求める決議案が、政民両党を含む全会一致で可決された。

八月二三日に開会した第六三臨時議会は「救農議会」と銘打たれたが、斎藤内閣は当初から「自力更生」を強調し、約五〇億ともされる農家負債に対して、農村負債整理組合法案・金銭債務臨時調停法案のわずか二案を提出するにとどまった。政友会は批判を強めたが、民政党は政府を基本的に支持した。政権獲得に焦る政友会は野党色を強める一方、党勢を弱めていた民政党の与党化が進んだといえよう。

なおこの議会では、就任した内田康哉外相が「国を焦土にしても」満蒙に関する主張を譲らないと述べた、いわゆる「焦土演説」が飛び出している。一〇月にリットン調査団の報告書が公表されると、世論やメディアは一斉に報告書を批判した。同二六日、若槻総裁もリットン報告書を「独断もまた甚しい」「なんら聯盟《れんめい》の意見を顧慮する要はない」と強く批難した。[15]民政党は政権陥落以来、直接の外交ルートに関与することはなくなったが、松本忠雄（外務参与官）を通じて外交状況を把握し、政府の外交方針を基本的に支持する態度を示している。[16]

◉国民同盟の結党と立憲民政党

一九三二年一月四日、清浦奎吾は同郷の安達謙蔵に「復党の時機は議会解散総選挙前」が妥当であると書き送った。[17] 民政党に安達が復党するか否かは、党の将来に関わる転機であった。総選挙前の復党は成らなかったものの、選挙を差配した井上準之助が死去したことで、党内に多数の同調者を抱える安達の動向が注目された。そして六月には臨時議会会期中に山道襄一《やまじじょういち》らによる安達復党運動が本格化する。だが、若槻総裁・町田忠治（総務）・川崎卓吉（総務）らは復党運動を抑圧した。六月二五日、代議士会上にて町田総務が復党問題の終幕を宣言し、「一致結束」を強調した。[18] 運動に敗れて民政党を離党した山道ら三名は、七月一日に安達と合流して「国策研究倶楽部」を創立した（八月八日に「国民同盟」へと発展）。さらに同じ八月には、三木武吉が東京支部の問題から離党し、三木派の代議士も脱党したため、党勢は一一八名にまで低下した（三木らは翌年三月に復党）。

安達の復党がなくなったことで、民政党執行部では復党を阻止した町田・川崎らの主導権が強まった。だが一方で、「与党気分に浸り常に政府の意向に聴従して」斎藤内閣を批判しない執行部に対する不満が、党内で高まっていく。[19]

その声を背景に、一一月一一日には協力内閣運動で離党した富田幸次郎が民政党へ復党する。富田は党内に渦巻く斎藤内閣批判の声をすくい取り、宇垣一成を総裁に擁立して国民同盟を吸収し、大民政党の復活を企図していた。[20] 富田の背後には宇垣擁立派の西原亀三があり、秋田清や山道襄一らとの提携関係も築かれていた。富田復党の直後、当の宇垣は「政友に政権来れは此《こ》の機に民政に入る」つもりだったが「暫《しば》く静観」すると、腹心の南次郎に述べている。[21] 民政党内の宇垣擁立派は、若槻執行部に対抗し、党の枠を超える再編をめざす勢力であった。そして宇垣もまたこの時点で、二大政党制回復の可能性を考慮し、民政党総裁の座に興味を抱いていたと思われる。

第六四通常議会前の一二月二二日、国民同盟（総裁安達謙蔵）が正式に結党し、斎藤内閣への対決姿勢を鮮明にした。だが国民同盟は議会の潮流に影響を及ぼせなかった。野党化しつつあった政友会は、鈴木総裁と高橋蔵相の間で議会後辞職の「黙契」が交わされたことで与党化した。また同議会では、政府提出の大型予算案が原案通り可決されたほか、政民両党によって「思想対策」決議案が提出され、左傾・右傾の思想問題対策の強化を求める内容が、賛成多数で可決された。一九三三年一月には、民政党の永井柳太郎拓相が堺利彦の葬儀に出席したことが問題となり、貴族院で三室戸敬光が緊急質問を行った。これらの動向は、「思想」をめぐる問題が政局を動かす時代の訪れをうかがわせる兆候であった。

◉政民連携運動と「軍民離間声明」

一九三三年四月、京都帝国大学法学部教授の滝川幸辰に対して、文部省は辞職を要求。これが大学側に拒絶されると、文部省は五月に滝川の休職を決め、京大法学部全教授が辞表を提出した（滝川事件）。六月には、佐野学・鍋山貞親ら共産党幹部が転向を発表し、七月にはクーデター未遂（神兵隊事件）が発生する。さらに同月下旬から開始された五・一五事件公判では、被告に同調的な報道をうけて全国で減刑嘆願運動が湧き起こった。背景には、相次いで結成された在郷将官らの軍人団体（皇道会・明倫会など）をうながし、小康化しつつあった「非常時」の再喚起をめざす軍部の主導権獲得に向けた動きがあった。

政局の焦点は、議会後の高橋蔵相辞任にあった。ところが斎藤首相の慰留をうけて、高橋が辞意を撤回したことで、政権移譲を期待した政友会は混乱に陥った。鈴木総裁の義弟である鳩山一郎文相が事態の収拾に乗り出し、八月には政民両総裁の入閣を提起するが失敗に終わる。さらに鳩山は政友会と政権の国策協定を成立させるも、協定通りに政策を実施させる保証を得られず、無力さを露呈してしまう。

ところが政党の力量を見切った斎藤内閣は、五相会議（首・蔵・外・陸・海）を設定して、政党出身閣僚を重要協議から排除する動きをみせた。これに対する反発から、一〇月頃から政民両党の提携運動が本格化する。両党は各地で演説し、軍部への批判を展開した。

これに対して、一一月一三日に、鈴木政友会総裁の暗殺計画が発覚（救国埼玉青年挺身隊事件）し、同二一日には、上野駅で若槻総裁が襲撃された。一二月八日には、松岡洋右（政友会）が議員辞職して、同二三日に政党解消連盟を立ち上げる。さらに松岡辞職の翌九日、陸海軍が連名で、軍や軍事費増大への批判は軍民を離間する「非愛国的言説」とする声明を発表した[22]（軍民離間声明）。

だが、これらの動向は軍や右翼の行動に対する批判を集め、政民連携運動はかえって活性化する。一二月二五日には、政民両党の懇談会が中島久万吉商相の仲介で実現し、政友会から床次竹二郎顧問、民政党からは町田忠治ら九名が出席した。中島の動きには鳩山も同調しており、翌一九三四（昭和九）年一月二一日には、政友会党大会に若槻総裁が出席して演説し、同二三日には床次が議場で「大同団結」を唱えるなど、政民両党の蜜月ぶりは高まった。民政党は政友会との協力を軸とした党勢回復に乗り出したのである。

◉政民連携の挫折、斎藤内閣総辞職

一九三四年一月二三日、荒木貞夫陸相が病気を理由に辞職し、林銑十郎大将（教育総監）が後任陸相に就いた。五相会議で高橋蔵相らに抑え込まれた荒木は勇退を図り、盟友の真崎甚三郎参謀次長を陸相に就けようとして果たせず、林の就任となったのである。林陸相のもとで、永田鉄山少将が軍務局長に抜擢された。永田は陸軍「統制派」の主軸として荒木・真崎ら「皇道派」の将官に対抗し、皇道派の勢力は急速に衰えていく。

同月、『時事新報』紙上で連載「番町会を暴く」が開始された。中島商相の出身母体である財界グループ「番町会」は、議会政治の擁護と政民連携を唱える政党と財界の結節点になりつつあった。政民両党が連携して軍事予算への追及を準備していたころ、政党への激しい攻撃も口火が切られたのである。

第六五通常議会は、政民連携運動の関係者への攻撃が集中する展開となった。一九三四年二月二日、関直彦が貴族院で帝国人絹株式の不当廉売を取り上げたが、関には国民同盟との関係があり、追及の材料は時事新報社から提供されたものであった。[23]同七日には、菊池武夫・三室戸敬光が「尊氏問題」で中島商相を「逆賊」を賛美するものとして攻撃し、九日に中島は商相を辞任した。さらに八日には、政友会の岡本一巳が登壇して帝国人絹株の問題を取り上げ、中島のほか鳩山文相・三土忠造鉄相らの名を挙げて、暴露演説を行った。さらに岡本は鳩山の樺太工業に関する金銭疑惑を訴えた（五月雨演説）。鳩山は潔白を主張して「明鏡止水」の心と弁じたところ、辞任の意として報道されたことに嫌気がさし、三月三日に文相を辞職した。岡本の背後には、政友会領袖・久原房之助らの主導権奪回を狙う策があったと考えられる。

この議会で、民政党の斎藤隆夫らが関わって出来た衆議院議員選挙法中改正法律案などが可決し、選挙公営などが決定した。斎藤自身は公営に反対であり、罰則規定の不十分さ、比例代表制の見送りなどもあったが、それでも「選挙廓清に相当の効果を現はすことは疑ない」と自信をみせた。[24]だが議会政治の「宿弊」を除き、政党更生の切り札と考えられた改正法も、相次ぐスキャンダルの報道と議会での追及を前に、世間への訴求力を損なってしまった。

検察当局による帝人事件の捜査は各方面へ進展し、五月には黒田英雄大蔵次官が召喚され、小山松吉法相から斎藤首相に「此度《こたび》は民政党はない　政友会は傷〔つ〕く」と報告された。[25]六月二九日には中島・鳩山ら前閣僚、および三土鉄相らが取り調べを受けることが判明し、そして七月三日、高橋蔵相の子・高橋是賢に疑惑が向けられる可能性が分かると、斎藤首相は総辞職を決意した。民政党は政民連携による議会勢力の高揚をはかり、事態の打開を狙ったが、政友会の内紛とスキャンダルによる政変によって、提携の動きは衰退に向かっていく。

なお五月一一日、政民両党は幹事長による政策協定を成立させている。しかし、民政党は政策基調において緊縮財政への志向を改めなかった。若槻総裁は同一五日、「財政整理の為にする増税の態度」を述べて、「人気取りの気持」があっては解決できぬと主張した。[26]政民連携が進んだとはいえ、両党の内政政策にはなお少なくない隔たりがあった。

Ⅲ　岡田啓介内閣期の立憲民政党

◉岡田内閣の成立と若槻礼次郎総裁の辞職

一九三四年七月、次期首相を奏薦する初の重臣会議が開催された。参じた者は会議を主宰する元老西園寺公望を筆頭に、高橋是清（蔵相）・清浦奎吾・若槻礼次郎、そして前首相である斎藤実ら首相経験者のほか、牧野伸顕内大臣と、枢密院議長に就いた一木喜徳郎（前宮相）であった[27]。

斎藤の後継首班候補としては、宇垣一成や加藤寛治、鈴木喜三郎などの名が一部で取り沙汰されていた。だが西園寺と宮中関係者の間では、下馬評にない岡田啓介（海軍大将・前海相）を推すことで一致していた。西園寺は斎藤の続投を望み、宇垣にも期待をしていたが、原田熊雄らの主導により岡田が浮上したのである[28]。斎藤前首相も岡田の就任を支持しており、重臣会議の場で西園寺に発言を促された斎藤は「岡田大将が最も適任だ」と述べた。そして高橋、若槻がこれに賛成したところ、西園寺は「若槻さんの御賛成は結構だが」「政党としてもぜひこの政府をどこまでも事実において支持しなければいかん」と告げて、若槻も「必ず援助しませう」と答えた[29]。会議は全会一致で岡田の推挙に決まった。支持を確約した民政党は、町田忠治（商相）・松田源治（文相）の二名を閣僚として送りこんだ。

斎藤内閣延長の性格が強いはずの新政権だったが、政党方面にもたらした変化は大きかった。ひとつには、政権を得られなかった鈴木政友会総裁が反発し、野党化したことである。政友会から入閣した床次竹二郎（逓相）・山崎達之輔（農相）・内田信也（鉄相）の三名と、九名の政務官は鈴木総裁から除名処分とされた。一一月末に高橋是清元総裁が蔵相に復帰すると、高橋にも「別離」が言い渡された。政友会の野党化で、挙国一致の布陣は崩れた。

もうひとつは、若槻民政党総裁の辞任である。八月五日、若槻は川崎卓吉幹事長に辞意を告げた。重臣会議で西園寺に対し、独断で政権援助を約したことは、「党員に対しては詢《まこと》に申訳けない失策」と、若槻は「心中深く詫びて居た」。そして川崎に対して内密に、町田忠治と山本達雄に「後任総裁の交渉」をするよう命じた。(30) 川崎は頼母木桂吉に事情を打ち明けて町田の意思を探ったが、町田は辞退した。山本達雄も若槻留任を希望して拒んだ。

ここに川崎のほか、町田・頼母木・桜内幸雄・富田幸次郎の五名が鳩首し、三つの案が話題にのぼった。①朝鮮総督の宇垣を総裁に迎え、政民両党と国民同盟をくわえて「絶対多数の一党」を作る（宇垣新党）。②岡田内閣与党の民政・床次派・官僚を一党として、政友会総裁派に対抗し「絶対多数を取る」（非政友合同）。③政民合同または政民連携で「政党の強力を図る」（政民連携）、の三案である。(31) 川崎は宇垣新党を「最も利益あるべし」として、心動いたような書きぶりを見せたが、宇垣にその決心があるかは不明であった。また非政友合同は、床次の人望に限度があり、官僚の動きも予測不能であった。そしてこの段階での政民連携は、野党化して政権を狙う政友会にとって、現内閣への攻撃を強化する意味が強く、民政党は利用されるだけに終わる可能性が高い。

宇垣新党を望む富田は、宇垣の総裁就任を促そうと試みるが、肝心の宇垣は決断を見せなかった。宇垣は民政党単独の総裁に興味を失っており、政友会と民政党の両党がともに宇垣を担ぐことを期待した。すなわち宇垣新党の実現には、政民合同を前提としなければならない。

党の方針は決しないまま、一一月一日に若槻が総裁辞任を表明した。若槻は町田を後継総裁に指名したが、町田は慎重に辞退した。「自分は総裁の天分でない」(32) との理由によるものであったが、党内には若槻続投を望んで町田の就任に反発する声が強かったため、これに配慮した結果であろう。(33) 同九日、町田は総務会長となり、民政党は総務委員が合議する総裁不在の体制に移行した。

民政党総裁の座が空位となり、さらに陸軍パンフレット問題（第二部第七章）における軍への対抗などで、政民両党の連携関係は強まった。直後の第六六臨時議会（一一月二八日開会）では、パンフレット問題や在満機構改革が議題となり、一二月にはワシントン条約破棄が閣議決定され、軍事費の増大が確実となった。軍を抑止する政民提携への期待は高まり、宇垣の出馬も時間の問題かと思われた。

この状況が反転したのは、一九三四年一二月五日のいわゆる「爆弾動議」であったという。議会において東武《あずまたけし》（政友会）が、農村救済費として一億八〇〇〇万円以上の追加予算を政府が計上すると表明するまで審議を行わないとの動議を提出し、賛成多数で可決された。自然災害が相次ぎ、農村の疲弊が露になる中で、軍事費と国民生活のどちらを財政的に優先するか。この対立軸を背景に、投じられた「爆弾」であった。政友会から岡田内閣に攻撃が仕掛けられたことは、町田商相にとって宇垣総裁構想に対抗する「反転攻勢の好機」であったとの説がある。[34] 政友会の野党色が強まれば、与党に近い民政党との距離は遠ざかり、政民合同（宇垣新党）ではなく、非政友合同が現実味を帯びるからである。この前後に上京を予定していた宇垣は、上京を延期し、朝鮮にとどまった。

さらに一九三五（昭和一〇）年一月一七日、溝口直亮（元陸軍参与官）が朝鮮の宇垣総督を訪問した。溝口の朝鮮行は、若槻と町田の依頼による宇垣への正式な党総裁就任の打診であった。[35] しかし政民合同の見通しのない民政党総裁への就任を、宇垣は拒んだ。こうして一月二〇日、町田忠治が民政党総裁へ就任する。

◉町田民政党の誕生と改革

町田新総裁のもとで陣容を刷新した民政党は、幹事長に川崎卓吉、政調会長に永井柳太郎を置いた。首相経験者であった若槻と異なり、「誰も町田を総理候補として、総裁に選出したわけではなかった」。[36] 単独では政権を望みにくくなった民政党にとって、岡田内閣の与党として政友会に対抗し、失地回復をはかるのが現実的な方策であった。

町田総裁・川崎幹事長は、岡田内閣との連携を強めながら、「既成政党」イメージからの脱却をめざした。一九三四年三月に竣工式を挙げた政務調査館は、息子を亡くした町田の寄付によるものであったが、ここに洋書などを揃えた政策研究のための図書館を設置し、出版機能を強化した。三五年一月には党資部（松村謙三部長）を設置し、党費公募に本格的に乗り出した。将来は党組織を、党資・出版・青年・遊説の四部制とする構想を立て、党の改良を推進したのである。

第六七議会会期中の一九三五年一月二四日、民政党から斎藤隆夫が壇上に立って演説した。「国民生活、国民の自由および戦争に対する三大脅威」を問い、陸軍パンフレット問題にみる軍の政治介入を批判して「軍部に対しても相当痛撃を加えた」と斎藤はいう。(37) 斎藤は、宇垣の出馬を期待した一人であった。軍の政治介入とともに、予算削除の「勇気すらな」い政党の無力を斎藤は嘆いた。政府の与党化を進める民政党はもとより、軍事費偏重を批判した政友会も、内部対立で政府に屈服せざるをえなかったのである。

二月一八日、貴族院で菊池武夫（予備役陸軍中将）が美濃部達吉の天皇機関説を「謀反」「叛逆」と論難し、機関説問題が発生する。政友会は完全に野党化し、岡田内閣と民政党への攻撃を先鋭化させた。これに対して、岡田首相は民政党に協力を要請し、与野党の構図が鮮明となる。三月四日、岡田首相は機関説反対を声明し、二三日には政友・民政・国同の三党が賛成して「国体明徴決議」が衆議院で可決された。政友会案の主要部分を骨抜きにするかわりに、三党で可決するとの交渉の結果であった。(38)

議会後に岡田内閣は、民政党と床次逓相ら政友会脱党組を中心に政権強化をはかり、五月一一日に内閣審議会を設置する。政友会は審議会に参加した望月圭介・水野錬太郎を除名。同二二日、民政党の川崎幹事長は政民提携の解消を通告した。町田総裁（商相）は床次逓相らと内閣審議会の創設を推進し、さらに同会の審議対象から、国防外交分野を除外させた。(39) 民政党は五月一日、内閣審議会の発足にあわせて党に基本国策特別委員会を設置する。(40) 内閣審議会を通して、政府与党としての立場を強化するとともに、軍の内政への介入を阻止しようとしたと考えられる。床次逓相は九月に急死したが、政友会を脱党した岡田内閣支持派は昭和会を結成する。

政民提携の消滅によって、宇垣・近衛文麿らを担ぐ新党構想も挫折した。そして町田・川崎らが採用した「非政友合同」戦略は、岡田内閣の与党化とともに順調に推移する。ただし民政党の意図に反し、発足した内閣審議会は十分に機能せず、国防・外交への発言力を確保しなかった政党は、国策全体に対する関与を顕著に低下させていく。

◉府県会選挙と第一九回衆議院議員総選挙

一九三五年秋、全国で府県会選挙が実施された。これは翌三六(昭和一一)年初頭に任期満了となる衆院選の前哨戦であり、同時に全国的に実施された選挙粛正運動の成果が試される機会でもあった。(41)

府県会選挙の結果、民政党は選挙前と比べ一〇〇議席近くを減らし、五二七議席であった。政友会は微増(五二六議席)であった。しかし川崎幹事長は「今回の選挙を見て大衆の意思が奈辺に存するか」が分かったと述べ、政党の存在意義を高らかに謳《うた》った。(42)無産政党の勢力は予期通り伸びたが(社会大衆党二四議席)、総合すると総議席数の八五%以上を獲得した政友・民政の二大政党を脅かすほどではなかった。国体明徴運動の最中であるにもかかわらず、右派系の党派も伸びなかった。政党への信頼回復に自信をもった川崎は「国民の間に芽生えて居る憲政復興への気運を善導」したいと語った。(43)

さらに一九三六年一月、第六八議会は四年ぶりの議会解散となり、第一九回総選挙が実施された。川崎卓吉幹事長は「選挙粛正が憲政運用上極めて重要」と宣言し、粛正が成れば「公正なる民意」が現れ、その場合には民政党が必ず勝利すると述べた。(44)

この衆議院議員総選挙で争点は二つあった。ひとつには、軍事費増大の是非をめぐる問題(後述)。もうひとつは、岡田内閣への信任不信任の問題であった。民政党と昭和会(元政友会閣僚を中心に結成)は与党の立場を鮮明にし、岡田内閣はひそかに無産政党も援助した。(45)資金の一部は元老西園寺の了承のもと、西園寺の縁故である住友財閥から出されたという。

選挙の結果は、与党の勝利であった。民政党は解散前議席一二七から二〇五に伸ばして、第一党の位置を奪還した。昭和会は二〇議席を獲得したが奮わず、野党化した政友会は二四二から一七四と惨敗。鈴木喜三郎政友会総裁は地元川崎で落選した。なお無産政党は二二議席と勢力を伸ばした。民政党は「選挙粛正」で政党改良の実を示すとともに、「挙国一致」を掲げて政府支持の立場を鮮明にし、これに対抗する政友会の絶対多数打破を企図した。その結果、民政党は単独での過半数には届かなかったが、実質として総選挙の勝者となり、与党化戦略は功を奏した。(46)

だが総選挙から一週間足らずで二・二六事件が発生し、岡田啓介首相は官邸で襲撃される(岡田首相は生存)。斎藤実内大臣・高橋是清蔵相ら重臣は殺害され、鈴木貫太郎侍従長は重傷を負った。岡田内閣は事件後に総辞職した。政権と宮中勢力の中枢が失われたことで、岡田内閣の与党として党勢回復をめざした町田・川崎の戦略は挫折したのである。

Ⅳ 日中戦争前夜の立憲民政党

◉広田弘毅内閣の成立と政軍対立の激化

二・二六事件の蹶起将校らが鎮定された後、元老西園寺公望は近衛文麿を後継首相に奏薦した。だが陸軍の蹶起将校に近い皇道派と親密だった近衛は、事件で軍内の支持基盤を失ったこともあり、病気を理由に組閣の大命を拝辞した。次に岡田内閣外相の広田弘毅が浮上し、三月五日に広田へ大命が下った。広田は外務官僚の吉田茂らを組閣本部において閣僚選定に取り組んだ。(47)

この過程で、組閣に協力したのが、総選挙の直前に岡田内閣の文相に就いていた川崎卓吉であった。川崎は広田への大命降下当日に愛息の葬儀を営んでいたが、吉田が川崎を火葬場から呼んで組閣を進めた。吉田は外相、川崎は副総理格の内相に、それぞれ入閣する予定であった。民政・政友の両党から各一名の入閣を提示する広田に対し、川崎は各二名を主張し、およその顔ぶれが決定した。(48)

だが六日朝、陸軍大臣に擬された寺内寿一大将より、「自由主義的色彩を帯び」るものを閣僚から排せよとの圧力が加えられ、吉田や下村宏（東京朝日新聞）らの入閣は断念させられたほか、主要閣僚の内相や教育思想に関わる文相も、政党員以外の人選を求められた。(49) その結果、川崎は商工相に、頼母木桂吉は逓相に移った。さらに軍備充実や「従来の秕政《ひせい》」（＝悪政）を一新するとの声明を要求された広田は、これを了承したが、陸軍はさらに二大政党側の入閣者を各一名にせよとの要望を持ち出す。ここで川崎は猛反対し、最終的には陸軍の要望を押し返して、政党員の入閣数を各二名で維持した。

その直後の三月一一日、川崎商相は病に倒れ、同二七日に死去した。町田民政党にとって大きな損失であり、広田内閣における政軍のバランスを保つ要《かなめ》の喪失でもあった（後任商相には民政党より小川郷太郎が就任）。二・二六事件後、内務大臣・首相臨時代理でありながら事態の収拾に存在感を発揮できなかった後藤文夫前内相らも勢いを失った。内務省内でも少壮官吏を中心とした革新派が勢力を強め、川崎卓吉の内相就任を阻止する運動も発生していた。(50) 広田内閣のもとで有力な新官僚は排除され、民政党の内閣への影響力は限定的なものになっていた。

クーデターを起こして重臣を殺害しながら、かえって台頭する陸軍に、政党内からの反発は強かった。事件後の第六九臨時議会で、軍人の責任を正面から問い、世論の賞賛を得たのが斎藤隆夫（民政党）の「粛軍演説」であった(51)（第二部第七章）。五月七日、斎藤は壇上で軍人の思想問題や上層部の監督責任を厳しく問い、衆議院は「満場静粛、時々万雷起る」と演説を称えた。答弁に立った寺内陸相も「同感でございます」と述べざるを得ず、斎藤は「責任を果したる感あり(52)」と満足した。

ところが第六九議会では、斎藤による「粛軍演説」の裏面で、政党の活動の場である議会審議を形骸化する措置が実行されていた。わずか三週間の会期中で、馬場鍈一《ばばえいいち》蔵相は二三億円以上の実行予算・追加予算案を提出したほか、数々の重要法案を立て続けに成立させた。そのため、従来は質問者一人で丸一日を使っていた予算委員会での質疑も、約一時間ほどに抑えられた。しかも広田内閣は、軍事関連事項の審議に秘密会を多用し、そこで触れられた内容は口外を禁じられた。議会の審議能力は著しく制限され、膨張する軍事費への歯止めを失っていった。臨時議会中の五月に、軍部大臣現役武官制が官制改正により復活したが、政党の怒りはむしろ議会審議のあり方に向いていた。臨時議会で党籍を離脱し、衆院議長となっていた富田幸次郎は、議会審議権の実質を確保するために、常置委員会の設置を企図した。七月に議院制度調査会が設立され、議会改革は順調に進行するかにみえた。

しかし九月二一日、軍によって議会制度改革案が広田内閣に提案される。その内容は、一〇月三〇日に新聞紙上で報じられた。政党内閣制の否定、政党活動の制限、議会の政府弾劾権停止などを中心とする「改革」案であった。軍は議会が政府行政の監督を行うこと自体を否定する立場を明らかにしたのである。事ここに至り、一部の政党人はいよいよ二大政党の枠組みを乗り超えて、軍の挑戦に対抗する必要を痛感した。

一一月四日、民政党幹部会は真相を速やかに調査する要望を声明。翌五日、斎藤隆夫をはじめ民政党有志代議士が、軍人政治関与排撃の決議を行った。七日、町田総裁が演説して「憲政有終の美をなす」と唱え、政友会もまた軍部批判の演説を発した。政民両党の提携は活性化していく。民政党の内部では、綏遠《すいえん》事件（一一月一四日）や日独防共協定（一一月二五日）などの「外交問題を以て内閣弾劾」を実行しようとする動きが高まった。[53]

だが町田総裁をはじめとする執行部は、広田内閣への対応を決めかねていた。一九三七（昭和一二）年一月、第七〇議会の休会明け直前に、斎藤隆夫は「未だ両党の主脳部内閣弾劾に傾かず」「政党意気なし」と記している。[54]政権打倒をめざす少壮代議士と異なり、政権に配慮する執行部は倒閣に消極的であった。川崎卓吉の死、それに軍と良好な関係をもつ永井柳太郎などの台頭で、民政党幹部内にも軍や政権に対する温度差が生じていた。

だが政変は、党内の齟齬が明らかとなる前に発生した。同二一日、浜田国松（政友会）の質問に対し、寺内寿一陸相が「軍人に対しまして聊《いささ》か侮蔑」するような感じがあると応えたところ、浜田は「僕が軍隊を侮辱した言葉があったら割腹して君に謝する。なかったら君割腹せよ」と「腹切り問答」を仕掛け、議会は騒然となった。このため広田内閣は二三日に総辞職した。政党を懲罰するために解散を要求する寺内陸相と、予算を通したい永野修身海相の意見が対立し、事態収拾の見通しを失ったのである。[55] 波乱が予想される議会の収拾は、来るべき新政権に委ねられることになった。

◉宇垣一成内閣の流産と民政党

軍部と政党の対立によって混迷する政局を前に、元老西園寺公望は病床にあった。一月二四日、興津坐漁荘で湯浅倉平内大臣を応接した西園寺は、ついに最後の切り札と考えていた宇垣一成を内閣首班に奏薦した。政党内閣期に陸相として軍を統制し、軍縮を実現した宇垣の手腕に対する西園寺の評価は高かった。同日、宇垣は満を持して上京し、組閣を開始した。協力者には、宇垣側近の大蔵公望・今井田清徳らのほか、民政党から川崎克（宇垣の姻戚で元陸軍参与官）や鶴見祐輔（宇垣側近、一九三六年入党）、政友会から砂田重政（政調会長、宇垣の姻戚）らが加わった。

ところが宇垣の組閣は困難に直面する。[56] 二五日に寺内寿一陸相に後任推薦を求めた宇垣は、翌二六日、寺内より大臣を引き受ける者がいないと通告された。重職を決める陸軍三長官会議の結果、推挙した三名はいずれも辞退したというのである。宇垣は「微力到底私共の力では押へ切れぬ」と「哀訴」する寺内らに、「実に無責任の極」と憤った。

政変より前、寺内陸相や杉山《すぎやま》元《はじめ》教育総監ら軍上層部の一部は「宇垣でいいじゃないか」と意中を漏らしていた。かつて宇垣の世話になった上層部には、宇垣への抵抗は少なかった。宇垣の排除に動いたのは、石原莞爾大佐（参謀本部戦争指導課長）と片倉《かたくら》衷《ただし》少佐（陸軍省軍事課満州班長）ら中堅幕僚であった。陸軍省軍務局を中心に宇垣内閣絶対反対を唱える幕僚たちは結束し、寺内陸相らに圧力をかけたのである。危機に陥った宇垣は、かねてよりの腹心である小磯国昭中将（朝鮮軍司令官）に電話で打診するが、小磯は三長官が推薦するならと返答して身をかわした。宇垣は「小磯の軽挙が招来したる三月事件が、其の口実に利用せらるるなどは奇しき因縁」と日記に書きつけた[57]。二七日、宇垣は湯浅倉平内大臣と宮中で面談し、陸軍大臣の獲得について①内閣官制第九条にもとづき事務管理（他の大臣による事務代行）とする、②現役将官への天皇の優詔《ゆうしょう》を奏請して就任させる、③予備役将官を天皇の大命によって現役復帰させる、の三案を提示した。だが、湯浅はいずれも「激流を遡《さかのぼ》る船に陛下を御乗せ申す」ことは避けるべきだとして、宇垣の申し出を拒んだ[58]。万策尽きた宇垣はついに大命を拝辞し、宇垣内閣は流産に終わった。

幻に終わった宇垣内閣は、さまざまな可能性を思わせる存在である。とくに宇垣は政党内閣期以来、常に将来の首相と評価が高く、民政党との関係も深い人材であった。政民連携運動においては新党の党首に擬され、宇垣もまた政民合同の暁には政界に乗り出すとの決意をしたこともあった（前述）。それゆえに、このとき宇垣内閣の成立があれば、政府のもと政党が団結し、軍部を統制する機能が回復して、戦争への道は様相を変えていた可能性を指摘する見方は強い[59]。

実際に組閣失敗の後、宇垣は政党人への憤懣を抑えられなかった。「余が憲政とファッショの流の分岐点に立ち憲政最後の防波堤として孤軍奮闘せし際に〔……〕政治に関する輩の態度は如何でありしか[60]」。たしかに宇垣への大命降下に、政友・民政の各政党は歓迎する意向を示した。だが陸軍の妨害によって組閣が難航する宇垣を尻目に、政党は傍観の態度に徹した。一月二七日、尾崎行雄・田川大吉郎が議会再開を通して衆議院としての意思表示を行うことを想定し、小泉又次郎（民政党）と安藤正純（政友会幹事長）に働きかけるが、結論は「静観」であった。組閣に参与した川崎克は「町田総裁の弱腰の為《た》め」議会を再開できなかったと宇垣に報告している[61]。

なぜ政党は宇垣を支援できなかったのか。民政党などの政党政治家は、単に陸軍を前に抵抗する意気地がなかったのであろうか。だがそれでは、政党の一部が「腹切り問答」で軍と対決する姿勢を見せたことと整合がつかない。

この疑問に関して、近年では宇垣流産内閣の性格を再考する諸説が提示されている。まず町田総裁らの消極姿勢については、総選挙で第一党に復帰した町田民政党総裁ら党幹部が、「宇垣新党にともなう一党優位政党制への再編を好まなかったこと」などを挙げる見解がある[62]。

さらに宇垣への大命降下が「宇垣と政党との間隙が最大限に広がっていたまさにその時」に実行されたとの指摘がある[63]。一九三五年に民政党総裁への推戴を固辞して以降、宇垣は政党の態度に失望して距離をとり、国策研究会をブレーンとして政策的には陸軍に近い革新色を強めていた。寺内陸相も宇垣に対する排撃理由として「政策等に関する反対に非ず」と述べていることからも、宇垣とその周辺の政治志向は、政党よりも陸軍との提携を重視し、政策的傾向を同じくするものであったとわかる。

また宇垣側近の組閣案では、政党からの閣僚は政民一名ずつ、かつ脱党を要求することになっており、大命降下すればすぐに宇垣を陸相と会わせて「組閣の打合せ」をさせ、もし「軍部の反対あれば」閣僚の候補を取り替えるなどの検討がなされていた。宇垣の擁立者が陸軍の諒解を重視している様子がわかる[64]。組閣第一案では町田が商相に擬され、次案では永井柳太郎が鉄相・逓相とされているが、従来宇垣の擁立を図っていた政党人の顔は見られない。これは従来の政民連携運動と宇垣の傾向に無視できない断絶があることを示している。そしてこれらの情報は、川崎や鶴見ら組閣に関与する政党関係者から、各方面に伝わったであろう。「宇垣内閣と既成政党間には、計画的、戦略的提携関係など存在していなかった[65]」とすれば、革新系の官僚や軍と結び、政党を軽視するかもしれない宇垣内閣を、政党の主流派がリスクを冒して擁護する必然性は薄かったのである。ここに多年にわたる宇垣新党構想は大きく挫折し、破綻した。

流産した宇垣内閣が、後の林銑十郎、そして近衛文麿の内閣と近い性格を持つものであるならば、問題の焦点は政民連携の失敗ではなく、首相に擬せられた人物が、軍部と政党の対立を中和し、双方に期待を抱かせることができるか否かにあった[66]。宇垣は軍に、林は政党に受け入れられなかった。それらは軍と政党からともに期待を集める、近衛の時代を予見するものであった。

◉「食い逃げ解散」と最後の護憲運動

一九三七年一月二九日、湯浅倉平内大臣が興津の西園寺公望を訪ねた。協議の結果、首班候補は第一に平沼騏一郎、第二に林銑十郎と決まった。前年三月に平沼は念願の枢密院議長に昇格を果たしており、牧野元内大臣は「宇垣の駄目な時は」平沼が良いと語るなど、宮中側近の周辺で平沼はすでに有力候補となっていた。だが平沼は固辞し、林銑十郎に組閣の大命が降下した。政変の後、西園寺は元老拝辞の意向を示したが聴き入れられず、首班奏薦は内大臣が元老と協議する形式に改められた。

林大将は組閣にあたって、当初は石原莞爾大佐の「国防充実」「日満経済圏」などの政策構想を受け入れ、石原の遣わした十河信二・浅原健三らが組閣に参与した。石原の想定は、板垣征四郎の陸相、末次信正の海相就任であった。だが陸軍三長官会議は中村孝太郎中将を推し、海軍も末次海相案を拒否、財界も非協力的な態度を見せたため、組閣に窮した林は浅原らを組閣本部から追い出した。宇垣反対で一致した陸軍は、林への大命降下で動揺し、石原の主導権は失われた。

林は近衛文麿から河原田稼吉内相を、平沼から塩野《しおの》季彦《すえひこ》法相を推挙されて閣員に加えた。他方で、政党に対しては永井柳太郎に文相、中島知久平（政友会）に商相兼鉄相、山崎達之輔（昭和会）に農相を提示したが、党籍を離脱することを条件とした。永井・中島は断り、山崎のみが入閣した。外相・文相を林首相が兼任し、海相に米内光政、直後に病気辞任した中村陸相の後任に杉山元大将が就いて、二月二日に「祭政一致」を掲げる林内閣が成立した。

翌三日、林内閣は政民両党に対して低姿勢で臨みながら、政務次官・参与官は政党から任命しない方針を明らかにし、政党の影響力の削減に努めた。

二月一五日に再開された第七〇議会で、蔵相兼拓相に就いた結城豊太郎（前日本商工会議所会頭）は「軍財抱合」を唱えた。これに対して同日、小泉又次郎（民政党）が本会議の議場に立って蔵相の「財政計画の大要」を示せと迫り、公明な政治のためには「言論の自由」が必要だと論じた。軍に言及する論者が憲兵隊に呼ばれる事例が相次いでいたためである。また同日、川崎克（民政党）は、政府の財政計画が「軍事費に偏重して行政費を圧迫し、産業費に重圧を加」えているとして、物価騰貴と農村負担への対応を求めた[67]。民政党は陸軍の軍備計画を問い質し、予算審議の場での追及の構えを崩さなかった。

だが政府側は、議会への対応を充分に取らなかった。軍の主張する少数閣僚主義の影響で、閣僚が審議に姿を見せる頻度は減り、官僚は具体的な答弁を避ける態度を強めた。秘密会の多用などの手法も一般化されたことで、とくに軍事関係の事項を中心に、議会は実質的な審議権を喪失していった。

二月二七日、斎藤隆夫は陸海軍予算のうち四六〇〇万円について、歳出削減で使用しないことになりながら、予算書に掲載されている理由を問うた。これに対し、賀屋興宣《かやおきのり》大蔵次官は「使はぬかも知れぬ」とはぐらかし、川越丈雄法制局長官は「陸海軍大臣の決心」によるもので、法律論ではなく政治論だと答弁した。実行の意志がない予算を議会で審議させることは、憲法の精神にもとる「違憲問題」の疑念が強い。この問題は林内閣の議会軽視の姿勢を如実に示していた。

しかし民政党は倒閣の方針に踏み切れなかった。党内では、永井柳太郎幹事長が側面から林内閣を支援し、政党側の自重をうながしていた。厖大な軍事予算の組み替えを迫ることも現実的でなかった。政民両党は地方財政交付金の増額を求め、三月三日に林内閣が三〇〇〇万円の増額を決めたことで、同八日に予算案は可決された。

ところで政民両党は、前回総選挙の苛酷な取り締まりの緩和を求めて、衆議院議員選挙法の改正案を提出し、三月二四日に賛成多数で可決させた（貴族院で審議未了）。このこともあってか、閉院式を翌日に控えた三月三一日、林内閣は衆議院を解散した。重要法案の成立が進まなかったのは政党の「極めて誠意を欠く」対応のためであり、懲罰の意味を込めての解散という理由であった。

予算案可決後の「食い逃げ解散」に、政民両党は激高した。四月五日、町田総裁は「偏執固我の妄動でありまして実に許すべからざる所」と闘志を露にした。政友会と民政党はついに公然提携し「政府排撃、非立憲内閣撃滅」を旗印として選挙戦を戦うことになった。戦前期日本における最後の護憲運動が起ころうとしていた。

第二〇回衆議院議員総選挙は、激しい選挙干渉のもとで実施された[68]。警察と憲兵による「軍民離間」言論の取り締まりは苛烈で、各地の在郷軍人会も林内閣に呼応して「反軍的人物」の排撃をはかった。だが林首相の期待する新党の形成は困難であった。四月三〇日に投票が実施されて、二大政党は民政一七九名（二五減）、政友一七五名（四増）と現状をほぼ保持した。社会大衆党が三七名（一七増）と躍進したほか、政府与党である昭和会は一九名（五減）と惨敗した。世論は二大政党を支持したが、他方で都市部を中心に棄権率が二六・三％に達し、従来になく上昇した（前回は二一・一％）。厳しい取り締まりなどのほか、政治そのものへの不信感が表れたものといえよう。

総選挙の結果は、民政党や政党関係者に自信を与えた。だが五月三日、林内閣は政権居座りを宣言し、五日の民政党臨時総務会は「林内閣打倒非立憲官僚独善内閣の撃滅に邁進する」との方針に変更がないことを確認した。代議士のなかでも林内閣を倒さねば「選挙民に対し面目が立たない」「政友会と提携して護憲運動を起す」などの意見が目立つようになった[69]。

五月一九日、政民両党による連携協議会が開かれ、倒閣本部の設置と懇親会の開催が決まった。同二一日には与党昭和会が解党し、二八日には総勢五〇〇名あまりの政民両党議員らによる懇親会が開催された。これに対して、林内閣には杉山陸相などの辞職反対論（政党にお辞儀をすることになる）があったものの、事態の打開に向けた方策はなかった。二九日、林首相は近衛文麿に電話で辞意を伝えたうえで、後継首班の引き受けを要請したが、近衛は断った。翌三〇日、「陸軍が政党に敗れたるが如き印象」を与えてはならないとの意見に、近衛、木戸幸一、湯浅倉平内大臣らが一致して、後継首相に杉山陸相が浮上する。だが三一日、杉山首班案に西園寺が異を唱え、近衛の出馬を訴えた。こうして万策尽きた林首相は、総辞職を決定した。

同日、政民倒閣実行委員会が開催され、倒閣に向けたあらゆる方法を尽くすことが決められた。しかし政党の軍政権に対抗する気勢は、林内閣の辞職と近衛内閣の成立で揺らぐことになる。最後の護憲運動は不発に終わった。戦わずして鉾を収めた民政党を待っていたのは、国民の圧倒的人気を背景に、挙国一致と戦時協力を迫る新たな政権への対応であった。

第五章

第一次近衛文麿内閣期以降の立憲民政党

菅谷幸浩
SUGAYA Yukihiro

I 第一次近衛内閣期

1 第一次近衛内閣の成立

◉「空前の人気内閣」

一九三七（昭和一二）年五月三一日、林内閣はさきに執行された第二〇回衆議院議員総選挙で立憲民政党と立憲政友会に惨敗したことで総辞職する。二八日の政民両党連合大懇親会では林内閣退陣を求める共同声明が発表されており[1]、議会に基盤を持たない林内閣の継続は不可能であった。当時、後継首相として陸軍大臣・杉山元を推す動きも閣内にあったが、元老・西園寺公望は、「陸軍大臣を総理にすることはよくない」と判断し、貴族院議長・近衛文麿を奏薦する[2]。

昭和戦前期、近衛待望論は様々な局面で浮上することになるが、その背景には二・二六事件後の閉塞した時代状況の中で、国民が政党と軍部の双方に飽き足りなさを感じていたことがある。筒井清忠が指摘するように、近衛は「モダン性」と「復古性」を兼ね備えた指導者として当時の国民の目に映り、第一次近衛内閣は「空前の人気内閣」として船出することになる[3]。

民政党からは永井柳太郎が逓信大臣、政友会からは中島知久平《なかじまちくへい》が鉄道大臣として入閣する。いずれも党執行部への正式な入閣要請はなく、政党の動きは再び停滞を余儀なくされることになる[4]。本来、挙国一致内閣が政党所属閣僚を迎える場合、それぞれの政党を代表する立場でなければならない。十分な党内調整を経ず、個人の意思で入閣したのでは意味がないからである。

永井は川崎卓吉の死後、民政党において近衛とのパイプ役を担っていたが、党内での影響力は小さく、総裁・町田忠治との関係はよくなかった[5]。その永井が第一次近衛内閣に入閣しても、民政党執行部にとっては党勢拡大に結びつくものではなかった。また、中島は広田内閣末期から近衛新党結成を企図していた一人だった[6]。政務官人事については、永井が政府と民政党の間を仲介し、政友会では中島に近い人物が多く起用される[7]。第一次近衛内閣は政民両党の非主流派に位置する政治家を多く取り込むことで成立するのである。

当時、朝日新聞社東京本社政治部記者だった杉本健は、「昭和十二年六月四日、近衛文麿が第一次内閣を組織した夜、霞ヶ関の貴族院議長官舎に、多くの東京市民が押しよせ、やがてヴェランダに現れた近衛の姿に、拍手と万歳歓呼をあげる光景が、私の眼前に、いまにして甦る。「国内相剋、軍官民の対立の一掃」を強調した近衛首相の第一声は、その頃の国民の心にまるで待望の慈雨の如くうけとれた」と回想している[8]。

◉「子供のままごと」

しかしながら、こうした一般国民の反応と異なり、政界には新内閣への冷めた見方も存在していた。たとえば、民政党代議士・鶴見祐輔は六月三日の日記に、「近衛内閣成る。余の期待に反し、軍部に譲る処多し、政党は果して如何なる態度を取るべきや不明[9]」と記している。また、元民政党系内務官僚の松本学（貴族院勅選議員、研究会）は六月二日、「人選の模様を見るに大して準備があつたとは思はれない」、「子供のまゝごとのやうな感がする」、同月七日には「近衛内閣の声明は国際正義と社会正義を指導精神とするそうだ、対立相剋をやめることに努力すると云ふ。国民の心を響く何物もない」と日記に綴っている[10]。林内閣退陣の理由が既成政党勢力との対立にあったことを踏まえると、近衛による組閣方法は明らかに稚拙に映っていたのである。のちに民政党代議士・斎藤隆夫も政党政治家を個人の資格で入閣させたことは「政党に対する重大な侮辱」にして、「無礼千万な勧誘」と評している。[11]

2　日中戦争勃発

◉政府への協調と党内事情

一九三七年七月七日、日中両国は盧溝橋事件を契機として「宣戦布告なき戦争」に突入していくが、両国とも最初から全面戦争化を志向していたわけではない。近衛内閣は同月一一日に現地解決・不拡大方針の維持を閣議決定しており、同日発表の政府声明でも「政府は今後共局面不拡大の為平和的折衝の望を捨てス」[12]と方針を示していた。

この日夜、近衛内閣は首相官邸に言論機関、貴衆両院、財界の代表者を別個に招き、政府への協力を要請するための会合を開催している。その目的は組閣過程で生じた政党側の不満を解消することに加え、政府の対外姿勢が決して軟弱でないことを印象付けることにあった。[13]

では、当時の第三代民政党総裁・町田忠治は日中戦争勃発にどう対処したのであろうか。もともと町田は前総裁の若槻礼次郎と同じ国際協調論者であり[14]、日本が「貿易立国」であるためにも英米との関係を重視していた。[15]

町田は七月二七日の党貴衆両院議員・評議員連合会で、「近衛内閣に対しても、其の主義、主張に大なる相違なき限り誠意を以て之を援助するは、国家の為めに公党の採るべき態度であると考へ永井柳太郎君の入閣を認め、又政府の希望に応じ、多数の党員を政務官に送つた次第」であり、「政府の決意に国民的援助を与へ一日も速に北支の事変を解決する」ことが党の使命であると述べている。[16]

このように町田が早い段階で政府との協調関係を党内に示した背景には、上記引用部分にある永井の入閣問題が作用していた。もともと永井の入閣をめぐって、民政党執行部に正式な入閣要請がなかったため、緊急総務会では近衛に対する強い批判が噴出していた。新内閣との対立を望まない町田は永井の入閣を承認するが、この頃から民政党では新党問題への対応など、党内対立が表面化し始めていた。[17] 町田としては近衛の国民的人気に鑑み、新内閣に対して野党的立場をとることの不利を悟っていたことは間違いないだろう。しかも、永井の入閣を認めなければ、永井やそれに近い政治家たちが離党し、党を分裂に追い込む危険性もあった。

町田が七月二五日開会の第七一回帝国議会で政府の事変処理への協力を表明するのは、永井の入閣に伴って党主流派の間に広がっていた動揺を抑え、党内一致を保つためであった。[18] 前述のように、政府は七月一一日の時点で各方面に「挙国一致」のための協力を要請していた以上、町田の動きもそれに沿うものであった。

◉内閣参議

八月六日、衆議院本会議には「国際信義を無視する支那の抗日勢力を排除し以て東亜永遠の平和を確立すべし」という決議案が各派共同で提出され、全会一致で可決される。町田はその趣旨説明で、「支那も亦満洲国と共に我国と相提携して、共同依存の途に進むべきであるに拘らず、支那が此大局を忘れ、遂に北支の事端を醸して今日に至れるは、全然支那の負ふべき責任であります」と述べている。[19] 現地の情勢が緊迫の度合いを深める中、町田は政府への協力こそ、衆議院第一党としての民政党の存在感を示す上でも好都合と捉えていた。

また、この第七一議会には臨時の軍事予算案と増税案が上程・可決されている。それが第一次北支事件費九六八〇万九四九六円、第二次北支事件費四億一九六三万五二〇〇円、一年間のみの施行でおよそ一億円の増税を盛り込んだ北支事件特別税法案であり、このうち、北支事件特別税法案については貴衆両院の本会議や委員会で慎重意見が示されている。[20] 最終的に、これらが原案のまま全会一致で可決される背景には、挙国一致を求める世論の影響に加え、「北支事変」は半年か一年で終結するであろうという政治家たちの認識があった。[21]

しかしながら、八月になると戦火は上海にまで拡大し、九月二日、それまでの「北支事変」に代わり、「支那事変」という呼称が閣議決定される。一〇月一五日、政府は事変遂行上の重要国務を補佐する役職として「内閣参議」を置くことを公布し、陸軍出身の宇垣一成、荒木貞夫、海軍出身の安保清種《あぼきよかず》、末次信正、代議士として町田忠治（民政党）、前田米蔵（政友会）、秋田清（第一議員倶楽部）、財界人として池田成彬《いけだしげあき》と郷誠之助、外務省出身の松岡洋右ら一〇名が任命される。

近衛にとって、内閣参議として多様な人材を網羅したことは将来の閣僚候補をプールする意味もあったものの、彼らは本来期待された「事変遂行上の補佐」としての役割を果たすことはなかった。実際は政府から情報提供を受けて懇談する程度であった。結局、この臨時内閣参議制が戦争指導を直接左右することはなく、第一次近衛内閣総辞職後は有名無実化していく。[22] しかし、参議の中で既成政党を代表する立場にあった町田と前田は、第一次近衛内閣が第七三議会に臨む上で少なからぬ役割を果たすことになる。

3　国家総動員法と近衛新党問題

◉態度を一転させる町田と前田

第一次近衛内閣期、町田忠治らによる政府への最大の協力は国家総動員法の成立過程で示されることになる。

一九三七年一二月二六日に開会する第七三回帝国議会では電力国家管理法案（第九章で詳述）などとともに、戦時体制強化のために提出された国家総動員法が最大の争点になっていた。

政府側は議会対策に慎重を期し、衆議院本会議に法案を提出するのに先立ち、まずは貴衆両院各派に原案を示していた。その際、近衛は内閣参議である町田忠治と前田米蔵にも法案成立のための協力を依頼していた。[23]

同法は戦時及び事変にあって「国防目的達成の為国の全力を最も有効に発揮せしむる様人的及物的資源を統制運用する」ことを「国家総動員」と定義していた（第一条）。そして、その統制運用は政府による勅令で行うという委任立法（本来は法律で具体的運用を規定すべき内容について、立法府以外の機関が法律の委任に基づき制定する法規のこと）の形態をとっていた。

しかし、町田自身は、統制が必要だとしても大部分を法規に依拠することには批判的であり[24]、民政党も自主的統制をとるべきという立場であった。そのため、これ以前の町田と前田は総動員法案提出を見合わせるように近衛に求めていた[25]。ところが、近衛から内閣参議として遇され、法案成立への協力を求められると、町田らは一転してそれに応じることになる。

二月一日と二日の衆議院で集会禁止条項と新聞発行停止条項に対する反対意見や、同法の運用を官僚に任せるのは危険であるという非難の声が上がると、近衛は町田と前田の進言に基づき、内閣書記官長・風見章、企画院総裁・滝正雄、法制局長官・船田中に対して原案見直しを指示する。その結果、二月一九日閣議決定の法案からは集会禁止条項と新聞発行停止条項、それぞれについての罰則規定が削除される。さらに同法発動の諮問機関として国家総動員審議会設置が盛り込まれ、二四日の衆議院本会議に上程されることになる[26]。

◉政界再編に取り残される危機感と妥協

しかしながら、政民両党は基本的に野党的立場として政府に対峙しており、総動員法案への警戒感は根強かった。とくに民政党では一九三八（昭和一三）年二月一四日、元浜口内閣商工大臣・俵孫一ら有志代議士四一名が反対会合を開催していた[27]。翌日の政務調査総会でも政務調査会長・桜井兵五郎はじめ、多くの出席者から憲法問題など、強い懸念が示されていた[28]。そして、同月から始まる衆議院国家総動員法案委員会では民政党所属の斎藤隆夫、池田秀雄が法案の問題点を追及する。斎藤の論理は、①憲法第二章に保障された臣民の権利は戦時及び事変の場合、憲法第三一条（非常大権）に基づく勅令でなければ制限できない、②議会の協賛を経ず、政府が勅令により立法を行うことは議会への「白紙委任」に等しい、③国防に関係ない分野まで対象とすることは国民精神に悪影響を及ぼす、④一九三三年にドイツで成立した授権法と類似性があり、政府が法律によることなく、憲法上に認められた臣民の権利と自由を左右することは憲法の一部変更や停止につながりかねないことを問題視するものであった。[29]

政友会の側にも総動員法案の違憲性を指摘する声があったが、この時期の党内では中島派が解党による近衛新党結成を掲げ、鳩山派と対立する関係にあった。そして、三月五日の閣議で近衛が法案審議の難航を理由にして解散総選挙の実施と新党結成の意向を示すと、近衛新党を軸とする政界再編に取り残されることへの危機感が高まっていく。こうして党内の大勢は鳩山派も含め、政府支持に転換することになる。[30] さらに一二日の閣議で内務大臣・末次信正が議会解散や、緊急勅令による選挙法改正、新興勢力を中心とした近衛新党構想を提案すると、衆議院では政府に妥協しようという空気が広がっていく。[31]

当時、政民両党としては、①近衛新党結成の発表による脱党議員の続出、②既成政党と密接な関係のある電力資本に対し、電力国家管理法に基づく国家統制が及ぶこと、③三年連続の総選挙となった場合の費用負担、④反既成政党色の強い末次内相の存在、⑤既成政党に対する国民の不信感、⑥総選挙後の議会で総動員法案・電力国家管理法案が再提出される可能性などを総合的に考慮した場合、解散総選挙突入は何としても避けたかった。[32]

◉政治的リーダーシップの欠如

こうした状況下で民政党も政府との対決姿勢を維持できなくなり、第七三議会では政府提出法案八六件すべてと総額八三億円以上に及ぶ予算案が可決されることになる。[33] 総動員法は三月一六日の衆議院本会議、同月二四日の貴族院本会議を通過し、四月一日に公布される。かつて同法については、法律による拘束という観念からの自由を最大の特徴とし、法治主義を解体させるものと評価されていた。[34] しかし、実際には帝国議会の予算審議権を排除していないことに注意が必要である。条文の上では広汎な分野を統制対象にしていたが、最後まで発動されなかった項目も多かった。

なお、この総動員法案の審議過程では社会大衆党の西尾末広が議員除名処分となっている。西尾は三月一六日の衆議院本会議で同党を代表して賛成演説に立ち、政民両党による反対論の断固排撃と並んで、近衛に対して「〔ムッソリーニの如く、ヒットラーの如く、あるひはスターリンの如く〕大胆に日本の進むべき道を進むべき」（〔 〕はのちに西尾が取り消したので議事録から削除）と発言した。西尾はこの発言を即座に撤回するが、懲罰委員会にかけられ、三月二三日に除名される(35)。治安維持法により共産主義が規制されていた時代において、ソ連の指導者スターリンを議場で礼賛するかのような発言が許されるはずはなかった。

また、国家総動員審議会設置が認められたことは、政民両党側が政府と折衝を通じて実現した成果の一つであった。同審議会は議会人を中心として、財界・金融界有力者が構成員の過半数を占め、総動員法の運用に際して、議会を含む諸勢力のコンセンサスを取り付ける場として機能することになる(36)。

第一次近衛内閣期の政治過程をまとめると、政民両党は政党内閣期以来の利益集約機能を維持することには成功したが、予算編成や対外政策、戦争指導の在り方を規定するほどの影響力はなかった。永井と中島の入閣は既成政党を排除するものではないが、尊重するものでもないという折衷的なものだった(37)。当該期の政党勢力は軍部を含む諸政治勢力が受け入れられるような国策を立案する能力や、新しい政策を他の政治勢力に受け入れさせるようなリーダーシップを発揮できる人物を欠いていたのである(38)。

II 日中戦争の泥沼化

1 第一次近衛内閣の退陣

◉宇垣待望論とその限界

一九三八年に入り、日本軍は五月一九日に徐州、一〇月二一日に広東、同月二七日に武漢三鎮を占領するが、重慶に遷都した国民政府側の抗戦意思を喪失させることはできなかった。町田はこの年四月一八日の党所属議員及び評議員連合会で、「此の重大なる時期に際し、内閣の動揺するが如きは努めて之を避けなくてはなりません[39]」と演説し、近衛内閣の下で戦争を乗り越える構えを見せていた。しかし、九月一九日には党幹部らに対し、「日本の国力は漸次に弱りつゝあり。殊に国際収支に干し金準備将に尽きんとす[40]」と述べており、戦争長期化は日本の経済力を消耗させるものとなっていた。

この一九三八年後半、日本国内では既成政党から社会大衆党、右翼も含め、様々な新党運動の潮流があり、その大部分は近衛出馬を期待していた[41]。

当時、民政党内には永井派、桜内派、頼母木派、俵派などの反主流派が生まれ、近衛新党問題への関心を強めていたものの、足並みは揃っていなかった。第二〇回総選挙以降、党内の主要ポストはほぼ町田派により掌握され、党内の結束が大きく崩れることはなかった[42]。一九三八年秋、民政党は近衛新党運動に関与しないことを表明し、以後、政友会の松野鶴平、砂田重政との接触を通じて、政民連携を画策する方向に転換していく。この政民連携は近衛新党運動による党内の動揺を避け、あくまでも政党の影響力を維持したまま、政権に接近することが狙いであった。[43]

これより前の五月二六日、近衛内閣は外務大臣に宇垣一成、大蔵大臣兼商工大臣に池田成彬、文部大臣に荒木貞夫を迎えていたが、政党からの入閣者がなかったことで、政民両党内では近衛に対する期待感が薄れ始めていた。そのため、この年六月以降、政民両党の中では宇垣への期待感が高まっていくことになる。[44]

その一つとして、当時の消息筋によれば、民政党町田派は宇垣の外相就任直後から政友会鳩山派とともに宇垣内閣樹立を目指し、民政党側は小泉又次郎、大麻唯男《おおあさただお》、松村謙三、加藤政之助が参加していたという。[45] もともと町田自身、かつて若槻礼次郎から総裁就任を打診された際、宇垣を推していたため、辞退し続けていたという経緯があった。[46] 一九三八年七月頃から、民政党幹事長・勝正憲と政友会幹事長・砂田重政は政民連携に向けた協議を開始し、以後、一〇月にかけて近衛内閣退陣や、社会大衆党や旧昭和会などの小会派を巻き込んだ新しい政治的潮流の形成を目指すようになっていた。[47] 流動化する政局の中で、民政党執行部は現状に代わる選択肢を考慮していたのである。

このように多くの政治家から期待を集めていた宇垣ではあったが、一九三七年初頭に陸軍の反対で組閣を妨害されており、かつ、予備役であるため、軍部への影響力も乏しかった。たとえ宇垣内閣が成立しても大きな政治力は見込めなかったはずであり、その意味で宇垣待望論は既成政党の限界を示すものであった。

◉近衛新党構想と東亜再建国民連盟

他方、近衛周辺では一九三八年九月から一〇月にかけて、政民両党内の新党論者や、社会大衆党の麻生久と亀井貫一郎も参加して各種の新党結成案が作成されていた。しかし、閣内では新党構想の可能性や在り方をめぐって意見対立が生じる。近衛自身も新党の主導権が既成政党に奪われるのを恐れたため、この時期の近衛新党構想は実現を見ないまま、終わりを迎えることになる。[48]

こうした動きの中、一一月一五日、政民両党により東亜再建国民連盟が結成される。これは官僚主導型の国民精神総動員運動に代わり、政民両党が連携して国民の戦時意識を喚起することを目的としていた[49]。そして、一一月一五日から一二月一四日までの間に全国六七ヵ所で講演会を開催している[50]。民政党執行部としては近衛新党運動に期待できない以上、政民連携の再開に期待をかける以外になかったのである。

一二月二〇日、国民党副総裁・汪兆銘が日本側の工作により重慶からハノイに脱出すると、翌年一月四日、第一次近衛内閣は事変が新段階に入ったとして総辞職する。内政と外交は理念のみ先行し、混迷の度合いを深めたままでの退陣であった。

2　平沼内閣期・阿部内閣期

◉全政務官に政党推薦の代議士を起用

一九三九（昭和一四）年一月五日、前枢密院議長・平沼騏一郎を首班とする内閣が成立し、政党出身閣僚として民政党の桜内幸雄が農林大臣、政友会の前田米蔵が鉄道大臣に就任する。内務大臣に就任した木戸幸一は同月九日、国民再組織や新党運動は近衛文麿個人の問題であり、既成政党と協調を図る内閣の立場としては、これに反対する考えを表明している[51]。これは無任所大臣として近衛が入閣していたことから、新内閣の性格が前内閣と混同されることを避けたい意図があったためだろう。平沼は政務官すべてに政党推薦の代議士を起用し、組閣翌日には議会・政党を尊重する方針を表明する。これは平沼内閣運動の挫折により陸海軍内部の協力者を失っており、政権基盤獲得の必要性から判断されたものであった[52]。

町田忠治は一月二〇日の党大会で第四代民政党総裁として再選出され、「重大なる今日の時局に於て、国家の為め現内閣を援助し、以て戦争の大目的を達成することを期するは当然の事」と演説している[53]。しかし、鶴見祐輔は一月五日の日記に、「今回の政権授受程、数人間に勝手に行はれし事無し。しかも平生大権私議を最も八《や》ケ《か》ましく言ふ人々の間に、平沼内閣成立。余は今回の政変には全く聾桟敷に在り。新内閣とは全く没交渉[54]」と記しており、党内には平沼内閣に大きな期待はできないという空気が広がっていたことがうかがえる。

この平沼内閣の下では国民精神総動員中央連盟の改組拡充が図られるが、上位下達の官製運動であることに変わりはなく、内閣全体として見れば、内政面での大きな成果はなかった[55]。ただし、民政党から見れば、「平沼新生内閣と議会との間には大した摩擦を見ず」、「政府提出議案は全部通過し、空前の大予算案、即ち一般会計予算、臨時軍事費合計九十四億九百五十余万円也といふ尨大の数字が無修正を以て承認された[56]」。八月二三日、露都モスクワで独ソ不可侵条約が成立すると、平沼内閣は日独防共協定が無視された責任をとり、同月二八日に総辞職する。僅か七ヵ月余の短命政権の下で民政党が果たした役割は現状追認に等しかった。

◉町田忠治への入閣交渉

一九三九年八月三〇日、平沼内閣の後継として元軍事参議官・阿部信行を首班（外務大臣兼任）とする内閣が成立する。阿部の首相就任は陸軍省軍務局軍務課長・有末精三を中心に進められたものであり、民政党内において軍に近かった永井柳太郎も参画していた。有末が阿部を擁立したのは三国同盟問題に関係ない上、宇垣系でありながら政治性が薄く、陸軍の利益に反しないと考えられたためである[57]。

事実上、陸軍の支援で成立した阿部内閣は少数閣僚制の形をとり、政党出身閣僚として、逓信大臣兼鉄道大臣に永井（民政党）、拓務大臣に金光庸夫（政友会）が就任する[58]。両者の入閣は第一次近衛内閣成立時と同様、党執行部への正式な交渉なく実現されたものであった。このほか、政務官として起用された政治家たちは新党運動に積極的な立場の者が多かったと言われている。

九月一日、ドイツがポーランド侵攻を開始し、翌々日、英仏両国がドイツに宣戦布告することで第二次欧州大戦が勃発する。民政党幹事長・内ヶ崎作三郎は一日付の民政党横浜支部顧問・中村房次郎への書翰で、「阿部内閣が果たして自由自主の立場に立ちて国際関係を調整せんことを希望」[59]と述べている。のちに日本政府は欧州情勢不介入を表明するが、内ヶ崎は阿部の下で日本が誤った国策を選択するのではないかという懸念を抱いていたのである。

ちなみに同年秋の府県会議員選挙（二府三七県、定数一五六九）には二九二三名が立候補し、政友会は六六四名（二六一万九三一三票）、民政党は六一〇名（二四七万八二四六票）、中立系は一八四名（九八万八二六〇票）、社会大衆党は三三名（二三万四一九四票）が当選する。中立系や社会大衆党の得票数が増加したものの、政民両党は現状の議席数を維持する。[60]内ヶ崎は二府二九県の選挙が終了した九月末段階で、「国民の大多数は依然として政党を信頼し」、「政党に対する愛慕の情を取り返しつゝある」と評価している。[61]地方政治構造に占める既成政党の優位性はこの時期も保たれていたのである。

成立当初の阿部内閣は超然内閣路線をとっていたが、この秋から政党との関係を見直すようになる。一一月、陸軍省軍務局長・武藤章を介して町田忠治への入閣交渉が始まるが、元幹事長・大麻唯男を中心とする民政党側の反発により失敗する。この出来事は陸軍の政治力がそれほど強固でなかったことを露呈したものであった。また、武藤が後継首班として町田を示唆したことは、永井の入閣で損なわれた民政党の体面を回復し、党内の結束強化を促すことになる。[62]

◉超党派議員らの退陣要求と慎重な執行部

阿部内閣は一一月二九日に元衆議院議長・秋田清（第一議員倶楽部）と元広田内閣拓務大臣・永田秀次郎（同和会・勅選貴族院議員）をそれぞれ厚生大臣、鉄道大臣に迎え、一二月一日、久原房之助（政友会正統派総裁）と小泉又次郎（民政党元幹事長）を内閣参議に任命する。同月四日には首相官邸に町田、久原、政友会革新派総裁・中島知久平、国民同盟総裁・安達謙蔵、社会大衆党執行委員長・安部磯雄を招き、「支那事変」処理に関する五党首会談を開催する。

これに対し、民政党の斎藤隆夫を中心とする超党派の有志代議士会は第七五回帝国議会開会日の一二月二六日に阿部内閣退陣要求を決議する。この事態を受け、翌年一月九日の党幹部会では小山谷蔵から党としての方針を決定する必要性が提議される。しかし、院内主任総務・桜内幸雄は「有志代議士会の行動についてもなほ当分静観的態度を以て臨む」と答え、党議の取り扱いは党幹部に一任される[63]。民政党執行部が阿部内閣との対決に慎重だったのは、解散総選挙になった場合のことを見極める必要性があったためである。最終的に、阿部は陸軍から解散総選挙実施を反対され、一月一四日に内閣総辞職を決定する。

Ⅲ 近衛新体制運動

1 米内内閣の成立と「反軍演説」問題

◉米内内閣の準与党

一九四〇（昭和一五）年一月一六日、元平沼内閣海軍大臣・米内光政を首班とする内閣が成立する。米内の首相就任は「日独同盟論を抑へる意味」で昭和天皇が希望したものであり[64]、阿部内閣同様、第二次欧州大戦には不介入方針を表明する。また、前内閣の失敗に鑑み、政党との関係を重視した組閣が行われていた。各党への正式な入閣要請を経て、民政党の桜内幸雄と勝正憲がそれぞれ大蔵大臣と逓信大臣、政友会正統派の松野鶴平が鉄道大臣、政友会革新派の島田俊雄が農林大臣に就任する。政務次官、参与官を最も多く送り出した民政党は、米内内閣の準与党化が確定する。

もともと米内は町田の蔵相就任を望んでいたが、町田に固辞されたため、農相として入閣予定だった桜内を蔵相に横滑りさせる。衆議院第一党である民政党から蔵相を起用したのは、この年に予定されていた大規模な税制改革案審議を円滑に行うためであった(65)。

町田は一月三一日の党大会では、「支那事変」勃発以降、日米関係が円滑さを欠き、日米通商航海条約廃棄となったことは「遺憾に堪へざる所」と述べている。また、「将来日満支三国の経済的合作により資源の開発に大なる努力を払ふと共に、第三国に対する輸出を増進して、外貨を確保し資材の輸入に便するの必要があります」と述べている(66)。町田の理想が通商国家であることに変わりはなく、その意味で、欧州情勢不介入を原則とする米内内閣は自らの立場に合致していた。ただし、米内内閣そのものは政党内閣復帰を目指しておらず、のちに触れるように、陸軍による汪兆銘政権(南京政府)樹立を容認する路線をとっていた。このため、阿部内閣退陣に力を発揮した斎藤隆夫らにすれば、少なからぬ不満を残すことになっていた。

◉「軍部批判」ではなかった

一九四〇年二月二日、斎藤は第七五回帝国議会衆議院本会議で民政党を代表し、米内に対して「支那事変処理を中心とした質問演説」を行う。その眼目は一九三八年一一月二二日の第三次近衛声明が「事変処理に関する不動の方針(67)」でありながら、国民にまったく内容が理解されていないため、戦争指導理念の明確化を求めることにあった。斎藤によれば、国際政治の本質は競争であるにもかかわらず、「此の現実を無視して、唯徒に聖戦の美名に隠れて、国民的犠牲を閑却(68)」している現状は許容できなかった。しかも汪兆銘を首班にして成立する新政府の「実力」に疑問があり、「新政府と絶対相容れざる所の彼の重慶政府を撃滅するにあらざれば、新政府の基礎は決して確立するものではない」[69]ことは明らかであった。加えて、国民精神総動員運動は「此の国費多端の際に当つて、随分巨額の費用を投じて居るのでありまするが、一体是は何を為して居るのであるかは私共には分らない」[70]有様であった。
この演説は「反軍演説」として政治問題化するが、斎藤の真意は軍部批判ではない。斎藤によれば、本来、戦争とは国家がそれぞれの利益を追求するための生存競争である。「支那事変」は勝算のないまま泥沼化し、もはや日本に何らの利益をもたらすものではなかった。だからこそ、これ以上の無駄な国民負担を避けるためにも、国策の転換が必要であることを訴えたかったのである。しかし、その真意に反して、陸軍や民政党以外の会派からは、中国に対して領土や賠償を求めないという「聖戦の本義」に反するという批判が巻き起こることになる。
もともと斎藤は阿部内閣退陣後に宇垣一成を首班とする内閣が成立し、蔣介石との直接交渉により日中戦争が終結に向かうことを期待していた。その意味で、この演説は当時進行中の汪兆銘政権樹立工作とそれを容認する米内内閣への不満を表明したものであった。[71]これに対し、町田は第一次近衛内閣期から国民政府の「壊滅」を持論としていた。[72]一九四〇年一月の党大会では、米内内閣が前内閣と同様、「反共親日の新政権の樹立を援助し其健全なる発達に最大の努力を致す」以上、「我党は東亜の大局に関し其志を同じくする新政権の樹立を心より歓迎し、国民を挙げて之を援助し其健全なる発達により て東亜の安定を確保せんとするもの」と演説していた。[73]
町田は斎藤が院内主任総務を通じて質問通告してきた際、院内総務などに働きかけて演説を未然に阻止しようとするが、かなわなかった。[74]実際に演説が行われた以上、党としては事後対応に奔走せざるを得なかった。二月二日夜、町田邸では民政党最高幹部会が開催され、斎藤への離党勧告により事態を乗り切ることを決定する。翌日、小泉又次郎と俵孫一からその旨を伝えられた斎藤は、「余の演説は何れの方面よりも断じて非難攻撃などを受くべき点はない。併し是が為に党に迷惑を及ぼし、党が困ると云ふならば、理屈の如何に拘らず離党を辞せず」と語っている。[75]戦争指導理念は国策の根幹にかかわる問題であり、それに疑義を示すことは国論の不統一を内外に露呈することにつながる。斎藤にとっては自らの信念に基づく行動であっても、党執行部としては斎藤を不問に付すわけにはいかなかったのである。
貴族院議員・松本学は二月九日の日記に、「斎藤一人を見殺しにして恥じない、民政党の意気地なさ、言語同〔道〕断なり。なぜ、斎藤に反撃せし時局同志会の連中を向ふに廻して堂々と戦はないのか、殆ど公党たるの価値はない」[76]と記し、彼らの不甲斐なさをなじっている。

◉議員除名処分

最終的に、民政党内では斎藤除名処分を求める勢力が党代議士会での斎藤の釈明を許さない構えを見せ始めたため、斎藤は離党勧告を拒否する姿勢に転換する。そして、三月五日の党代議士会で紛糾の末に斎藤の除名処分が決定されることになる。[77] 町田は八日の党代議士会で、「汪精衛君を中心とする新中央政権」は「蔣政権の誤れる抗日政策の為めに塗炭の苦しみに呻吟せる全支那の民衆」から支持されると述べている。[78] 町田が汪兆銘政権に期待する以上、斎藤は除名されなければならなかったのである。

ただし、二月下旬の段階で民政党側は陸軍との衝突を避けるため、この問題を斎藤の議員辞職で解決することを水面下で模索していた。

内務政務次官・鶴見祐輔は二月二七日の時点で、「斎藤氏問題に対し我れ如何に処せん。第一の良策、斎藤氏を辞職せしむるにあり。かくして国論不統一を世界に曝露するを避け得べし。此の問題を提げて軍部と一戦するは未だ時期に非ず。辞職せしむる為めに、米内首相と近衛公との真意を叩き彼等をして決心せしむる処無かるべからず」[79]と考えていた。

翌日、鶴見は首相私邸で米内に対し、「除名強行の態度で進む時は民政党及び政友久原派より脱党者を生ずべく、然る時は外国に対し国論分裂の印象を与へ、事変処理上甚だ好ましからざる影響を与ふべし」と述べている。その上で、事態収拾の方法として、①斎藤の自発的辞職、②除名決議ではない懲罰を挙げ、①の場合は「政府及び軍が議会の除名決議を強要せんとしつつあるかの如き感を一掃するの要」を指摘している。これに対し、米内は議会に干渉する意思はないものの、陸海両相は「頗る強硬」であり、自分個人としては「(i)斎藤君が辞職してくれれば結構、(ii)辞職せぬ場合は除名して貰ふ外なし」と述べている。[80]この時点で鶴見と米内は、斎藤が自発的に議員辞職することで幕引きを図りたい考えだったのである。

しかしながら、斎藤が自ら辞職しなかったことで、三月六日の衆議院懲罰委員会は斎藤の議員除名処分を決定する。翌日、衆議院本会議は二九六名の賛成票で斎藤の議員除名を決定するが、七名が反対票を投じ、棄権及び欠席者は一四四名に及ぶ。民政党(所属議員一七〇名)は棄権者五八名、欠席者一一名を出し、政友会正統派(所属議員七一名)も棄権者二七名、反対投票者五名を出す。除名賛成を決定していた政友会革新派(所属議員九七名)と時局同志会(所属議員三〇名)もそれぞれ一六名と五名の棄権者を出している。このほか、第一議員倶楽部(所属議員二五名)は反対投票者一名と棄権者五名を出し、社会大衆党(所属議員三四名)は不登院棄権者三名、当日棄権者七名を出すなど、各党の足並みは揃っていなかった。[81]

◉反主流派の独自の動き

では、同じ民政党所属でありながら、斎藤除名に白票(賛成票)を投じた政治家の論理とはどのようなものだったのか。鶴見の日記三月七日条によれば、斎藤が懲罰委員会にかけられた時点では「斎藤氏の無罪を信じ、自己の進退に就いて深く考慮した」が、「余一人の脱党により天下の大勢を動かし難きを知り」、「寧ろ斎藤氏の辞任により、民政党の分裂を防ぎ、又国論不統一の感を外国に与ふるを避け得べし」と判断した。「斎藤氏が一旦辞意を決しつつ、次に其の意を翻し、為めに天下を誤るに至るや、到底此問題を以て、戦ふの非なるを痛感し、隠忍して党議に服し、断然除名の投票を為すを決意し、今日白票を投じたり。これ党人としての teamwork の言宣也。欠席は決して男子の態度に非ずと思考したる故也[82]」。

斎藤除名処分への賛成は党所属代議士としての義務だったという論理だが、鶴見が自らの進退まで視野に入れて斎藤の主張に賛同していたというのは誇張だろう。「欠席は決して男子の態度に非ず」と言えば聞こえがいいが、ある種の自己弁護にすぎない。斎藤にすれば、たまったものではないだろう。そして、この斎藤除名処分を契機として、民政党内では永井柳太郎ら反主流派が党執行部と別に独自の動きを強めていく。

三月四日、国策研究会代表・大蔵公望は元企画院総裁・滝正雄に対して、民政党の永井柳太郎と桜井兵五郎、政友会革新派の前田米蔵、山崎達之輔との連携に加え、「次の内閣が陸軍中心たること」や「総選挙後、新政党を作る場合は陸軍を中心とし、三百名の議員を得る目標にて工作すること」を申し合わせている[83]。そして、一四日には国策研究会主催の下、永井、桜井、前田らが会同し、政局の動向について懇談している[84]。この懇談内容は明らかでないが、当時、永井らが最も関心を寄せていたのが軍との関係であることは疑いないだろう。

三月二五日には斎藤除名を強硬に要求していた政友会革新派と時局同志会の議員を中心とした超党派組織として、聖戦貫徹議員連盟が結成される。「反軍演説」問題に関する民政党の責任追及を名目にして、軍部を支持する議員たちが集まったものであり、民政党からも永井ら一部議員が参加していた。これ以降、彼らは米内内閣打倒の推進勢力となっていく。

2　米内内閣総辞職

◉高まる解党の気運

一九四〇年四月以降、欧州戦線はドイツ軍の電撃戦展開により風雲急を告げ、陸軍や外務省内部にドイツとの関係強化を目指す枢軸派（革新派）が台頭していく。四月三〇日、政友会正統派は臨時党大会で総裁・久原房之助により党内欧州情勢の急変に対応した解党方針が示される。その背景には斎藤除名処分に反対した鳩山一郎らの存在により党内

不一致が際立っていたので、近衛文麿への接近により政界再編の主導権を獲得しようという焦りがあった。(85)

六月二四日、近衛は枢密院議長を辞任し、新体制運動の開始を宣言する。ここから政界では近衛新党への参画を目指す動きが加速するが、近衛自身は既成政党と一線を画そうとしていた。当時、「政治新体制」という用語を用いたのは、「新党運動だといえば、従来のゆきがかりから、とかく、世間では、また政権亡者がうごきだしたくらいにしか、とつてくれまい」と判断したためである。(86)

近衛は元第一次近衛内閣書記官長・風見章、元第一次近衛内閣農林大臣・有馬頼寧《ありまよりやす》との間で新党構想の作成を進め、五月二九日、太田正孝（政友会中立派）から元平沼内閣内務大臣・木戸幸一に概要が提示されている。その付帯事項には、「既成陣営中参加せざるものに対しては対手とせざること（民政党の主流及久原の一部）」「参加政党側の事実上の解党手続は新体制結成準備次第直ちに行ふこと」「広く人材を政党外にも求むること」を列挙している。(87) この時点で、近衛とその周辺が意図していたのは民政党主流派と政友会鳩山派を除く勢力による新党結成であり、すべての政党を解散させることまでは想定していなかった。

しかし、政党人の間では近衛新体制の具体像がまだ見えてくる前から、一方的な期待感から解党の気運が高まっていく。町田は六月二一日の党内での定例午餐会で、「欧洲戦争の結果世界の現状は全く一変し茲に新なる秩序が建設せらるゝことは最早明白なる事実となつた」ため、(88) 党内に「特別大委員会」を設け、「此の未曽有の世界の変局に応ずる党の指導方針及政策を一新」する所存であることを表明している。(89) この演説は党分裂につながる動きを牽制するため、町田の意向を党内に徹底させることを意図したものであった。

この日、民政党総務会は「指導精神に関する特別委員会」設置を決定し、五一名の特別委員が外交転換、高度国防の完成、新計画経済の遂行、国民一致の新体制の確立など、町田の意図を反映した新政綱の作成に携わることになる。(90)

一方、この米内内閣後半期に存在感を増していたのが陸軍であった。七月九日、畑俊六陸軍大臣は米内に対し、

「支那事変」処理のための国内体制強化や、国際情勢に対応するため、軍内部に「新政治体制」を希望する声があることや、「現内閣及現外相にては国の内外の信用なし」という空気が発展すれば、自らの進退に発展すると述べている。[91] 同月一六日、米内は畑に対し、「大義名分に則する立派な理由」なき退陣は不可であるとして、辞表提出と後任入閣者の推薦を求める。これに対し、畑は陸軍の立場として後任の選定は至難であるとの立場を崩さなかったため、米内内閣はこの日の臨時閣議で総辞職を決定することになる。[92] 軍部大臣現役武官制がある以上、陸軍から陸軍大臣就任予定者を推薦しない限り、内閣として継続することは不可能であった。

3 第二次近衛内閣成立から民政党の解党へ

◉「さうでないとテロ」

一九四〇年七月一六日、重臣会議は近衛文麿を後継首班にすることを決定する。この会議で内大臣・木戸幸一が、「軍首脳部方面の意向は近衛公の出馬を希望せるは圧倒的なるやに聴き及び、陸軍の今回の行動も其の底には近衛公の蹶起を予定せりと解すべき節あり」[93] と述べているように、政局を方向付けたのは陸軍の力であった。第二次近衛内閣は七月二二日に成立するが、近衛が組閣過程で政党関係者と協議した形跡はなく、衆議院議員での入閣は司法大臣・風見章（無所属）のみであった。同月二六日には「基本国策要綱」を閣議決定し、世界情勢の変化に対応した「国防国家体制」の完成や、「大東亜の新秩序」と「新政治体制」の建設などを掲げている。[94]

すでに政界では近衛新体制への合流を見越した解党の動きが始まっており、七月六日に社会大衆党、同月一六日に政友会正統派がそれぞれ解党していた。新内閣成立後の七月三〇日には政友会革新派も解党を決議し、残る政党は民政党のみになっていた。

同月三一日、近衛は首相官邸で前内務政務次官・鶴見祐輔に対し、「組閣の顔触れで批判も生じ、仕事で又すぐ現状維持的などと云はれて新体制やり難し」と述べている。また、新党は、「初めは既成政党外の人を集める必要ある故、政党の方はあとで出て来て貰ふ心算」であり、五月の中島知久平（政友会革新派）との話もそうなっていた。ところが、久原房之助（政友会正統派）や聖戦貫徹議員連盟の動きによって状況が変わり、「政党外の人の不平―政党外のよき人々を政治の圏内に入れる必要―さうでないとテロ」の恐れが出てきた。自分は「既成政党の人ばかりの集りには反対」であり、「先づ政党外のを纒め、それから政党のを入れる。議員としては今迄の政党の中の人として⅓位がよい人ではあるまいか。政党外の人々が自分に対して折角希望を持ちはじめたのをあまり政党中心でやると、離れてしまふ。〔……〕解党して、横の連絡を作つて待つてゐて貰ひたい。八月末頃乎」と述べている。[95]

すなわち、近衛にとって、新体制運動は既成政党外の勢力を主軸とするはずだった。ところが、久原による解党方針の表明や、聖戦貫徹議員連盟の結成など、想定外の動きが加わることで政界全体を巻き込んだ性格が強まってきた。もしも新内閣が既成政党中心になれば、反既成政党勢力からのテロが予想される事態になったため、政党出身者の入閣は見送らざるを得なかったのである。そして、既成政党内部の新党運動派には八月末まで積極的な動きをひかえて欲しいと望んでいたのである。

ところが、この七月三一日には聖戦貫徹議員連盟の斡旋により、新体制研究会（旧政友会久原派及び小会派）、新体制促進倶楽部（旧民政党永井派）、新政治体制建設準備会（旧政友会革新派）の合同協議会が開催され、八月五日には二五三名の参加する新体制促進同志会が誕生する。[96]政界の動きは近衛の思惑とは明らかにずれ始めていた。

◉終幕

この間、民政党では七月一〇日以降、永井に同調する有志代議士会が党執行部に圧力をかけていたが、[97]町田は風見への不信感から新体制参加に慎重であった。[98]民政党は同月二〇日の党大会に代わる連合会で、高度国防の完遂、世界新秩序建設への協力などを盛り込んだ新政綱を決定し、町田は近衛が提唱した新政治体制の趣旨に賛同することを表明していた[99]。その五日後、永井ら三六名が脱党する[100]。

永井は有馬頼寧宛の書翰で、民政党を「挙党新政治体制」に参画させる運動は「町田総裁並びに其周囲の人々の特殊なる立場と小生の微力」により、予期した効果を発揮できていなかったが、「小生等の脱党が民政党をして将来近衛公の新政治体制の党部組織に際し参加すべきを言明」させたと報告している[101]。

八月五日、町田は小泉又次郎、俵孫一、桜内幸雄、小川郷太郎、勝正憲ら前閣僚、主任総務・大麻唯男、幹事長・桜井兵五郎ら七名と協議した結果、解党を決意する。町田は第二次近衛内閣の基本国策要綱が新政綱とほぼ合致していることや、近衛が新政治体制を憲法の範囲内で樹立することを言明していることなどを挙げ、解党の時期や方法は総務会と前閣僚に一任することを指示する。そして、六日の支部長会議、一〇日の議員総会、一三日の相談役会、一四日の政務調査会で解党の承認を得た後、一五日に解党大会を挙行する[102]。ここに民政党は一三年の歴史に幕を下ろすこととなったのである。

この時期における政治家、知識人、それに軍人を含む官僚の動きを捉える上で重視すべきことは、欧州情勢の変化をどのように認識していたかということである。特に政権から離れて久しい既成政党政治家たちにとっては、政党の性格を修正しなければ生き残れないという焦りがあった。それは町田ら民政党執行部も同様であり、かつての政党政治に代わる新しい政治の枠組みの中で自分たちの存在をどう位置付けるか、という問題が突き付けられていたのである。

4 解党以後

◉「共産独裁の如き理念」への抵抗

一九四〇年九月二七日、独都ベルリンでは日独伊三国同盟が調印される。その約二週間後の一〇月一二日、東京の首相官邸では近衛文麿を総裁とする大政翼賛会の発会式が挙行される。ただし、翼賛会に綱領はなく、旧政党勢力は中央本部内の議会局に組み込まれるなど、その実態は政党と呼べるものではなかった。この間、九月二八日の内閣改造により、第二次近衛内閣に小川郷太郎（旧民政党主流派）が入閣している。小川は同じく旧政党出身の金光庸夫（旧政友会中立派）や、財界出身の商相・小林一三、逓相・村田省蔵とともに企画院の経済新体制構想に抵抗し、同年一二月七日、財界の意向を大幅に取り入れた「経済新体制確立要綱」を閣議決定させることになる。[103] 民政党は解党しても、彼らは決して無力ではなかった。

なお、町田忠治は同年末執筆と思われる元民政党横浜支部顧問・中村房次郎宛の書翰に、「国際関係も面白からざること多し[104]」と記している。その脳裏には九月の北部仏印進駐と一〇月の米による対日屑鉄全面禁輸、前出の日独伊三国同盟成立などが浮かんでいたのであろうか。一一月二四日には元老・西園寺公望が九一年の生涯を終えており、時代はまさに転換期に入りつつあった。

一九四一（昭和一六）年一月二二日、町田は第七六回帝国議会衆議院本会議で政府督励決議案の説明に立ち、翼賛会が憲法上に認められた帝国議会の権限を侵害しないように牽制している。同月二五日の衆議院予算委員会で川崎克《かわさきかつ》（旧民政党）が繰り広げることになる翼賛会違憲論はこの町田による演説の延長線上に位置するものであった。[105] 町田は民政党解党式の演説で、「我国体及憲法は厳として不易」にして、「共産独裁の如き理念は断じて之を許さない」と述べている。[106] かつて民政党が掲げていた理念を示すことで、翼賛政治体制の下でも自分たちの存在感を保つことに努めていたのである。

四月二日、翼賛会は議会局廃止や事務総長・有馬頼寧の更迭など、大規模な改組が実施されたことで、政治性のない公事結社への道をたどっていく。このように近衛新体制の終焉が明らかになる中、九月二日、旧民政党主流派と旧政友会中島派による院内最大会派として翼賛議員同盟が結成される。この翼賛議員同盟結成の過程で主導権を握っていたのは、当時唯一の院内会派である衆議院議員倶楽部の前田米蔵（旧政友会革新派）と大麻唯男（旧民政党）であった。[107]

◉翼賛選挙

一九四二（昭和一七）年四月三〇日、東條内閣の下で第二一回衆議院議員総選挙が実施される。本来、前回総選挙で当選した議員は一九四一年四月に任期満了予定だったが、第二次近衛内閣は戦時を理由にして議員任期を一年延長していた。この第二一回総選挙では政府影響下の翼賛政治体制協議会が候補者を推薦する「翼賛選挙」の形態がとられ、推薦候補に認定された旧政党人には有利となる。翼賛政治体制協議会は翼賛議員同盟と相互補完関係にあったからである。[108]一方、川崎克ら同交会（一九四一年一一月一〇日結成）は非推薦で翼賛選挙を戦い、九名が当選するものの、一九四二年五月一四日に解散する。そして、同月二〇日、元首相・阿部信行を総裁にして成立する翼賛政治会に組み込まれていくことになる。

ここでは同交会とは別に、非推薦候補として翼賛政治体制に対峙した旧民政党代議士である中山福蔵（一八八七―一九七八）について触れておく。中山は一九一八（大正七）年に東京帝国大学法学部卒業後、翌年に大阪で弁護士事務所を開業している。一九三二（昭和七）年の第一八回衆議院議員総選挙の際、民政党公認で大阪四区から出馬し、初当選している。[109]翼賛選挙で落選し、戦後の一九五一（昭和二六）年に参議院議員（緑風会）として政界に復帰し、のちに自由民主党へ合流している。

五男の中山正暉（一九三二年生まれ。元衆議院議員一〇期）によれば、中山は民政党内で町田以下の主流派に位置し、政党政治こそ、本来の政治の在り方と考えていた。憲兵が国会議事堂を守る光景に不満を抱き、五・一五事件や二・二六事件の残影が日本をどう動かすかを常に心配していたという。当時、家族には「朝鮮半島との間にトンネルがないかぎり物資が運べないので、満州を手に入れても日本は行き詰まる」とし、世界を相手に戦争をすべきでないと語っていた。

図5-1　中山福蔵（左、右は吉田茂）。昭和20年代、大阪市天王寺区内（中山家所蔵）

中山は「反軍演説」問題当時、衆議院議事進行係を務め、斎藤が議員除名処分とならないように奔走していた。のちに国会議事堂の廊下で東條英機から腕を掴まれ、「君らのようなものがいるから困るんだよ」と言われたという。永井柳太郎から大政翼賛会参加を幾度も勧誘されても固辞し、翼賛選挙当時の演説会では警察官から常に「中止」を連呼される。支援者向けの挨拶葉書は選挙終了後、すべて縄で十字に縛られ、宛先不明の扱いで郵便局から送り返されてきたという[110]。

のちに翼賛政治会は一九四五（昭和二〇）年三月三〇日、元第二次若槻内閣陸相・南次郎を総裁とする大日本政治会へ移行し、旧民政党主流派の代議士たちも多数入会することになる。しかし、その裏側では中山福蔵のように、議会政治擁護と戦争回避という二つの信念から、翼賛政治への迎合を拒否した政治家もいた。この時期の議会政治史をたどる際、比較の対象としてとどめておくべきであろう。

◉政民連携運動の終着点

この間、町田は一九四四（昭和一九）年七月成立の小磯内閣に無任所国務大臣として入閣しており、宇垣一成と連携して戦争終結に寄与する所存であった。しかし、実際には宇垣の入閣が見送られたことで、さしたる役割を果たすことはないまま、敗戦を迎えることになる[111]。

一九四五年一一月一六日、町田を総裁にして結成された日本進歩党は大日本政治会に合流した旧民政党主流派と旧政友会革新派を母体とするものであり、一二月一八日、町田を総裁に据える。一九四六（昭和二一）年一月、所属議員二七四名のうち、町田ら二六〇名が公職追放され、同年一一月一二日、町田は失意のうちに逝去する（享年八三）。四月、日本進歩党は幣原喜重郎を新総裁に迎えて党勢建て直しを図り、第一次吉田内閣の連立与党として閣僚四名を送った後、翌年三月、日本自由党の反主流派と合同する形で解党する。

今日、戦前と戦後の政治史は断絶したものと理解する向きが多いが、町田にとって、日本進歩党は戦前以来の政民連携運動がたどりついた終着点という意味もあったのではないか。そう考えたとき、戦後の日本進歩党は短命ながら、戦前の民政党と連続性を有すものであったと言えるだろう。

第二部　政策篇

第六章

外交

井上寿一 INOUE Toshikazu

I　協調外交の確立

1　基本理念

◉国際政治の構造変動

一九二七（昭和二）年六月一日に結成された立憲民政党は、五ヵ条の「政綱」を発表する。その第三は外交に関してつぎのような原則を掲げている。「国際正義を国交の上に貫徹し人種平等資源公開の原則を拡充すべし」[1]。

すぐにわかるように、「国際正義」や「人種平等」は、近衛文麿の「英米本位の平和主義を排す」（一九一八〈大正七〉年）を想起させる。近衛はこの論考で「正義人道」や「平等感」を強調している。あるいは「人種平等」から一九一九年のパリ講和会議において、日本代表団のひとり牧野伸顕が国際連盟規約に人種差別撤廃の条項を挿入しようとしたことを連想するかもしれない。要するに民政党の外交の基本理念は、第一次世界大戦後の国際政治の構造変動＝脱植民地化を非西欧世界に波及させようとすることの反映だった[2]。

近衛はここから英米の「平和主義」を「正義人道」とは無関係な「現状維持」として退ける。対する民政党は異なる。「正義人道」ではなく、「国際正義」を強調する民政党は、国家間の対等な関係を前提とする協調外交を志向していた。

さらに「資源公開の原則」は、一九四一（昭和一六）年八月の英米共同宣言＝大西洋憲章の第四項目＝通商制限緩和と原料資源への接近の平等に似る。大西洋憲章を先取りしたと言えなくもない。民政党の外交理念は英米とも共有可能な経済的国際協調主義だった。

◉対中国外交

以上の基本理念を対中国外交に投影すれば、「有色人種開放《ママ》の黎明」の時代において、「支那の独立自主を認めよ」[3]との民政党衆議院議員永井柳太郎の主張のようになる。この主張の背景にあったのは、経済的国際協調主義である。永井によれば、日本の通商貿易は、中国から原料を輸入して、アメリカついで中国に輸出しなければならなかった。民政党は経済的国際協調主義に基づいて、日中「経済提携」を志向する。

日本で民政党が結成された頃、中国では蔣介石の国民革命軍が武力による中国の統一＝北伐を開始していた。立憲政友会の田中義一内閣は、居留民保護を目的として、山東半島へ出兵する。

中国本土との通商貿易関係を重視する民政党は反対する。山東出兵にともなって、上海で「日貨排斥が起らんとして居る」ことを危惧したからである。[4]民政党総裁の浜口雄幸も九月八日の議員総会の席上、同様の観点から「政府が何と弁解しても山東の出兵は大なる失敗である」[5]と批判している。

他方で「満蒙」の「帝国特殊の権利利益を擁護」するのは「当然」だった。[6]それでも浜口は、政友会の「満蒙積極政策」を批判しないではいられなかった。「積極政策」が「支那人に非常なる誤解と疑惧心を生ぜしめ」ていたからである。[7]「満蒙」に執着するあまり中国のナショナリズムを刺激して、中国本土との通商貿易関係に悪影響が及んでしまうことは避けなければならなかった。そうだからこそ民政党は対中国内政不干渉主義の立場をとっていた。しかし国民党の革命外交の国権回収プログラムが「満蒙」に及ぶようになれば、民政党の対中国外交は揺るがざるを得なくなる。

2　議会政治と軍縮問題

◉議員外交

民政党は結成当初から政党にふさわしい外交を展開する。それが一九二七年にフランスのパリで開催された列国議会同盟（主権国国会議員の国際組織）への出席である。派遣された衆議院議員九名中、民政党議員は五名だった。列国議会同盟に対する民政党の積極的な参加姿勢を裏づけるかのように、応募者多数で抽選に洩れた結果、私費で参加した議員もいた(8)。

パリでの第二四回総会に参加したのは約四〇ヵ国からの約五百数十名の議員（そのうちの百数十名はフランスの議員）で、会期は八月二二日から八月三一日までだった(9)。出席した建部遯吾《たけべとんご》の帰国後の報告によれば、建部は議会政治と軍縮問題の二つのテーマに関して演説をおこなっている。

建部は初日の一般討議において議会政治に関する演説をおこなう。建部によれば、議会政治はイタリアのファシズムとソ連のボルシェヴィズムの挑戦を受けている。それゆえ「本同盟の組成分子たるべき、列国の議会を権威あらしむるやうにしなければならぬ」と訴える。「議会政治の鼎の軽重を問はれつゝある世界の現実の事実」に目を背けてはならなかった(10)。

この点に関連して、建部は一つの挿話を伝える。最終日のことである。次回のテーマが「議会政治の危機」となっていた。この表現にイギリス選出の理事が反対した。建部は「是は一寸面白い現象である」と言う。イギリスの議会政治は危機というような状態はすでに乗り越えているとの立場からの反対論だった。結局のところ危機呼ばわりするには及ばないことになった(11)。ファシズムとボルシェヴィズムの間にあっても、議会政治の正統性に揺るぎはなかった。

もう一つの軍縮問題に関しては、八月二九日に演説をおこなっている。建部は個人的な意見と断りながら、主権国家の対等性へのこだわりから原案の「軍備制限の専門的技術的細目案」に反対する。[12]

それでは軍縮は不要かといえば、そうではなかった。建部は差等制限案の代わりに一律の制限の「唯一標準案」を提起する。[13] このような案は建部の思いつきの域を出ない。それでも軍縮の必要性に疑問の余地はなかった。民政党は政権の座に就くと、差等制限による海軍軍縮の実現をめざすことになる。

◉ロンドン海軍軍縮条約

一九二九（昭和四）年一〇月のロンドン海軍軍縮条約への招請状は、浜口にとって好機到来だった。「国際平和の精神に徹底し、各国民の負担の軽減を図らんが為」には、軍備制限に止まらず、軍備縮小が必要だったからである。[14]

幣原喜重郎外相の考えも同じだった。ロンドン海軍軍縮会議の目的は何か。幣原によれば、「内は国民負担の軽減を図り、外は国際間の平和を増進せしめ」ることだった。幣原に言わせれば、「国際間に於ける世界の大勢は、日増しに平和に向つて進みつゝある」。[15] そのような状況だった。

ところが実際の交渉は長期化する。補助艦の保有比率の対米英七割を主張する日本と六割で譲らない米英との溝は深かった。

それでも日米英三国は協調の精神をもって交渉を続ける。ようやく六割九分七厘五毛で妥結した。民政党の「国際協調主義」外交はここに頂点を迎えた。

民政党にとってロンドン海軍軍縮条約は、外交の観点以上に国内政策の観点から重要な意味を持っていた。民政党幹事長の富田幸次郎は言う。この条約によって「国民の負担軽減」のために財源を振り向け、「社会政策的施設に使用せねばならぬ」。[16]

よく知られているように、ロンドン海軍軍縮条約は、その批准をめぐって、統帥権干犯問題を引き起こし、軍令部や政友会、貴族院、枢密院の攻撃を受けた。浜口首相と幣原外相の民政党内閣が天皇の信任まで持ち出して、問答無用とばかりに批准の強行突破を図ったことは、政党政治への反動をもたらす。浜口は右翼団体の青年にピストルで狙撃される（一九三〇年一一月一四日）。協調外交が国内で払った代償は大きかった。

II　危機のなかの民政党外交

1　満州事変

◉満州事変前夜

一九三〇（昭和五）年五月六日、日華関税協定が締結される。日本は条件付きながら、中国の関税自主権を承認する。中国は不平等条約の改正を半分、実現することになった。つぎの課題は治外法権の撤廃だった。

民政党は日華関税協定の締結を祝福する。民政党の機関誌の論考「日支関税協定の成立まで」は、仮協定の調印の時点で、つぎのように民政党内閣の幣原外交の成功を称えている。政友会の田中内閣に代わって成立した民政党の浜口内閣の下で復活した幣原外交は、政友会内閣の頃の日中関係の「不穏な空気を漸次緩和して、対支外交上に一道の光明を齎し、一気に今回の協定仮調印まで漕ぎつけ得たことは、実に幣原外交の成功と称すべきである」。さかのぼること一九二五（大正一四）年の北京関税特別会議以来、曲折を経て難問の解決に至ったのは、「日支両国々交のために祝福すべきこと」だった。この論考は強調する。協定の成立をきっかけとして、「経済的互恵互益の主義に基き、日支両国の永久平和と親善の基礎を築くに至らんことを熱望して止まないものである」[17]。ここに民政党内閣の幣原外交は、中国との外交関係において、経済的国際協調を一歩、前に進める。

他方で日本が特殊権益を持つ満蒙の諸問題はどうか。民政党の衆議院議員で前外務政務次官の永井柳太郎は、党機関誌の論考「満蒙経営は日支の共同責仕〔任〕」において、中国本土に対する対応と同様に、「満蒙の天地は広大である。支那がその富源を独断すべからざる如く、日本もまた之を独占すべきでない。日本の満蒙政策は、日支共存共栄を主眼とすべく」と経済的国際協調の立場を明らかにしている[18]。

このような対満蒙経済的アプローチを重視する永井は、政治的・軍事的アプローチを戒めて、つぎのように強調する。「日本は満蒙に於て政治的又は軍事的に大なる力を有するも、これを以て直に満蒙経営の主力であると思ふならば、それは大なる誤りであるのみならず、又大なる危険である」[19]。

対する政友会は、この年（一九三一〈昭和六〉年）一月の衆議院本会議において、元南満州鉄道総裁の松岡洋右議員が「経済上、国防上、満蒙は我が国の生命線である」と演説している。「国防上」も日本の「生命線」であると強調することで、松岡は外相兼首相代理の幣原の対満蒙経済的アプローチを批判した[20]。

松岡の演説中の「生命線」は流行語になるまで広く人々の口にのぼって、もてはやされた。それでも民政党は経済的アプローチの立場を堅持する。

それが証拠に民政党の総裁で首相の若槻礼次郎は、九月一五日の関西大会（大阪市）における演説のなかで、つぎのように述べている。「満蒙に於ける我が国の権益は、国際正義の名に於て当然確保さるべきもの」である。他方で「支那の向上的努力に対して同情することは、我が権益の擁護と何等背馳するものではない」。若槻は日中「経済提携」を強調する。「日華両国間の経済提携は、両国民相互の生活を充実せしむる見地に於て、自然の順序である」。

若槻は「国民外交」の観点からも日中「経済提携」を正当化する。「現代は所謂国民外交の時代である」。それでは国民は何を求めているのか。若槻は言う。日中「経済提携」の促進によって「東洋の平和繁栄を確立」する。このことは「我が全国民の熱烈なる希望であると信ずる」[21]。若槻の演説の延長線上に日中の軍事衝突を予見することはむずかしい。柳条湖事件の起きる三日前の演説だった。

◉協力内閣構想

ところがこの演説から三日後の九月一八日、奉天(現在の瀋陽)郊外の柳条湖付近で南満州鉄道の線路の爆破事件が起きる。以下では民政党との関連において、先行研究の知見に基づいて満州事変の拡大過程を再構成する[22]。

満州事変が現地軍の外からのクーデターだったとすれば、この政党政治への挑戦に対して、二大政党が結束しようとしたのは当然だった。民政党の若槻と政友会総裁の犬養毅は協力内閣(大連立)によって事変の不拡大をめざす。

しかし閣内の状況は違った。幣原外相と井上準之助蔵相は、民政党の単独内閣で乗り切る決意だった。民政党内閣の二枚看板の協調外交と金解禁・緊縮財政政策を支えるふたりの閣僚が協力内閣に反対となると、事はすんなりとは進まなかった。井上がこの構想に反対したのは、閣内の協力内閣論者の安達謙蔵内相がイギリスの金輸出再禁止決定(九月二一日)を受けて、井上財政の転換を画策していたからだった[23]。

民政党の党機関誌の論調においても、協力内閣構想は「乗つてはならぬ口車」と警戒している[24]。幣原外交に対する民政党の信任は厚かった。党機関誌にはつぎのような言葉が並ぶ。「幣原外交は定石外交だ〔……〕王道を平凡に歩む幣原外交こそ、最後の勝者たるは必然の数である」。「国民は挙つて此外相を応援すべきである」[25]。

こうなると若槻は単独内閣に回帰する。政友会の方でも党内主流派が連立阻止に動き出す。犬養も協力内閣をあきらめるようになる[26]。

ところが若槻の意向にもかかわらず、安達が協力内閣をめざす旨の声明を発表する。政友会内でも反主流派が協力内閣運動を再び始める[27]。

若槻と安達の意見の対立が先鋭化する。安達は「翻意も辞任も拒否」した。対する政友会においても、連立内閣論は「リアリティーの乏しい話」になった。[28] 結局のところ民政党内閣は、閣内不一致をもって総辞職する。後継は犬養の政友会内閣だった。

2 国際連盟脱退

◉野党外交

一九三二（昭和七）年二月二〇日に総選挙が実施される。結果は三〇一議席を獲得した政友会の圧勝だった。民政党は前回の二七三議席から一四六議席へと一〇〇議席以上を失う惨敗に終わった。

民政党系の自由主義者でジャーナリストの馬場恒吾は、少なくとも対中国外交に関して、この結果を嘆きはしなかった。政友会内閣の下で、この年一月から総選挙の期間中に上海事変が始まっていた。馬場は指摘する。「戦局は上海に拡大された。それでかりに今民政党内閣が出来たとして、その内閣は戦局を縮小し得るであらうか。〔……〕政友会内閣時代にはじまつたことは、最後まで政友会にやらした方が、首尾一貫して、国のために利益であらう」。[29]

馬場のリアリズムのとおり、民政党は総選挙に敗れたことで、外交の責任を負わずに済んだ。代わりに犬養の政友会内閣の下で三月一日に満州国が建国される。

◉「挙国一致」内閣下の対外危機

満州国の建国後、今度は満州国の承認問題が起きる。日本が満州国を承認すれば、国際連盟各国やアメリカとの外交関係の悪化は避けられなくなる。

民政党は党の機関誌にジャーナリスト出身の神田正雄前衆議院議員の論考「満洲国と東亜の和平」を掲載することで、この問題に対する慎重な姿勢を示唆する。神田は言う。「日本は国際協調を重んじ、単独で所謂善い児にならうと云ふ考へはないから、満洲国を承認するか否か、若し承認するにしても、如何なる径路をとるべきかに就いて、一考せぬやうなことは断じてない筈である」[30]。神田によれば、荒木貞夫陸相は日本と満州国の関係を「内縁関係」に例えた。正式な結婚でなくても事実上の夫婦関係であればよい。神田は「適切な寓話」と評価する[31]。

ところが六月一四日、衆議院本会議は、民政党と政友会の共同提案の満州国承認決議を全会一致で可決する。前月の五・一五事件の結果、政友会の犬養内閣は崩壊した。代わりに斎藤実海軍大将の非政党内閣＝「挙国一致」内閣が成立していた。民政党も政友会と同様に複数の閣僚を送り込むことで、与党的な立場に立った。

さらに満州事変を直接のきっかけとして、マスメディアとくに新聞の論調が「大旋回」を遂げる。マスメディアによる対外強硬論の扇動によって、世論も大きく変動していく[32]。

ジュネーブで国際連盟との間で板挟みになっていた日本の外交官は、国内の強硬論を憂慮する。満州国承認決議と同日の長岡春一日本代表の電報は、日本国内の新聞報道にみられる満州国の即時承認論が国際連盟に対する挑戦とみなされることに注意を喚起している[33]。

それでも民政党は、マスメディアに扇動された世論の強硬論に押されて、満州国承認を求める。「国民外交」を掲げたことが仇になる。民政党は協調外交から大きく逸脱する。

日本が満州国を承認したのは九月一五日で、リットン調査団が極東を訪れている時だった。日本の満州国承認が国際連盟への挑発と受け止められても仕方なかった。

この年一一月から満州事変をめぐって国際連盟臨時総会が開催される。民政党は党機関誌に貴族院議員山川端夫の論考「飽まで聯盟を指導せよ」を掲載して、国際連盟脱退回避の姿勢を示唆している。山川は主張する。「我が国が承認し得ぬ勧告を満場一致で決議することがあつたとしても」、「あくまで我が主張を固持して」いけばよい[34]。国際連盟規約の解釈上、「勧告を拒絶したと云ふ理由丈けでは何等の制裁問題も起らぬ」[35]からだった。

しかし実際には一九三三（昭和八）年二月二四日、国際連盟が対日非難決議を採択すると、松岡代表は、国際連盟脱退の意思表示として、総会議場から「堂々と」退場していく。こうして満州事変の勃発以来、二年も経たないうちに、民政党の協調外交路線は崩壊した。

Ⅲ　外交修復の模索

1　「非常時小康」下の外交

◉ロンドン世界経済会議

日本は一九三三年三月二七日に国際連盟脱退の政府声明を発表する。その約二ヵ月半後の六月一二日から世界恐慌による経済危機の克服を目的とするロンドン世界経済会議が開催される。民政党はこの国際会議を歓迎する。ロンドン世界経済会議は「我党の首唱」によるとまで言っている。民政党が自負するのはそれ相応の根拠があった。前年の九月二一日に日比谷公会堂で開催された民政党の関東大会において、若槻総裁がつぎのように演説していたからである。「関税戦争は愈々激烈を加へて居るのでありまして世界各国の貿易は唯だ減退の一路を辿り、各国の経済は益々困窮を加ふるのみであります。茲に於て世界経済に光明を齎らさんと致しますれば、〔……〕速に世界経済会議を開き、我国も亦之に参加し、各国和衷協力して夫等の諸問題を一挙にして解決することが今や最も肝要であると考へます[36]」。

同年四月二五日、丸ノ内会館での幹部会の席上、若槻はロンドン世界経済会議に参加することの意義を強調して、「世界の経済界は共存共栄であるとの信念に基づいて各国とも行動するに非ざれば会議の成功は望まれない」と演説している。(37)

若槻はこの演説のなかで、国際連盟脱退後の日本外交とロンドン世界経済会議への参加とを結びつける。「日本の聯盟脱退は日本が極東の天地に跼蹐《きょくせき》する事を意味するものではない。日本は今後も常に世界平和と幸福に貢献するの覚悟を要する」(38)。

以上のように国際連盟脱退通告後の民政党の協調外交路線は、ロンドン世界経済会議への参加をとおして、経済的国際協調路線の修復として立て直しが始まった。

◉国際連盟脱退後の「国際協調主義」

民政党は党機関誌に政策研究会の田村秀吉の論考「聯盟脱退後の我国際政策」を掲載して、あらためて「国際協調主義」を高唱する。この論考は、国際連盟脱退後の日本外交をめぐって、「孤立か協調か」「平和か戦争か」と問う。「孤立」と「戦争」への道は「東洋モンロー主義」、対する「協調」と「平和」は「国際協調主義」である(39)。

この論考は「東洋モンロー主義の美名に陶酔して〔……〕世界的孤立主義に陥ることなきやう厳に自ら之が警戒を要する」(40)と注意を喚起する。

この論考によれば、国際連盟脱退後の日本外交は、「聯盟に依らざる国際協調政策」へと「転換」する(41)。「聯盟の平和主義に対しては毫《ごう》も反対せんとするものではない」と付言することも忘れない(42)。国際連盟脱退後の日本外交は「国際協調主義」だった。

民政党総務・貴族院議員の川崎卓吉も同趣旨の「聯盟脱退後の我党の外交方針」を論じている。川崎は強調する。「聯盟機関に依らざる国際協調主義は依然之を持続すべきである」。具体的には民政党の政綱の第三「資源公開の原則」に基づき経済外交をとおして通商貿易の発達を図る[43]としている点が注目される。

つぎにこの「国際協調主義」の下、日中「両国共存共栄の自覚と理解との上に国交を再建」しながら、「東亜に相隣接する」日露「両国の親善関係を維持」する[44]。

対米関係はどうか。川崎は踏み込んだ見解を示す。「東亜に於ける日米の利害は必らずしも、常に相一致するものにあらずとするも、戦はざるべからざる理由は少しもないのである」[45]。アメリカを仮想敵国として軍拡を志向する海軍を刺激しかねない日米親善論である。対英関係に関しても、日英同盟以来の「友好的伝統」を確認している[46]。

以上のような「国際協調主義」は海軍軍縮条約問題に及ぶ。一九三五（昭和一〇）年にはワシントン、ロンドンの両海軍軍縮条約の再検討会議の開催が予定されていた。日本国内では海軍を中心に「一九三五、三六年の危機」が唱えられるようになる。アメリカの建艦のペースとの関連で、一九三五、三六年に対米国防の危機が訪れる。「一九三五、三六年の危機」は流行語になるほど広まった。

対する民政党は海軍軍縮条約の改定に応じる立場に立った。若槻総裁は、一九三三年一〇月一〇日の民政党愛知県支部主催懇親会の席上、つぎのように演説している。「万一会議が決裂を見るが如きことあれば、〔……〕製艦競争を激甚ならしむるであらう。〔……〕日本がアメリカと競争してアメリカよりよくなることは経済論から見ても困難である」[47]。

以上のように民政党は、「国際協調主義」外交の修復に乗り出した。しかしすぐには成果を得ることができなかった。ロンドン世界経済会議は、自由経済のアメリカとブロック経済の欧州諸国との対立によって、失敗に終わった。世界経済のブロック経済化が勢いを増していく。それでも若槻は経済的国際協調の立場をあきらめなかった。一〇月一一日の東海地方での民政党大会の席上、「日満経済ブロック」を批判して、つぎのように経済の「門戸開放」を強調している。「我国に於ても亦世界列強の経済ブロックに対抗するに、日満経済ブロックを以てすべしと云ふ者があります。〔……〕併し之れのみを以て此難局を打開することは出来ません」。代わりに「何処迄も最恵国主義を固持し、世界に向て門戸の開放を強く要求せねばなりません[48]」。若槻の立場は変わらなかった。

さらにこの年の一〇月、民政党の衆議院議員松田竹千代と真鍋勝は、政友会の六人、国民同盟のひとりの衆議院議員、四人の貴族院議員とともに、スペインのマドリッドで開催された列国議会同盟の総会に出席している。列国議会同盟とは主権国の国会議員の国際組織で、日本の加盟は一九〇八年のことだった[49]。この議員外交の場で日本代表団は「国益追求ではなく、あくまで各国との協調を望んでいる姿勢を印象づけることに努めた[50]」。日本の議員外交は「国際協調主義」に基づいていたと評価できるだろう。

◉分岐点

翌一九三四（昭和九）年二月一二日の衆議院予算委員会の席上、民政党は桜井兵五郎が党を代表して、この年度の予算案に賛成の意を表する。その際に桜井は四つの「希望条項」を述べる。そのうちの第三は「政府は外交工作に依り軍備の競争を避くると共に産業特に農村並に中小商工業に対する根本政策を確立すべし[51]」となっている。

桜井によれば、「国防は経済力が之れに伴はねば其の効力完きを得ませぬ。外交の背景が国防であれば、国防の背景は正に一国の経済力であります[52]」。そうだからこそ外交によって軍拡を回避しつつ、産業の振興をとおして国民経済の力を増す必要があった。

軍拡を回避する外交としてもっとも重要だったのは対米英関係である。民政党の党機関誌の論考は指摘する。「一九三六年を目標とする英米日殊に米国と日本とは、此の世界平和の危機に対して、互に平和を愛する誠意を推して之に善処する所がなくてはならぬ[53]」。

対米英関係を重視したのは、対中国外交を展開する上でも欠かせなかったからである。さきの論考の著者は別の論考で強調する。「我国対支外交の重点は、寧ろ直接の対支工作よりも却つて欧米にあるの観がある」。なぜならば欧米の対中外交は「少からず支那をして対日方針の転換を余儀なくせしめるものがある」からだった[54]。

対米英（とくに対米）関係の修復をとおして、日中関係の緊張緩和を進める。この民政党の外交方針からすれば、広田弘毅外相は、「其の就任早々発言した親米態度が痛く米国民の好感を惹いた模様であり[55]」と高く評価されることになる。

ところがロンドン海軍軍縮条約の予備交渉は不調に終わる。この年（一九三四年）末には海軍「艦隊派」の強硬論に押されて、岡田啓介内閣はワシントン条約の廃棄を通告する。ここに民政党が求めた海軍軍縮の時代は終わる。代わりに訪れたのが海軍軍縮の無条約時代だった。

日中関係も風雲急を告げる。一九三五年五月から六月にかけて、中国・華北五省を「親日」化する陸軍による政治工作がおこなわれる。民政党の党機関誌は、新聞記者・中国研究家の波多野乾一の論考を掲載することで、婉曲に華北分離工作を批判する。波多野によれば、華北分離工作は「外科手術」だった。「外科手術は、どうしても一時的である」。波多野は「外科手術」ではなく、「内科的処置」による「親善工作」をおこなうべきであると主張する。「内科的処置」とは「経済提携を主潮とする親善工作」のことだった[56]。

しかし日中「経済提携」が具体的な成果を上げないうちに、この年末に第二次華北分離工作がおこなわれる。民政党の党機関誌は陸軍中将坂西利八郎につぎのように言わせることになる。「経済工作を以て日支提携を謀るべしなどいふけれども、其根本の政治機構が改まり、其局に当るものが日支関係の円満を企図するんでないならば、言ふ可くして行はれぬ話である[57]」。ここに日本外交は大きな分岐点に立った。民政党が志向した「国際協調主義」の外交は、八方塞がりに陥った。

Ⅳ　日中戦争の衝撃

1　林銑十郎内閣対民政党

◉林内閣批判

一九三七（昭和一二）年二月二日、林銑十郎内閣が成立する。民政党は陸軍大将を首相とするこの内閣を批判しないではいられなかった。民政党の院内主任総務で衆議院議員の小泉又次郎は、二月一五日の衆議院本会議における林内閣の施政方針演説に次いで、質問の第一陣に立つ。小泉は断言する。「有体に申すならば、林内閣の組織は決して現在の時局に応じ、国民一般の輿望を担ふ強力内閣とは認めがたいのであります」[58]。なぜならば林は組閣に際して、「入閣者に党籍離脱」を求めたからである[59]。結局、民政党だけでなく、政友会からも入閣はなかった。このような内閣に民政党が反発したのは当然だった。それでは林内閣の外交に対しても民政党は批判的な姿勢を示したのか。そうとは限らなかった。

◉民政党の外交方針

民政党の衆議院議員鶴見祐輔は、この第七〇議会において、佐藤尚武外相への質問をとおして、民政党の具体的な外交方針を明らかにしている。

鶴見が強調するのは、日本外交の基本的な立場である。鶴見は一九三〇年代における経済ブロックの世界化にともなう自給自足圏の模索を「経済的鎖国主義」と批判しながら、代わりに「民族発展の自由を全世界に主張する立場を執らねばならぬ」[60]と述べる。世界的なブロック経済の時代においても、国際的経済自由主義の理念を掲げる鶴見は、つぎの六項目に言及する。

第一は秘密外交である。ここで鶴見は秘密外交を否定する。代わりに期待したのは公開外交に基づく国民外交である。[61]鶴見が求めたのは外交の民主化だった。

第二は日独防共協定である。鶴見はこの協定の影響を危惧する。日独防共協定によって、「従来日本に対して友好関係を持つて居つた国々の同情が冷却を致す」心配が生まれたからである。[62]ヒトラーのドイツを忌避する鶴見は、日独防共協定が「欧羅巴の問題に無関係であると云うことを明瞭にして貰ひたい」と佐藤外相に求めている。[63]

第三は日ソ関係である。鶴見は両国のイデオロギーの相違にもかかわらず、国境問題の解決をとおして、外交関係の改善が可能であると示唆している。[64]

第四は日英関係である。鶴見は佐藤の「日英親善工作」に「満幅の賛成」を示す一方で、英連邦諸国のブロック経済化を憂慮する。[65]経済自由主義の理念を掲げる鶴見からすれば、対英協調を重視しながらも、警戒しなければならなかった。

第五は日米関係である。鶴見は対中国政策をめぐって、日米間に「意見の衝突は無いものと思ふ」と述べる。鶴見の観察するところによれば、アメリカの対中国政策の中心は、政治的なものから「本来の経済政策に引返さんとして居る」ようだった。そうだとすれば、対中国政策をめぐって、日米両国は折り合いをつけることができる。鶴見はそう考えた。[66]

第六は日中関係である。鶴見によれば、中国が「統一」して「繁栄なる社会を造る」のは、「日本全国民の衷心の希望」と日中親善を強調する一方で、中国の高率な関税税率を批判する。[67]このように日中関係にも経済的自由主義の理念が反映していた。

◉経路の喪失

対する林内閣の佐藤外交は、通説的な理解によれば、「中国政策の修正、対英国交の調整、ソ連との平和維持」を特徴として、「通商自由の擁護、原料資源への公平な接近などすべての手段をとって、徐々に戦争回避の実を挙げよう」としていた。[68]

そうだとすれば、日本外交の基本方針をめぐって、鶴見と佐藤の考えは重なる。別の言い方をすれば、佐藤外交をとおして、民政党の外交を実現するチャンスが訪れた。

ところが林首相は三月三一日に衆議院を解散する。四月三〇日が第二〇回総選挙となる。民政党は「六大政策」を掲げて選挙を戦う。外交政策は「六大政策」の三番目（「外交国防の国策確立の喫緊」）だった。[69]

総選挙の結果、民政党は前回総選挙より議席を減らしながらも、第一党の地位を保った。しかし林内閣の退陣後に成立したのは、民政党内閣ではなく、近衛文麿の非政党内閣だった。近衛内閣の外相は、佐藤ではなく、広田弘毅が就任した。民政党は佐藤外交の経路を失った。

◉「持てる国」対「持たざる国」

内閣は交代した。対する民政党の外交方針は変わらなかった。六月一六日、民政党の外政部長で衆議院議員の一宮房治郎が政務調査総会の席上、演説をおこなっている。一宮の演説「帝国外交の基調」は、さきの総選挙における「六大政策」の一つ「外交国防の国策確立の喫緊」の各論として読むことができる。

一宮の基本的な国際情勢認識は、英仏の「持てる国」と独伊の「持たざる国」の対立である。日本は「生存圏」を求める「持たざる国」に分類される。[70]

しかし日本が「生存圏」を求める仕方は独伊と異なる。「持たざる国」日本が「持てる国」に求めるのは、「資源の公開　資材の再分割、自由通商の承認等の原則」だからである。[71] 民政党の外交の基調は国際的経済自由主義だった。

さらに一宮は、たとえば国境問題の解決をとおして、日ソ関係を調整の上、そこから「転じて不侵略条約を締結することも亦一策である」と踏み込んだ発言をしている。[72] あるいは中国や「南洋」をめぐる日英の経済対立を危惧しながらも、「平和的に協調の出来ぬことはない」[73] と日英協調路線を堅持している。

対米関係は「東洋の安定国としての日本の地位を確保する上」でもっとも重要だった。「我海洋政策は飽く迄平和的」だから、アメリカの了解を得られる[74] と楽観的である。

これらソ英米三国との外交の調整を重視するのは、日中関係の改善が目的だった。それには「支那に重大なる勢力を有する列強との国際関係を調整する事が最も必要」と考えた。[75]

一宮は日中関係を楽観していない。両国の「実際的親善並に経済提携は前途尚ほ遼遠の観」があったからである。[76] それでも「日本は満洲国の健全なる発展を企図する以外に、支那大陸に向つて侵略的又は独占的意図を有するものでない」[77] と明言している。一宮は近いうちの日中の軍事衝突を想定していなかった。

2　日中戦争の勃発

◉「国民外交」と日中「提携」

ところがこの演説から一ヵ月も経たない七月七日、日中の軍事衝突（盧溝橋事件）が勃発する。近衛内閣の基本方針は不拡大・現地解決だった。実際のところ七月一一日には停戦協定が結ばれている。近衛内閣は同日、停戦協定の監視を目的とする増派を決定する。対する蔣介石の国民政府も増兵を実施する。その結果、二五日に再度、軍事衝突が起きる。

民政党の基本方針は近衛内閣の不拡大・現地解決と同じだった。民政党の池田秀雄衆議院議員は、八月一五日付の論考のなかで、「日本が不拡大方針で一生懸命になつて居るのに」、中国側が「自ら好んで」拡大していると非難している。[78]

池田の考えは、戦争目的に関しても、近衛内閣と同じだった。池田は言う。「政府が逸早く宣言せる通り、我が国の支那に求むる所は、領土に非ず、提携である」[79]。池田は国民に覚悟を求める。「我が国の支那に求むる所は提携」であって、「勝利の快感をのみ満喫すべき時でない」[80]。

それでは「提携」の相手は誰か。池田は断言する。「見渡す処矢張り蔣介石を措いては、他に其人はあるまい」[81]。池田はこの軍事紛争の解決をとおして、現に交戦中の蔣介石を相手とする「提携」をめざしていた。

池田は民政党の外交の基本方針である国民外交をとおして、日中「提携」を唱える。それには日本国民の中国と中国国民に対する認識を改めなければならなかった。池田は強調する。「我が優越感を抛《なげう》ち、彼の長所は之を認識すべきであらう。彼の国民的欠点は少くない。併し其の四千年の文化を見よ。支那人はあながち之を軽蔑すべき国民ではあるまい」[82]。池田は日中「提携」の前提として、日本国民に中国と中国国民に対する蔑視感情や差別意識を戒めた。

●経済的自由主義と文化

一方、近衛内閣は、駐華ドイツ大使トラウトマン（Trautmann, O. P.）を仲介として、和平工作をおこなっていた。しかしこの年（一九三七年）末の首都南京の陥落にともなって、和平工作は暗礁に乗り上げる。翌年一月一六日、日本政府はトラウトマンをとおして、和平交渉の打ち切りを通告するとともに、「国民政府を対手とせず」との声明を発表した。

民政党の党大会が開催されたのは、このような状況のなかでのことだった。一月二〇日の上野精養軒における民政党大会の町田忠治総裁の演説は、政府と同様に、「国民政府の如きは断じて容認すべきではありません」と強調している。[83] 蔣介石との和平を前提とする民政党の対中国政策の基本方針は失われた。

それでも町田の演説に経済的自由主義が貫かれていたことは記憶されるべきだろう。町田は言う。「我国は世界列国と其慶福を共にせんとするものであります。列国の権益を尊重し公正なる国際道義に基きて通商産業の進展を期せんとするものであります[84]」。

加えて町田が中国の「文化の向上に寄与せん[85]」と述べていることも見落とされてはならない。日中「提携」は経済「提携」であると同時に文化「提携」だったからである。

この点に関して、民政党は近衛内閣と軌を一にしている。「対支文化事業」を推進しようとする近衛内閣は、一月二七日、議会に「対支文化事業特別会計法の特例に関する法律案」を上議する。その際に池田秀雄は、この法案をめぐって、つぎのように注意を喚起している。「本案は一見極めて軽小なる案のやうでございまするけれども、私の見る所を以て致しますれば、甚だ重要なる意義を持つて居るやうに思ひます[86]」。

池田にとってこの戦争の目的は、「日支共通の文化」の「樹立」をとおして「東洋思想」の「復興」を図りながら、「東洋の平和を確保」することだった。[87]「対支文化事業」は、この戦争目的を達成する手段の一つとして欠かせなかった。

ところが池田に言わせれば、「対支文化事業」は「余りに貧弱」だった。予算が二〇〇〇万円を基本金として、年額三〇〇万円だったからである。これでは「全支那に亘つて吾々と共通の文化の上に立つと云ふやうな大事業が、果して為し得るものでありませうや[88]」。池田は不満だった。

問題は「対支文化事業」予算の僅少にとどまらなかった。民政党の衆議院議員斎藤隆夫は、北米（一月二六日）とヨーロッパ（一月二七日）に向けての英語放送のなかで、「政府は国民政府を否認致しましたけれども、之れに代るべき新政権は未だ確立致しませぬ[89]」と率直に認めている。首都南京の陥落にもかかわらず、蔣介石の中国との戦争は終わらなかった。斎藤にも戦争終結の展望は見出すことができなかった。

◉宇垣外交への期待

近衛は「対手とせず」声明の修正による日中戦争外交の局面の打開を目的として、この年五月二六日に内閣を改造する。もっとも重要な外相のポストに就いたのは宇垣一成陸軍大将だった。

民政党は宇垣の外相就任を歓迎する。宇垣は政民連携内閣構想における首相候補だった。この構想は何度となく挫折した。それでも宇垣が外相に就任したことは、民政党の日中戦争外交構想を実現する好機到来だった。民政党のパンフレットのある記事は、手放しでよろこんでいる。「事変に関して態度を表明したのも満点である。宇垣戦時外交に、国民全般の好意を十割まで受くるのに、感激せねばなるまい[90]」。

宇垣外交は「対手とせず」声明の清算と克服による和平をめざした[91]。しかし交渉が成果を上げる前に、九月三〇日、宇垣は興亜院の設置に反対して外相を辞任する。対中国中央機関の興亜院の設置は、陸軍が対中国外交の主導権を外務省から奪い返す意図を持っていた。それだけでなく本当の理由は「近衛が宇垣をいやになった」からだった[92]。

民政党は興亜院設置問題をめぐって宇垣を辞任に追い込んだ近衛を批判する。民政党の党機関誌のある記事は語気を強める。「支那事変の真最中に、国民大衆の眼からは其貫禄に於て、副総理格に見られた宇垣外相を、対支院問題で廟議合はず、忽然冠を掛けて野処させるに至つた不手際を少からず遺憾とする[93]」。しかし後の祭りだった。民政党は宇垣外交という経路を失った。

V 未完の「革新」外交

1　「革新」外交の形成

◉南北併進

民政党は和平の展望を失う。民政党の外交方針は大きく転換していく。民政党は、町田総裁自らが設置を提唱した大陸国策調査会[94]における五十数回の審議と検討を経て、約半年後の一〇月三一日、新たな外交方針「大陸国策を中枢とする革新政策」案を正式に決定する。[95]この政策の提唱は、民政党が自称するように、「謂はゞ政策の大転換」で「事変によつて齎されたる東亜の変革に処するわが党の指針」だった。[96]

「東亜新秩序」の建設を目的に掲げる一一月三日の第二次近衛声明と相前後して、民政党は「大陸国策を中枢とする革新政策」を公表する。「革新」を強調するこの政策文書はどのようなものだったのだろうか。

全七章の構成の政策文書において、外交に直接的に関連するのは、第一章「大陸国策の根本方針」、第二章「対支方策」、第三章「帝国外交の方針」である。[97]これら三章をとおして、この政策文書が民政党にとって政策の「大転換」を画することになった所以を確認する。

第一章は言う。「東亜聯盟を結成し東亜の新秩序を建設することを以て大陸国策の根幹とすべし」。民政党はこの「東亜聯盟」の結成を目標として、政友会とともに、この年の一一月から「東亜再建聯盟」の国民運動を開始する。この政民連携の国民運動は、政府の国民精神総動員運動に対する対抗手段でもあった。[98]

政民両党は「東亜再建」国民運動に乗り出す。両党は一一月一五日に日比谷公会堂でその第一声を上げる。この日、両党は「東亜再建国民運動宣言」を採択する。この宣言を皮切りとして、大阪、京都など全国六八ヵ所で講演会が開催された。[99]

つぎに第二章は強調する。「蔣政権の壊滅を徹底する」。加えて「支那は歴史的、地理的、経済的関係に於て、地域的政権に分治せらるゝは自然の傾向なるを以て、之に大なる自治権を認めて育成すべし」。ここに民政党は蔣介石の国民政府との和平を断念して、傀儡自治政府の育成を掲げるようになった。

それでも国際的経済自由主義の理念は残存していた。「支那経済は日満支経済一体化の方針に従て之を再建し此新体制の下に於て第三国に対し門戸を開放すべし」となっていたからである。

第三章「帝国外交の方針」には新旧の方針が混在している。旧方針からの転換は対枢軸国接近である。第二節は言う。「日独伊防共協定を強化し世界外交に於ける地歩を確立すべし」。旧方針の踏襲は経済外交の強調である。「帝国は亜細亜諸国並に太平洋諸国に向て経済外交に主力を注ぎ、特に太平洋経済再建の為めに関係諸国をして協力せしむべし」。ここにはアジア太平洋地域における排他的経済ブロックではない通商貿易の自由原則が反映している。

以上の三章をまとめ直して別の言い方をすれば、民政党は大陸国家と海洋国家を同時に志向するようになった。実際のところこの政策文書に関連する「革新綱領」において、民政党は「大陸経営と、海洋発展とは、現代日本の指標であり現実である」と言っている[100]。日中戦争の継続を与件としながら、南北併進は可能なのか。このような疑問にもかかわらず、あるいはこのような疑問があるからこそ、国内改革を必要とした民政党は、国内政策の「革新」を訴えていく[101]。

◉「東亜再建」国民運動から「新興日本」国民運動へ

他方で近衛内閣は、日中戦争の終結の展望を失って、一九三九(昭和一四)年一月四日、総辞職する。後継は枢密院議長の平沼騏一郎だった。平沼内閣は政友会と民政党からそれぞれ一名を入閣させる。民政党からは町田総裁の側近の桜内幸雄が農相として入閣した。平沼内閣下においても、政民連携路線は続く。

ところが四月三〇日に異変が起きる。この日の党大会で政友会の総裁に中島知久平が選出された。この総裁人事に反発した政治グループが五月二〇日に久原房之助を総裁の座に就けた。ここに政友会は政友会中島派＝政友会革新派と政友会久原派＝政友会正統派に分裂する。

困惑したのは、政民連携によって「革新」政策の実現をめざした民政党である。民政党の一月二〇日の党大会は、政友会の正式な分裂を見越して、宣言文のなかでつぎのように述べている。「誠に遺憾なことはこの昭和十四年になつてから今日まで提携して来つた友党の政友会が党首問題のために遂に分裂したことである[102]」。政友会の分裂は政民連携による「東亜再建」国民運動を行き詰まらせる。代わりに「わが党は独自の立場に於て、新興日本国民運動を全国に展開すること」になった[103]。

この「新興日本国民運動」はどのような外交をめざすのか。「新興日本国民運動綱領」によれば、第一に「欧洲の新情勢に対処するため防共協定を強化して〔……〕国際共産主義思想の壊滅するに努む」。第二に「支那事変処理の根本方針を具体化」する。第三に「第三国の権益関係を調整」する[104]。

ところがこのような「帝国外交の根本方針」は画餅に帰する。八月二三日に独ソ不可侵条約が締結されたからである。独ソ不可侵条約によって、平沼内閣は「欧州情勢複雑怪奇」との声明を発して、総辞職する。民政党にとっても「防共」外交を推進することはできなくなった。そもそも民政党の単独の国民運動では力不足が否めなかった。

2 「革新」外交の挫折

◉「生存圏」の論理

さらに翌年二月二日、民政党は大きな政治的打撃を蒙る。この日、民政党の斎藤隆夫議員が「反軍演説」をおこなった。この演説に対して民政党と政友会正統派の議員から拍手が湧いた。このことに示されるように、「反軍演説」は政民連携路線の立場からのものだった[105]。

対する町田総裁は、三月八日の代議士会で「国論の統一、挙国一致の建前より、多年の情誼をも一擲するのは止むなしとの強固なる信念」によって、斎藤の除名処分を決定した[106]。

こうして政友会との連携を断ち切り、自党の地盤沈下も進むなか、それでも民政党は六月二一日に「新政綱」を発表する。

すでに前年の九月一日に欧州で第二次世界大戦が始まっていた。「此の未曽有の大変局に対処」するにはどうすればよいのか。「新支那の建設にも更に長年月の努力を要する」。この「新政綱」の（二）「帝国外交の再建」は「生存圏」の確立を打ち出している。「日満支を中枢とし亜細亜及南洋を包括したる政治的、経済的結合により初めて我生存圏が確立するのである」[107]。ここには欧州における枢軸国の「生存圏」の拡大に幻惑されて、南北併進を「生存圏」によって正当化する論理が表れている。

◉日本主義イデオロギー

ところが民政党は、ここからさらに転換を余儀なくされる。六月二四日、近衛文麿が枢密院議長を辞任して、新体制運動を推進するとの決意を表明した。この新体制運動に馳せ参じたのは社会大衆党だった。七月六日、社会大衆党は解党して近衛新党への合流をめざす。ついで七月一六日、政友会久原派が解党する。翌日、近衛に組閣命令が下る。七月二二日、第二次近衛文麿内閣が成立した。

民政党内でも、永井柳太郎のように、近衛側と近い関係者が町田に解党を進言していた。しかし民政党は「条理を尽して行動するやう方針を堅持した」[108]。実際のところ、第二次近衛内閣の成立と前後して、七月二〇日、民政党は新宣言と新政綱を発表している[109]。

この新宣言にはつぎの一節がある。「八紘一宇の肇国《ちょうこく》理想に基づきて世界の新建設に協力し国家の生存圏を把握して国礎を無窮に鞏くすると共に久しく桎梏に苦める亜細亜民族の解放に努め、之と共存共栄の一環を結成して世界新秩序の建設に寄与するを帝国外交の使命とする」[110]。一読して明らかなように、ここには「八紘一宇」や「肇国」などの日本主義のイデオロギーが横溢している。

新政綱でも同様である。新政綱の第三項目は言う。「肇国の理想を国交に透徹し、日本国家の生存圏を把握し、亜細亜民族の共存を図り、世界新秩序の建設に協力すべし[111]」。いったいどうすればこのような日本主義のイデオロギーで彩られた外交を展開できるのか。民政党の外交方針は具体的な政策を欠く空虚なものとなった。

民政党にとって何よりも深刻な問題だったのは、連携すべき政党がつぎつぎと解党していったことだった。こうして政党が自律的に外交を展開する機会は失われた。

他方で近衛内閣は八月一日に基本国策要綱を発表する。その「根本方針」は言う。「皇国の国是は八紘を一宇とする肇国の大精神に基づき世界平和の確立を招来することを以て根本とし、先づ皇国を核心とし、日、満、支の強固なる結合を根幹とする大東亜の新秩序を建設するにあり[112]」。この引用によって何を明らかにしたいかは多言を要さないだろう。この「根本方針」も日本主義のイデオロギーで脚色されている。一足先に公表した民政党の新宣言と軌を一にしている。そうだとすれば、近衛内閣において、民政党の外交方針は実現するかのようだった。ここに民政党も八月一五日、自ら解党して近衛新体制に参入する決断を下す。

解党に際して、民政党が民政党らしかったのは、解党を弁明する文書のつぎの一節に過ぎなかった。「ファッショ、ナチスの如き独裁は断じて我国体、憲法に於て許さるべきではない、我党はこの点に就て国民と共に堅き信念を有するものである[113]」。

ほかには解党しても何も残らなかった。抽象的でわかりにくい日本主義イデオロギーの外交が近衛内閣で実現する可能性はなかった。民政党の「革新」外交は、民政党の解党とともに、未完に終わった。

第七章

軍事・安全保障

小山俊樹
KOYAMA Toshiki

I　憲政会の軍事政策と政軍関係

1　陸海軍軍縮・軍部大臣文官制の構想

立憲民政党の対軍政策の基調は、陸海軍の軍縮推進と文民統制（シビリアンコントロール）を意味する軍部大臣文官制の採用にあった。これらの政策の形成過程をたどれば、第一次世界大戦後の一九二〇（大正九）年、原敬内閣の解散による第一四回衆議院議員総選挙での憲政会（立憲民政党の前身）の敗北に求められる。政策転換を迫られた憲政会は、普通選挙の採用に積極的になるとともに、財政緊縮策を強化し、一九二一（大正一〇）年春頃には行政・財政・税制の三整理案をまとめる。

ただし、このころの憲政会は、海軍については軍備拡充を主張しており、軍縮に慎重な姿勢を見せていた。[1]一九二二（大正一一）年一月の第四五議会において、憲政会はワシントン海軍軍縮条約の締結に反対し、主力艦対米六割の決定を批判した。しかしこの前後、憲政会は軍縮会議の成果を受け入れ、「陸海軍の軍縮によって生じた財源を廃減税や社会政策に振り向ける方針を示」した。[2]すなわち憲政会の軍縮政策は、政友会の積極政策に対抗し、軍事費を国民生活に振り替える目的を掲げて成立したのである。

軍部大臣文官制の主張についても、その起源は古く、二個師団増設問題・シーメンス事件など「軍部大臣」の問題にともなって、政党関係者の間に浮上したものである。第一次山本権兵衛内閣が軍部大臣の現役武官規定を外し、原内閣において加藤友三郎海相のワシントン会議出席のため、原首相が海軍大臣事務管理（海相代理）に就任したことなどで、軍部大臣文官制は実現可能性を帯びるようになる。

第四五議会では「陸海軍大臣任用官制改革に関する建議案」が衆議院で可決された（一九二二年三月）。このように一九二〇年代前半には、憲政会を含むほぼすべての政党が軍部大臣の文官制を主張するようになった。(3)

2　憲政会政権下の政軍関係

◉護憲三派内閣と軍部大臣文官制

一九二四（大正一三）年六月に発足した第一次加藤高明内閣（護憲三派内閣）は、普通選挙制度をふくむ大胆な改革を要請される政権であった。対軍関係で特筆すべきは、この内閣の政綱に「軍部大臣文官制」が明記されたことである。ところが、この政策課題は棚ざらしのままとなった。閣内の軍部大臣である財部《たから》彪《べ たけし》海相と宇垣一成陸相が、文官制の導入に反対の立場だったからである。

財部海相は山本権兵衛元首相の女婿であり、加藤友三郎・山本権兵衛内閣の海相経験を経て、加藤高明内閣で再び大臣に就いた。加藤友三郎は首相時代、文官制導入に理解ある態度を示していたため、海軍部内では軍令部（統帥）を中心に、文官制導入に備えて軍令部の権限を強化する研究が進められていた。他方で海軍省（軍政）は、軍令部を組織下に統合する構想を持っており、軍政と統帥の権限をめぐる軋轢が始まりつつあった。

財部は軍政・統帥の対抗関係を理解した上で、「軍令部長は海軍大臣の奏薦《そうせん》するところ」であるため、大臣（海軍省）が軍全体の責任を統括すべきと考えていた。(4) だが軍部大臣が文官となれば、軍令部は権限を拡張し、海軍全体の統合性は崩れるであろう。これを促す可能性のある文官制の導入に、財部は強く反対した。(5)

護憲三派内閣が発足した同じ月の三〇日、財部海相のもとを江木翼（内閣書記官長）、宇垣一成（陸相）が訪問して

「文官大臣問題」に関する協議がなされた。この日の閣議中、財部は別室で江木・宇垣と「文官大臣論は主義としては認むるも、実行には幾多の研究を要すと云ふ事」「到底実行の見込なしとの言明は避ける事」などを打ち合わせている。(6)文官制の棚ざらしは、政権としての方針であったことが確認できる。

宇垣一成陸相は清浦奎吾内閣からの留任で、田中義一による推挙で就任した人物である。就任時、上原勇作元帥は福田雅太郎大将を推したが、田中が陸軍三長官（陸相・参謀総長・教育総監）の推挙をたてに、福田を押しのけて宇垣を陸相とした。このとき、清浦首相は田中に、大臣問題で行き悩みが起これば、予備後備役や文官を大臣に充てる議論も出てくると示唆したという。(7)組閣の大命をうけた加藤高明や憲政会は、従来陸軍との接点をほとんど持たず、宇垣に協力を要請するうえでは「無条件」での妥協が必要であった。(8)

軍部大臣文官制の議論は海軍が先行していたが、陸軍も文官制が具体的な政治課題に上がることを想定して、研究を進めていた。(9)このころの陸軍部内で検討されたと思われる組織改革の意見文案が、多数発見されている。将来的な文官制を含めた議論の発生に準備したものと考えられるが、その結論は総じて文官制反対であり、陸軍内の大勢は、積極的な利点がない限り制度改革を行うべきでないとの態度であった。(10)宇垣陸相は次のような所感を記している。

師団減少などの仕事は〔……〕地方の密接の利害を有する政党者流には出来難き仕事である。〔……〕軍部に政党大臣を入るるなどとは一種の理想否空想で〔……〕大なる仕事〔……〕は矢張《やは》り政党政派を超越したる偉人によりて始めて求め得べきである。(11)

後述するように、大規模な軍縮しかも師団削減という難題に取り組んだ宇垣には、政党人が軍部大臣になるなどは「空想」の類で、宇垣自身のような「偉人」でなければ軍縮はできないとの自負があった。武官大臣制の維持と、軍縮課題の解決が、陸軍のなかで連環していたことがわかる。

財部・宇垣の両軍部大臣が、文官制の導入に積極的ではない以上、加藤高明首相は政策としての優先度を下げざるを得なかった。憲政会自体が、軍部の組織に働きかけるだけの強固な接点を持っていたわけでもなかった。そこで加藤内閣は、政務次官・参与官などの設置を通して軍部を含む官僚組織との接点を深めるとともに、喫緊の課題である軍縮の遂行を優先したのである。

◉軍部政務官の設置

第一次加藤高明内閣での行政改革では、各省内に政党員を常在させる政務次官・参与官（両者を総称して政務官と呼ぶ）が設置された。政務官は試験任用の事務次官と並存され、政務と事務の区別をつけることが主眼とされた。とくに、陸海軍両省の政務官は「軍機軍令に関する事項」を職務から外し、予算などの政務のみに関与できることが確認されたが、軍部にも例外なく政務官が置かれたことは注目される。[12]

初代の陸軍政務官は憲政会から選出され、政務次官に関和知（千葉県選出）、参与官に川崎克（三重県選出）が就任した。川崎参与官は宇垣陸相の姻戚にあたる。その後、関次官が在任中に病死すると、後任に降旗元太郎（長野県選出）が選ばれた。海軍についても、財部海相と与党内の調整を経て、政友会から秦豊助が政務次官に選出された。[13]このように政務官の人選にあたって、加藤首相は与党および宇垣陸相や財部海相との協議を経て決定している。

象徴的であったのは、第二次加藤高明内閣において、貴族院研究会の実力者・水野《みずの》直《なおし》（子爵）を陸軍政務次官に就けた人事であろう。貴族院との関係を考慮した加藤首相は、貴族院の最大会派研究会に対して政務次官二、参与官一のポストを提示した。これに水野が積極的に応じ、自ら陸軍政務官を希望したのである。[14]このとき宇垣陸相の助言で、当初は参与官を予定していた水野が政務次官に、溝口直亮（伯爵）が参与官になっている。海軍も政務次官に井上匡四郎（子爵）、参与官に伊藤二郎丸（子爵）を採り、陸海軍政務官はすべて貴族院議員に割り当てられた。

政務官制度は、政党による官界掌握の一手段であった。軍部に対して関係が希薄だった憲政会・民政党にとっても、接点を確保する意義はあったと考えられる。ただし、それはいまだシビリアンコントロールの領域までは届いていなかった。政務官の人選において軍部との協議は必須であり、政党が部内にまで影響力を及ぼすことは依然として困難であった。軍上層部の協力なくして、政党内閣側も軍への政策的要望を実現させることはできなかったのである。

◉宇垣軍縮と憲政会

一九二五（大正一四）年に加藤内閣下で断行された宇垣軍縮（第一次軍制改革）は、戦間期陸軍の重要な画期であった。軍縮を掲げる加藤内閣は、行財政整理の目玉として陸軍に三〇〇〇万円、海軍に五〇〇〇万円の経費節減を要求した。財部・宇垣両軍部大臣は抵抗したが、加藤首相と浜口雄幸蔵相の緊縮政策の前に、両相ともに譲歩を決めた。

ただし、陸軍の軍縮準備は加藤内閣以前から進められていた。世界大戦終結後、陸軍にとっても軍縮が争点となることは認識されていた。ただ同時に、新兵器の登場や軍備近代化の世界的潮流を前に、装備の刷新や新兵種の導入なども喫緊の課題として浮上した。そこで加藤友三郎内閣の陸相山梨半造は、一九二二年に軍制改革案をまとめ、平時五万人の兵力削減と引き換えに近代化をめざした（山梨軍縮）。だが、師団数の削減に踏み込まず、近代化予算の獲得も十分でなかったために、政党からも陸軍部内からも厳しい評価を受けた。

一九二三（大正一二）年、陸軍次官であった宇垣は、制度調査委員長として軍縮問題に取り組んだ。陸相就任後の一九二四年七月に作成された軍縮案では、常設四個師団を廃止するとともに、高射砲大中隊、航空・気球中隊、戦車教導隊などを新設し、航空戦力への対応を重視した内容であった。宇垣陸相は師団廃止に反対する福田雅太郎らを押切り、陸軍案を確定させた。

このころ憲政会は、七個師団の廃止と在営年限の縮小を中心とする、独自の軍縮案を主張していた。さらに政友会・革新倶楽部を交えた与党三党が協議した結果、師団廃止は六個とし、節減経費分の国庫返納を求める内容がまとまった。しかし宇垣陸相は政党の案を問題とせず、加藤首相ら閣僚を個別に説得して陸軍案の実行を迫り、その諒解を得た。政府の態度が明らかになると、党側の主張も急速に沈静化し、加藤内閣による行政整理案は陸軍案を基盤とするものとなった。政府側は師団削減に踏み込んだ宇垣案の画期性を認識しており、党の議論よりも陸軍の提案を採用したのである。

削減される経費のもとで、近代化を成し遂げるという困難な状況を打開した宇垣陸相の声望は上がった。同時に、宇垣が自認したように、この課題の達成は政党自身の力量では困難であった。憲政会政権は宇垣の手腕に依存して、その主張を重視する方向に傾く。それは軍部大臣文官制の主張の後退であり、宇垣との提携関係に軍部との連絡を託す道であった。一九二六（大正一五）年一月、加藤首相の急死により首相に就任した若槻礼次郎内相が、宇垣に陸相留任を求めると、宇垣は「軍部大臣資格問題」には「触れぬ考へである」と告げ、その場で文官制の議論を取り上げないことを若槻に確約させたのである[15]。

◉陸軍機密費事件をめぐって

一九二六年三月四日、中野正剛（憲政会）は第五一議会の壇上で、田中義一（政友会総裁）の「陸軍機密費」疑惑を追及した[16]。シベリア出兵時に支出された膨大な軍機密費（約二四〇〇万円）の一部を田中義一（当時陸軍大臣）が横領し、一九二五年に田中が政友会総裁に就任した際の持参金三〇〇万円に充てたのではないか、との疑惑である。元陸軍二等主計・三瓶俊治による田中義一らの告発は、中野の追及と時日を同じくして行われた。護憲三派の連立が崩壊し、憲政会政権と野党政友会が対峙するなかで、陸軍の機密費にまつわる問題が政争の渦中に投げられることになった。

事件の真相は依然として不明な点があり、その詳細に立ち入る紙幅はないが、本問題が宇垣と与党憲政会の関係に微妙な影響を及ぼしたことは確かである。また問題の背景に、陸軍内の派閥抗争があると宇垣は見た。中野が衆議院で朗読した内容には、三瓶による告発状とともに、石光真臣（陸軍予備役中将）の建白書があったからである。

翌三月五日、宇垣陸相は閣議の場で「余は数十万軍人の先頭に立ち居るもの」であると述べて、「憲政会全体として陸軍に対する考へ態度」を考えよと恫喝した。若槻首相は宇垣の要求で党院内総務らに事情を聴き、宇垣に「陳謝」した。中野正剛も人を介して謝罪し「町田経宇〔予備役大将〕に誤られ」たと申し訳を伝えた。石光も町田も、宇垣によって予備役に送られた将軍である。同七日、宇垣は町田を呼んで直接問いつめ、「彼等の連絡策動の機微は察知」できたと結論した(17)。

宇垣は事件を陸軍内対立派の陰謀とみて、憲政会については将来を戒告したうえで「諒恕《りょうじょ》して遣《や》」ることにした。安達謙蔵や浜口雄幸らが中野の質問について、事前に焦慮し、危ぶんでいたことも分かったからである。宇垣には陸相の職務としてはもちろん、田中の引き立てを受けた立場からも、田中を擁護する必要があった。憲政会の疑惑追及には、どの程度の成算があったのだろうか。当時における政党と軍部の関係が、政府と軍部大臣の関係性に強く依存していたこと、そしてその関係は、敵党の醜聞を暴いて得点を稼ぎたい政党内の事情とは異なるものであったことを、この顚末は示していると言えよう。

II　政権担当期の軍事・安全保障政策

1 ロンドン海軍軍縮条約の締結と統帥権干犯問題

◉浜口雄幸内閣の安全保障概念

一九二九（昭和四）年に成立した浜口雄幸内閣は、十大政綱のうちに「進んで国際聯盟の活動に協戮《きょうりく》し、世界の平和と人類の福祉とに貢献するは、我国の崇高なる使命に属す」との項を設け、軍縮についても「断乎たる決意を以て、国際協定の成立を促進せざるべからず」と掲げた。[18] 幣原喜重郎外相のもと、「平和愛好の精神」と「列国との親交」を重視する外交方針を採り、国際連盟の活動へ協力する姿勢を示したのである。連盟は次期世界大戦の勃発を抑止し、国際紛争の非軍事的解決をめざす構想をともなっていた。浜口内閣はこれに積極的に協力するとともに、列国間の軍縮基調を推進して、ロンドン海軍軍縮会議への参加を決定する。

浜口首相は「内は国防の安固を期すると共に、国民負担の軽減を図り、外は列国の間に平和親交の関係を増進する」ことを総体的な安全保障の目標に設定し、「国防の安固とは、如何なる場合に於ても決して他国の脅威を受けぬこと」と定義する。そして「列国が各〻国防上の安全保障を得て、始めて国際間に真実の親善関係を樹立することが出来る」[19]という安全保障観を提示した。

日本の海軍力は第一に世界の何《いず》れの国に対しても、脅威を加へざると共に、何れの国からも決して脅威を受けざること〔……〕。国際平和の精神に徹底し、各国民負担の軽減を図らんが為、単に軍備を制限するに止まらず、進んで相対的に軍備縮小の実を挙ぐることを要務とすべきであります。此等《これら》の主張よりして軍艦の比率は英米より低きを厭《いと》ひませぬ。[20]

右の浜口首相演説は、国際間での軍縮協定を重んじ、軍事的脅威を相互に与えないこと、および国民の負担軽減を図ることを目的とするため、対英米の軍艦所有比率がたとえ低くても構わない、とする論理を示している。川田稔によれば、浜口が「連盟を軸とする世界の平和維持との関係を強く意識したもの[21]」であり、新たな国際安全保障体制のもと、緊縮財政と協調外交を体系的に組み合わせた軍縮政策であった。

崇高な理念は、しかし、掲げた以上は実効性を求められる。来るべき海軍軍縮会議において、もし条件が日本に不利となっても、それが他国から脅威を受けないレベルであれば締結する可能性を示唆したものと、海軍関係者からは考えられたであろう。海軍とくに軍令部は、日米二国間の戦力比較を判断基準とし、ワシントン軍縮条約で主力艦比率を対英米六割に抑えられたことを遺憾とする見解が根強く存在した。国際社会全体の「多層的多重的条約網」を重視する浜口首相と、直接戦力の数量を重視する海軍当局の両者に、根本的な安全保障観の相違があった点は否めないであろう。

◉ロンドン海軍軍縮会議をめぐって

一九二九年八月五日、浜口首相は閣議で財政緊縮と外交刷新を唱える以上、軍縮問題に努力すること、列国との関係重視のため「多少の犠牲を忍ぶ」こともある旨を言明した。また財部彪海相は海軍側の立場を説明し、閣僚の了承を求めた。予定されるロンドンでの海軍軍縮会議に備えたものであった[22]。

九月一七日の閣議後、財部海相は浜口に対して、軍縮会議全権に幣原喜重郎外相を推した。幣原は斎藤実（朝鮮総督、ジュネーブ軍縮会議全権）を推したが、財部は「外相の奮起」を促し、幣原は山本権兵衛の名も挙げた[23]。難事が予想される交渉に際して、全権は海軍の重鎮でなければまとまらないと幣原は考えた。従来の軍縮会議の経緯をふまえれば当然の発想であろう。すると二六日、浜口首相が財部を電報で呼びつけ、財部に全権就任の「奮起」を促した。財部は即答を避けたが、三〇日には海軍の想定する「補助艦七割主張」を「公式に捻《ね》ぢ込みおく事必要」と考え、首相・外相に申し入れたほか、東郷平八郎元帥らに軍縮の経緯を説明した。一〇月一日、財部は幣原に全権となる決心を伝えたうえで「若槻氏を首席に仰ぐを望む」と告げた。要請を受けた若槻礼次郎元首相は当初固辞するも、一二日には就任を内諾し、全権問題は決着した。

若槻全権に対しては、海軍による猛烈なブリーフィングが連日続いた。それと並行して、政府内では海軍側の示した要望をめぐって調整が続いた。一一月二六日、内閣が訓令として閣議決定した「三大原則」は、①補助艦総括対米七割、②一万トン級重巡洋艦対米七割、③潜水艦七万八千五百トン（昭和六年度末現有量の維持）であった。一一月三〇日、若槻首席全権と財部全権ら一行は、東郷平八郎・山本権兵衛らに見送られながら横浜港からロンドンへ出航した。

浜口内閣の方針は国際協調を優先し、「多少の犠牲」は忍ぶというもので、列国間との妥協は織り込み済みであり、首席全権の若槻もその点は承知していた。他方で、財部海相は海軍部内の七割貫徹すべしとの主張を熟知し、これを政府訓令に盛り込んだが、相手のある国際交渉である以上、公約的に掲げた主張をどう決着させるか。その見通しを充分に持っていたか定かでない。[24]

ロンドンで交渉にあたった日本全権団には、アメリカの強硬な私案提出（二月五日）や英米との自由討議を経て、次第に直接交渉する若槻や外務省出身の全権（松平恒雄・永井松三ら）と、財部や海軍全権（左近司政三主席随員ら）の間に距離感が生まれた。安保清種（顧問）・山本五十六（次席随員）および随員の海軍将官らは、さらに交渉から隔たった位置にいた。[25] 一九三〇（昭和五）年三月一三日、日米仮妥協案が成立した。その内容は①補助艦対英米比率六・九七五割、②重巡洋艦は対英米六割（ただし米の起工延期により一九三五年までは七割以上）、③潜水艦総排気量は各国同数（五万二七〇〇トン）。これ以上の交渉は無理と判断した若槻・財部ら全権団は、翌日これを本国政府に請訓したが、日本側の要望する三大原則はすべて達成できず、安保・左近司ら海軍側随員は悲痛な表情であったという。[26]

◉政府回訓案決定までの経緯

三月一五日、全権団の請訓案をもった幣原外相が浜口首相を訪ね、協議を経て、山梨勝之進海軍次官を呼んで海軍部内の意見調整を命じた。浜口首相は臨時海軍大臣事務管理（内閣官制にもとづく大臣事務の代行）を兼任していたが、みずから海軍省に赴くことはなく、すべて山梨に委任している。

海軍軍令部の反発は激しかった。末次信正軍令部次長は請訓案の内容を黒潮会（海軍省記者クラブ）に漏らし、軍縮案が米側の要求として一七日の新聞紙面を埋めた。加藤寛治軍令部長は一七日に、ロンドンの財部海相へ原則貫徹と全権引き揚げを要望する電報を打電した。加藤軍令部長は一九日に浜口首相を訪問し、請訓案の受諾不可能を告げた。

苦衷の山梨次官は、岡田啓介軍事参議官（前海相）の協力を求め、幣原外相らと協議した。彼らは政府と海軍の全面対決を回避するため、加藤軍令部長が開会を求めた二四日の軍事参議官会議で東郷元帥・伏見宮博恭《ひろやす》王らの意見を聞き取り、結論は出さないと方針を決めた。会議後、幣原と山梨は浜口首相に報告したが、浜口はこのころから、海軍が反対しても条約を締結する強行突破を考え始めていた。二七日、宮中で昭和天皇に単独拝謁した浜口首相は、軍縮問題の経過を報告して所信を示し、天皇から「世界の平和の為め早く纏《まと》める様努力せよ」との語を賜《たまわ》った。浜口はこれで「自分の決心」をますます固めた。その後、浜口は鈴木貫太郎侍従長（前海軍軍令部長）、および岡田・加藤と面会して意向を明らかにし、自らの決意を「それとなく仄《ほのめ》か」した。(27) そして首相の強硬姿勢を前に、加藤軍令部長もまた対抗上奏を考慮し始める。

斡旋に動いたのは、鈴木侍従長であった。鈴木は岡田大将らと連携しながら、伏見宮に自重を説いた。さらに三一日、上奏を決意した加藤が宮中に問い合わせると、鈴木は加藤を訪問して「宸襟《しんきん》を悩まし奉る」可能性を説き、また本日は天皇が多用であると忠告した。四月一日、幣原による回訓案が閣議決定され、ただちに上奏（午後三時四五分）のうえ、ロンドンへ電送された。この朝、浜口は松田源治拓相から加藤軍令部長との会見の報告を聞いたうえで、午前八時半に岡田・加藤・山梨ら海軍側と会見し、回訓案を示したうえで、条約締結の決意を語った。ここで岡田は政府が決定した以上、海軍にとって最高の方法を考えたいと述べた。

加藤は「用兵作戦上からは、米国案では困ります」と不満を告げたが、岡田・山梨に不信感をつのらせ、対抗上奏への意を強くする。加藤は岡田に宮中の都合を問い合わせた。そこで岡田は午前一〇時半に鈴木侍従長と面会し、鈴木は上奏の時間がないと答えた。加藤の上奏は翌二日に回されたのである。この鈴木の措置が、政府の決定と天皇の裁可を得た後に上奏を遅らせようとした、との嫌疑をかけられることになる。二日、加藤軍令部長は上奏し、アメリカ案に同意するためには、過去に決定済の兵力量の変更が必要との内容を述べ、奈良武次侍従武官長には「唯《ただ》御聴き置かれたき積《つも》り」で上奏したと伝えた。[28]

加藤の上奏をめぐっては、後に鈴木による「上奏阻止」と宣伝され、統帥部（軍令部）のもつ「統帥権」を政党内閣が「干犯」したとして問題となるが、タイミングを延引させたことは事実であっても、加藤の上奏案自体がそこまで強硬な内容であったかは疑問である。一方で浜口首相の姿勢も、不退転の決意で海軍に相対しながら、実際の交渉は海軍部内に委任するものであった。[29] 山梨次官が東郷元帥などへの面会を諭しても、浜口は「私は総理」であるから「自分の方から進んで元帥に御説明することはできない」と頑なに拒んだ。[30] 海軍有力者の不満を十分に解消しないまま強硬に押し切ったことで、軍縮問題が政治的な大争点にまで拡大し、時代の画期をもたらすまでに至ったのは惜しむべきことであった。

◉統帥権干犯問題と海軍部内の紛糾

四月二二日、ロンドンにおいて海軍軍縮条約は調印された。これを批准に導くプロセスにおいて、軍縮条約は難関に直面する。

当面の課題は、第五八議会による野党政友会の追及であった。浜口内閣は、軍令部の意見は尊重した、議会に対する国防上の責任は政府が負う、回訓の手続きや憲法論には答弁しない、という方針を固めて議会に臨んだ。海軍部内で意見が割れていることは衆知であり、政友会は森恪幹事長を中心に、軍縮問題を政争の焦点と見込んで、海軍将官に接触を始めていた。二五日、議会壇上に立った犬養毅政友会総裁と鳩山一郎（政友会）は、政府の決定を「統帥権干犯」として追及し、森幹事長は浜口首相の「不答弁」に徹する態度を「非立憲」「専制政治」と激しく非難した。野党の非難に耐えながら、浜口内閣は不答弁を貫いて臨時議会を押し切った（五月一三日閉会）。

政局の焦点となったことで、海軍部内の動揺も大きくなった。財部全権は事態の鎮静化をはかって自身の帰国を議会終了後まで遅らせるが、その態度が反対派をかえって憤らせた。財部が帰京した五月一九日、東京駅頭には歓迎の人列がつめかけたが、一方で「売国奴」「降将」などの財部を批判するビラが撒かれた。帰国した財部は、浜口首相ら閣僚一同に決心を披露し、加藤軍令部長らを説得できると明言した。天皇が条約を支持したことも、財部の意を強くした。だがその日、加藤軍令部長は財部に会うなり辞表を提出し、二一日には「大権干犯」を主張した。二〇日には草刈英治海軍少佐が列車内で自決し、条約反対の憤死かと伝えられた。

海軍部内では統帥権（正確には憲法上の編制大権）をめぐる問題について、海軍省と軍令部の協議が行われた。その結果、「海軍大臣が」兵力量関係の決裁をする際、大臣と軍令部長が一致するとの海軍省案がまとめられた。二八日、財部は海軍省案を持ちまわって東郷元帥、伏見宮の同意をえて、翌二九日朝に加藤軍令部長に示した。同日の軍事参議官会議では、東郷元帥が峻烈な様子で同案を批判する一幕があったが、岡田大将の周旋などで海軍省案に一致した。だが直後に、加藤は財部に「海軍大臣が」と決裁の主体を記した部分を削除した修正案に署名させた。あとからこれに気付いた財部は加藤を責め、ついに両者は「絶縁」の状態に陥った。そして「海軍大臣が」の文言も、復活することもなかった。六月一〇日、加藤軍令部長は軍縮条約締結に至る経過を天皇に上奏して、辞職を直接天皇に申し出た。

この間、政党内閣である浜口内閣は、軍部大臣による軍内の調整に干渉できなかった。海軍部内の紛糾で、大臣による軍全体の統制に黄信号がついたことは、政権にとってもダメージであった。さらに六月一二日、東郷元帥と会見した財部海相は東郷の怒りを買った。このとき財部は、天皇から条約批准を努力せよと言われた旨を伝えたらしく、ために東郷の逆鱗に触れたともいう。かくて財部辞職論が部内で高まった。七月八日、東郷の説得が絶望的であることを浜口に伝えた財部は、浜口から「仮令《たとい》玉砕すとも男子の本懐ならずや」と言葉をかけられた。(31)

同二一日に開催された軍事参議官会議は紛糾し、翌日に延期された。浜口首相は同夜、幣原外相・江木翼鉄相・安達謙蔵内相を招集して協議し、「政府としては財政其《そ》の他の事情を許す範囲に於《おい》て」海軍軍備補充案を策定するとの覚書を、財部海相に届けさせた。これを財部海相・岡田大将らは「財政其の他の事情を緩急按配し」と改変し、浜口首相には追認を求めることとして、翌二二日の会議上にて補充案を含む奉答文を決定した。二三日、東郷と新任の谷《たに》口尚真《ぐちなおみ》軍令部長が葉山で天皇に拝謁し、奉答書を捧呈。二四日には浜口首相による奏請を経て、軍縮条約は枢密院に諮詢された。

枢密院における審査は難航が予想された。八月四日、奉答文の閲覧を願い出た倉富勇三郎枢密院議長に対し、浜口首相は申し出を拒否。そして枢密院での速やかな審査を要望した。審査委員長には伊東巳代治《いとうみよじ》が就任したが、伊東は若槻内閣が倒壊した金融恐慌政変以来、憲政会・民政党にとって鬼門であった。だが浜口首相は、枢密院顧問官の入れ替えも辞さない構えで、強行突破をはかった。民政党の内部でも「政府を信頼して与党は静観すべき」との意見も出たが、強硬論が相次いだ（九月一〇日有志懇談会）。同一三日には、首相官邸に民政党代議士二七〇名が集合して気勢をあげ、同一五日の時局懇談会では一五〇名の両院議員が、政府の施政に関与する枢密院は「憲政の根本を破壊する」ものとして「枢密院の態度を監視し」「非違に対しては徹底的に糾弾」するとの決議を行い、政府を側面から援助した。(32) 同一七日、伊東委員長以下、枢密院審査委員会は条約案を無条件で可決した。

一〇月一日、枢密院本会議が条約案を可決。同日に財部海相は辞意を示し、安保清種が後任に推挙された。浜口内閣は政友会・枢密院に対し、世論・元老そして天皇の支持を後援として、強硬な姿勢で臨んだ。世論を背景に政策を貫徹する姿勢は、政党政治の本領であった。ただし海軍との交渉過程においては、政党内閣の優位性を発揮したとは言えなかった。対軍政策の遂行にあたって、政党内閣は軍部大臣の個人的な指導力に依拠するほかなかった。そのために、軍内に派閥や意見対立が生じた場合や、軍部大臣の統制そのものが揺らぐとき、それは同時に政党内閣そのものの指導力に直結する問題として浮上したのである。

◉軍部大臣事務管理・軍制改革問題

浜口内閣において陸軍大臣に復帰した宇垣一成は、日本陸軍の本格的改造を見すえた第二次軍制改革の実施に乗り出した。その目標は、ソ連の台頭や対中国の関係に対応でき、飛行機・戦車・毒ガスなどの新兵器を装備する、近代軍への編成替えであった[33]。陸相を引き受けた宇垣は、浜口に「消極たるを免かれぬけれども真面目である、真剣味を比較的帯びて居る。是非成功せしめ度《たき》ものである」と、そのリーダーシップに期待していた[34]。組閣翌月の一九二九年八月、軍制調査会（会長阿部信行陸軍次官）が発足し、第二次軍制改革が開始された。

有事即応能力を高めるために、宇垣は外地（満州・朝鮮・台湾）の移駐増強を図り、内地師団の削減などで経費を捻出する方策を検討した。だがこれは参謀本部の同意を得られず、鈴木荘六参謀総長の退任・金谷範三新総長の就任をめぐって、宇垣と上原勇作元帥との対立も表明化した。そして一九三〇年三月、宇垣は悪化した中耳炎のため静養を余儀なくされ、半年あまり表舞台に出られなくなってしまう。

宇垣の療養長期化にともない、すでに臨時海軍大臣事務管理を務めていた浜口首相が、陸軍に関しても事務管理を行うべきとする議論が現れた。だが宇垣陸相は事務管理の設置に強く抵抗した。そこで第五八議会において、野党政友会から質問をうけた浜口首相は、この議論を慎重に否定した。宇垣は陸相事務管理を否定する答弁書を出し（五月三日）、同五日には浜口も同様の答弁を行った。陸軍における兵力量の決定は、海軍と異なり依然として陸相の掌握するところであったが、それだけに宇垣は大臣文官制への道を開く可能性のある文官の事務管理を危惧したのであり、宇垣を信任する浜口もこれを認めざるを得なかった。[35] 宇垣は浜口に辞職を申し出るが（六月一四日）、浜口は辞任を認めず、また事務管理も置かなかった。江木鉄相・川崎卓吉法制局長官・鈴木富士弥内閣書記官長、および古荘《ふるしょう》幹郎《もとお》少将（陸軍省人事局長）などを招集して研究した結果、浜口は阿部信行陸軍次官をいったん依願免職としたうえで、現役復帰させて無任所大臣とし、陸軍大臣臨時代理に任命する案を実行した。[36] 異例のことであり、浜口も「毀誉褒貶は固《もと》より覚悟」と決意した措置であったが、宇垣の辞任を何とか回避するための苦肉の策であった。

憲政会・民政党内閣の対処によって、実質的に戦前における軍部大臣文官制への可能性はとだえる。この後、一九三一（昭和六）年四月に成立した第二次若槻内閣期が行政整理案を検討する過程で、民政党内からは「陸海軍省の併合」（一九三一年四月三〇日、党行政整理委員会）による国防省設置、軍部大臣文官制の導入や帷幄《いあく》上奏権の廃止、参謀本部・海軍軍令部の廃止などの急進的な案が出されるが、[37] 実効性を担保することはできず、満州事変の勃発とともに立ち消えとなった。そして第二次軍制改革もまた、軍縮を命ずる政府と、反対する参謀本部の相反する圧力によって破綻する。実現に向けた意欲を失った宇垣は、浜口内閣の総辞職にともなって陸相を南次郎に譲り、現役を引退して朝鮮総督に就任する。

ところで近年の研究では、政権担当期の民政党と陸軍上原派の接近が注目される。とくに上原系とされる福田雅太郎の枢密顧問官推挙をめぐって、浜口首相の積極的な行動が明らかになっている。[38] 上原と厳しく対立した田中義一が政友会総裁となり、他方で田中腹心の山梨半造は政友本党に接近した。その過程で、田中内閣の成立後は「上原派将官も民政党系として系列化されて」いくとの見立てがある。[39] 田中内閣期に枢密顧問官推薦を得られなかった福田は、民政党に接近（結党式に参加）する。そして浜口内閣で陸相となった宇垣は、「枢密顧問官就任工作では内閣と協力して福田推薦に乗り出[40]」すのである。

政党内閣は軍部内の交渉に直接介入できず、対軍政策を実行するには軍上層部との提携に頼るほかなかった。だが、枢密顧問官や貴族院勅選議員などの軍部外における人事については、軍もまた政府の協力が不可欠であった。あるいはこの辺りが政党と軍部の妥結可能な焦点であり、もし仮に政党政治が短命に終わらず、中長期的な政権運営ができていた場合には、これらの条件を前提に、政軍の関係はより規律的な展開をみたかもしれない。

2　中国における軍事行動に対して

◉山東出兵への批判・張作霖爆殺事件の真相について

田中義一内閣（政友会）は中国大陸の山東半島に、三次にわたって出兵し、一九二八年五月には済南で国民党軍と軍事衝突を引き起こして、中国の排日運動を激化させた。浜口と民政党は田中の出兵政策を「大なる失敗」と批判し、「支那人の国民的努力に対しては、外部より妄《みだ》りに干渉すべき限りでありません。却《かえっ》て善意と寛容とを以て之《これ》に臨み、其《その》合理的要求に対しては、事情の許す限り漸《ぜん》を以て、之を認容するの態度を取るべき(41)」と述べた。

さらに満州（関東州）における利権回収を中国側が主張する問題について、浜口は東三省（満州）の領土保全は「九国条約」にあきらかであると国際条約の重視をうたい、満蒙をめぐる「陰密の政治的策動」は「世界の大勢」がこれを許さず、東アジアの平和維持・安全保障が危ぶまれるとの見解を示していた(42)。

そこに一九二八年六月四日、奉天で満州軍閥の張作霖《ちょうさくりん》が爆殺される事件が発生する。このとき民政党の山道襄一・松村謙三ら六名の代議士が、済南事件の調査のため、偶然にも奉天に居合わせた。松村は現地の林久治郎奉天総領事と接触して、一週間ほどで事件が日本側の犯行であるとの真相をほぼつかんだ。帰国した松村らは、ただちに小石川の浜口邸を訪問した。二日間にわたる報告（六月一三・一四日）を聴き取った浜口は、最後に「党派の関係を越える重大事であるから、この材料の取扱いは、自分にまかしてもらいたい」と述べた(43)。浜口は党幹部と協議の上で慎重な対応を行い、二一日に発せられた中国問題に関する党声明では、事件に一切触れることはなかった(44)。機関誌『民政』誌上には、山道が座談会で中国訪問の報告を語りながら、日本人が犯行に及んだとする見方は「誤解」であり

「遺憾千万」と一蹴する談話が掲載された[45]。

民政党は事件の真相をつかみながら、その公表には消極的であった。ただし事件を利用して、田中内閣を攻撃することに躊躇はなかった。一九二九年一月二二日、田中首相は浜口総裁と床次竹二郎（新党倶楽部）を招いて、事件について議会で「質問なき」ことを求めたが、浜口は「引受け難し」と拒否した。二四日、浜口は議会質問に立つ予定の中野正剛ら代議士を自邸に集めて、爆殺事件の「取扱方に付協議」した。二五日から、中野は三日間に及び壇上で田中内閣の「警備責任」を追及した[46]。三一日には山道襄一が質問に立ち、政府の隠蔽を糾弾したうえで調査報告の公表を求める決議を提出した（政友会の多数のため否決）。二月九日には浜口自身が壇上に立ち、事件について「調査中」と繰り返すのみの田中首相を無責任とする政府批判を展開した。一九二九年六月二四日、民政党は永井柳太郎・山道襄一らを中心に協議の末、総務会名で張作霖事件についての声明を発表して、内外に疑惑を引き起こした首相・陸相の責任問題、調査結果の未発表、警備の失態などを批判した。もちろん調査結果を公表できないことは、民政党側も十分承知であった。

田中内閣は張作霖爆殺事件の処理をめぐり、昭和天皇の不信を買って、七月二日に総辞職した。浜口内閣成立後の同一二日、浜口首相は閣議後に宇垣陸相・幣原外相と爆殺問題について協議している。その結果は「発表せさることに大体申合をなす[47]」であった。すでに陸軍は真相を公表せず、首謀者の河本大作大佐を警備不十分の行政処分にすることを天皇に奏上していた。公表すれば陸軍の反発は必至であり、宇垣の協力を得る立場からも真相解明は至難であった。九月二日、浜口は宇垣に手紙を送り、事件の真相を発表しない理由や、真相調査の有無などを問われた際の答弁を、外務省と協議の上で作成するよう依頼した[48]。野党時代には政権の責任を追及しながら、いざ政権を担当しても真相の究明公表には踏み切れない所に、政党内閣における対軍関係の困難さが浮かぶが、それでも政党政治の確立をめざす見地からは課題の残る対応であった。軍の謀略を公表できない弱みが、柳条湖事件への対応において再び問題となるのである。

◉柳条湖事件・奉勅命令と関東軍抑止

浜口内閣・第二次若槻内閣は中国問題を重視し、幣原喜重郎外相は国民政府の国権回収運動について、相互の交渉を通じて「堅実に行き詰る」ことを見すえていた。民政党政権は、田中内閣の行った軍事的アプローチには否定的であった。しかし陸軍内では、一九三〇年頃から満蒙問題の武力解決を求める意見が大勢を占めつつあり、若槻内閣の陸相南次郎は満蒙権益擁護のための世論喚起に一定の理解を示していた。

一九三一年九月一八日夜、奉天郊外で南満州鉄道が爆破された際、林久治郎奉天総領事は幣原外相に打電して、陸軍の計画的行動であることをいち早く伝えた。翌一九日、幣原は若槻首相に臨時閣議を要請し、林の電文を閣議で朗読した幣原外相によって、満州への朝鮮軍派遣を閣議に提起しようとしていた南陸相の行動は挫かれた。だが二一日に関東軍は吉林に侵出し、林銑十郎朝鮮軍司令官は独断で朝鮮軍を満州に向かわせた。二二日、閣議の場において、幣原外相らは朝鮮軍の越境を非難した。だが同日朝に小磯国昭陸軍軍務局長らの説得を受けていた若槻首相は「出たものは仕方なきにあらずや」との言質を与えてしまった。これは軍の抑止に絶好の機会を逃した形となったが、そもそも政党内閣や外務省が、独走する陸軍の行動を抑止することは困難であった。

しかしこの後、若槻内閣と幣原外相は関東軍による軍事行動の抑止をはかる。すなわち内閣は閣議の場で、満蒙独立論をたびたび唱える南陸相の動向を抑えた。南が「陸軍始まつて以来――維新の歴史あつて以来、陸軍が今回の如く政府から行動を制限されたことは、未だ嘗《かつ》てない」と述べれば、幣原は日露戦争などの例を挙げて「たくさんある」と反論した。[49] 一〇月一七日に橋本欣五郎らがクーデター未遂で検挙されたことも、陸軍上層部の立場を弱くした。南は辞意を漏らし、金谷範三参謀総長も深く責任を感じた。だが若槻内閣は事件について「永久新聞に発表せざること」を閣議で定め、南・金谷らの地位を守り、両者との連携を重視した。

幣原外相は金谷参謀総長と協力して関東軍の行動を留めた。一一月五日、金谷はいわゆる「臨参委命」（天皇の統帥権の一部を参謀総長に委任し、出先の軍司令官を指揮下に置く形式）を発して、関東軍の北部満州に対する「積極的作戦行動」を一時的に抑制した。さらに一一月一六日、閣議で北満チチハルへの侵出を要望する南陸相に対し、若槻首相は「自分は責任をとるわけにいかん」と総辞職を示唆して牽制し、病気として自邸にひきこもった。だが一七日朝、南は若槻を訪ねてチチハル占拠を許可しないと約束し、内閣は継続した。そして一一月二五日から二七日にかけて、金谷総長による臨参委命の濫発によって、関東軍のチチハルや錦州への侵出は制約された。

これらの経緯をみれば、政党内閣が軍上層部の協力を得ながら、ときに辞職の構えをもって強硬に軍部の責任を問うことで、軍上層部を政府の不拡大方針に従わせ、統制を強化できたことがわかる。現に参謀総長の発する命令によって、関東軍は不満を持ちながらも、その軍事行動への制約を振り払えなかった。このときの若槻内閣の行動には、直接軍機に関与できない政党内閣によるシビリアンコントロールの成功面が含まれているといえよう。だがそのつかの間の安定を損なう契機となったのも、政党内閣が依存する軍上層部の権威喪失であった。

二八日、スティムソン米国務長官が声明を発し、錦州を攻撃しないとの日本外相・陸相・参謀総長の命令が現地軍にあったことを明らかにした。幣原が米大使に秘密で伝達した内容を、アメリカ側が公表してしまったのである。いわゆる「スティムソン談話事件」は、あってはならない軍機漏洩と見なされ、事変の拡大を抑止していた幣原・金谷の権威を決定的に損壊させた。[50] 協力内閣問題（第一部第三章）で若槻内閣が倒れたとき、軍上層部もまた大幅な変動を余儀なくされた。南・金谷の更迭とともに関東軍を抑止した陸軍部内の人員も要職を去り、満州独立を推進する陸軍皇道派の台頭が始まるのである。

民政党政権担当期における陸海軍と党の関係は、そもそも疎遠で接点の少なかった両者が、内閣における軍部大臣との個人的接触を中心に構築されていったものであった。だが宇垣が「民政系大臣」を自任しつつ、文官大臣制導入を拒否したように、軍にとっての政党との協力は組織防衛のためでもあった。政党との交渉を一手に引き受ける軍部大臣に権限は集約されるが、政党側は選択の余地がなく、数々の譲歩を行わざるを得なかった。また協力する軍上層部も、政党への協力による部内の批判を浴びるリスクが高く、組織の統率に失敗すれば失脚もあり得た。政党に協力的な軍部大臣に対する政党からの支援も、予算の提示など限られた方法にとどまり、必ずしも満足なものではなかった。そして対軍関係の積極的な深化は、政党内閣期が短かったこともあり、充分に見られなかった。ここに戦前日本の政党内閣による、シビリアンコントロールの限界点をうかがうことができるだろう。

Ⅲ　挙国一致内閣期の対軍関係

1　ロンドン海軍軍縮条約批判への反駁

民政党の政権陥落後、党が提起した軍事に関する論点は多くない。そのなかで、一九三三（昭和八）年一〇月一〇日の若槻総裁による演説が、内外の波紋を呼んだことがあった。[51] それは党東海大会に出席する予定の若槻総裁が、前夜の懇親会で行ったロンドン海軍軍縮条約擁護の弁論であった。若槻は「統帥権の干犯などといふことは絶対にない」と論じ、「昭和十二年（一九三七年）以後のことは全く自由」であるから「対米七割でも八割でも勝手に要求すればよい」として、現在の国際孤立は条約ではなく別の要因に求められる、と述べたのである。[52]

若槻演説は軍縮条約を批判した鈴木喜三郎政友会総裁への反論でもあったため、政友会からの反発が激しかったほか、当時は条約締結を非難した五・一五事件の被告に対し、世情に同情論が溢《あふ》れていた(53)。新聞の論調はおおむね若槻に好意的であったが、海軍関係者の反発は強く、海軍予後備将官の声明や少壮将官の訪問などが相次ぎ、若槻は予定されていた一六日の東京での演説で、統帥権問題を扱うことを止めざるを得なかった。若槻への襲撃事件が起こるのは、翌月一一月二一日であった。当時民政党には、政治介入を強める軍への不満があったが、軍縮条約の改訂時期を迎えて、海軍側にも民政党の軍縮政策に対する反発が根強く残っていることを示す出来事であった。

2 陸軍パンフレット問題

一九三四（昭和九）年一〇月、陸軍省新聞班は『国防の本義と其強化の提唱』と題する小冊子を発行した。「たたかひは創造の父、文化の母である」で始まるこの冊子（通称「陸軍パンフレット」）は、陸軍の池田純久少佐らが国策研究会の協力を得て、国家革新の構想をまとめて広く周知するために作成し、林銑十郎陸相・永田鉄山軍務局長らの承認のもとで刊行されたものであった。約一六万部におよぶ大部数であり、すべての官公庁や学校にまで配布を企図した大々的な対国民宣伝媒体であったほか、陸軍の要請によって新聞各紙が紙面上で発刊を報じた。

パンフレットが「国防」と国内問題、思想、武力、経済などとの関係を論じ、かつその「経済機構改革」が社会主義的色彩を帯びていたことから、軍部が政治改革を企図していると感じた政党政治家は多かった。政民両党は第六六議会でパンフレット問題を追及し、民政党からは中島弥団次が壇上に立って、軍当局の見解を質した。政党の追及に対して林陸相の答弁は「未確定」「研究中」と繰り返すものであった。

民政党の斎藤隆夫は「パンフレツトの内容に至つては深く論ずるの値はない〔……〕浅薄なる軍国主義の鼓吹《こすい》に外ならぬ」と切り捨てたうえで、次のように述べる。

複雑なる国家的現象をば単に国防の隻眼《せきがん》より観察し〔……〕妄断し〔……〕国家及社会の組織を変革すべしと論じ〔……〕武力を以て皇道を世界に宣布せんと揚言するに至りては智慮浅薄、軽卒至極〔……〕不謹慎の最も甚しきものである。(54)

国家権力を得さえすれば、経済問題がただちに解決するかのような「単純にして幼稚なる考」をもって、「幾千年の歴史と経験」によって成長した経済機構と国民生活を破壊し、建設しようとするのは愚な議論だと、保守自由思想の立場から斎藤は論難する。

そのうえで斎藤の懸念は、陸軍が国民の依託をうけた政治家の頭越しに、国制や統制経済などの「政治」を論ずることへの危惧にあった。しかし同時に、斎藤はここ三年間の政治を動かしているのは、議会制でも政党でもなく「実に軍部である」とし、議会においても賛成なら質問は無用、反対なら予算を削除すればよいと政党の無気力を難じて、「軍部の眼中には恐く政党なぞはないであらう」と喝破した。軍部の前に媚びる政府も政党も、斎藤にとって恃める味方ではなかった。一九三五(昭和一〇)年一月二四日、斎藤は第六七議会の演壇に立って、国民生活、国民の自由、そして平和への脅威が発生しているとして、「或《あるい》は陰謀が行はれ、或は暗殺が行はれ或は言論の自由が奪はれ、或は身体の自由が侵される、私は之を立憲政治の恥辱であると思つて居る。立憲政治は自由政治である、〔……〕又立憲政治は公開政治である。有ゆる政治問題は之を国民大衆の前に公開し、国民の代表の府たる議会を通して之を解決する以外に、政治問題を解決する途《みち》は絶対に無い」と論じた。(55) 伸長する軍の政治力に対し、斎藤は言説の力で対抗と監視を試みると宣言したのである。

3 二・二六事件後の「粛軍演説」

一九三六（昭和一一）年二月二六日早暁、陸軍皇道派青年将校によるクーデター事件（二・二六事件）が発生した。蹶起したのは、歩兵第一・第三連隊、近衛歩兵第三連隊など約一五〇〇人の部隊で、首相・蔵相官邸、警視庁、政府首脳や重臣の官・私邸、朝日新聞社などが襲撃された。反乱部隊は二九日に鎮圧されたが、内外に与えた衝撃は大きかった。政党関係者では、若槻礼次郎元首相、鈴木喜三郎政友会総裁らが襲撃対象の候補となっていたが、実際に襲われることはなかった。

事件収束後の一九三六年五月四日、第六九議会が開会した。事件については国民の総意に基づく徹底した討論が求められるところであった。民政党は斎藤隆夫を登壇させ、斎藤はいわゆる「粛軍演説」で政府・軍の所信を問うた。じつは斎藤自身が質問を行うにあたっては「裏面において種々の策動が行われたようであるが、多数議員の希望はぜひとも私を起たしむべく」動いたために、党代表として登壇できた、と振り返っている[56]。その経緯は、斎藤の日記から明らかとなっている[57]。

五月七日、登壇した斎藤は、二・二六事件にいたる「革新政治の内容と外交および国防」および「反乱事件の原因と軍部当局の態度を論難」し、「粛軍の大義」と事件に対する「国民的感情」を明らかにした[58]。この演説は、三月事件や十月事件を「闇から闇に葬」り、五・一五事件の処罰を徹底しなかった軍当局の態度をとりあげ、「寸にして断たざれば尺の憾《うらみ》あり、尺にして断たざれば丈の憾あり」と、まだ芽の小さなうちに反乱を抑えなかった軍の責任を追及するものであった。さらに青年将校の思想の稚拙さと、これを暗に推奨した軍上層部の存在を問い、軍と通謀する政党政治家の「卑怯」さにも言及した。そして最後に軍当局の広田内閣への組閣介入を指摘してから、次のように続けた。

それでも国民は沈黙し、政党も沈黙して居る〔……〕人間は感情的の動物である、国民の忍耐力には限りがあります。私は異日国民の忍耐力の尽き果つる時の来らないことを衷心《ちゅうしん》より希望するのであります[59]。

演説の反響は大きかった。[60] 翌朝の新聞各紙は斎藤の軍部大臣に対する演説を掲載した。斎藤のもとに賞賛の声が数多く届いたが、そのほとんどは「国民の問はんと欲する所」をよく聞いてくれた、との感謝の表明であった。斎藤も「予が一生の大快事なり」と感慨深く記している。また軍関係者や在郷軍人の間には「陸軍に対し攻撃的質問」「無遠慮に過ぐる」「軍全体を軽蔑」などと受け取る者が多かったが、なかには「無条件に賞讃するもの」もあった。事件後の国民のなかに、反乱を起こした軍への不信と、政党への期待が存在していたことの証左であろう。

その後、斎藤ら一部の政党人は国民の声を背景に、広田・林内閣への対抗を図る。だが斎藤が期待していた宇垣一成は陸軍に組閣を阻害された。民政党をはじめ、政党幹部は政府との提携を考えて、軍との決定的対抗に踏み切れなかった（第一部第四章）。そして日中戦争の勃発によって、政党の地位はより困難なものとなっていく。

Ⅳ 日中戦争と立憲民政党

1 日中戦争の勃発とその対応

一九三七（昭和一二）年七月、盧溝橋での日中両軍衝突を契機として日中戦争が勃発した。七月二七日、町田忠治民政党総裁は「政府の決意に国民的援助を与へ一日も速に北支の事変を解決する」と演説し、国を挙げての戦争協力を唱えた[61]。

八月二〇日、党内に「戦時対策特別委員会」（委員長桜内幸雄）が設置され、民政党の戦時政策が検討された。同委員会は一一月一二日に「戦時対策要綱」を決定公表し、翌一二月三日に近衛首相へ提出した[62]。

同年九月、民政党は約二〇億円の臨時軍事費予算に賛成し、上海・ソ満国境などに慰問団を派遣して、戦争への協力姿勢を強調した。また一九三八（昭和一三）年五月一一日、町田総裁は党内に「大陸政策の確立」を指示し、一七日「革新政策特別委員会」（委員長小川郷太郎）が設置された。同委員会は一一月一二日に「大陸国策を中枢とする革新政策」を決定し、出征家族援護の活動などを主張した。町田総裁は「政党の生命は其政策とこれが勇敢なる実行」と述べて、政策の提示を評価した[63]。ただし内容は「日満支」の協力を促す抽象的な文言が並び、軍事に関する「国防の再編成」項目はわずかに「新国防体制を確立すべし」と八〇字足らずで述べるにとどまった[64]。民政党は日中戦争の長期化にともない、具体的な軍事政策の策定を行おうとしたが、充分な検討ができたとは言い難いうえ、それが実行に移される見込みもなかった。

2　斎藤隆夫「反軍演説」をめぐって

◉「去れども予は断行すべし」

一九三九（昭和一四）年一二月二三日、第七五議会が召集された。衆議院では阿部信行内閣の退陣要求が高まっており、議会再開をひかえた一九四〇（昭和一五）年一月一四日、阿部内閣が出身母体の陸軍からも見限られて総辞職。一六日に米内光政が組閣した。二月一日の議会再開時には、民政党は米内内閣のもと閣僚二名（桜内幸雄蔵相・勝正憲逓相）を擁する準与党となった。それもあって、一月二六日に町田総裁・俵孫一（院内主任総務）と演説内容を協議した斎藤は、町田が心中で斎藤の演説を喜んでいないことを窺い知る。

だが斎藤は「去れども予は断行すべし(65)」と決意し、二月二日、阿部内閣打倒をめざして準備した演説を実施した。それは戦争目的をめぐる痛烈な政府・軍への批判であり、斎藤自身の議員除名と政界再編成の引き金となった。斎藤の演説をめぐる経緯は別章（第一部第五章）に譲り、ここでは「反軍演説」とよばれた斎藤演説の主眼を検討したい。まず本演説の最も知られた部分を引用する。

> 世界の歴史は全く戦争の歴史である。〔……〕国家競争は道理の競争ではない、正邪曲直の競争でもない、徹頭徹尾力の競争である（拍手）世にさうでないと言ふ者があるならばそれは偽であります、偽善であります、〔……〕此の現実を無視して、唯《ただ》徒《いたずら》に聖戦の美名に隠れて、国民的犠牲を閑却し、曰《いわ》く国際正義、曰く道義外交、曰く共存共栄、曰く世界の平和、斯《かく》の如き雲を掴《つか》むやうな文字を列べ立てて、さうして千載一遇の機会を逸し、国家百年の大計を誤るやうなことがありましたならば（略、「発言する者多し」）現在の政治家は死しても其の罪を滅ぼすことは出来ない、私は此の考を以て近衛声明を静に検討して居るのであります(66)

一読してわかる通り、斎藤の演説内容は「反軍演説」と称されてはいるものの、軍部に対する直接批判ではなく、「東亜新秩序」を立ち上げて日満支の連携を訴え、中国に「領土」や「賠償」を求めないとする第三次近衛声明（一九三八年一二月）を批判している。中国に軍を進めて殺戮しながら、中国の主権を尊重し、道義のもとに新秩序を作るといった「聖戦」スローガンの中身を、戦争の本義から問い質し、その矛盾をついたのである(67)。

「世界の歴史は全く戦争の歴史」とする「反軍演説」の世界観は、「優勝劣敗」「適者生存」の厳しい国際環境を前提とした社会ダーウィニズム論で、その環境においては「自国本位」でなければ、国民に対する責任を果たせないと斎藤は論じる。そのうえで、斎藤演説の主眼は、着地点を見失った日中戦争の「戦争目的」を問うことにあった。痛烈な質問であったがために、「聖戦の目的を冒瀆《ぼうとく》する」との非難が起こったが、その内容は当時においては決して唐突でもなく、珍奇でもなかった。

◉斎藤の除名と国際的安全保障路線の終焉

演説の指摘がまさに国民の疑問点であり、かつ不満に思う所であったことは、斎藤に寄せられた多数の激励書簡から知ることができる。[68] 斎藤宛書簡から窺える国民の意識について、吉見義明は①「聖戦」意義を肯定しつつも、具体的な方策に徹底した議論が必要とするもの、②「聖戦」を批判し、かつ戦争のやり方を再考すべき（軍の横暴、官僚の専横、軍需によって一部の結託した者が潤う構造などへの批判）とするもの、③「賠償」「領土」の獲得を肯定し、犠牲を償う戦果を期待するもの、の三類型に整理する。[69] 斎藤は伝統的に保持されていた、これらの国民感情に寄り添おうとしたのである。[70]

さらに言えば、斎藤は戦争を全面的に肯定していたのではなく、戦争がもたらす「国民的犠牲」に自覚的であった。「反軍演説」に見られる斎藤のレトリックは、戦争の発生を不可避としながらも、同時に「世界永遠の平和」は「望ましきこと」と述べている。世界大戦という「苦き経験に顧みて、戦争などはやるものでない、凡《およ》そ此の世の中に於《お》いて戦争ほど馬鹿らしきものはない」と悟り、戦争の「絶滅」を欲して「国際連盟を作った」が、それでも平和は得られなかった、とも論じている。斎藤の言説では、戦争を歴史が示す人類の現実としながらも、その残酷さが不可避性とともに悲観的に表現されているのである。それはかつて浜口雄幸総裁期の民政党が唱えた国際的安全保障と政治主導の理想が、国家競争の実際と軍部主導の前にもろくも崩れた現実世界への慨嘆と抵抗であったように思われる。[71]

だが斎藤の演説は、まず民政党内から指弾を受けた。演説直後から陸軍部内が騒然とし、俵孫一ら民政党幹部に呼び出された斎藤は、議事録削除への同意を命じられた。ここで民政党から衆院議長に選出された小山松寿が主導して、議事録の三分の二にあたる一万字超を削除することを決め、官報への掲載はわずかな部分に留まった。ところが地方向けの早版新聞が演説を掲載し、これを典拠として、諸外国に演説内容が電送された。[72]

翌三日朝、俵と小泉又次郎が斎藤を訪ねて、民政党の離党を勧告した。斎藤は離党に同意するも、さらに同日晩に小山議長が衆議院本会議で斎藤を懲罰委員会に付すことを宣言。続いて党から斎藤に、非公式の議員辞職勧告がなされた。しかし斎藤が若槻礼次郎前総裁を訪れると、若槻は「満腔の熱意を以て」斎藤を賞賛し「不退転を勧告」した（二月一〇日）。また山本達雄と会ったところ、その結果も「断じて自決すべからず」というものだった（二月一二日）。若槻・山本ら党長老は演説を問題としておらず、斎藤は意を強くした。二月二四日の懲罰委員会は、斎藤の反駁に応えるものがなく、斎藤は日記に「予の全勝」と記した。だが三月五日、民政党代議士会は斎藤除名を決議。三月六日の懲罰委員会は満場一致で除名に決し、翌七日の衆議院本会議で、斎藤は議員を除名された。

斎藤除名の投票数は三〇三、うち反対は七票で、民政党から反対を投じたのは斎藤を強く支持していた岡崎久次郎ただ一人であった。ただし党の決議にかかわらず棄権および欠席した代議士は、民政党一七〇名のうち六九名におよんだという。[73] 斎藤の離党と除名は、民政党の伝統的な国際協調を基盤とする安全保障路線の終焉であり、軍部に対抗しようとする政治勢力結集の頓挫でもあったのである。

第八章

経済・財政

若月剛史
WAKATSUKI Tsuyoshi

I　立憲民政党の経済・財政政策の捉え方

民政党の経済・財政政策と言えば、政友会の積極財政との対比で、緊縮（消極）財政とされることが一般的である。実際、政党内閣期の民政党は、緊縮財政を一枚看板としていた。例えば、第一回普通選挙の選挙ポスターを見ると、政友会の積極財政を「借金して見えを張」っているとして批判しながら、自党の緊縮財政を「真面目で押し行く」、「内に漲《みなぎ》る堅実味」だとして有権者にアピールしている。(1) この緊縮財政に、浜口雄幸内閣が進めた金解禁と産業合理化を加えれば、民政党の経済・財政政策の全てだと、ともすれば捉えられがちである。そして、緊縮財政の路線が昭和恐慌によって実現不可能となってしまい、民政党は下野を余儀なくされ、ひいては政党内閣崩壊へとつながっていくという道筋の理解ができあがる。

このような見方は言い古されたものではあるが、大枠のところでは間違ってはいない。ただ、民政党内での議論を子細に見れば、あまりにも一面的に過ぎるように思われる。確かに、緊縮財政路線によって民政党は強いまとまりを見せていたが、その根底には、あるべき経済政策をめぐって様々な考え方が存在していた。なかでも、自由主義経済への志向と、経済に対する統制を強めようとする志向とのせめぎあいは、民政党の創立から解党に至るまで、同党の経済・財政政策の根底にあったように思われる。

こうした観点から、本章では、金解禁や産業合理化などの主要政策を検討しながら、民政党内において自由主義経済、統制経済の両者の志向がどのようなものであったのかという点に注意を払っていきたい。その際に、自由主義経済を志向する代表的な人物として町田忠治を、統制経済を志向する代表的な人物として頼母木桂吉に注目する。町田は、農林大臣や商工大臣を務め、党内の自由主義経済的な考え方を対外的に代表する存在であった。他方で、頼母木は電力国家管理を推進したように、統制強化論者として名を馳せた。この両者を中心に検討することで、民政党の経済・財政政策の両義性を明らかにしていく。

ただし、これから見ていくように、この自由主義経済的な考え方と統制経済的な考え方は必ずしも相反するものでなく、相互に補完するものでもあった。こうした相互補完性にも意を払いながら、民政党の経済・財政政策について検討を加えていきたい。

II 政党内閣期における経済・財政政策

◉民政党結党直後の経済・財政政策

政党内閣期における民政党の経済・財政政策と言えば、浜口内閣が行った金解禁である。実際、浜口内閣とその後継の第二次若槻礼次郎内閣の経済・財政政策を見れば、金解禁実施及びその後処理のための施策が中心となっている感は否めない。しかし、結党当初からそうであるかというと必ずしもそうではなかった。この点を確認するために、結党から半年後の一九二八（昭和三）年一月の党大会の際に決定された政策を見てみよう。

一、各種社会政策を実行して労務者生活の向上を図り労資関係の合理化を促進せむことを期す

二、米繭価調節、農漁山村経済の改善、自作農の維持創定、小作問題解決の促進、其他農漁山村の振興に資すべき政策の実行を期す
三、中央銀行其他特殊銀行の制度並に一般金融機関を改善し、殊に中小農工商の便益を増進せむが為め金融機関を整備せむことを期す
四、財政の基礎を鞏固にし財界の整理回復を促進し、国際貸借の改善を企図し、金解禁の実現を利導せむことを期す
五、電力其他公共利益を目的とする企業に対する統制を進め公衆福利の増進を期す
六、市町村義務教育費中教員俸給全額国庫負担の実現を期す
七、任用制度の革新、行政組織の改造、人権擁護に関する法令の改廃、検察制度の改正、其他施政の機関及運用に刷新を加へむことを期す

この政策を素直に読めば、結党直後の民政党は、単に金解禁実現のための緊縮財政だけでなく、零細農業や中小企業への対策にも積極的に取り組む姿勢を持っていたことが読み取れる。すなわち、第二、三項目で謳われているように、中小農工商業の発展にも重点が置かれており、第六項目の教員俸給の全額国庫負担も農村部の負担軽減をはかるためのものであった。さらに、社会政策の実現も謳われており、その観点から電力などの企業に対する統制も考えられていた。

しかし、翌年一月二〇日の党大会では、前年の党大会で決定された政策とともに実行を期するという形で、次のように公債整理を徹底する方針が打ち出された。

一、国債に関しては左の政策を実行すること

イ、帝都復興に関するもの（昭和四年度に於て終了）を除くの外一般会計に属する新規募債は之を打切り特別会計に属する新規募債も成るべく之を減額すること
ロ、減債基金繰入歩合は之を高むること
ハ、賠償金は之を国債償還に充当するの方針を立つること

そして、田中義一内閣の財政計画について、積極政策と両税（地租と営業税）の地方への委譲をあわせて行おうとしており、巨額の公債発行を長期にわたって行うものであるとして批判している。

この点に関して、浜口雄幸総裁は、六月五日の議員総会で、次のように演説している[2]。まず、田中内閣は「国民経済の消長に応じて財政を按配することを知らず」、「主として党利党略より打算したる積極政策を行ふことに焦慮し、ありとあらゆる財源を漁つて、尚足らざる所は或は直接に或は間接に、借金政策を取つてゐる」として批判する。さらに、ただでさえ財政困難な状況なのに、田中内閣が「従来の行掛り」から、強引に両税の委譲を行おうとしていることは理解に苦しむと言う。そして、金解禁準備の第一段階が公債整理でなければならないのに、田中内閣が敢えて「財政の基礎」を弱体化し、公債の増発を招くような両税委譲を行おうとするのは、金解禁問題の解決に誠意がないためだと断じている。

そして、浜口は、民政党は公債整理に最も重きを置き、「財政整理の重心点」としていると主張していた。ただでさえ、公債の発行残高が増えており、財政面で不健全な状態であったが、金解禁の実現に向けて為替相場を回復するためにはなおのこと、公債整理の必要性が高まっているとする。このように、政権交代と自党内閣による金解禁の実施が射程圏内に入るに伴って、民政党の経済・財政政策のなかでの公債整理、そして、そのための緊縮財政の比重が高まっていたのである。

◉浜口雄幸内閣の成立と金解禁論争

一九二九年七月、浜口雄幸内閣が成立した。その直後から、金解禁のための公債整理・緊縮財政の方針が徹底されていく。[3] 浜口内閣成立直後に出された十大政綱では、「財政の整理緊縮」、「国債総額の逓減」、「金解禁の断行」という項目が掲げられて、その内容が詳細に説明されている。他方で、一九二八年の党大会では大きく位置づけられていた義務教育費の増額、農漁山村経済の改善、中小農工商に対する金融機能の整備などは、「其の他の政策」の項目のなかで簡単に触れられるのみとなっている。ここからも、金解禁とそれに向けた緊縮財政・公債整理の徹底が最優先の課題となり、中小農工商業の振興に関する政策は比重が下がっていったのが読み取れよう。

このように金解禁の実施が最重要課題とされた背景として、当時の日本が金本位制復帰を急がざるを得ない状況下に置かれていたことが挙げられる。[4] 第一次世界大戦中、ヨーロッパの主要国は、戦費の対外支払いが増大した結果、金流出の懸念が高まったことから、金の輸出を禁止して一時的に金本位制を停止した。日本も、一九一七（大正六）年、金の輸出を許可制とする大蔵省令によって、事実上、金本位制の停止を行った。

第一次世界大戦後、為替相場を安定させるために金本位制を再建すべきだとする国際世論が高まるなかで、一九一九（大正八）年にアメリカ、一九二五（大正一四）年にイギリスというように、各国は徐々に金本位制へと復帰していく。そして、一九二八年にフランスが金本位制に復帰したことで、主要国のなかでは日本だけが金本位制に復帰していない国となっていた。

このままでは、日本は、国際金融システムにおける主要国の地位を失う可能性があった。例えば、一九二九年のヤング委員会で国際決済銀行の設立が検討された際には、同行への出資国及び国際連盟財政委員会の構成国の条件として金本位制の国であることが求められており、両者に関わるためには、日本は早急に金本位制に復帰する必要があったのである。

また、一九三一（昭和六）年一月一日には、日露戦時の一九〇五（明治三八）年に発行した英貨公債二億四〇〇〇万円の償還期限を迎えることになり、その借換を円滑に行うためにも、金解禁を実施して国際金融市場の信用を得ることが必要不可欠だと考えられていた。この点について、浜口内閣の井上準之助蔵相は後に「財政のバランスも合はず、金の解禁もせずに居つたらば、在外資金の補充の為に外債を募ると云ふことは絶対不可能であった」と確信していると述べている。[5]

このように、日本が国際金融システムのなかで主要な地位を占めるためにも、また、多額の外債の発行・借換に必要となる国際的な信用を得るためにも、浜口内閣にとって金解禁の早期実施以外に選択肢はなかったのである。

ただし、井上にとって、金解禁は日本経済の立て直しのためにも必要不可欠のものであったことを忘れてはならない。[6]井上によれば、輸出促進のためには国際競争力を高めることが必要である。そのためには、生産費の低減と生産性の向上が不可欠となるが、第一次世界大戦以降、それが十分に行われてこなかった。生産費の低減には物価の下落が必要となるが、実際には、政友会によって積極政策が展開され、高物価水準が維持されてきた。また、生産性の向上のためには、産業の合理化が必要となるが、それも、積極財政によって生産性の低い企業や事業の淘汰が進まず、先延ばしにされた。金本位制への復帰は、こうした状況を解決する特効薬であると井上は考えたのである。

井上の考えを理解するために、ここで金本位制の下で何が起こるのか、簡単に確認しておこう。[7]金本位制の下では、紙幣は一定量の金と等価関係におかれており、金貨や金地金、金為替（総称して正貨という）と兌換される。また、外国の通貨と交換されたり、貿易などの支払いに使われたりした自国通貨が、外国人によって兌換されると、日本国外へ金が流出する（＝金輸出）。

こうした仕組みの下では、貿易赤字になると、金が流出する一方となり、日本銀行の正貨準備高が減少することになる。このとき、日銀は兌換制度を維持するために、正貨準備高にあわせて紙幣の流通量を減らさざるを得なくなる。そのために、日銀によって、通貨の供給量が減らされたり、金融の引き締めが行われたりする。その結果、物価は下落し、生産性の低い企業や事業は淘汰されていくが、この過程を通じて、日本の輸出競争力は強化される。こうした金本位制が果たす機能を重視すれば、日本経済の立て直しのためには、金解禁を行って、金本位制に復帰することこそが正道なのである。

実を言うと、このような金本位制の機能に着目して金解禁が必要だとする考え自体は、井上や浜口内閣だけでなく、この当時、各界で広く認識されているものであった。しかし、どの時期に、どのような条件で金解禁を行うかについては議論が大きく分かれていた。特に、旧平価で解禁するのか、それとも新平価で解禁するのかについては激しく議論が戦わされたことはよく知られている（金解禁論争）。

浜口内閣が考えていたのは、金本位制が停止された第一次世界大戦前の為替レート（一〇〇円＝四九・八四五ドル）、すなわち旧平価での解禁であった。しかし、旧平価で金解禁を行うと、当時の円安水準（昭和三年で一〇〇円＝四六・五ドル）の為替レートを大幅に切り上げることになり、輸出産業に深刻な打撃を与えることが予想された。また、輸入品の価格低下によって輸入が増加し、貿易赤字が拡大する恐れもあった。この場合、正貨が流出して、デフレになる可能性が高かった。

これに対して、民間エコノミストの石橋湛山や高橋亀吉らは、フランスやイタリアなどが大戦後のレート（新平価）で解禁したためデフレにならなかったことを受けて、日本でも新平価で解禁すれば輸出産業への打撃を抑えることができると主張した。

こうした主張に対して井上は強く反発した。先ほど見たように、井上の考えのポイントは、金解禁によって、産業を合理化して生産性を向上させ、また、物価を下落させることで経済の根本的な立て直しを行うことにあったからである。

旧平価での解禁には、政治的な要請もあった。新平価で解禁をするためには、貨幣法を改正する必要があった。しかし、当時、与党の民政党は衆議院で過半数を占めておらず、同法改正には時間を要する可能性が高かった。そのため、大蔵省令の廃止だけで実施が可能な旧平価での解禁が現実的な選択肢だったのである。かくして、浜口内閣は旧平価での解禁を決断することになる。

◉金解禁の実施

それでは、浜口内閣の金解禁実施の過程を見てみよう[8]。浜口内閣は成立直後、田中内閣が編成し、すでに実施されつつあった昭和四年度予算の約一七億七〇〇〇万円のうち、九〇〇〇万円余を削減した。さらに官吏減俸も計画したが、こちらの方は、各省庁の官僚たちの反発によって撤回を余儀なくされた。

在外正貨の補充も行われ、浜口内閣成立時には八二〇〇万円になっていた在外正貨が、一一月には三億円まで増やされた。また、イギリス・アメリカとの間で一億円のクレジットが設定され、政府は必要に応じて一億円の範囲内で両国の金融業者から借り入れを行うことが可能となった。これは、金解禁後の金流出に対する準備であった。

国民に対しても、井上が『国民経済の立直しと金解禁』（千倉書房、一九二九年）というパンフレットを公刊し、また全国に遊説して、金解禁の必要性を訴えた。このように綿密な準備を行ったうえで、浜口内閣は、一九三〇（昭和五）年一月一一日、金輸出の禁止を解除した。

こうした金解禁に向けた準備と並行して、浜口内閣は、金解禁後に予想される金利の上昇や為替相場の変動などに備えて、輸出振興のための産業合理化政策を推進した。浜口内閣はまず、産業合理化審議会や臨時産業審議会を設置して産業合理化の方策について検討を進めた。そして、同年六月、臨時産業合理局を設置して、一連の産業合理化推進のための施策を行った。さらに、一九三一年四月には、指定産業のカルテル活動の保護・強化を行う重要産業統制法を成立させた[9]。あわせて重要輸出品工業組合法と輸出組合法も改正し、中小企業統制の対象拡大と内容の強化を行った[10]。中小企業の組織化を推進する工業組合法も制定された。

また、賃金引き下げの痛みを負うことになる労働者に対しても、第五九議会に労働組合法案を提出することで、その痛みを緩和しようとした（貴族院で審議未了）。

このように、浜口内閣の経済・財政政策は、市場の調整機能を重視して金解禁を実施するという古典派的な自由主義的経済政策の側面と、金解禁後の不況対策として産業合理化など政府が経済に介入しようとする反古典派的な経済政策の側面を併せ持っていたのである。こうした浜口内閣に見られる経済政策の二つの側面は、これから見ていくように、この後の民政党の経済・財政政策でも引き継がれることになる。

浜口内閣はまた、税制改革にも取り組む姿勢を見せていた。そして、浜口内閣の後を継いだ第二次若槻礼次郎内閣によって設けられた税制整理調査会によって、①負担の均衡を図るために所得税などの累進性を高めること、②なるべく各種消費税を軽くして直接税を重くすること、を中心として税制改革のあり方について検討が加えられた[11]。その結果、所得税について根本的な立て直しを行って総合課税主義の徹底を図ることや、国債利子に対して新たに課税すること、勤労所得に対する控除率を引き上げることなどが決定された。富裕層への課税を強化する一方で、経済的な弱者への負担を軽くする内容であり、社会政策を意識した税制改正案であったと言える。

しかし、同案に対して日本経済連盟など財界が強硬に反対した。そして、大蔵省で税制改正の具体案が作成される前に、第二次若槻内閣は崩壊してしまったため、この改正案は民政党内閣期には日の目を見るに至らなかったのである。

◉昭和恐慌の発生

このように民政党政権は、金解禁を行うとともに、それに伴う苦痛を緩和するための政策パッケージを提示し、順次実施していった。しかし、こうした民政党政権の経済政策体系は、世界大恐慌の発生によって破綻に追い込まれる。恐慌は各所に深刻な影響をもたらした。都市部では、企業で大規模な人員整理が行われたことで、失業者があふれることになった。世界大恐慌に伴う輸出の減退と国内需要の減少によって、中小企業も危機に直面することになった。農村部でも、繭をはじめとして農産物価格が暴落し、さらに土木事業や日雇いなどの副業収入も減ったため、農家の負債は激増した。

このような状況に対して、井上蔵相は金本位制維持のために緊縮財政を徹底させることに懸命であった。第三章でも見たように、恐慌によって生じた歳入欠陥を補うために、官吏減俸を断行し、行財政整理も徹底的に行う構えを見せた。

しかし、予想外のできごとが発生する。一九三一年九月二一日に、イギリスが再び金輸出を停止し、金本位制から離脱したのである。[12] 国民に多大な負担を強いてでも金解禁を行ったのは、国際的に見て金本位制再建の方向に進んでいると思われたからであった。しかし、その旗振り役であったイギリスが金本位制から離脱してしまったのである。井上の財政政策の正当性が揺らぐことになる。

イギリスの金本位制離脱の報が入ると、もともと井上財政に批判的であった野党政友会は早々と金輸出再禁止を打ち出した。さらに、閣内でも、党人派のリーダー的存在であった安達謙蔵内相は、若槻首相に対して「英国再び此の挙〔金輸出再禁止のこと〕に出づる以上、我が国独り解禁を継続するの力なきは明瞭にして、此のままに推移せんか正貨はドシドシ流出して底止する所なかるべし。此の際に処しては、非常の難問題なるも断乎思い切って再禁止するの外なしと思う」と述べたと言う。[13]

しかし、井上蔵相は金本位制の維持にこだわった。井上の心中について、大蔵官僚の青木一男は次のように述べている。[14]

察するに井上さんとしては、この問題は自分の政治的生命を賭し、政友会その他の反対を押切って実行したことであるから、もし再禁止というようなことになると敵の軍門に降るものだというような感覚をもたれたことと思う。それにあの独特な自信力が裏付けとなって不退転の決意を堅められたものと思う。

井上の「不退転の決意」によって、第二次若槻内閣は金輸出再禁止を行うタイミングを失ってしまう。そのなかで、恐慌は深刻化していった。そして、第二次若槻内閣は、安達内相の協力内閣運動をめぐる紛糾によって、総辞職することになる。かくして、多くの犠牲を払いながら、金解禁の実施と金本位制の維持に何よりも重点を置いた井上財政は終焉に至ったのである。

III 政党内閣崩壊後における経済・財政政策

◉金輸出再禁止への反発

第二次若槻内閣に代わって、一九三一年一二月一三日、政友会を与党とする犬養毅内閣が成立する。同内閣の成立とともに、高橋是清蔵相の下で、金輸出の再禁止が行われた。さらにその後、大規模な財政出動も行われた。いわゆる高橋財政のスタートである(15)。

民政党は、犬養内閣による金輸出の再禁止に強く反発した。一九三二(昭和七)年一月二三日に発行した『金の輸出再禁止と地方産業及国民経済』というパンフレットにおいて、民政党は次のように批判している。金輸出再禁止によって為替が約三割も下落した。しかし、外国からの輸入品の多くは三割以上も価格が上昇したのに対して、輸出品の価格は、生糸が一割七分、綿布が二割余しか上がっていない。その結果として、貿易赤字はこれから拡大していく可能性は高いと。

しかしながら、よく知られているように、その後も為替の下落は続き、金輸出再禁止後の一年間で為替は約六割も低下した。その後、約四割下落の一〇〇円あたり三〇ドル弱で安定することになる。このような大幅な為替下落によって、日本の輸出は急速に増加することになる。[16] 民政党の金輸出再禁止への批判は正当性を失ったのである。

◉農村問題の捉え方

そのなかで、民政党が経済政策面で活路を見出そうとしたのが、中小農工商業対策の分野であった。前述したように、結党から半年後の一九二八年一月の党大会で決定された政策でも、中小農工商業対策は謳われていた。しかし、それは金解禁に伴う各種政策の実施によって、民政党の経済政策の後景に退いていた。それが、金解禁政策の破綻によって、再び浮上してきたのである。

斎藤実内閣成立後の一九三二年六・七月には、民政党の機関誌『民政』で「農村現状打開号」（第六巻第七号）、「中小商工業対策号」（第六巻第八号）の特集号が相次いで編まれた。そして、それぞれの号に党所属の衆議院議員による座談会の記事が掲載されている。この座談会には、民政党の議員たちの経済政策に対する考え方が明確に表れているので、以下、詳しく見ていきたい。

このうち六月二〇日に行われた農村問題に関する座談会については、この時期、高橋財政下において、時局匡救《きょうきゅう》事業などの、農民に現金収入を得させることを目的としたスペンディング・ポリシーが開始されていたが、[17] 民政党の議員たちはこれに対して必ずしも全面的に賛成の態度をとっていないことが注目される。[18]

例えば、小西和は「民政党としても、此際農村に土木事業を起して、農村を救済するといふが如きは最も適切有効なる応急策の一つ」であるとしつつも、それだけではなく、ここまで農村が疲弊した原因を明らかにして、それに対する「対症療法」を考える必要があると述べている。

そして、小西は、農村が疲弊した原因の一半は農民自身にあるとして、次のように述べている。

農家は唯だ目先ばかりを見て、さうして将来を達観するといふことなく、少なくとも将来を観るといふことを余りやらぬやうに思ひます。それでありますから豊作である、或は米なり繭なりが高く売れて金が沢山入つたといふことになれば、直ちに贅沢三昧をして、さうして其金を浪費してしまうといふ状態であります。斯くの如くに致して、何等貯蓄するとか、或は将来の計を樹てるといふ観念の無い者が多いのであります。

農家は将来を見据えて計画的に支出をせずに、「贅沢三昧」をしてきたから多額の負債を抱えるに至ったというのである。小西によれば、それは、第一次世界大戦による「変態的好景気」の時に、「其の収入の多い儘に借金をし、生活の向上か、贅沢をすることは何とも思」わないようになり、「質実剛健の気風」が失われたことによって始まったという。

例えば、肥料について見れば、それまでは農家が自分たちで製造する堆肥が中心であったのが、第一次世界大戦後は、購入する肥料、いわゆる金肥の使用が増え、その購入額は二〇年前の約一〇倍の三億五〇〇〇万円余にのぼっている。こんな調子だから、農家が五〇億の負債ができるのも当然だと言わんばかりの批判的な口ぶりを小西は示している。

小西の批判の矛先は、さらに農民の生活へと向けられる。農家の人々は草履や草鞋を履かずにゴムの靴を履くようになり、移動するにも自転車や電車、自動車に乗り、さらに市街地に出て活動写真を見て、その帰りにカフェで酒を飲むようになった。しかし、そうした生活は農家の収入に見合っていない。それゆえ、多額の負債を抱えた農家の救済は必要であるが、農家にも「質実剛健の昔に復」り、「勤倹貯蓄の美風」を奨励しなければならないとするのである。

同様の見方は、農村部での教育のあり方についても示されている。宮沢胤勇《みやざわたねお》は、農村部の租税負担を減らすために教育費の削減を訴える。宮沢からすれば、次のように、農村部での小学校教育は行き過ぎであるとする。

> どんな貧民の子でもノートブツクを持つて碁盤の入つた紙に「イロハ」を一々書いて習ふ、あんな教育は無いと思ふ。さうして親が其日に食ふ米が無くても子供は学校へ袴を穿いて行つてベースボールをやつて居る、〔……〕学校へ行つて鉄筋コンクリートの上で、水で流すやうな便所へ入つて居る者が、家へ帰ると樽の上に板を当てゝ、其中で用便をして居るといふ。そんな馬鹿な教育は無い。

小西や宮沢の言っていることは、現代的な観点からすれば、農民にとても冷たいように思われる。しかし、その後も、民政党の機関誌『民政』や同党の発行したパンフレット類では、小西や宮沢の考え方のように、農民が過大な負債を負ったのは収入に見合っていない贅沢な生活をしたからであり、政府からの支援を期待する前に、まずは自分たちで生活費を減らすなどして自力で更生できるよう努力すべきだとする議論が散見される。

こうした議論は実は、金解禁をめぐる問題について激しく対立してきた高橋是清蔵相の考え方と近かった。例えば、かつて高橋は農村部の教育について、次のように述べていた[19]。

> 要するに普通教育は全国各地の民度及び経済上の情勢等に由りて夫れ夫れ其地方に適当せる教育の方針を採るべきものにして、全国画一的に之を施すべきものに非ず。況んや都市と町村とは各々其経済財政の状態を異にするに拘らず、一定の年齢に達せる子弟は必ず六年又は八年と年限を定めて、全国に渡りて何等の例外なく之を強制せんと欲するが故、地方小村落に於ては今日教育費の為めに非常なる苦痛を感じつつあるもの極めて多きに於いてをや。是れ余りに形式に捕へられ、民度の如何を顧みずして画一教育を強制するの結果にして、教育費は町村を疲弊困憊に導きつつあるものと云ふも決して過言にあらざるなり。而して斯くの如く全国平等画一的の教育を

施す其結果は青年子弟をして動もすれば実際を離れたる平等思想に陥らしめ社界の秩序上下の差別等を一切無視するの感念を懐かしむるに至る傾向なしと云ふ可らず

町村、すなわち農村部でも都市部と同様の教育を行うのは、明らかな行き過ぎであり、いたずらに農村部の財政負担を大きくするだけであるとして高橋は批判している。先に見た宮沢の主張と瓜二つである。民政党は、高橋が予算抑制の方針に転じて、農村部へのスペンディング・ポリシーを大きく後退させて以降、高橋財政を積極的に支持するようになるが[20]、その背景には、このような高橋との考え方の近さがあったように思われる。

ただし、民政党の農村政策は、農民の自力更生ばかりを訴えていた訳ではない。農民が莫大な負債を再び負わないようにするための具体的な方法についても、民政党内では真剣に考えられていた。例えば、西村丹治郎は、先ほどの座談会で、負債整理後に農民に再び負債を抱え込ませないために、風水害時の収入減少を補償する農業保険制度の導入や、米や小麦の専売などの価格統制の強化によって農産物価格を維持することを提案している。また山桝儀重《やまますのりしげ》は農産物の販売統制を行うための組合を拡大することを主張している。

このように民政党の議員たちは、この時期に大きな問題となっていた農民の負債については、原則として農民たちが自分で何とかすべきだとしつつも、今後、過大な負債が発生しないように、農産物の価格維持など政府が経済への介入を強めることを構想していたのである。

◉中小商工業者に対する金融の充実

昭和恐慌によって、中小商工業者も多額の負債を抱えるようになっていった。その対策として、民政党の議員たちは、中小商工業者に対する金融を充実させることを主張していた。

七月二一日に行われた座談会で、元商工官僚の田島勝太郎は、商工業者に対する金融機関として、次のように同業者組合を基礎とする信用組合を設けることを主張している。[21]

従来、地方銀行が中小商工業者に対する金融の役割を一定程度果たしてきた。しかし、それらの地方銀行の多くが、大蔵省の銀行合併政策によって、中央の銀行に合併されてしまった。また、信用金庫も多く存在しているが、その多くは農村部で発達してきたものであり、農民に対する金融に重点を置いている。そのため、商工業者についての信用情報の蓄積がない。その結果、信用金庫もまた中小商工業者の金融機関として十分に機能していない。

これに対して、田島が商工業者の信用の有無を最も的確に判断できるとしたのが同業者である。例えば、青物商であれば、他の青物商こそが、経営の状態がどのような状況であり、どの程度信用があるのか最も的確に判断できる。それゆえ、同業者組合を基にした金融機関の設立が最も望ましく、それを可能とするように法改正を行うべきだと田島は主張したのである。

これに対して、元大蔵官僚で京都帝大の経済学部長も務めた経歴を有する小川郷太郎は、信用組合を新しく設けるよりも、既存の銀行による中小商工業者への金融を充実化させるべきだと主張する。こうした主張の背景には、信用組合に対する低い評価があった。

こうした具体的な施策については意見の対立が見られるものの、民政党内では、中小商工業者に対する金融の充実という点では、概ね意見は一致していた。

それを実現するために、岡田啓介内閣に商相として入閣した町田忠治は、商工組合中央金庫の設立に努めた。商工組合中央金庫は一九三六（昭和一一）年に業務を開始したが、その後、普通銀行では難しかった無担保での長期の貸付を積極的に行うことで、中小商工業者の金融機関として機能していく。[22]

これまで見てきたように、民政党は、高橋財政が展開したようなスペンディング・ポリシーに対しては反対こそしないものの慎重な姿勢を見せながら、昭和恐慌で大きなダメージを負った中小農工商業者を救う具体的な方法として、流通面での統制強化や金融機関の整備などを考えるようになったのである。その際に、基本的には農民や商工業者の自主的な経済活動を尊重するものの、それをサポートする形での政府の経済への介入には肯定的だった。

このように、民政党の経済・財政政策において、自由主義的な経済政策の側面と、統制経済政策の側面とが共存していた。これらがどのように共存するものであったのか、次節では、この点について、自由主義経済を志向する代表的な人物として町田忠治を、統制経済を志向する代表的な人物として頼母木桂吉を取り上げながら考えていきたい。

Ⅳ 自由主義経済論と統制経済論の共存——町田忠治と頼母木桂吉

◉町田忠治の自由主義経済論

町田忠治は、民政党内で屈指の自由主義経済論者であった。[23] 新聞記者として名を馳せ、『東洋経済新報』の創刊に関わったことでも知られる町田は、一八九八（明治三一）年に日本銀行大阪支店に移り、さらに当時、経営危機に陥っていた山口銀行に入行して、同行の立て直しに尽力した。戦前期の関西は、自由主義的な考え方が強いところであったが、[24] 町田もまた関西で自由主義経済への志向を涵養させていったと思われる。

その後、一九一二（明治四五）年に衆議院議員に当選し、第一次若槻内閣で農林大臣として初入閣し、浜口内閣、第二次若槻内閣で農林大臣を、岡田啓介内閣で商工大臣を務めた。大臣としての仕事ぶりに関しては、自由主義経済論者を彷彿とさせるようなエピソードが多く見られる。

浜口内閣・第二次若槻内閣の農相時代には、農務局長の石黒忠篤と事あるごとに衝突する。農民のことを第一に考える石黒と、農業に対しても自由主義的な考え方を押し通そうとする町田とではそりが合わなかったのである。例えば、前述した農村部の負債問題について、負債整理のために国費の投入を主張する石黒に対して、政府の直接的な介入を嫌う町田は消極的な態度を取り続けた。そのような町田の姿勢に対して、石黒は「あなたが四十七億〔当時、農村部が抱えていた負債の総額〕の金さえ出してくだされば、即刻、農村の負債問題は解決します。もしそれができないならば半分でいいから出しなさい。そうすれば半分だけ解決する。〔……〕さらにまたあなたが無力で一億円しかできないならば、一億円でもよろしいから出しなさい。そうすれば一億円分解決します。とにかく、大臣の努力次第でどうにでもなるんです」と言い放って、会議をボイコットしたという。[25] それでも町田は、最後まで農村部の負債整理に乗り出さなかったのである。

他方で、町田は、第一次若槻内閣の農相時代には小作問題に取り組み、その立法化に努めた。また、浜口内閣の農相時代には、米価の最低・最高価格を定める米穀法を改正するなど、農家経営を安定させるための統制強化には積極的であった。[26] さらに商工大臣時代には、前述の商工組合中央金庫の設立に尽力した。

こうした町田の経済政策について、商工官僚の吉野信次は、木綿の縞織りを例にあげて、次のように述べている。[27] 木綿の縞織りを外国のように大工場で作ると、大量生産ができるのでコストは安くなる。しかし、同じ柄で多種類のものができない。日本には中小の機業者が多く存在するが、彼らにこれを織らせて共同の仕上場に持ち込んでみると、二〇工場なり、五〇工場で、仮に一工場で一色の柄を作ったとしても、それぞれ意匠をこらし、工夫した二〇種類なり、五〇種類なりの異なる柄が集まることになる。それを外国に輸出する時、五〇柄を揃えて一箱に詰めるようにする。そうすれば、日本の織物を一箱買えば五〇種類の柄が手に入る。外国の大量生産の品なら、一〇種類を集めようと思えば、一〇箱という莫大な数を買わないと揃わない。こうした多品種少量生産のメリットから、町田は、日本の産業政策として、中小商工業対策を確立する必要があると言っていたという。

こうした証言からも窺われるように、町田は、日本経済の発展のためには、中小商工業の果たす役割が大きいと考え、その発展に資するためには、商工組合中央金庫を設立するなど、政府は一定程度経済に介入することが必要だと考えていたのである。農業についても、町田は産業組合を奨励したり、米価の調整に努めたりと、農家経営の安定を第一に考え、そのためには、政府の介入も必要であると考えていた。このように、町田は、中小の農工商業こそが日本経済の基礎であると考え、その発展をサポートするための仕組みを作ることを重視する政治家であった。そして、それゆえに、場合によっては、統制経済を受け入れられる素地があったのである。

◉頼母木桂吉の統制経済論

頼母木桂吉は、新聞界の出身で、一九一五（大正四）年に衆議院議員に初当選し、民政党内では党人派のサブリーダー的な存在として力を持つようになった政治家である。その頼母木が広く知られるようになったのは、広田弘毅内閣に逓信大臣として入閣して電力国営案を打ち出した時である。これ以後、頼母木は統制経済論者として名を馳せることになる。

自由主義的な経済政策を是とする雰囲気が強かった民政党内で、電力国営という資本主義経済への挑戦を全面に掲げた頼母木はイレギュラーな存在のように見えるかもしれない。しかし、彼がなぜ電力国営を必要と考えるのか、その議論を仔細に見ると、必ずしも民政党内の主流的な考え方と大きな違いがないように思われる。

頼母木が著した『電力国営の急務』（大日本雄弁会講談社、一九三六年）という冊子をひもといてみよう。彼は、次のように電力国営の必要性について述べている。民間会社によって電力が供給されると、その供給網は広がらない。なぜならば、農村部など「需要状態が悪いと電気会社も引き合はないから料金を高くする。逆に料金が高いといよいよ需要は増加しない」からである。このままでは、いつまでたっても農村部の電化は行われない。それでは、農家経営を安定させる方法の一つとして考えられていた農村の工業化も進まない。

同様に、電力が民間会社によって供給される体制の下では、中小の工業事業者も十分に電力を利用することができないままになる。民間会社は使用量によって料金を割引しようとするので、大量の電気を使用する大工場はその恩恵を受けられるが、中小の工場は割高の料金を支払わざるを得ず、電力使用を控えてしまうからである。このような状況は、頼母木によれば「不公正」、「不均衡」であり、その解決のためには電力の国営が急務であるとするのである。

頼母木の議論を素直に読めば、電力は、農業や中小商工業が発展していくためには必要不可欠な社会資本であるから、それが安定的に供給できるような仕組みを政府が作る必要があるのであって、電力はあくまで社会資本の一つとして捉えられていることが分かる。頼母木からすれば、電力国営以上の経済への統制強化は考えられていないのである。その点では、頼母木の発想自体は、自由主義的な経済政策を志向しつつも政府の経済への介入もある程度は容認する町田らと共存可能であった。

電力会社に関係する議員が民政党内にも多くいたこともあって、頼母木が掲げた電力国営はすぐには党内の賛成を得ることはできなかった。しかし、その後、第一次近衛文麿内閣の民政党出身の永井柳太郎逓相によって、既存の水力発電の設備は国家管理の対象から外すなど、電力会社の利益をある程度保証する案が示されるなどして、最終的には民政党も賛成する形で、電力国家管理関係四法案は成立する。(28)

当時、電力国家管理法案の成立は、勢いのある革新官僚に政党側が押し切られたように捉えられた。現在でも、そのように理解されがちである。しかし、農業や中小商工業の発展を重視する民政党の経済政策からすれば、必ずしも受け入れられないものではなかったのである。

V 立憲民政党の経済・財政政策の特徴

民政党の経済・財政政策と言えば、金解禁や緊縮財政に注目が集まりがちである。しかし、本章で見てきたように、農業や中小商工業の発展こそが日本経済にとって重要だという確信が、民政党の経済・財政政策の根底を貫くものであった。自由主義的な要素と、統制経済的な要素をどのように組み合わせるのか、その具体的な方法については党内で意見対立があったものの、農業や中小商工業の発展をサポートする仕組みを整えることこそが政府の仕事だとする考え方は広く共有されていたのである。

第九章 社会

菅谷幸浩 *SUGAYA Yukihiro*

I　立憲民政党の結党と「国家整調主義」

1　時代背景

一九二七（昭和二）年に誕生した立憲民政党は、昭和戦前期において、一九〇〇（明治三三）年創設の立憲政友会とともに二大政党時代を形成した。政友会が原敬以来、地方の名望家を支持層とする保守政党であったのに対し、民政党は政治的自由の拡大や社会政策の面で進歩的であった、(1)という評価が今日に至るまで一般的であろう。

そもそも社会政策の必要性は一九世紀後半以降、労働者の劣悪な処遇など資本主義経済の問題点が顕在化し、社会主義革命の懸念が強まる中で生まれたものである。(2)日本は日清戦争後に第一次産業革命、日露戦争後に第二次産業革命を迎え、それに伴い、社会経済上の様々な問題を抱えることになる。

第一次世界大戦中、日本国内では労働争議と小作争議が活発化し、大戦終結後の一九二一（大正一〇）年に日本労働総同盟、翌年に日本農民組合が誕生する。戦間期の政府、とくに内務官僚の間でも社会政策への関心が強まり、一九二〇年代には内務省社会局設置（一九二〇年）、健康保険法制定（一九二二年）、工場法改正（一九二三年）、小作調停法制定（一九二四年）、労働争議調停法制定（一九二六年）などが実現される。(3)民政党誕生に至るまでの歴史として、以上のような時代背景があったことを押さえておく必要がある。

2　民政党の結党

◉国家整調主義

民政党は若槻礼次郎を総裁とする憲政会と、床次竹二郎を総裁とする政友本党の合同により結成されたものであるが、その主導権は憲政会側にあった。

すでに憲政会は普通選挙への移行に対応するため、社会政策の拡充を基本路線の一つにしていた。加藤内閣期、大蔵大臣・浜口雄幸が中産階級以下の国民負担を軽減するため、通行税廃止や地租における免税点の設定など、社会政策的減税を実現したのはその表れであった[4]。また、一九二二（大正一一）年以降、憲政会は農村部の治水政策をあまり主張せず、むしろ政友会以上に都市部への積極的な資本投下を重視するようになっていたことが伊藤之雄の研究で明らかにされている[5]。

一方、この時期の政友本党は複雑な党内事情を抱えていた。内務官僚出身の床次は原内閣で内務大臣を務め、「原の懐刀」と称された人物であったが、原の死後は政友会の主流的地位から外れていた[6]。床次は原内閣期、内務省社会局設置に関与しており、社会政策への意識はあったはずだが、その考えがどこまで民政党に継承されたかは定かでない。

滝口剛によれば、清浦内閣期における床次の政治姿勢は「地方名望家による安定した地盤を前提に、政友会、貴族院、元老など限定された世界での権力ゲームを続けることができるという前提にたった」ものであり、デモクラシーとは一線を画したものだった[7]。政友会の嫡子意識が強かった床次にすれば、憲政会との合流は不本意であり、党内の大勢に従い、やむをえず合同を決意したにすぎなかったからである[8]。

一九二七年五月、新党樹立準備常務委員の顔触れが揃い、憲政会の永井柳太郎、中野正剛、江木翼、政友本党の岩切重雄、中村啓次郎が創立趣意書、宣言、政綱、党則の起草委員に任命されている(9)。

結党に際して掲げられた宣言を見てみよう。「立憲民政党は、経済、金融、産業、資源を国家の意思によりて整調し、自由競争の能率を善用して、社会公衆の福利に合致せしめんことを要求する」ものであり、「社会正義に則りを《ママ》、都市農村に亘る国民生活の不安を去り、社会共存の原則を樹立して階級闘争の禍根を除くは、政治の重き使命てある」とある(10)。

この引用部分に対応するのが政綱の第二項「国家の整調に由りて生産を旺盛にし分配を公正にし社会不安の禍根を芟除《せんじょ》すべし」である。これは資本と労働を平等に扱う原則で社会政策を行えば、公正な分配が実現できるという意図が込められていた(11)。では、こうした社会政策への意識は民政党結党時、党内でどこまで共有されていたのか。

民政党の社会政策を理解する上で重要な用語は「国家整調主義」である。初代総裁・浜口雄幸は一九二七年六月一日の結党式で、次のように述べている。すなわち、「進歩せる現代国家が非常に強固なる統制力を有するのは各人の自由と独創とを尊重し闊達有為の国民を基礎として其の上に諸般の機関を構成するから(12)」である。現代の社会は複雑であり、貧富の争い、労資の反目、小作争議、産業の不安、失業問題を解決するためには正義に則る政治的統制が必要である。同時に、富の公正な分配を目的とした社会政策が必要であり、民政党の立場は社会主義でもなく、資本主義の先鋒でもない(13)。「国家整調主義は実に社会主義の理想と自由主義の能率とを両つながら兼ね用ふるものと謂ふことが出来る(14)」。

今日であれば、「統制」と「自由主義」を対立関係と捉える向きもあるだろうが、この「国家整調主義」は自由放任主義と修正資本主義の折衷を指すものと考えれば、分かりやすいだろう(15)。浜口は資本主義の弊害を認めながらも、社会主義経済とは一線を画していたのである。

一九二七年六月一七日、東京記者連盟主催による七党合同の立会演説会が開催され、民政党から代議士・加藤鯛一が登壇している。加藤は次のように述べている。「我が立憲民政党は、有産、無産、其何れを代表する政党でもない」

が、「不当に圧迫されて居る無産階級を水平線まで引上げ、不当に飛び上つてゐる資本階級を水平線まで引下げて国民全体を平等の立場」に置く。[16] 資本と労力を区別せず、善良な部分は保護奨励し、悪しき部分は平等に取り締まることが「生産に対する基礎観念」であり、「之と併行して社会政策を実施し、以て分配の公正を保たしめねばならぬ」。[17] 最初の普通選挙を目前にして、無産政党を競合対象として意識していたことが読み取れる。社会政策の重視はまさに時代の要請であった。

3 永井柳太郎と浜口雄幸

さきに述べたように、日本は大戦中から労働争議と小作争議の件数が増加しており、政治の側も無視できないレベルになっていた。大正末期から昭和初期にかけて、震災恐慌や金融恐慌が発生し、日本経済は冷え込みを見せていた。だからこそ、社会政策への言及も含め、国民に寄り添う姿勢が求められていたのである。ただし、この時期における民政党の性格は浜口の思想だけでは説明できない。民政党に参加した政治家の中でも第一次世界大戦から学んだ教訓に違いがあったことや、その中で社会政策への認識に温度差があったからである。

憲政会から民政党結党に参画した党人政治家のうち、大衆民主主義への移行など、社会政策につながる問題に早くから敏感であったのは起草委員の一人でもあった永井柳太郎である。

永井は一八八一(明治一四)年、石川県金沢市に生まれ、早稲田大学卒業後、イギリスに留学している。帰国後の一九〇九(明治四二)年に早稲田大学教授となり、一九二〇(大正九)年の第一四回衆議院議員総選挙で初当選し、憲政会に入党している。一九〇七(明治四〇)年、元第四次伊藤内閣大蔵大臣・渡辺国武に対し、「小生は八月祖国を離れ申候以来 英国牛津〔オックスフォード〕大学のマンチエスターカレーヂに入学仕り 宗教研究の傍ら殖民政策社会政策に関する興味ある調査に注心致し居申候 英国政治社会の状態を見るにつけ 益〻閣下年来の御持論たる国民的政府、輿論政治の日本憲法の本義を完成するに欠くべからざるを感じ申候[18]」と報告している。永井は英国留学中から社会政策の重要性や、大衆社会状況の到来が日本にもたらす影響に関心を抱いていたのである。

永井は第一次世界大戦終結後、戦後思潮調査の目的で英仏に渡り、パリ講和会議の模様を現地で観察することになる。元寺内内閣外務大臣・後藤新平に宛てた一九一八（大正七）年の書翰では、今次大戦の最大の功労者は労働者であり、欧米諸国で労働組合や社会党勢力が躍進したことや、来る講和会議でデモクラシーの精神が重要問題になると指摘している[19]。そして、パリ講和会議開催中、近衛文麿も参加する在留邦人の有志大会が日本の政治、経済、社会、教育の積弊打破と一大改革の必要性を決議したことに衝撃を受けている。後藤に対して、宮中と府中の区別、元老、外交調査会、枢密院の廃止、帝国議会を最高責任機関とすること、普通選挙による衆議院の改良、貴族院の階級代表的性質の改善などを挙げ、「社会政策を布きて極端なる社会革命主義又は無政府主義の乗すべき余地なからしむる事の急務を主張」している[20]。既存の政治体制や社会経済秩序の改革を目指す意識、同時代的表現で言うところの「革新」の意識がこの書翰から認められる。

これに対し、民政党で初代総裁を務める浜口は永井に比べると、それほど社会政策を重要視していなかった。元来、浜口は「努力精進」が人間の運命を規定するのであり[21]、「物質的生活」の充実が「精神的方面」の充実をもたらすという考えには否定的であった[22]。そのことは高橋内閣による積極財政が「浮薄、軽佻、放慢、無節制の弊」を国民の間に広めることを懸念し、あくまでも緊縮財政と行政整理の必要性を主張していたことにも表れている[23]。これに加えて、第一次世界大戦終結後の欧州に目を向けると、参戦国すべてが戦費返済問題に直面し、財政赤字に対処するための貨幣発行量増加がインフレをもたらしていた。一九二〇年代初め、西欧諸国は予算安定化措置により事態打開を目指すが、英仏ではデフレに伴って失業率が上昇し、オーストリア、ハンガリー、ドイツはハイパーインフレに突入するなどの混乱を経験していた[24]。こうした事情も大蔵官僚出身の浜口が財政均衡主義へのこだわりを強める背景になっていたと思われる。

以上のことを踏まえると、民政党結党時に掲げられた「国家整調主義」は永井に代表される社会政策重視の考え方を反映した面が強く、浜口個人の考えとは区別して捉える必要があるだろう。

II 浜口内閣・第二次若槻内閣期の社会政策

1 労働組合法案と婦人公民権案

一九二九（昭和四）年七月二日、田中内閣が張作霖爆殺事件処理をめぐって、昭和天皇の信任を失って総辞職すると、同日、政権は浜口雄幸を首班とする民政党内閣に移行する。七月九日発表の「十大政綱」は新内閣の政策目標として、①政治の公明、②国民精神の作興、③綱紀粛正、④対中国外交の刷新、⑤軍縮の促進、⑥財政の整理・緊縮、⑦非募債と減税、⑧金解禁の断行、⑨社会政策の確立、⑩「其の他の政策」として教育機能の更新などを列挙している。

当時、浜口はロンドン海軍軍縮条約批准により次年度予算案に減税方針を盛り込めれば、財界の不安を解消し、政権への支持率上昇と景気刺激という政治経済上の効果が同時に得られると期待していた。[25] その上で、財政上の見通しがつき次第、社会政策の目玉である救護法実施に踏み切る考えであった。[26] しかし、金解禁のタイミングを誤ったことで昭和恐慌を引き起こしたように、緊縮財政への執着は社会政策の面に支障を及ぼすことになる。

ここでは浜口内閣期の社会政策として、労働法制と婦人公民権問題への取り組みを見ていくことにしたい。

もともと民政党は田中内閣期の一九二八（昭和三）年一月の第一回党大会で、「各種社会政策を実行して労務者生活の向上を図り労資関係の合理化を促進せんことを期す」と決議していた。そして、翌年一月の第三回党大会では、さらに前進する形で、「労働組合法、小作法其の他社会政策的立法を整備し労務者生活の向上を企図し産業の合理化に資すること」を決定した。[27] 当時、労働組合法の対象となる日本の労働者数は約五〇〇万人であり、そこから日雇い労働者を除くと、組合を組織する可能性のある工場、鉱山、運輸、交通通信方面の労働者は三〇〇万人と想定されていた。[28] 労資協調型の社会政策を実現するためにも、新たな立法措置は必須であった。

浜口内閣成立直後に設置された社会政策審議会は一九二九年一二月七日、労働組合法に関する答申案を提出しており、一週間後には、内務省社会局が労働組合法案を公表している。社会政策審議会で主導的役割を果たしたのは民政党代議士・添田敬一郎（元内務省地方局長）であった。添田は産業合理化のためには労資協調が不可欠であると考えており、民政党内の少壮派からも支持されていた。しかし、資本家団体が全国規模で法案反対運動を展開したため、浜口内閣は一九三〇（昭和五）年二月二四日、資本家側に配慮して修正した労働組合法案と労働争議調停法改正案を議会に上程する。両法案は三月一七日に衆議院を通過するが、審議未了で廃案となる。以上のことから松尾尊兊は、「浜口内閣における労働組合法の運命は、労資の力関係の隔絶とともに、民政・政友二大政党の、独占資本への従属ぶりをいかんなく物語るもの」と批判している。[29] この評価に従うと、労働組合法成立の挫折はブルジョア政党としての民政党の限界を示すものであったことになる。

しかしながら、労働組合法案の提出は憲政会を与党とする加藤内閣、第一次若槻内閣でも行われており、浜口内閣の動きもこの流れに沿うものであった。当時、日本労働総同盟は政友会の保守的性格を忌避する一方、労働組合法成立を目指す見地から浜口内閣を一貫して支持していた。[30] 高橋彦博は政党内閣期の民政党を「労働組合の法的承認を含む『社会政策』論の積極的推進者」と評価した上で、[31] 添田が「後に内務省から厚生省、労働省が分岐する定礎者の一人となっていた」ことを指摘している。[32]労資協調の立場から労働立法を目指した意義などは認められるべきだろう。

また、浜口内閣は一九三〇年一月二〇日に選挙革正審議会を設置し、内務大臣・安達謙蔵の判断により婦人公民権問題も審議項目に追加されることになる。四月一七日、民政党有志代議士会では婦人公民権問題が討議され、最終的に、婦人公民権案は民政党有志による議員提出法案として提出される。そして、五月一〇日に衆議院を通過するが、労働組合法案と同様、審議未了で廃案となる。[33]以後、戦前の日本で婦人公民権問題が政治日程に上ることはなかったが、この時期の民政党が新しい有権者層として女性に期待していた事実は軽視してはならない。

2 救護法施行問題

民政党はその前身である憲政会時代も含め、緊縮財政路線を基本としており、その流れはさきに紹介した「十大政綱」にも受け継がれている。このため、政府・与党間では一九三〇年二月の第一七回衆議院議員総選挙に至るまで、緊縮財政の必要性で一致することになる。

当時、浜口内閣内務大臣・安達謙蔵は金解禁政策を支えるため、全国の道府県に地方緊縮委員会を設置していた。そして、国民に消費抑制と貯蓄奨励を啓蒙するための講演会開催や、映画の上映に力を入れていた。[34]第一七回総選挙における民政党の圧勝は金解禁と緊縮財政を結びつけるイメージ戦略が奏功した結果であった。

ただし、経済についての知識に乏しい一部有権者の間には緊縮財政への拒否感も根強かった。このため、民政党は第一七回総選挙で、義務教育費国庫負担金の増額を公約に盛り込むことで、緊縮財政の弊害を抑える努力も怠らなかった。[35]一九二九年一一月、政府は民政党総務会の要望を反映する形で、一九三〇年度国庫負担金を一〇〇〇万円増額することを決定し、民政党系の町村長からの支持を取り込んでいく。[36]この義務教育費国庫負担金の増額は憲政会時代から社会政策の一環として掲げていたものであった。しかしながら、世界恐慌の影響が日本経済に波及してくるようになると、緊縮財政は健全な社会政策を妨げる要因になる。

寺脇隆夫の大著『救護法の成立と施行状況の研究』によれば、内務省では一九二〇年設置の社会局で救貧立法に関する研究が行われていたが、田中内閣期になると、新しい局面を迎える。これは一九二八年の第一六回衆議院議員総選挙で、政友会と民政党が伯仲する結果になったことを受け、同年四月、政友会が実業同志会との間で政策協定を交わすためである。その中で、「老人、不具者の救済」のための法案を議会に提出することが盛り込まれていた。こうして同年から新救貧法(一般救貧法)制定に向けた動きが本格化し、一九二九年三月の第五六回帝国議会で救護法として成立する。野党民政党も同法の即時施行を求めており、内務省は同法成立時の附帯決議に従い、翌年度施行を目指していた。

ところが、この年七月の政権交代により、この目論見が狂うことになる。浜口内閣が新年度予算編成における新規事業は認めないという緊縮財政路線をとったためである。施行予算案が議会で可決されるのは第二次若槻内閣期の一九三一(昭和六)年三月であり、しかも予算を三〇〇万円にまで圧縮することが条件であった。実際に施行されるのは犬養内閣期の一九三二(昭和七)年一月であり、公布から二年九ヵ月を要したことになる。(37)

当時、政府・民政党幹部らは救護法施行に向けて最善の努力を払うことを公言していたが、浜口内閣大蔵大臣・井上準之助は財源問題から反対の立場を崩さなかった。井上は、「今日の経済組織では失業者の出ることは、或る時には已むを得ない現象」であり、「吾々は失業者に対して或る一部の人の主張する如く、徒に失業者に扶助金を与へるやうなことは断じてしない覚悟である。なぜならば欧羅巴の先進国の非常な失敗の跡を見ると、吾々は同一の失敗を重ねる勇気はない」と述べていた。(38)こうした発言が反政党勢力の怒りを買い、のちの血盟団事件で暗殺される背景になったとすれば、実に憐れむべきことである。この時期の社会政策は内務省主導の面が強く、民政党内閣として関与できたのは予算編成など、限られた範囲にとどまっていた。それでも救護法施行という、前内閣期以来の重要問題について迅速な対応を示せなかったことは惜しまれる。

当時、浜口は昭和恐慌を一時的なものとして楽観視し、むしろ国民耐乏意識がないことを問題視していた。[39]そして、過剰な失業対策は「惰民」を作ると批判していた。浜口の性格として、新古典派経済学の貯蓄美徳説を無批判に国民経済に当てはめる面があったことも問題である。[40]浜口の「勤倹力行《きんけんりっこう》」信仰は道徳論としては優れていたが、政府による積極的な社会政策が求められていた時期にはハレーションを引き起こすもとになる。浜口内閣による昭和恐慌対策の失敗が広い意味で政党政治への不信を強め、のちの五・一五事件の背景になったことは否めない。[41]

実際、緊縮財政による一般公共事業の縮小は民政党の地方組織にも混乱をもたらしていた。こうした現状に対し、政府・与党内で最も危機感を抱いていたのが内務大臣・安達謙蔵であり、昭和六年度予算案編成の過程では井上の反対を押し切り、失業対策事業費を大幅に増額させている。のちに民政党は第二次若槻内閣期の一九三一年秋に行われる府県会議員選挙で救護法の施行や失業対策事業への取り組みを正面に掲げて戦うが、その背景には党勢維持に腐心する安達の意向が働いていた。[42]井上財政に対する安達や中野正剛など、党人政治家の反発はのちに協力内閣運動を引き起こす背景になる。

のちに民政党は一九三二年二月の第一八回衆議院議員総選挙で、「職業紹介機関の普及充実」や失業対策事業への取り組み、[43]労働者災害扶助法・労働者災害扶助責任保険法成立などを「民政党内閣の功績」として列挙しているが、[44]結果は惨敗に終わっている。そのことは、浜口内閣・第二次若槻内閣期における社会政策への取り組みが当時の国民にまったく浸透していなかった現実を、端的に表していると言えよう。

Ⅲ　挙国一致内閣時代

1　自主的統制論と経済的国際協調主義

一九三二年五月、ときの首相・犬養毅が五・一五事件により暗殺されたことで、政党内閣時代に代わる挙国一致内閣時代が幕を開ける。陸軍三長官（陸軍大臣、参謀総長、教育総監）は同月一八日に発表する入閣条件の一つとして、社会施設の充実を掲げている。[45] 新たに成立する斎藤内閣の下では昭和恐慌対策として、「時局匡救事業」（土木工事を中心とする公共事業）や「農山漁村経済更生運動」（共助精神に基づく自力更生の促進）などが進められる。また、一九三二年七月には無産政党である社会民衆党と全国労農大衆党が合同し、社会大衆党が結成されるなど、政党再編も進行することになる。

この時期の民政党が社会政策をどう捉えていたのかをたどるため、一九三三（昭和八）年一一月一五日、政務調査総会で決定される「思想対策要項」を見てみよう。そこでは「社会政策の徹底」が盛り込まれ、「失業の防止及び救済」として「失業者の共済制度及び授職事業」の活性化、「医療制度の社会化」として健康保険制度の改正、「庶民金融機関の充実」、「産業の統制」、「独占的公益事業の統制」、税制改革による「分配の公正」、「労資並に小作関係の調和」、「中産階級の保護」、「貴族並に富豪の社会奉仕」などが列挙されている。[46]「非常時」と呼ばれる時局にあって、単に憲政擁護を主張するだけでは存在感を示せないという危機感が表れている。

では、実際に民政党はこの時期の社会的要求にどう対処していたのか。利益団体と政党の関係に注目した手塚雄太の研究によれば、斎藤内閣期の政民両党は米価政策への働きかけを通じて帝国農会の支持を得ようとしていたという。一九三三年に始まる第六五回帝国議会では政府提出の臨時米穀移入調節法案などの内容が不十分であるとして、臨時議会召集を要求する附帯決議を行っている。しかし、岡田内閣期になると、農村系の利益団体との関係をめぐって、政民両党に差が表れるようになる。当時、政友会では総裁派を中心にして農村問題や災害対策に積極的な姿勢を示すが、民政党はそれとは対照的に、帝国農会陳情団、全国町村長会陳情団に対して消極的な対応になっていく。さらに一九三五（昭和一〇）年になると、政民両党は農業団体や商工団体など、利益団体が提示する多様な要望に対して党の方針として一本化できなくなる。その結果、第六七回帝国議会では米穀自治管理法案など、農業関連法案が廃案に追い込まれていったことが明らかにされている。[47]

こうした中で、一九三五年一月、元斎藤内閣拓務大臣・永井柳太郎は『民政』に寄稿した論文で、「現下の非常重大の国難を救ふものは、純正国家主義の見地に立つて、内に経済統制の新機構を確立し、生産分配の全過程を全国民基礎の上に再建」し、「外に日本国民の全世界に於ける生活権確立」を理想とする「国家主義大衆党」の必要性を提起している。[48]

このような全体主義的発想は、民政党の政党としての機能を見直す必要性から提言されたものであったが、党全体を見たときには、そうした路線に傾斜することへの抵抗感もあった。一九三三年一月、ドイツではナチス政権が成立する。この年、『民政』第七巻第一〇号に掲載された茨城紫峰「ナチスと自由主義経済」と山枡儀重「ナチスの暴政」はいずれもナチス政権の行く末を悲観している。

総裁・若槻礼次郎は同年一〇月一一日の演説で、産業は「自治的統制を本義とし、必要に依り国家統制に進むべき場合ある」と述べている。また、世界経済会議の失敗から「鎖国的経済政策」の気運が高まっているが、日満経済ブロックだけで難局は打開できず、あくまでも日本は世界に市場を求めるべきであると訴えている。[49] この時期の民政党にとって、ナチスのような計画経済を日本に導入することは望ましいものではなく、自主的統制論と通商面での国際協調は一つのパッケージで捉えられていたのである[50]。

2　事例としての神奈川一区

一九三五年一月、民政党は町田忠治が新総裁に就任し、同年から次回総選挙に向けた政策研究が党内で本格化していく。民政党は翌年二月の第一九回衆議院議員総選挙で、国防・産業・財政のバランスある発展を目指す「三全主義」を掲げる。

この「三全主義」に関連して、「資本と労働との平等観に基礎を置く」思想として提唱されるのが「新労資協調主義」である。これはロシア、イタリア、スペイン、ポーランド、ドイツなどに見られる「国家主義的独裁専制政治」に加え、「社会の不安を誘発するが如き労働本位の政策」と「資本家本位の我利的政策」の双方を排除するものであった。その上で、民政党は、①小作並びに労資関係の調整、②社会保険制度の完備、③職業紹介機関の充実、④「最低賃銀法《ママ》」の制定、⑤労働時間の国際規律厳守、⑥住宅制度の改善、⑦救護並びに保護施設の改善、⑧各種特権の廃止、⑨公益質屋法の改正、⑩特殊庶民金融機関の設備などを今後の社会政策として列挙していた[51]。

では、挙国一致内閣期最初の総選挙でこうした政策はどれだけ有権者に浸透したのか。そのことを検証する事例として、神奈川一区（定数三）を取り上げる。もともと横浜は立憲改進党結成に参画した島田三郎以来、政友会と一線を画す勢力の影響が強く、一九二九年の内務省「地方政情調」では、「民政党の金城湯池として自他共に許す土地[52]」と評されている。実際、政党内閣期の総選挙と地方選挙では常に民政党勢力が優位を維持していた[53]。

一九三二年五月、民政党神奈川県支部から分離する形で横浜支部（初代支部長・三宅磐《みやけいわお》衆議院議員〔一九三五年五月二三日、死去〕）が発足する。翌年一〇月には横浜支部に相談部が開設され、月曜日から土曜日まで、それぞれ法律問題、県治問題、商工問題、社会問題、市政問題、税務問題などの相談に対応している。[54] 横浜支部の機関誌『市政春秋』には第七号（一九三五年一一月号）まで相談部の案内が掲載されており、この頃までは間違いなく運営が行われていたと思われる。有権者の多様な要望に向き合うことは時代の要請であるという認識があったのである。

ところが、この時期になると、無産政党である社会大衆党が次第に影響力を強めていく。一九三三（昭和八）年一二月の第二回党大会以降、賃金上昇や購買力強化などを骨子とする「大衆インフレ」論が党全体で共有され、都市労働者などの中間層取り込みに力を入れていくからである。[55] 戦前最大の貿易港を抱え、多くの日雇い労働者が生活していた横浜もこうした時代の変化とは無縁でなかった。

神奈川一区では第一九回総選挙で、社会大衆党の岡崎憲（新人）が二万一五八九票を集めて首位当選し、一万九四一〇票の戸井嘉作（前職）、一万八四九三票の飯田助夫（新人）ら民政党候補が後塵を拝している。岡崎は一九二〇（大正九）年の第二回国際労働会議に日本の労働代表として出席したことがあり、社会民衆党中央委員を経て、社会大衆党に合流していた。選挙公報では「国内大衆の生活窮乏」を前面に打ち出し、港湾行政の統一と港湾施設の改善、国民年金制の即時実施、国民健康保険制の確立、重要産業の国営、民衆商工金庫の設置、大増税反対、粛正選挙の徹底などを列挙している。[56]

これに対して、民政党の戸井と飯田は選挙公報で何を訴えていたのか。戸井は、政友会が政権欲に燃えて議会解散の原因を作ったことを批判し、当面の政策として、「中小商工業者の更生、農漁山村の復活、或は国防の強化、財政の確立等」の速やかな実行を掲げている。飯田は「三全主義」に続き、「産業の適応性指導」「産業合理化の徹底」「交通機関の統制」「産業の原動力たる電気事業の整理」など、党中央作成の「立憲民政党政策大綱」を要約した内容を列挙しただけである。いずれも中央の政局を反映し、選挙区の中間層を引き込むような具体性に乏しい。こうした社会政策的視点の弱さこそ、民政党が神奈川一区で首位の座を奪われる原因になったのである。そして、続く第二〇回総選挙でも岡崎の首位当選を許すことになる。[57]

Ⅳ　準戦時体制から日中戦争へ

1　広田・林内閣期

一九三六（昭和一一）年、陸軍皇道派青年将校が起こした二・二六事件は戒厳令下で鎮圧されるが、その理論的指導者と目された北一輝（一九三七年八月一九日、刑死）の思想は事件後も生き残ることになる。筒井清忠は、北の著書『日本改造法案大綱』に見る強い平等主義と、青年将校運動の背景にあった特権階級打破の気運に基づく社会的平準化の発想が昭和一〇年代の日本に与えた影響を指摘している。具体的には、「「財閥の転向」と言われた財閥の社会政策的施策を導き出し」、「さらに、革新官僚や一部の軍人たちに受け継がれて戦時の資本主義の規制や小作農の地位改革・健康保険制度の確立などにつながっていく」点を挙げ、「青年将校のクーデターは失敗したのだがその政策的企図は長い時間をかけてある程度実現していった」可能性を指摘している。[58]

では、この状況を民政党代議士はどう認識していたのであろうか。

鶴見祐輔は一八八五（明治一八）年、群馬県出身。一九一〇（明治四三）年、東京帝国大学法科大学卒業。新渡戸稲造や後藤新平に近かった鉄道官僚出身者であり、一九二八年、最初の普通選挙である第一六回衆議院議員総選挙に岡山一区から立候補して初当選している。当初は小会派である明政会の中心人物として活動し、既存の二大政党と距離を置き、社会民衆党や尾崎行雄との関係を重視していた。[59] 第一九回総選挙では民政党公認で当選しており、一九三六年三月三日の日記に、「今日の急務は陸軍中の急激分子の粛正鎮圧にあり。〔……〕我れ民政党に入り、今代議士となる。この政党を正道に導き国民の代表者たる議員としての職責を尽すの義ムあり。これを為すこと如何。民政党中誰人を相手としてこの事業に邁進すべきか。これ余の今日の最大任務也。後継内閣云々のことは余の分野にあらず。代議士として民政党員として、粛軍と社会改革との為めに努力すること、余の刻下の任務也[60]」と記している。

二・二六事件の衝撃によって、政党政治家の間に社会政策への関心が否応なしに強まったことが読み取れる。のちに鶴見は近衛新体制運動に合流することになるが、この時期から「革新」化の兆しが芽生えていたことがわかる。

「庶政一新」を旗印にする広田内閣は五月召集の第六九回帝国議会に五〇以上の法案を提出し、四四法案を成立させている。社会政策として退職積立金及退職手当法の制定と義務教育八年制の導入、格差是正策として税制改革に着手している。当時、政民両党は政府提出の退職積立金及退職手当法案に対し、適用対象の工場は常時労働者数三〇名以上から五〇名以上にすることなどを盛り込んだ修正案を提出しており、広田内閣に比して現状維持的であった。義務教育八年制については、政友会が一二年制を強く求めたのに対し、民政党は財政膨張を避ける立場から消極的であった[61]。ただし、高所得者への増税を内容とする税制改革案に対しては、民政党は世論と同じく好意的であった[62]。

さらに広田内閣は一九三六年一二月召集の第七〇回帝国議会に国民健康保険法案を提出するが、翌年一月二三日に総辞職したため、林内閣に引き継がれる。同法は農山漁村民と中小商工業者の医療費負担軽減を目的にしたものであり、もともと内務省社会局で検討されていたものであった。しかし、法案を支持する産業組合と反対する医師会が激しく対立したため、政民両党は両者の対立解消に努める。こうして政民両党の共同修正案が衆議院を通過するが、林内閣の「食い逃げ解散」により、貴族院本会議での可決目前で廃案となっている[63]。

一九三七(昭和一二)年四月三〇日執行の第二〇回衆議院議員総選挙で民政党は一七九名、政友会は一七五名が当選し(のちに政友会候補一名が当選を辞退し、民政党候補が繰り上げ当選)、依然として国政選挙が二大政党化傾向にあることを示す。しかし、政党内閣期の総選挙では政民両党の合計得票率は平均して八〇%以上だったのに対し、第二〇回総選挙での合計得票率は七一％にとどまっている。民政党は前回より二六議席減、得票数で七七万票以上減少するという、厳しい結果になっていた[64]。

民政党はこの総選挙で、①国民保健と農村社会事業、②入営者家族保護制度の実施、③授業・就職機関の設定、④生活能力喪失者保護施設の拡充を社会政策として掲げていたが[65]、前回同様、単独過半数に届いていない。一方、社会大衆党はこの総選挙で「広義国防か狭義国防か！」をスローガンの一つに掲げ、前回の一八名を大きく上回る三七名の当選者を出している。

もともと「広義国防」論は麻生久、西尾末広ら同党主流派の掲げたものであり、軍備拡充に特化した「狭義国防」と異なり、軍備拡充と国民生活向上の両立を目指す路線であった。しかし、当時の有権者には「広義国防」論が軍拡に反対して国民生活向上を目指すものと映っていた。知識人の間でも同党は「国家社会主義」政党ではなく、「社会民主主義」政党として理解されていたことが同党躍進の背景にあった[66]。

総選挙から約一週間後の五月七日、鶴見祐輔は丸の内会館で開催された懇親会の席上、「社大党の躍進を英の労働党に比し、民政党の前には林内閣、後には無産党の二大敵あることを論じ、奮起を促す[67]」と挨拶している。鶴見の目に社会大衆党が政友会より脅威に映っていたことや、社会政策への関心がなければ、これからの政治家は生き残っていけないという危機感が如実に感じられる。こうした状況下で、民政党は日中戦争を迎えることになる。

2　電力国家管理法

日中戦争は民政党代議士の認識にどのような影響を及ぼしたのか。鶴見祐輔は一九三七年八月六日の日記に、「余は日本の必要は国内には進歩的社会立法、国外は膨脹と思ふ。その前後は時の勢也。今や日本の現実は膨脹が先に来りし也。政治家はこの潮を利用善導し、先づ日本民族の生活し得べき条件を世界に確立し、然る後、国内革新の時キを得つべきもの也[68]」と記している。鶴見にとって、日中戦争は社会政策の充実を図る契機として捉えられていたのである。鶴見は衆議院映画法案委員会所属のため、社会政策に直接関与する立場になかったが、同様の認識を閣内で共有する人物がいた。それが第一次近衛内閣逓信大臣・永井柳太郎である。

一九三八（昭和一三）年一月一九日に閣議決定される電力国家管理法案は電力管理論者である永井の意向を強く反映したものであり、正式には電力管理法案、「電気事業法中改正法律案」、日本発送電株式会社法案、「電力管理に伴ふ社債処理に関する法律案」の四つから成り立っていた。国内電力事業を日本発送電株式会社の下に一本化し、電力供給量と電力価格を安定化させることが目的であった。

もともと広田内閣期に逓信大臣・頼母木桂吉（民政党）の下で民有国営化案である『電力国家管理要綱』が作成され、第七〇回帝国議会に上程されていたが、広田内閣総辞職により審議は中止されていた。その後、林内閣期に再提出されることはなかったが、第一次近衛内閣に永井が入閣したことで、法案化の動きが生まれていたのである。

当時、永井は採算性にこだわる民間企業が電力事業を独占する弊害を繰り返し指摘していたが、そこには戦時の電力需要への対応だけでなく、社会政策的視点が加味されていた。「発送電に関し全国を一体とせる綜合的企業経済であれば、地域ごとに異なる料金の不均衡を矯正できる。しかも「産業政策社会政策を加味したる料金制を採用し、都市農村を通じて電力利用を完からしめ電気事業の使命達成に遺憾なきを期することが出来」、「電気の低料金化と相俟ちて国民生活の改善安定に重大なる貢献をなすことが出来る」と考えていた[69]。

民政党の歴史を遡ると、すでに一九二八年の第一回党大会の決議で、「電力其他公共利益を目的とする企業に対する統制を進め公衆福利の増進を期す[70]」ことを掲げており、同年、党の政策として採用されている。ただし、その後の民政党内は必ずしも電力国家管理に向けて一致していたわけではなかった。

たとえば、広田内閣期の一九三六年九月刊行の『民政』第一〇巻第九号は「電力国営賛否論叢」と題して電力業界関係者などの反対論も紹介している。翌月号になると、代議士・渡邊銕蔵《わたなべてつぞう》は「今直ちに今日以上の国家的強制統制、国家管理を必要とするが如き事態は吾々の目には映つて来ない」[71]と述べている。そして、第一次近衛内閣期の一九三七年一二月二二日、政務調査総会では堀内良平らが強硬な反対論を示すなど、「党内には賛否両論が相当深刻に対立し」、「最終的態度決定までには尚ほ幾多の波瀾曲折を見るであらう」有様であった。[72]

一九三八年一月二五日、永井が衆議院本会議で法案趣旨説明に立つと、堀内良平（民政党）は満鉄や国鉄の実例を引きながら官僚統制の弊害を指摘している。また、清瀬規矩雄《きよせきくお》（政友会）と小柳牧衛《こやなぎまきえ》（民政党）は特殊株式会社への強制出資が所有権（憲法第二七条）に抵触する可能性をそれぞれ指摘するなど、社会大衆党以外の全会派が法案反対を表明する。[73] ちなみに社会大衆党が同法案に賛成していたのは、昭和研究会メンバーの一人である東京朝日新聞社編集委員・笠《りゅう》信《しん》太《た》郎《ろう》の影響であり、彼の計画経済論はのちに第二次近衛内閣期の経済新体制に反映されることになる。[74]

この年二月中旬、民政党長老政治家である元斎藤内閣内務大臣・山本達雄は元広田内閣書記官長・藤沼庄平に対し、「電力案は財界すべての反対」にして、「永井が若い者に引きづられてる」と述べている。[75] 党内の大勢は法案に対して慎重論であり、永井らだけが突出した格好になっていたのである。

最終的に、政府は法案成立を優先する見地から、多くの面で政民両党が提示する共同修正案を受け入れることになる。原案の「発電及送電は政府本法に依り之を管理す」（第一条）は「電気の価格を低廉にし其の量を豊富にし之が普及を円滑ならしむる為政府は本法に依り発電及送電を管理す」に修正され、特殊株式会社の収益率が制限されたことは、政府・議会間における妥協の産物であった。[76] このほか、衆議院での法案審議過程では監督官庁である逓信省から日本発送電株式会社への天下り人事を制限するように修正されている。[77]

さらに政府と民間の媒介役であった国策研究会が同法案の「革新」色を抑制し、官民協調となるように働きかけていたことも立法過程で大きな影響を及ぼしていた。[78] 三月七日、衆議院本会議で修正法案が可決され、同月二五日の貴族院本会議で再修正可決後、翌日成立する。第五章で取り上げた国家総動員法のときと同様、民政党の姿勢は財界との関係を強く反映したものであった。

なお、三月二五日の衆議院本会議では政府提出の農地調整法案が可決されている。農林大臣・有馬頼寧はこの日の日記に、「社大の反対の下に政、民、其他の賛成にて通過す。不満足乍ら成立を喜ぶ[79]」と記しており、政民両党の意向を尊重するため、政府側が妥協を余儀なくされたことが読み取れる。同法案は自作農創設により地主に対する小作人の地位を向上させ、食糧増産につなげることを意図していた。衆議院では「相互扶助の精神に則り耕作者の地位の安定」を図るとなっていた部分は、貴族院で「農地所有者及び耕作者の地位」を向上させると再修正されるなど、骨抜きに等しい扱いを受ける[80]。「国内相剋」を掲げて誕生した第一次近衛内閣の下であっても、社会的平準化に向けた動きは緩慢であった。

3 「皇道主義」から近衛新体制へ

近代日本における社会事業の始まりは大正後期であり、一九三八年あたりから戦時厚生事業としての性格が強まっていく。社会事業は貧困問題など、「要保護性」の問題を個人の責任に帰するのではなく、社会的連帯の発想に基づいて対処するものであった。それに対し、戦時厚生事業は「体位の保持増強」など、国家が求める「人的資源」の育成を目標としたものであった[81]。

第一次近衛内閣は一九三七年一二月九日に厚生省設置を決定し、翌年一月一一日、木戸幸一を初代大臣として厚生省が発足する。牧野邦昭の研究によれば、厚生省設置には心身健全な兵士を求める陸軍の意向が強く働いており、広田内閣が一九三六年八月に決定した「七大国策一四項目」に「保健施設の拡充」が盛り込まれていた。その後、陸軍は林内閣期の一九三七年五月に「衛生省案要綱」を提案するが、内務省などが衛生局・体力局に比重を置く内容に反発したことで、撤回を余儀なくされていた。もともと内務省には保健衛生問題に対処するための新省庁設立を目指す構想が存在し、また、近衛文麿は京都帝国大学在学中、戸田海市《とだかいいち》の社会政策論に影響を受け、卒業後は社会問題への関心を強めていた。一九三七年六月九日、第一次近衛内閣で閣議決定される社会保健省設置案は内務省と近衛の意向を強く反映し、社会政策を重点事業としていた。そして、七月九日閣議決定の「保健社会省（仮称）設置要綱」は体力局に関しては陸軍の意向、労働局に関しては内務省と近衛の意向を折衷した内容になっていた。[82]

なお、民政党もこうした問題については早くから注目していた。一九三一年五月、行政整理委員会（委員長・富田幸次郎）決定の行政整理案には「社会保健省の設置」が盛り込まれていた。[83] 政党内閣期、民政党内で議論された内容は、その形と目的は異なるとはいえ、日中戦争期の社会政策と重なる部分があったのである。

さて、民政党内では日中戦争勃発直後から「銃後」を守る国民、とくに出征兵士家族の生活保障が俎上に載せられていた。一九三七年八月一七日の党幹部会では、官吏の家族に比して農山漁村、中小商工業者・労働者の出征兵士の家族に対する扶助が不徹底であるとして、政府への督励を申し合わせている。[84] 同月、党内には元第二次若槻内閣商工大臣・桜内幸雄を委員長とする戦時対策委員会が設置され、二〇回以上の審議を経て、一一月七日、「戦時対策要綱」を発表し、政府に実行を要請する。そこには「出征軍人及び遺家族の扶助、慰安に万全を期」すことが謳われている。[85] 日中戦争遂行の上で、中間層の生活安定は不可欠であった。

一九三八年五月一一日、総裁・町田忠治の意向により大陸国策調査会が設置される。そして、同月一七日には小川郷太郎を委員長とする三五名が特別委員に指名され、戦時に対応した総合政策の立案に着手する。同年一一月一二日発表の「大陸国策を中枢とする革新政策」の第五章「経済機構の改革」では、「労働、小作、其他勤労者に対しては其生活を安定し、其能率を増進せしめ厚生の方途を講ずべし」と定めている。また、失業問題の解決、商工業における中産層の存立を確保することや、自作農化の推進を掲げている。[86] ここに示された内容は、以後、町田の口から繰り返し主張されることになる。

さらに、上記革新政策では「国民保健及び保険制度の再検討」として、「国民の保健を増進せしめ、其体位を向上せしむるは現下の急務」であることや、保険制度を「国家的重要施設」とするため、国民養老年金保険制度の創設、教育保険制度の徹底などを提唱している。[87]これは厚生省設置など、第一次近衛内閣の政策に対応したものである。

ただし、日中戦争期の民政党にとって、社会的平準化の模索は国家的な統制強化を肯定するものではなかった。平沼内閣期の一九三九（昭和一四）年六月、『民政』の巻頭記事は、自由と統制を対立的概念と捉えることに疑問を示した上で、「皇道主義」という言葉を紹介している。その意味は「国民の創意を尊重し、其自由活動を効果的ならしむる為に統制を行ふ[88]」というものである。「皇道主義」という響きから戦時色を連想するかもしれないが、その内実は結党時に掲げた「国家整調主義」と同じである。日中戦争期、民政党は資本主義経済是正の必要性は認めていても、企業の権利を大幅に侵害するような統制には否定的であった。

本章のはじめに述べたように、近代日本の社会政策は労働争議、小作争議への対応を課題にして出発した。では、こうした問題は日中戦争期にどの程度解決されたのだろうか。のちに民政党を脱党し、新体制準備委員に就任した永井柳太郎は一九四〇（昭和一五）年九月一四日の新体制問題講演会で、「支那事変」勃発以降も資本家と労働者が「一心同体」になれない現実への苛立ちを述べている。「即ち昭和十年前までは労働争議の総数は、労働者側の罷業と怠業、資本家側の工場締出しと云ふものが両方合せて一年五、六百件であつた」が、それでも「一年二三百件が継続して居ります」。小作争議は事変以前、「一年五六千件の多きに達し」、「昭和十三年には四千六百件、殆ど五千件に垂々として居る状態」を挙げ、「国家が国民全体を率ゐて我が日本国家の使命の為に共同進軍せしむるが如き方針を以て経済界に臨み、又農村に臨んで居らなかつたと云ふ政治上の一大欠陥」が「階級闘争」として表れている。[89]

早くから社会政策の重要性を唱えてきた永井にとって、ここに述べられている現実は憤懣やるかたないものがあったに違いない。永井は自らの志向する「革新」が民政党では実現できないと悟ったとき、近衛新体制にその夢を求めることになったのである。

第一〇章

メディア・文化

金子龍司
KANEKO Ryoji

I 浜口内閣のメディア戦略

1 転換期としての一九二〇年代

◉現代社会への転換期

立憲民政党は一九二七（昭和二）年六月一日に結成され、浜口雄幸を首班とする内閣を二九（昭和四）年七月二日に成立させた。一九二〇年代当時の日本社会は大きな転換点に直面しており、当時の政党にとってメディアの重要性は格段に増していた。本章は、民政党政権、とりわけ浜口内閣がどのようにメディアやその統制に向き合ったか、という関心のもと、閣僚、官僚や国民のメディア体験を論じる。結論をあらかじめ述べれば、浜口内閣はメディア内閣といえるほど最先端のメディアを次々に体験し宣伝に使用した画期的な内閣であった。

行論に先立ち、当時の日本社会を概観したい。一九二〇年代は、近代社会から現代社会への転換点であった。現代社会とは、大衆の存在が全体社会の状況を規定するようになった大衆社会のことである。都市の人口が増加するとともに生活圏が郊外へと拡大し、サラリーマンなどの第三次産業従事者が増加した。彼らを郊外の住宅から都心のオフィスへと運ぶ鉄道が整備され、ターミナルや盛り場には行き交う人々を消費へと誘う百貨店やカフェー、バーなどの遊興施設が建設された。

マスメディアも発達し、新聞読者の拡大、国民的大衆雑誌『キング』をはじめとした月刊誌・週刊誌の創刊、廉価販予約全集たる円本の席巻、ラジオ放送の開始が見られた。ビクター、コロムビア、ポリドールといった外資系レコード会社は二八（昭和三）年までに国内生産を本格化させた。映画館数は二九年に一二〇〇館を超え、一億五〇〇〇万人の観客を動員していた。マスメディアにより、規格化された情報がかつてない規模の人々や空間に向けて発信されるようになった。[1]

政界では、二八年に第一回男子普通選挙が行われ、納税資格が撤廃された。有権者は三〇〇万人から一二〇〇万人に増加した。当時の国民の大多数の最終学歴は、義務教育課程である尋常小学校であった。政党は、彼ら新たな有権者に真剣に向き合う必要に迫られた。増大した有権者にアピールするために、いかにメディアを活用するか。各政党においてメディア戦略が重要性を帯びた。第一回普選ではビラ、ポスターが乱舞し、[2]当時の首相である立憲政友会田中義一総裁のレコードへの演説の吹き込みが話題をさらった。[3]

◉田中内閣とメディア

田中内閣は、一九二八年六月四日に発生した張作霖爆殺事件の事後処理をめぐって昭和天皇の信任を失い、二九（昭和四）年七月二日に総辞職した（第一部第二章）。田中内閣は事件をめぐる真相を公表しなかったことから、新聞界からも不評を買っていた。[4]『信濃日日新聞』記者の言葉を借りれば、政友会は「田中総裁時代には新聞否定主義」だった。[5]『日本新聞年鑑』によれば「田中政友内閣の打倒は四年度言論界の指導精神」であり、総辞職に「新聞は勝利の凱歌をあげた」という。[6]

対して民政党総裁の浜口は、メディアについて、「輿論の指針たり、「バロメーター」たる言論機関」、「主として言論機関に依つて代表せられたる我が国民の政治的自覚」と述べて重視していた。[7]新聞記者に対しては、すでに首相就任前から桜田倶楽部に所属する民政党番の記者を情報源として優遇し、新聞社幹部招待会の開催や、地方遊説時の民政党系の新聞社への接触などを心がけた。[8]新聞記者からは、「幾度訪れても幾回話し合つても無愛想でブツキラボウな態度は変らぬ」と皮肉られつつも、「如何なる多忙の時でも疲れた時でも努めて新聞記者に会つてくれる」と評価されていた。[9] 二九年七月二日、その浜口が内閣を組織した。

2　浜口内閣成立期のメディア戦略

◉新聞社からの支持獲得策

首相に就任した浜口は、新聞界に対して歩み寄りの姿勢を示し、丁重に内閣支持を求めた。七月三日、民政党内閣成立祝賀会において、浜口は民政党内閣の成立を政友会内閣への「国民一致の反対」と「社会の木鐸たる言論機関の権威ある評論による」ものと述べ、政策の実行のためには「言論機関の後援にるよ《ママ》外はない」とアピールした。[10] 五日には首相官邸に二十一日会および内閣、民政党担当記者一六〇名を招待し、「新内閣組織に関する午餐会」を開催した。[11] 二十一日会とは、「日刊新聞通信社の編輯幹部」による団体であった。[12] 二四日には大阪朝日新聞および大阪毎日新聞を訪問した。[13]『日本新聞年鑑』によれば、首相が新聞社に対して「新任の挨拶」を行うのは史上初のことだった。[14]

続いて八月一七日には首相官邸に新聞通信社幹部約二〇〇名を招待して金解禁政策の理解を求めた。[15] 一〇月八日には「新聞雑誌及通信記者の社交倶楽部」[16]である春秋会の閣僚招待会に首相以下が出席して政策を披歴した。[17] 一連の対応は新聞界に評価され、『日本新聞年鑑』は「政府が新聞の政治的指導精神を認識して、従来未曾有の新例を開いた」と特筆した。[18]

背景には、内閣の動向に目を光らせる桜田倶楽部の記者たちの眼があった。組閣直後、実は桜田倶楽部は「憤慨」していた。民政党が内閣を組織するや「久しく野にあつた当時の態度を遽に豹変」して「秘密主義一点張」となり、「首相側近者が急に官僚的となつて新聞記者に対して緘口令を敷いた」からである。組閣二日後の七月四日、同倶楽部は決議文「現内閣は組閣早々にして秘密主義をとり、官僚臭紛々たるものがある〔。〕吾人は斯くの如き現内閣の態度には好感を寄せる能はず」、を首相に突き付け、二時間をかけて「痛烈な言論機関無視の攻撃」に及んだ。[19]

◉緊縮政策宣伝のための組織の設置

一方で、浜口内閣は政策宣伝にメディアを積極的に活用し、「宣伝内閣」と揶揄されるほどだった。[20] 当初の浜口内閣の金看板は緊縮政策だった。組閣から一〇日後の七月一二日、新聞紙上では内務省が緊縮政策に国民全般の協力を求めるため、宣伝方法の検討を開始した旨が報じられた。[21] 二九日には関係省庁の内ヶ崎作三郎内務参与官、勝正憲大蔵参与官、大麻唯男文部参与官が会合を実施し、[22] 月末には文部省が統一機関の設置を検討していることが報じられた。[23]

この統一機関は、八月九日の閣議決定により「公私経済緊縮委員会」として設置された。会長は安達謙蔵内相が務め、内務、大蔵、逓信、商工、農林の各省から次官・局長級の委員を選出させた。[24] 経費としては約二〇万円が計上され、第二予備金支出から充当された。[25] 浜口内閣は、緊縮を謳いながらも、政策宣伝費用の捻出のために予備金の取り崩しを行った。

同委員会は一三日に「公私経済緊縮運動ニ関スル計画要綱」を決定し、「公私経済緊縮運動ノ方法」として「新聞雑誌等」との協力、ポスター、冊子の頒布、映画の作製利用等を謳った。[26]

政府の動向とは別に、民政党内でも選挙対策として政策宣伝の方法を検討していた。民政党は、七月三〇日の定例総務会で「大蔵、文部、内務当局と連繫を保ち首相蔵相のラヂオ放送をなし、又は映画の作成、俗謡、小唄等の蓄音器吹込、通俗講演、パンフレットの頒布等凡ゆる方法を講ずること」を決定する。[27] 「国民の眼から耳からあらゆる方法で整理緊縮を徹底せしむる」ため、歌劇に脚色して宝塚の女優に演じさせるなどのアイデアも出ていた。[28] 民政党政権が政策宣伝のために視聴覚に訴えるメディア——それも俗謡、小唄、宝塚女優など、大衆をターゲットとしたメディアの活用を検討していた点は注目される。前述のとおり、男子普通選挙は前年(二八年)二月に初めて行われたばかりだった。

◉ラジオ・映画・標語──政策宣伝の展開

最初に実現したのは、浜口によるラジオ演説だった。ラジオは一九二五（大正一四）年三月にＮＨＫの前身である東京放送局による仮放送が七月に本放送が開始され、翌二六年八月に日本放送協会が発足したばかりだった。

浜口のラジオ演説は「党出身閣僚の進言に基」づくもので、鈴木富士弥書記官長を通じて日本放送協会と調整のうえ、[29] 八月二八日に東京・愛宕山の放送会館で行われた。題目は「経済難局の打開について」。首相による施政方針の放送は史上初であった。[30] 放送時間帯の盛り場の街頭ラジオには人だかりができた（図10-1）。浜口は、「内地だけでも三百万、その他各植民地を合せれば四百万に達する同胞に対し経済難局の打開について所見の一端を披瀝し得たのを満足に思」うとコメントした。[31] 放送の模様は東京放送局が撮影して東京と大阪の松竹および日活の直営館で上映させた。[32]

反響は上々で、新聞社や首相官邸、首相私邸宛てに聴取者から緊縮政策に賛同の旨の投書が続々と寄せられた。『報知新聞』は、九月三日時点で「感激の手紙は一日数十通」と報じた。中には寄付金が同封されているものもあり、記事中で紹介された「一老婆」からは、自身の喜寿の誕生祝など一二〇円が寄付された。これには浜口も「私の放送がこんなにまで反響があつたとは実に喜ばしい〔……〕国を思ふその真心は実に感激の至りだ」、と手放しで喜んだ。[33]

前後して、公私経済緊縮委員会はリーフレット「全国民に訴ふ」を作成し、浜口が署名のうえ、全国一三五〇万世帯に発送した。これ以外にも同委員会は一〇種類のパンフレットを作成して中央官庁、道府県、市町村、銀行等に配布した。[34]

劇映画も作成された。内務省社会局は九月五日に官報上で「公私経済緊縮運動に関する活動写真「フイルム」筋書」を公募した。「小学校卒業程度ノ者」を念頭に緊縮、金解禁等の「急務」を国民に理解させ、「打開」のための「自覚奮起ヲ促ス」という趣旨で、一等の賞金は一〇〇〇円だった。審査委員には、山本有三を始めとする文筆家・劇作家や官僚のほか、民政党から内ヶ崎および勝が列していた。[35]

応募総数一〇四〇編から選ばれた脚本「静かなる歩み」は、日活から伊奈精一監督により映画化され、三〇（昭和五）年四月一一日に封切られた。サイレント作品であった。あらすじは、島耕二扮する富士ペイント社員の岡崎秀雄と佐久間妙子扮するアサヒ百貨店の売り子の三好房江の出会いを端緒に、浜口内閣の金解禁および緊縮節約政策にしたがって「国産品デパート」へと改造したアサヒ百貨店および人員整理を断行した富士ペイントの成功と、自ら人員整理の犠牲となって辞職した岡崎が房江と幸せになるまでの経緯を描いたもの[36]。評論家からは「国家的事業」の「宣伝」を「骨子」としているため、「映画的な興味は〔……〕極めて薄弱な憾み」があるとされた[37]（図10－2）。要は面白

図10-1　浜口首相の放送振りと銀座の群衆（『時事新報』1929年8月29日付朝刊）

図10-2　日活『静かなる歩み』スチール（『キネマ旬報』1930年3月1日刊358号）

くなかったのだろう。

「公私経済緊縮に関する標語」も募集された。[38] 趣旨は映画シナリオと同一で、一等の賞金は五〇円、審査には内務省、大蔵省の官僚のほか、内ヶ崎および勝が当たった。応募句数五万四三二〇から選ばれた一等は、「緊縮は伸びる日本の旗章」、二等「渦く国難乗り切る緊縮」「明治の舶来昭和の国産」「今は緊縮時世に習へ」というもので、「郵便物押捺のスタンプ」やポスターやビラに活用された。[39]

◉キャンペーンソングの製作

興味深いのは、キャンペーンソングが製作されたことである。折しもこのころ音楽産業界では、レコード会社が自ら楽曲を企画し、流行歌として売り出すというビジネスモデルが生まれたところであった。その嚆矢とされるビクターの『東京行進曲』（西条八十作詞、中山晋平作曲、佐藤千夜子歌）は、この年の五月に発売され、大ヒットしている真っ最中だった。[40] 政策宣伝のためにオリジナルソングを製作する構想は、内閣書記官長の鈴木、田中万逸および一宮房治郎らによるとされる。井上蔵相や浜口首相の「しかつめらしい演説や講演では、その効果のほども疑はしい」ため、「例の赤い蹴出しで一世を風びした安来節にならつて緊縮節、解禁節の歌詞の創作から陽気な踊まで、振り付けよう」、「演説や講演よりも俗耳に入り易く、よく民衆に徹底するだらう」という目論見であった。[41]

浜口はこの企画を否定しなかったものの、「下品ではいけない」と八月上旬に注文を付けている。[42] というのも『安来節』は、島根県安来地方由来の民謡（俗曲）で、大正期に東京・大阪に進出し、銭太鼓や「泥鰌すくい」の踊りを交えた興行娯楽として流行していたからである。興行では女性が和服の下に着用した蹴出しを捲るストリップ・ショー的な要素も含まれており、同時代的には「労働者階級」「下層」の娯楽として認知されていた。[43] 同時期の内務省や文部省は、教育上の悪影響を憂慮して『安来節』などの「俚謡」の「改善」を試行錯誤していた。[44] 民政党中枢はそれにもかかわらず、むしろ大衆への接近策のモデルとして『安来節』を利用しようとした。

早速逓信省所管の東京中央放送局が「緊縮奨励を主題とする歌曲、小唄、行進曲の類」の製作を音楽家らに委嘱し、完成した七篇が九月一日に放送された[45]。中には俚謡調の『きんしゆく節』も含まれていた。しかし実際の注目株はむしろ『東京行進曲』の作詞・作曲者西条八十および中山晋平による『緊縮小唄』だった。東京中央放送局曰く、この楽曲は「流行小唄の形式に依るもので、一般民衆に呼びかける事を目標と」していた[46]。七篇中で唯一レコードに吹き込まれ、ビクターから八月に発売された[47]。党機関誌『民政』にも歌詞が掲載された[48]。

しかし、『緊縮小唄』は『東京行進曲』のような流行には至らなかった。後年、日本放送協会の丸山鉄雄（政治学者丸山眞男の実兄）は、『緊縮小唄』が「街角でジャン〳〵かけ」られたが、「宣伝の割に一向流行しなかつた」と述べ、「曲としてさうつまらぬものではなかつたが、余りに宣伝が露骨に歌詞に現れて居たのが大衆への浸透を妨げた」、と分析している[49]。

◉浜口内閣の画期性

このような浜口内閣の政策宣伝をどう評価すべきか。浜口内閣の組閣時期は、ラジオ、映画、レコードなど、最先端のメディアが登場して大衆に浸透していく時期に重なっていた。ラジオや映画、レコードといったメディアは、新聞や雑誌のような活字メディアよりも感覚に訴える効果が大きく、年齢や学歴を問わず幅広い層に浸透しやすい。すでに第一回普選により直接大衆に向かい合った経験を有する民政党政権はそうしたメディアの特性を踏まえて、「小学校卒業程度」の人々を念頭に視聴覚メディアを活用した政策宣伝を行った。なかでも『安来節』への注目やその結果として誕生した『緊縮小唄』は特筆に値する。政府による政策宣伝のためのレコード歌謡の例としては、日中戦争下に官庁が懸賞募集した『愛国行進曲』などの「国民歌」がよく知られる。しかしこれら「国民歌」には、大衆が好んだ既存の「頽嬰的」な大衆歌謡に代えて「明朗」な楽曲を与えようとする官僚たちの狙いが込められていた[50]。対して浜口内閣は、むしろ大衆の嗜好に寄り添った音曲による政策宣伝を目論んだ。

もちろん、本施策については内外から批判も出ていた。首相官邸では、『緊縮小唄』のレコードを試聴しようとしたところ、「官邸で音曲はいかゞなものだらうか」と躊躇する声が出た。(51) 内務省社会局福利課からは、「緊縮行進曲にうかれてカフエーや料理屋で騒ぎ廻られたらとんだ緊縮にな」るとの意見が出た。(52)『時事新報』は社説で「文書、講演の外、映画、講談、浪花節の類をも動員すると云ふに至つては、お祭騒ぎも甚だしい」と批判した。(53) 要は音曲の使用はそれ自体不謹慎であり、しかも「緊縮」という宣伝内容に矛盾する、という批判である。

とりわけ当時から音曲に対する官僚などの視線は厳しかった。『安来節』などの「俚謡」については前述のとおりであるが、大ヒットしていた『東京行進曲』は組閣前月の六月に逓信省によりラジオ放送が禁止されていた。西条八十の歌詞が「不穏当」という理由からだった。(54) 音楽教師たちは、『東京行進曲』を含めて中山晋平が作曲した流行歌を「亡国的」な「淫乱的性欲的旋律」として「敵視」していた。(55) しかしそれにもかかわらず民政党中枢は、その中山や西条による「流行小唄」や俚謡調の音曲を製造した。ここからは、民政党内閣の発想が娯楽の取締りに当たる官僚や教師たちとは一線を画していたことがうかがえる。

「浜口首相があるとあらゆる文明の利器を利用して緊縮宣伝に努められつゝあることはたしかにわが国にあつての破天荒の挙であり、政党内閣の首相としてまことにふさはしい近頃の大出来」。当時、社会政策の専門家として協調会理事を務めていた論客、永井亨は、「首相とラヂオ、リーフレット、レコード等々」と題した論説でこう評価した。(56)

3　第一七回衆議院議員総選挙に向けたメディア活用

◉記録的なラジオ活用

緊縮政策の宣伝がひと段落しても、民政党内閣は拡大した有権者に対する宣伝のツールとして各種メディアを活用し続けた。顕著な例がラジオを通じた講演である。従来、国務大臣の放送講演は、成子内親王（昭和天皇第一皇女）

誕生時に当時の若槻礼次郎首相が行ったもの、および昭和天皇即位大礼時に当時の田中首相が行ったものに限られた。しかし浜口内閣は、前節であげた首相の講演に続き、退陣までの間に幣原喜重郎外相、小橋一太文相、安達内相、井上蔵相、渡邊千冬法相、俵孫一商相、田中隆三文相、小泉又次郎逓相、松田源治拓相らが代わる代わるマイクの前に立って「国民への訓諭」を行った(57)。

ラジオイベントとして盛り上がりを見せたのがロンドン海軍軍縮条約批准時の関係国首脳のメッセージ交換であった。一九三〇年六月、批准を祝し、英国マクドナルド首相、米国フーヴァー大統領と浜口がラジオでメッセージを交換するという「劃時代的な提議」がアメリカから提起された。内閣は早々に逓信省に対して実現可能性の検討を指示していたが(58)、一〇月二日の批准を経て、二七日深夜に放送が実現した。当日の新聞各紙は、三首脳の演説概要や聴取する人たかりを写真入りで報じた(59)（図10－3、10－4）。この交換放送は、従来の国際放送が他国から受信一方だったのに対し、日本からも電波を発信したという点において放送史上の画期ともなった(60)。

図10-3　浜口首相の軍縮祝賀放送（『国民新聞』1930年10月28日付朝刊）

図10-4　軍縮放送に群る市民（『時事新報』1930年10月28日付朝刊）

図10-5　『報知新聞』こども欄自由画に浜口さん（『報知新聞』1930年2月2日付朝刊）

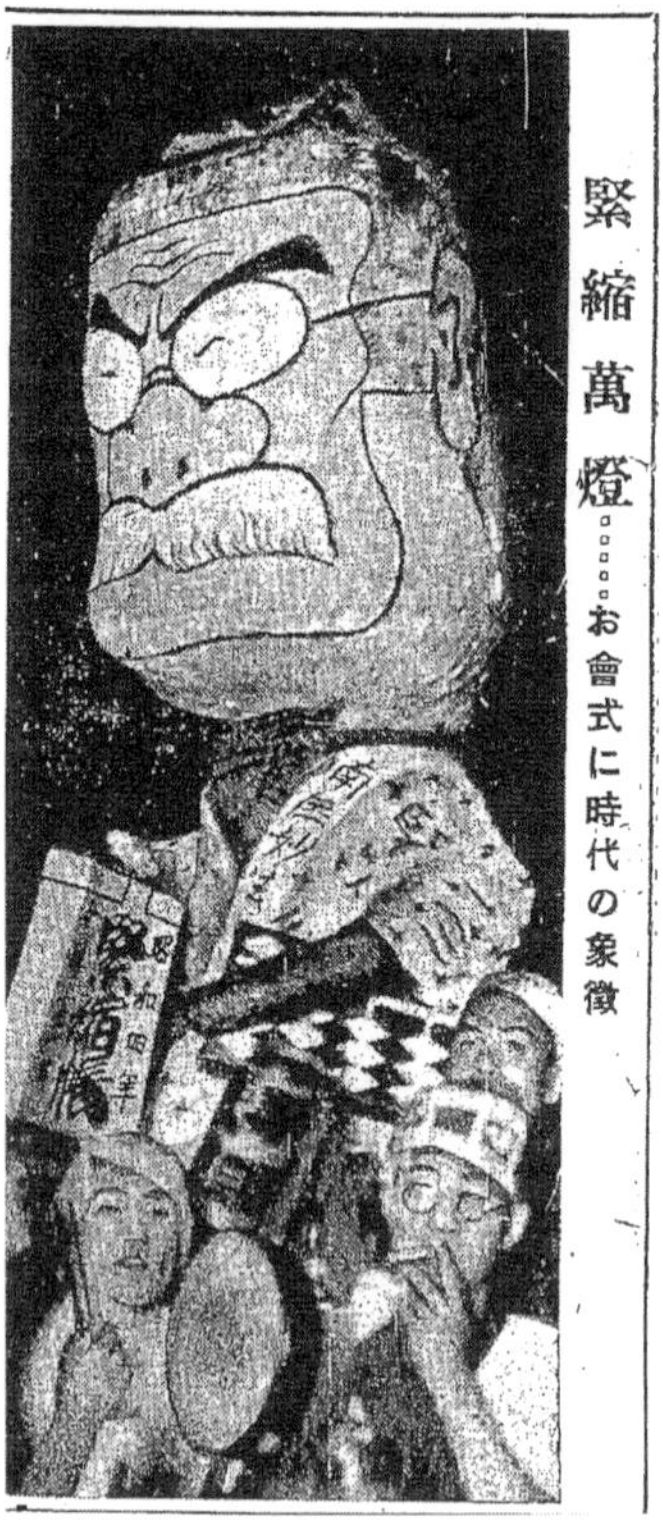

図10-6　緊縮万灯（『東京日日新聞』1929年10月13日付朝刊）

◉浜口首相のメディアイメージ

一方、丸眼鏡に大きな鼻を有し、豊かな口ひげを蓄えた浜口の風貌や行動はメディアに親和的でもあった。当時、『報知新聞』は低年齢の読者が作成した和歌、俳句、習字などを掲載する「こども欄」を設けていた。一九三〇年二月二日付の同欄には「自由画」として浜口の似顔絵が（図10－5）、同月二三日付の同欄には「張紙細工『ライオン閣下浜口さん』」が掲載されている。[61]浜口の風貌の浸透の様子がよくわかる。二九年一〇月の東京・池上本門寺のお会式では、浜口を象った「緊縮万灯」が練り歩いた様子が報じられた[62]（図10－6）。浜口に対して木像やライオン像が贈られると、浜口が並んだスナップ写真が紙面を飾った[63]（図10－7、10－8）。

浜口はいわば「絵になる」党首であった。すでに二八年の第一六回衆議院議員総選挙のときに、政友会の田中総裁が自党のビラやポスターにあまり登場していなかったのに対し、浜口は相当の頻度で露出していた。当時の両党首のイメージの差は歴然としていた。[64]

図10-7　浜口首相の像（『国民新聞』1929年12月29日付夕刊）

図10-8　首相に瀬戸物のライオン（『報知新聞』1930年7月12日付夕刊）

このような浜口の魅力を最大限活用した選挙が三〇年二月の第一七回衆議院議員総選挙であった。同年一月、衆議院解散の詔書が下ると、民政党は選挙運動のため、トーキー（発声映画）撮影とレコードへの演説吹き込みを行った。

メディアから特に注目されたのがトーキーである。『中外商業新報』によれば、きっかけは、民政党の加藤鯛一や一宮房治郎が芝の某映画館にトーキー見物に行ったところ、「これが思ひの外の好成績なので、「これさへあれば今度の総選挙は大勝疑ひなし」」と「首相に注進」したことだった[65]。この時期の日本映画は圧倒的多数がサイレントであり、本格的なトーキーの劇映画は三一（昭和六）年の松竹『マダムと女房』をもって嚆矢とする[66]。トーキーもまた最先端のメディアだった。

このトーキー利用につき、『報知新聞』は、「大隈首相の車窓演説」および「田中首相の蓄音機演説」と並ぶものと位置づけ、「昭和五年の総選挙遊説の名物がトーキーによつて占められ、しかも総理大臣がそのトツプを切つて、岩戸神楽以来の日本の歴史に初レコードを残すといふのも新しき時代にふさはしい情景」と評した[67]。『東京日日新聞』は「尖端を行く浜口首相」と評した[68]。一月二四日の撮影には浜口、安達内相および井上蔵相が臨み、浜口はモーニング姿で「悠然」と登場したのち、「例の荘重なバス、やがて右手の拳を突き出し、あるひは腰に軽く当てる」等して演説に臨んだ[69]。

撮影されたフィルムの見どころは、『東京朝日新聞』がこう解説している。「「ありますッ！」といひ切るごとにあの大きな鼻の穴がクローズ・アップする、この辺が有権者をヤンヤといはせる所だらう」[70]。プレス数は五〇枚。全国の党支部に発送して公認候補者間持ち回りで演説会で上映された[71]（図10－9、10－10）。

一方、演説レコードは二月七日に吹込みが行われた[72]。『報知新聞』曰く、浜口の演説では「断じて」が「天下一品」であり、「浜口さんの「断じて」を聞くと何でもない事までが妙に真剣味を帯びて肉薄してくる」とされた[73]。

果ては、閣僚のサイン入りブロマイドまで発売された。「選挙宣伝と金儲けの一挙両得をはか」るためで、民政党本部で一組三円五〇銭で売り出されていた[74]（図10－11）。

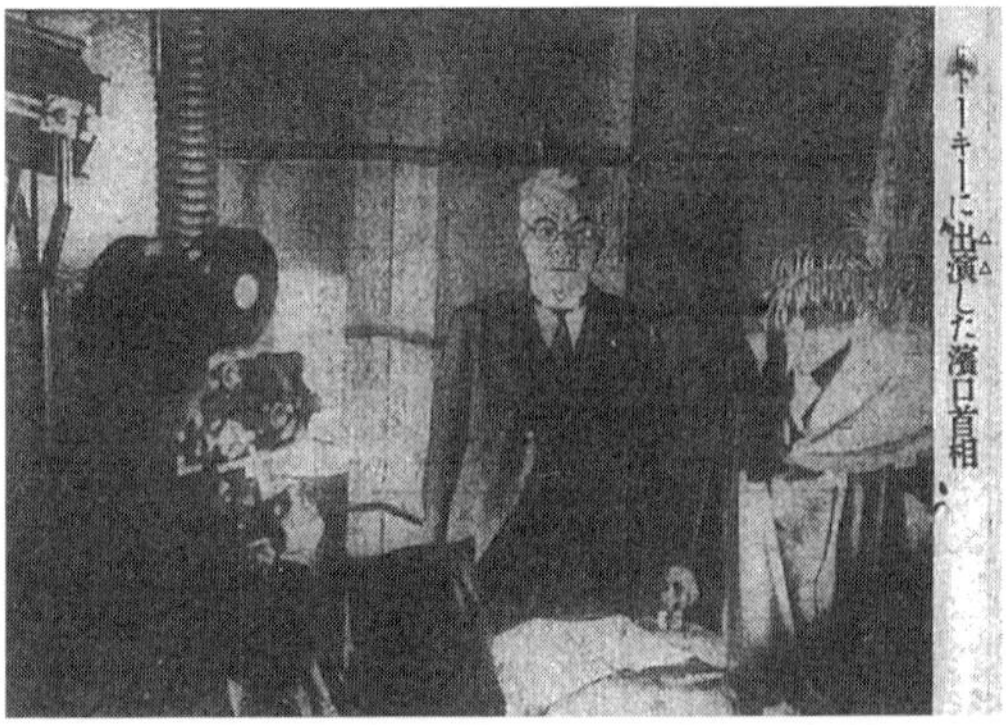

図10-9　トーキーに出演した浜口首相（『時事新報』1930年1月25日付朝刊）

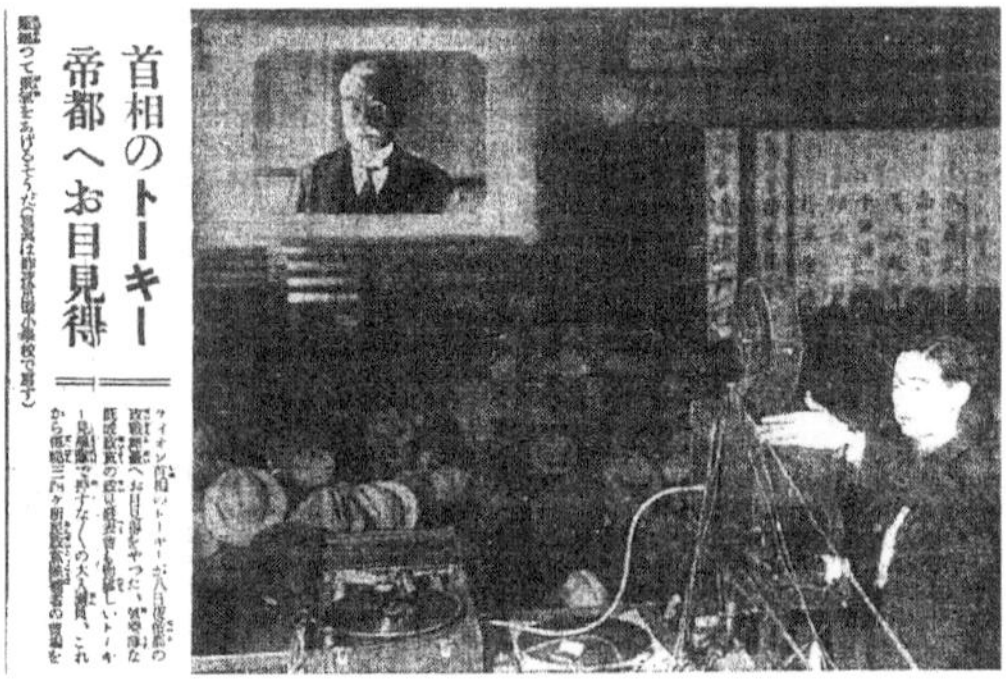

図10-10　首相のトーキー帝都へお目見得（『時事新報』1930年2月9日付朝刊）

図10-11　この写真売もの（『時事新報』1930年1月30日付夕刊）

図10-12　笑つた浜口首相（『報知新聞』1930年2月24日付朝刊）

◉浜口の笑顔

ところで、浜口の振る舞いは、「荘重」「真剣味」などの言葉で形容されることが多かった。新聞紙面に掲載された浜口のスナップにも、まず笑顔は見られない。「浜口さんはなぜ笑はない?」と記事にされることもあった[75]。夫人ですらこう述べている。「主人は例の通りむつつり屋で、勝つたのか敗けたのか、嬉しいのかつまらないのか、口は勿論言葉にも出さないのでわかりません[76]」。こうしたイメージが浸透していたのか、浜口がちょっと笑うだけで大騒ぎになり、宣伝効果を生み出した。

三〇年二月一二日、総選挙を控えた民政党は、全国遊説の皮切りに東京・日比谷公会堂において浜口内閣大演説会を開催し、浜口以下閣僚が出席した。井上蔵相の演説時のことである。井上は、前年の夏に浜口と金解禁を行わない場合について話しあったことに触れ、「そのときあのむつつり総理は益〻むつつりとなつてしばらくにらめつくらをした」と回想した。すると「後方の小椅子に倚つてゐた首相珍しやクスリツと小鼻で笑つて両頬をへこまし」た。その刹那、「大聴衆は鬼の首でも取つたやうに騒ぎ立つた[77]」。「満場総立ちの歓声、拍手」だったという[78]。

二月二〇日を投票日とした一七回選挙で、民政党は過半数の議席を獲得した。これを報じる『報知新聞』には三段抜きで「笑つた浜口首相」の写真が掲載された[79]（図10-12）。

図10-13　内閣ロケーション（『都新聞』1930年5月22日付朝刊）

◉国産品愛用運動

緊縮宣伝や国政選挙を経た浜口内閣は、続いて国産品愛用運動の広報宣伝に注力した。公私経済緊縮委員会は、すでに二九年一二月五日の第三回委員会において国産品愛用運動の方針を定め、三〇年一月に内務大臣によるパンフレット『金解禁後に於ける国民の覚悟』一五万部を作成のうえ、道府県に配布していた。

本格的な運動は五月以降に開始され、同委員会は一五日の幹事会と二六日の委員会において「国産品使用奨励ニ関スル件」を決定し、新聞雑誌との協力、講演会、講習会、展覧会の開催、標語ポスターなどの各道府県への配布等が定められた。

六月には本運動の所轄として商工省に臨時産業合理局が設置され、さらに同局内に国産品愛用委員会が設置された。同局は、印刷物の配布、宣伝用活動写真映画の作製および宣伝標語（一等「ぜひ国産！」）の公募選定、宣伝用ポスターの作製等を行った[80]。

国産品愛用運動は民間によっても担われた。たとえば渋沢栄一は国産奨励実行会を組織して会長に収まっていた。同会が宣伝用に作製したのが映画『何が日本を貧乏にするか』、であった。同会は本作の製作を富士映画、日章シネマおよび太陽キネマに委嘱したが、同作品に浜口首相以下閣僚を総出演させている。閣僚たちの撮影は三〇年五月に行われた[81]（図10－13）。

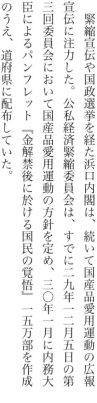

II　浜口内閣とメディア・文化統制

1　メディア統制

◉政府によるメディア・文化統制

上記のとおり、浜口内閣は最新のメディアを積極的に活用して政策宣伝に勤しんだ。それでは同内閣は、メディアや文化の統制についてはどのように向き合ったのだろうか。

周知のとおり、戦前期日本では出版法、新聞紙法、逓信省令「放送用私設無線電話規則」、内務省令「活動写真「フィルム」検閲規則」、各道府県の「興行取締規則」などにもとづき各メディアは官庁から検閲等の取締りを受けていた。所管は、新聞・書籍・レコード・映画が内務省、ラジオは逓信省、演劇は各道府県警察であった。[82]

当時のメディア統制をめぐる議論の焦点は、出版法および新聞紙法の改正による検閲制度の改革であった。とりわけ新聞界は、記事掲載禁止事項の列挙による明確化、内務大臣による発禁処分に対する異議申立制度の導入、発行禁止制度の廃止などを求めており、第四〇回議会（一九一七年）以降断続的に政府や議員から改正案が議会に上程されていた。前任の田中内閣は内務省に諮問機関として警保委員会を設置し、美濃部達吉などの有識者を巻き込んで出版物法制のあり方を答申させたが、答申を踏まえた法案を議会に提出することなく総辞職していた。[83]

文壇・劇壇においても検閲制度は問題化していた。特に演劇の脚本検閲が全国統一的に行われておらず、各道府県ごとに基準がバラバラだったことが不公平な処遇を招いていた。

一方、文化統制については、本章冒頭で述べた都市への人口集中に伴い、都市ではカフェー、バーなどの新しい遊興施設をめぐる風俗の統制が問題化していた。当時の風俗統制は主として警察によって担われ、東京の警視庁の方針が内務省の警察部長会議などを通じて全国に共有されていった。

◉メディア統制の方針

前節で見たとおり、「新聞否定主義」だった田中内閣に比して浜口内閣は新聞に対して丁重な姿勢で支持獲得を目指した。メディア統制もこれらと背馳《はいち》しないような、慎重な姿勢が示された。

組閣からひと月後の八月六日、全国の警察を取りまとめる内務省警保局は、定例の地方長官会議を開催した。席上、大塚惟精警保局長は「言論及集会ノ自由」が「憲法ノ確保スル所」であるにもかかわらず「之カ取締時ニ常軌ヲ脱シタリトノ非難ヲ被リタルコト一再ニ止ラサルハ洵ニ遺憾」、と慎重な対応を指示した。[84] 同趣旨は一五日の警察部長会議で安達内相からも繰り返された。[85]『国民新聞』は、民政党内閣のスタンスについて、「在野時代からの言論、集会、結社等に関しては進歩的自由主義の立場を堅持し、この見解を以て選挙民に見え来つた次第であるから、政権獲得の今日においては在野党時代の主張を現実する重大な責任を有する」、と解釈した。[86] 翌年の地方長官会議および警察部長会議においても引き続き慎重な対応が指示された。[87]

田中内閣期に出版物法制の改正のために設置されていた警保委員会は、一九三〇年五月に「緊縮政策の影響で来年度分の予算を大蔵省の査定に削除[88]」されたために廃止された。[89] しかし、出版物法制の改正は民政党内閣においても継続して検討された。実現はしなかったものの、安達内相は同年八月に警保委員会の答申をベースとした出版物法案の次期議会への提出を決意し、内務省警保局に法案起草を指示している。[90]

◉演劇脚本検閲と文士交歓会構想

政府は、演劇の脚本検閲についても作家たちに歩み寄る姿勢を示した。本章冒頭で述べたとおり、一九二〇年代には雑誌の創刊が陸続して円本ブームが現れていた。読書人口の拡大は作家のプレゼンスの向上をもたらす。人気作家であり劇作家でもあった菊池寛、山本有三、久米正雄、金子洋文らは、二六年に業界団体である文藝家協会を設立した。文藝家協会は、創立直後に検閲をめぐって当時の第一次若槻内閣内務大臣であった浜口との会見も果たしていた。[91]

浜口内閣組閣後、一九二九年九月二八日に内務省により全国保安課長会議が開催された。大塚警保局長は、「演劇脚本の取締」について、「甲県において風俗紊乱のため禁止されたものが乙県では之を許容する等のこと」を是正するため、検閲基準の全国統一を目指す考えを示した。[92] 一〇月からは内務省の斎藤隆夫政務次官や内ヶ崎参与官が文藝家協会と接触を開始し、検閲の緩和や不統一の是正などについてヒアリングを行った。[93]

しかしこのさなか、警視庁の管内ですら検閲基準が統一されていないことが新聞により暴露されてしまう。一〇月、東京の左翼劇団「心座」は、本郷座で『装甲列車 NO1469』および『全線』を上演しようとした。脚本は、すでに所管の警視庁保安部保安課興行係の検閲を通過していた。ところが、警視庁の特別高等課から左翼的だとして横槍が入り、上演中止に追い込まれた。特別高等課の言い分は、興行係は「脚本のみを観て其蔭に潜むものを見ずに許可するから全く物騒」で、以前も興行係が許可して上演した芝居について「観客から「あんなものを許していゝのか」と盛んに投書」が来た、というものだった。[94]

同じ警視庁内の部局間での脚本検閲の基準の不統一を重くみた内ヶ崎は、劇団側との接触を計画した。[95] しかし、この動きが思わぬ展開を招く。浜口首相と文士との交歓会構想が浮上するのである。

文士交歓会構想は、かつて西園寺公望首相が雨声会を開催し文士を招いたように、[96] 浜口が文士を招宴する、というものだった。本構想は小村欣一拓務次官と鈴木書記官長によるもので、鈴木から首相に進言された。浜口は、内ヶ崎が検閲問題に関して劇団と接触する計画に「非常に賛成」していたが、交歓会開催にも「非常に乗気になり、大賛成の意を表した」という。開催時期は一一月の陸軍特別大演習後とされた。[97]

構想では、交歓会席上において、検閲結果に対する異議申し立てのための諮問機関設置を決定する算段であった。文壇からは文藝家協会の人選により、長田幹彦、金子、菊池、山本らのほか、「元老」として島崎藤村、徳田秋声、武者小路実篤を含めた二一名が、政府側からは浜口、安達、鈴木、小村、斎藤、内ヶ崎、大塚および丸山鶴吉警視総監が出席すると報じられた。[98] しかし、構想が具体化しながらも、結局交歓会は実現せず頓挫した。[99] 文藝家協会の人選に対する不満が内部から噴出するなどして、浜口や鈴木が及び腰となったためである。[100]

交歓会の挫折をどのように考えるべきか。折しも政権は官吏減俸を閣議決定したにもかかわらず、新聞界等の反対により一〇月二二日に撤回した直後だった（第一部第二章）。交歓会は鈴木書記官長による「減俸問題に伴ふ現内閣の人気挽回策の一」つ、という観測もあった。[101] この観測はあながち的外れではなかったかもしれない。というのも、実際に交歓会構想はメディアにとってインパクトがあり、『東京朝日新聞』は四段抜き、浜口の写真付きで「文士、劇作家を濱口さんが招待」と大きく報じた。[102] そして内閣はこうしたメディアによる報道を見届けたうえで、開催に拘泥せず文壇との紛糾を回避したからである。

2　丸山鶴吉と風俗統制の強化

◉警視総監丸山鶴吉

以上のとおり、民政党内閣はメディアに対して慎重に接触しており、統制の強化などあからさまに反感を買うような施策は見られなかった。一方、明示的に統制が強化されたのが風俗――特にカフェー、バー、レヴュー興行、麻雀などの新興かつ大衆化していった風俗であった。

風俗統制の強化は、緊縮政策に馴染むものであった。斎藤内務政務次官は就任直後、「財政の整理緊縮を断行するんなら料理屋をはじめ国民が無駄に消費するやうなことをやめさし根本的にやらなくては駄目だ」と息巻いていた。(103)しかし、これと同等もしくはこれ以上に重要なのが、浜口内閣の組閣とともに警視総監に就任した丸山鶴吉（一八八三—一九五六）の存在である。

政党内閣期にあって、内務次官、警保局長および警視総監は内務三役と呼ばれ、内閣と連動して更迭が行われた。丸山は広島県出身。東京帝大卒業後、香川県警を経て一九一六年に警視庁保安部長に就任するや、浅草十二階下の「私娼撲滅」に辣腕を揮ったのち、(104)朝鮮総督府警務局長、東京市助役、ジュネーブ海軍軍備制限会議全権委員随員などを歴任していた。(105)警視総監就任は、民政党系の内務省官僚だった伊沢多喜男の推薦によるとされる。(106)丸山が東京市助役だったときの市長が伊沢であった。ハゲ頭がトレードマークで、『都新聞』は時に「禿鶴さん」と呼んだ。(107)浜口内閣の総辞職の際に警視総監を辞任し、貴族院議員に勅選。『読売新聞』の女性頁相談欄「悩める女性へ」の回答者も務めた。

丸山は警視総監就任前からカフェーについて問題意識を有していた。後年回想して曰く、「カフエーと称するもの〻数が馬鹿に多い、そしてそれが非常な速力で増加して居る。外から様子を窺つても、赤い電灯や青い照明で誘惑的である。女給さん達がケバ〳〵しい顔で店先に出て挑発的である。夜間など偶々前を通ると高声な蓄音機のジャズや、男女入乱れて歌ふ卑俗な流行歌で騒々しい〔。〕こんなことでよいのであらうか」。このような思いだったという。(108)当時のカフェーは、洋風のインテリアにエプロンがけの女給を擁して性的サービスを提供する空間であった。(109)この丸山により、民政党政権期の警視庁では新興風俗を取締るための制度化が進んだ。

丸山を後押しした重要なメディアが投書であった。七月の総監就任後、丸山のもとには、「各婦人団体、矯風団体、思想団体、その他あらゆる方面の個人や団体からバア、カフエー、ダンスホール、芸者、私娼、公娼などに対する撲滅——取締り等の註文が毎日々々それこそ机上山をなす程殺到」していたという。(110)すでに丸山の就任前から風俗統制強化の気運は高まっていた。

●警察と投書

丸山は投書を重視していた。九月二三日のラジオ講演では、府民に対して「警察が気附かないで居る穢はしいこと、危いこと、又恐ろしいこと等、何でも気附きの点」を投書するよう呼びかけていた。投書整理に専担者を置き、「一々私が眼を通し」、「住所の判つてゐるものには、一々礼状を認めて差出して居る」とも語っていた[111]。丸山が投書を重視する背景には、一八年以降、米騒動を契機として実施されていた「警察の民衆化、民衆の警察化」政策の存在が指摘できる。

「警察の民衆化」の文脈では、「親切丁寧な民衆接遇」が方針とされていた。民衆の生活を安定させて警察への信頼感を醸成させるべく、人事相談などが各府県警察部で行われていた[112]。投書は民衆の困りごとを受け付けるメディアであり、この文脈に適合的だった。しかも投書歓迎の姿勢は好印象だった。『都新聞』は、丸山が「民衆の声」を聞くために投書を「歓迎」しており「人気を呼んでゐる[113]」旨を報じた。

「民衆の警察化」の文脈では、当初は防犯団体が奨励され、民衆の「自警自衛心」を涵養して警察に対する協力を調達することが企図されていた。しかし、関東大震災発生時に自警団による朝鮮人虐殺事件が発生したことを踏まえ、政党内閣期には政府は防犯団体に対して消極的な姿勢になっていた[114]。この文脈において投書は、防犯団体ほど堅固なものではないにせよ、警察が気付かないような犯罪を民衆にキャッチさせる点で「自警自衛心」の涵養につながり得るメディアであった。

浜口内閣組閣一年後の一九三〇年七月、警視庁の人事異動で丸山の部下に刑事部長として相川勝六が着任する。のちに宮崎県知事として紀元二千六百年奉祝事業に辣腕を振るった新官僚である[115]。相川が積極的に推進したのが、犯罪捜査にあたっての府民からの「投書密告」の奨励だった。この方針は新聞に大々的に報道された[116]。年々増加する犯罪には少数の警察官ではカバーしきれないため、「六百万府民が警察と共に犯罪防止につとめ民衆警察の実効をあげ」

る、という趣旨だった。[117]相川も「一般民衆と協力し民衆警察の実を上げ」ることを期している、と述べた。[118]相川の方針により、警視庁に対する投書数は「毎日十数通を下らない」とか、[119]三倍以上になったといわれた。[120]実際に警視庁は、犯罪捜査に役立った投書密告に報奨金を出している。[121]

投書の活用は緊縮政策にも適合的だった。民政党政権期の警視庁は、緊縮政策の煽りで警察費国庫下渡金の削減とこれに伴う警察官一〇〇〇名の減員が報じられていた。[122]皺寄せを受けた管下各署の多数の巡査は、過労により呼吸器病と神経衰弱症に罹患しているとされ、負担軽減策が必要視されていた。[123]投書は、警察行政上からも財政上からも重要なメディアであった。

3 風俗統制の実際

◉カフェー取締り

投書に勇気付けられた丸山は、管下警察署に管内のカフェーの現況（営業場所、営業時間、店内の構成、女給数、給料等）を調査させることから風俗統制強化に着手した。[124]一九二九年九月七日、調査をもとに警視庁は『カフエー、バー取締要綱』を制定して管下警察署に取締りの依命通牒を発出した。営業場所や営業時間の制限（深夜一二時まで）、「出銭」と呼ばれた女給から営業者に対する金銭物品の徴収の禁止などが定められていた。[125]

おって照明の照度や着色についても指針を示して取締りを行った。[126]また、私服刑事が新橋、有楽町、東京の各駅に張り込んで、怪しい女給を検挙して営業者に注意することもあった。[127]この取締りと不景気の結果、カフェーやバーの客は二〜三割減、収入は三〜四割五分減、[128]三〇年の取締り件数は、科料拘留五六一件、停止一八二件、禁止七件、説諭は「数万」と報じられた。[129]

これに対し、批判の投書も寄せられた。『都新聞』の投書欄には、店舗前で巡査が立哨したり、客への誰何をしたりして営業妨害となっている旨の苦情が複数回掲載された[130]。丸山宛に暴力団から脅迫文も届いた[131]。しかし同時に、「宅の主人は毎晩帰りがおそくて、子供の教育にもつく〲困りはてゝをりましたが、あなたのお取締が厳重になりましてから、主人も夜早く帰るやうになりました」とか[132]、「閣下のお蔭で最近夫の夜遊びも止みお礼の申し様もありません[133]」、などといった感謝の投書も届いていた。こうした投書に丸山は手応えを感じ、「小数な営業者よりも大多数の利益を受ける市民の為めには、飽くまで断乎とした処置に出でねばならぬ[134]」、と取締りの意を強くしていた。

また、上記措置は警視庁管下に限定されなかった。二九年九月、丸山の施策に共感した安達内相は、保安警察事務打合会議で「「カフエー」「バー」等の取締」を指示した[135]。安達は「宴会嫌ひ」といわれ[136]、「カフェーは中産階級及び其の下の人達の娯楽場で近代生活からの副産物である、それを厳重に取締る以上は有産階級の娯楽機関である料理や待合と其の渦にある芸妓は当然取締るべき[137]」、「カフエー退治も結構だが、同時に花柳界なども取締つて軽佻浮薄になり行くこの頽廃時代を叩き直したい[138]」、と述べていた。

内務省トップの意向に呼応して警視庁では取締りの手を広げ、早速「密淫売」を行う「不良待合征伐」を行った[139]。無許可ダンスホールや「ダンスホールに出入し風紀をみだしてゐた不良ダンサー」の処分も行った[140]。

●麻雀・レヴューの取締り

三〇年に入ると、性風俗以外の統制も強化されていく。その一つが麻雀である。一九〇九年に日本に伝わった麻雀は、二三年頃からブームとなり、三〇年をピークとした全盛時代をまさに築いているところであった[141]。警視庁の調査によれば、府内の麻雀倶楽部は三〇年五月一〇日時点で九三七だったところ、二ヵ月後の七月一〇日には一七八五と倍近くにまで急増していた[142]。

麻雀についても、取締り強化を要求する投書が寄せられていた。三〇年六月、『時事新報』は、東京地方裁判所検事局宛に中学二年生から投書があったことを報じた父が麻雀のために仕事をしないので法律により禁止してほしい、という内容だった[143]。同月、『中外商業新報』も、検事局宛に「王子学校尋常三年生」から届いた投書を紹介した。「おとうさんはげいしやのところへ行き、麻雀をやつたりして家をあけ」ているため「お母さんは病気になりさう」、というものだった[144]。

警視庁は、これに呼応するかのように、七月一〇日、管下各署に「麻雀等取締ニ関スル件依命通牒」を発出し、麻雀遊戯場の新設の当分の不許可や賭博行為の禁止を定めた。担当者曰く、「勤人が夢中となつて、夜中の一時二時迄も勝負を争つて、帰るに電車はなく、家内にはキマリが悪くて徹夜すると云ふ様なこと」では、「健康上」からも「風紀上」からも問題である、ということであった[145]。

浅草六区の興行場におけるレヴュー興行の取締りも進められた。レヴューとは、舞台興行のひとつで、当時の警視庁の興行係に言わせれば、「演劇と舞踊と、音楽」を組成要素として「舞台に乱舞する裸体美と生々しい性的感応」を呼び物とするものであった[146]。

取締りのきっかけになったのが、一通の「エロ」レヴューに対する投書だった。浅草の劇団音羽館は、一〇月一八日から「エロ三世相」を上演した。これに対し、警視庁の興行係宛に次の投書が届いた。「「エロ三世相」は建国歴史とも云ふべき「天の岩戸」を諷刺したもので、国体の精神を冒瀆し、不敬も甚だしい[147]」。

建国神話を持ち出されてのレヴュー批判は警視庁を動かした。まず、浅草を所轄する象潟署がレヴュー取締りの通牒を管下の業者に発出した。これにより「舞踊、手踊等にして腰部を前後左右に振る」動作や、「股を観客の方に向け継続的に露出するもの」が禁止された。「ズロース」の長さや色（肉色禁止）も制限されることとなった[148]。新聞は本通牒を「浅草レヴュー街へ殺人的の厳命」と報じた[149]。この措置は、「先般音羽座が上演し来たつたレヴュー「天の岩戸」の不敬事件が禍根をなしたもの[150]」、とも言われた。しかし、警視庁の対応はこれだけに留まらなかった。一一月、警視庁保安部は象潟署の通牒を正式庁令として採用し、二四日付で府内全域の各署に発出したのである（内容は象潟署の通牒と同様[151]）。

本措置の影響は大きかった。一二月には、「エロ」レヴューの存続が困難となり、浅草の興行館は「収支の償つてゐるものがやつと二割位」といわれるようになった。[152]

4 出版統制への連動

◉浜口内閣期の出版統制

一連の風俗統制の強化は、出版統制にも連動した。もともと出版統制を所管する内務省警保局図書課では、浜口内閣組閣前から「風俗上いかゞはしいもの」の取締りに苦心していた。二八年度にはこれが「各方面の問題」となり、「婦人矯風会あたりから陳情書が当局に舞ひこん」でいたという。[153] こうした動向を踏まえ、浜口内閣期の出版警察の取締りは、「性及性慾或は猥談的記事を専門とする」[154]新聞雑誌のみならず、メジャーな雑誌にまで及んだ。

二九年七月一三日、雑誌『婦女界』八月号が発売頒布禁止となった。連載小説「淀君」で、淀君が妖僧の秘法によって若返りを行う描写が官能的だったためである。当局は、「文芸ニ名ヲ藉リテ、思想ノ定マラザル青年子女ノ末梢神経ヲ刺戟シ煽情スルニ効果アル」ことから「風俗上有害」、と認定した。[155]

九月には、雑誌『文藝春秋』および『朝日』の各一〇月号が発売禁止となった。『文藝春秋』は、「実話六篇」中の「看護婦生活覚書」および「投身婦人の謎」が「性猥事ヲマザ〳〵ト見セ付クル以外ニ何等文芸価値ヲ認メ得ズ、風俗上有害」とされたためだった。[156]『朝日』は、「誘惑に遭つた女の手記」中の「ある実業家夫人に弄れて」および「未亡人ゆえに年若き医師の手に」が、「特に露骨」だったり「姦通記事」だったりしたためだった。[157]

これらについて検閲担当者は、「思想的出版物に対しては「いひたいことをいはせる」方針でのぞむ」が、「事実物語や告白小説の如く読者の生々しい実感を喚起するだけの作品に対しては大いに取締る方針」と語っていた。[158]

こうした動向は言論界においては取締りの強化と捉えられた。『東京朝日新聞』は、「当局のかくの如き性慾描写や廃たい物に対する弾圧は民政党が天下をとつてから急に目ざましくなつたもの」で、「警視庁のカフェー、ダンスホールの新しい取締規則の精神と併行」するもの、と評した[159]。一一月、文筆家の平林初之輔は、「風俗壊乱的記事の取締」の「厳重」化は浜口内閣の財政緊縮方針、官吏減俸案、カフェー征伐等と「密接に関連」した「系統的政策のあらはれの一つ」、と評した[160]。同じく中村武羅夫は、「「婦女界」だの「文藝春秋」などゝいふあゝいふ穏健な立場に立つて、大衆を啓蒙しようとする指導的役割りについてゐる大雑誌の上に、断乎として発売禁止の大鉄槌を下すなどは、随分思ひ切つた態度」、として民政党政権の出版取締りが「峻烈苛酷」であると評した[161]。

民政党政権期（1929年７月〜1931年12月）前後の出版状況

	新聞紙発行数	普通出版物納本数	発売頒布禁止件数		
				安寧	風俗
1928	8,445	60,179	1,178	829	349
1929	9,191	68,854	1,589	1,309	280
1930	10,130	72,154	2,465	2,171	294
1931	10,666	74,462	3,442	3,066	376
1932	11,118	85,357	5,895	5,037	858

（内務省警保局 編『出版警察概観』2, 竜渓書舎, 1981.1. 国立国会図書館デジタルコレクション https://dl.ndl.go.jp/pid/12015634（参照 2023-05-14）をもとに作成）

だが、実は民政党政権期には、風俗による発売頒布禁止処分はそれほど増加していなかった（**表参照**）。当時問題となったのは、どれだけのメディアが処分されたか、ではなく、どのメディアが処分されたか、だった。多数のマニアックな雑誌よりも、二、三の「大雑誌」が処分されたことの方が言論界にとっては重要だったのである。

◉「峻烈過酷」な取締りがもたらしたもの

「峻烈過酷」な取締りは、出版界にどのような影響をもたらしたか。程度の低い「エロ」が大量に拡散することになった。検閲担当者は、「婦人雑誌娯楽雑誌等」は、「禁止を受くれば、それに恐れて急に真面目になる」、「一雑誌の禁止が優に全般に渉つての清浄化となる場合が多い[162]」、と述べていた。禁止処分は出版社の金銭上の損害に直結するため、出版界に自重作用を促した。

一方で『中外商業新報』は、三〇年末にこう報じた。風俗を原因とする発売頒布禁止の件数が二九年から三〇年にかけて減少したものの、業者が禁止処分に達しない程度のものを出版するようになった。結果、「程度の低いエロ、グロ味の激しい大衆化」を来して「エロ、グロが横溢瀰漫《びまん》」し、一般の家庭に入る新聞雑誌の「エロ味」が増加した。これには「当局者」も「頭を悩ましてゐる」[163]。

出版社が取締り基準を内面化させて「真面目」になることと、基準ギリギリの「エロ」を拡散することは紙一重だった。峻厳な取締りは、逆説的に「エロ」の「大衆化」をもたらした[164]。出版統制の悩みは尽きなかった。

民政党政権は、かくの如く二〇年代に勃興した都市の最先端のメディア・風俗に向き合っていた。浜口内閣は、最先端のメディアを政策宣伝に次々と積極的に使用して奏効させつつ、検閲をめぐってメディアへの歩み寄りの姿勢を示してアピールポイントとしていた。また、最先端の風俗については、民間からの投書を勘案しながら取締りに及んでいた。

Ⅲ　対メディア関係の転機

1　浜口首相狙撃事件と新聞記事差止

◉新聞記事差止

一九三〇年一一月一四日、東京駅で浜口首相が狙撃された。既述のとおり、浜口内閣は新聞界と良好な関係を築いていた。しかし、狙撃事件を機に、両者の関係に影が差し始める。

狙撃事件発生後、内務省は直ちに新聞各社に対して記事差止を示達した。記事差止とは内務省が新聞紙法に基づいて行っていた便宜処分のことである。新聞紙法第二三条は、内務大臣による発売頒布禁止処分を規定していた。一方で内務省警保局図書課は、発禁処分に該当する事項を新聞社に予め通達し、当該事項の記事掲載を未然に防ぐ運用を行っていた。[165] 今回の示達では、「狙撃理由等に付き揣摩憶測を為して人心の不安を惹起せしめ、又は犯罪を肯定誘発するが如き事項」の掲載が禁止された。[166] このほか、司法省の検事などにも新聞紙法第一九条により記事差止が認められていた。

新聞記事差止は、新聞界の反発を招いていた。浜口内閣期には、たとえば勲章や鉄道をめぐる贈収賄事件（疑獄事件）をめぐっても、検事により記事差止が行われていた。新聞界の業界団体である二十一日会はこれに抗議し、複数回にわたって司法大臣、検事総長および首相と懇談のうえ、二九年一一月二六日に差止を解除させていた。[167]

約一年後に発生した狙撃事件をめぐり、記事差止問題は再燃するかに見えた。新聞界は差止命令に反対し、安達内相は差止事項の明確化を各道府県に指示した。[168] 政友会は、事件四日後の一一月一八日の定例幹部会において、島田俊雄が「現政府の新聞取締りは最近極端なる圧迫をなすが如く、〔……〕最近には浜口首相兇変に関連し政変を予想せしむるが如き記事を差止めたるやに聞く、斯くの如き暴政は嘗て聞かざる所である〔……〕党の之に対する態度を決定したし」との提議を行った。[169] しかし、記事差止以上に新聞界の反発を招く事件が発生する。『時事新報』記者拘禁事件である。

2　『時事新報』記者拘禁事件

◉事件の経緯

一二月七日、『時事新報』政治部記者の細越政夫が丸の内警察署に連行され三日間拘留された。雑誌『アドヴァイス』に浜口首相の容態についての記事が掲載され、細越がその出どころと目されて流言浮説の嫌疑をかけられたためだった。[170]丸の内署では高等課の警部らが取り調べに当たり、細越に対して情報源、政府高官の言動、特に宇垣陸相の動静が尋問された。[171]

記者の拘禁に新聞界は猛反発した。二十一日会は一二日、「不当監禁の処置」は「厳正なるべき警察官憲が政府部内暗闘の渦中に投じて、この監禁取調」をなした「スパイ政治の現れ」であり、「政府の言論に対する計画的凌辱」であるとの共同宣言を東西一五の新聞通信社で掲載することとした（一五日各紙掲載）。社によってはこれだけでは飽き足らず、内閣の「言論弾圧」を批判する記事を前後の時期に掲載するところもあった。[172]

記者たちは執拗に抗議した。内閣記者会は、一五日に丸山警視総監、一六日に鈴木書記官長、内務省記者団は一六日に安達内相を往訪した。一八日には都下三四新聞および通信記者倶楽部の代表五〇名が安達内相、大塚惟精警保局長および幣原喜重郎首相代理を訪問して抗議するとともに丸山警視総監の引責を要求した。[173]雑誌『サラリーマン』誌は、一連の新聞界の反応を画期とみなし、「組閣以来支持して来た浜口内閣に「言論圧迫」「スパイ政治」「政府の計画的凌辱」と認め、はつきり楯を突いた」と評価した。[174]

政府の新聞に対する「圧迫」を内閣への攻撃材料にしていた政友会は、「政府の言論機関圧迫が露骨」になっており、「掲載禁止事項」の「大部分は政府にとつて都合の悪い政治的意味の問題」であるばかりか、「新聞記者拘禁事件」は「全く許すべからざる司法警察の埒を越えたスパイ政治の暴露」に他ならない、とコメントした。[175]

◉民政党内閣の対応

事件については政府内でも一六日の閣議や一七日の政務官会議で問題視され、この間安達や丸山は釈明に追われた[176]。宇垣は一七日の日記で本件について「永年に渉る警察部内スパイ政治弊竇《へいとう》の曝露と見るを至当」、「下級者の忠義立破産の一曲」と書き付けた[177]。『時事新報』の取材に応じた匿名の閣僚は、「言論の支持に依つて成立した現内閣」が責任問題を有耶無耶にしたまま「推移する時は遂に人心の離反を買ひ内閣の危機に遭遇するの外はない[178]」、と危機感を露にしていた。

安達は、新聞界との間で言論統制の緩和を取引材料として事態を収束させるべく、まずは一八日に二十一日会の代表との会見に臨んだ。この席で安達は、「この度の警視庁の取調べ事件は頗る妥当を欠き遺憾に堪へません、ついては警視総監に対し篤と注意を与へ責任者に対しては相当の措置をなさしめます、しかして将来報道の自由言論の尊重に対しては充分の注意をなすのみならず新聞記者諸君の職務上の行動に関しては決して不安のない様致します」との回答を文書で手交した。また、「言論文章の取締り」を「徹底的に改良」することや、「警察官の不当なる取締り」は「将来充分注意する」ことを口頭で確約した[179]。

一九日、安達、大塚ら内務省関係者は内相官邸において二十一日会との協議会を開催した。批判の多かった記事差止の運用について協議し、「将来一層言論の自由を尊重して慎重なる処置を為す」ためだった。警保局は、記事差止を「必要止むを得ざる程度に限局する」との立場を示した[180]。さらに二三日の閣議では、朝日新聞社長の村山龍平および大阪毎日新聞社長の本山彦一を貴族院議員に勅選することを決定した[181]。

しかし、二十一日会の態度が軟化することはなかった。同会は、「政友民政の如何を問はず、ひと度朝に立てば、現行紙法第廿三条に基き、頻々として記事差止め禁止をなす」、と述べ、民政党がもはや政友会と同列であると放言して憚らなかった[182]。また、政府が上記一九日の協議で提議した言論統制の緩和についても諾否を即答せずに持ち帰って検討を続け、緩和の範囲について内務省に照会するなどしていた[183]。

　これに対し安達は、決着のために一九三一（昭和六）年六月に至って二十一日会に対して懇談を申し入れた。席上、安達は「言論取締まり」の範囲を「皇室に関する報道」、「重大犯人検挙の必要上行ふ場合」、「財界攪乱の虞れある場合」、「軍事外交問題」に限定する旨を説明した。二十一日会は、安達の説明にようやく満足し、運動を打ち切った[184]。『日本新聞年鑑』は、これにより「内務当局の言論取締は爾来著しく緩和された」、と評価した[185]。

Ⅳ　民政党政権の終焉と浜口内閣の意義

1　第二次若槻内閣のメディア映え

◉精彩を欠くメディア表象

　しかし、民政党政権に対するメディアの評価は覆らなかった。新聞界が安達らと協議している間、浜口内閣は三一年四月一四日に総辞職し、第二次若槻礼次郎内閣が成立していた。一二月までの短期内閣である。この年刊行の『日本新聞年鑑　昭和七年版』は、記者拘禁事件、新聞通信社の共同宣言、安達の陳謝釈明、新聞対内務当局の協議会開催などの経過を辿ったうえでこう述べている。「六年十二月の若槻内閣没落も亦、同内閣が夙に新聞界の支持を失つてゐた事をその一因に数へ得るのであり、今や、政治は新聞の支援無くしては行はれざるの時代に到着した[186]」。記者拘禁事件の代償は大きかった。

そのせいもあってか、同内閣のメディア戦略は浜口内閣と比較して精彩を欠いていた。八月の浜口逝去時には、二八日に追悼放送に臨む和服姿の若槻首相の写真が新聞に掲載されている（図10－14）。九月、一〇月の地方選挙に向けて若槻、安達、井上などの閣僚がレコードを録音したことも新聞に記事化された[187]。しかし、第二次若槻内閣は統合強化構想、官吏制度改革などの行政改革や税制改革を主眼としており（第一部第三章）、緊縮や国産品愛用に比肩する国民的な運動は企画しなかった。当然、キャンペーンのためのメディア利用も行われなかったし、ラジオによる施政方針演説もなされなかった。九月には満州事変が勃発し、メディアの関心は事変に釘付けとなった[188]。さらに若槻は浜口と異なってその顔や人となりがクローズアップされることもなかった。政策内容、在任のタイミングおよび首相のパーソナリティいずれを取っても、メディア映えしにくい内閣であった。

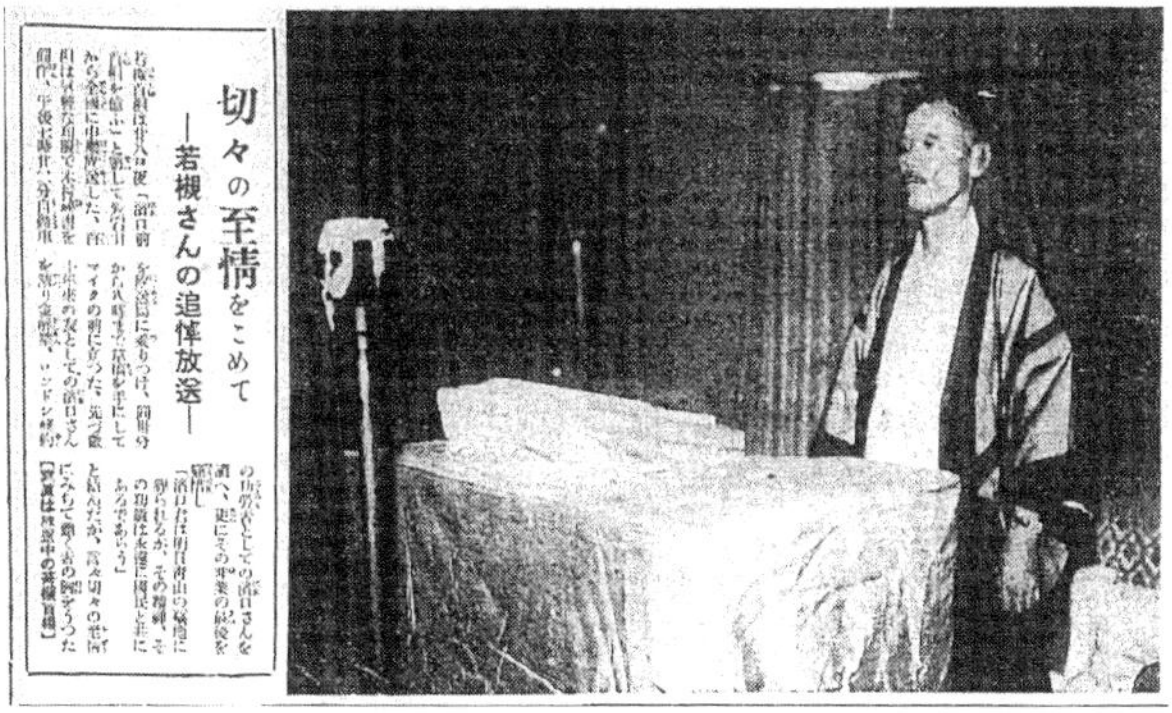

図10-14　若槻さんの追悼放送（『中外商業新報』1931年8月29日付朝刊）

第二次若槻内閣の総辞職とともに、民政党は政権を喪失した。その後三二年一月に衆議院は解散され、二月に総選挙が行われた。このとき、若槻ら民政党中枢は各地の応援演説用にトーキーを撮影したと報じられた[189]。しかし、選挙結果は大敗であった。

2　浜口内閣の意義

◉浜口メディア内閣の画期性

第二次若槻内閣の精彩のなさは、浜口内閣の意義を逆照射する。浜口内閣は、都市化や技術の進展により大衆化していく新しいメディアや新しい風俗にはじめて向き合った内閣だった。閣僚のメディア体験は、目新しさが報道価値に結び付き、とりわけ絵になる党首だった浜口がラジオ、映画、レコードに臨む一挙手一投足は大判写真とともに新聞で報じられた。普選を経て大衆と直接向き合った経験を有する党中枢の発想は、メディアの取締りに当たる官僚などとは一線を画し、「流行小唄」など大衆の嗜好に合致した政策宣伝を企画推進した。

浜口内閣がメディアを通じて国民に呼びかけたのは、民政党政権への参加であったと解釈できる。国民もこれに呼応した。浜口内閣の動向を報じる新聞記事は、本章掲載の写真からもわかるとおり、街頭ラジオや演説トーキーなど、新しいメディアを通じて首相の肉声を体験する人々の高揚感を併せて伝えていた。

国民からの投書もまた重要なメディアだった。浜口のラジオ演説に対する投書は、民政党政権を後押しした。警察に対する投書は、取締りの制度づくりや犯罪捜査に貢献していた。しかも投書は、ラジオ演説に感動した老婆、カフェー取締りを喜ぶ主婦、麻雀にのめり込む父に困り果てた小学生など、有権者以外の人々をも確実に政党政治に取り込んでいた。人々はメディア体験を通じて政治参加に誘われ、またメディア体験を通じて政治参加を果たしていた。

浜口内閣のメディア戦略の特徴であり限界であったのは、浜口自身の人気に相当程度依存していたことであった。浜口死去時、時事新報は的確にも「浜口氏がなきことは党に対する世間の人気に影響する」ため、今後「民政党の立場が幾分か不利」になると予想した[190]。日比谷公園で行われた浜口の葬儀には、三〇万人が参列した。「自由労働者、店員〔、〕サラリーマン、お主婦さん、小学生など各階級の浜口ファン」は霊柩車の経路である小石川の浜口私邸から葬儀会場まで四マイル＝六キロメートル超に身動きが取れないほどの「人垣」を作った。『東京日日新聞』はこの模様を「さながら大衆葬」と呼んだ[191]（図10－15）。この浜口を失ったのち、若槻民政党内閣は「没落」した。

だからこそ、浜口内閣の画期性は際立つ。前任の田中内閣は、新聞界との関係が悪く、かつレコード歌謡やトーキーなど新参のメディアを宣伝に使用するには技術的にも普及状況的にも時期尚早だった。後任の第二次若槻内閣も新

図10-15　故人を慕ふこの大衆（『東京日日新聞』1931年8月30日付夕刊）

聞界との関係が芳しくなく、メディアや国民の関心が事変へ向かってしまった。そして両首相ともメディア映えしなかった。翻って浜口内閣では、人気を博しメディア映えする首相があらゆるメディアを駆使し、大衆を照準に政治参加を呼び掛けた。大衆は新奇なメディアにつられてこれに呼応し、政治参加を果たした。浜口内閣は、普選時代の政党内閣に相応しいメディア内閣だった。

注

第一章

1　政党について、待鳥聡史『政党システムと政党組織』（東京大学出版会、二〇一五年）、同『民主主義にとって政党とは何か　対立軸なき時代を考える』（ミネルヴァ書房、二〇一八年）を参照。

2　本章の通史的理解について、清水唯一朗・瀧井一博・村井良太『日本政治史』（有斐閣、二〇二〇年）ならびに御厨貴・牧原出『日本政治史講義』（有斐閣、二〇二一年）、北岡伸一『〔増補版〕日本政治史』（有斐閣、二〇一七年）、季武嘉也・武田知己編『日本政党史』（吉川弘文館、二〇一一年）、升味準之輔『〔新装版〕日本政党史論』全七巻（東京大学出版会、二〇一一年）、坂野潤治『近代日本政治史』（岩波書店、二〇〇六年）を参照。また本節に関わる研究として、五百旗頭薫『大隈重信と政党政治』（東京大学出版会、二〇〇三年）、小宮一夫『条約改正と国内政治』（吉川弘文館、二〇〇一年）、季武嘉也『大正期の政治構造』（吉川弘文館、一九九八年）、清水唯一朗『政党と官僚の近代』（藤原書店、二〇〇七年）を特にあげておきたい。制度については、伊藤隆監修／百瀬孝『事典　昭和戦前期の日本』（吉川弘文館、一九九〇年）が詳しい。

3　小山俊樹『憲政常道と政党政治』（思文閣出版、二〇一二年）四九頁。

4　杣正夫『日本選挙啓発史』（明るく正しい選挙推進全国協議会、一九七二年）六九頁。

5　千葉功「大正政変と桂新党」坂本一登・五百旗頭薫編『日本政治史の新地平』（吉田書店、二〇一三年）二一八頁。小林道彦『桂太郎』（ミネルヴァ書房、二〇〇六年）、千葉功『桂太郎』（中央公論新社、二〇一二年）も参照。

6　浜口雄幸『随感録』（講談社、二〇一一年）三四頁。

7　小山前掲『憲政常道と政党政治』四頁。

8　加藤高明について、奈良岡聰智『加藤高明と政党政治』（山川出版社、二〇〇六年）、櫻井良樹『加藤高明』（ミネルヴァ書房、二〇一三年）、加藤高明／奈良岡聰智解説『滞英偶感』（中央公論新社、二〇一五年）を参照。

9　広瀬順晧監修・編集『政治談話速記録』三巻（ゆまに書房、一九九八年）二六一頁。木下謙次郎の回顧。

10　清水唯一朗『近代日本の官僚』中央公論新社、二〇一三年。

11　吉野作造『憲政の本義』（中央公論新社、二〇一六年）を参照。

12　村井良太『政党内閣制の成立　一九一八～二七年』（有斐閣、二〇〇五年）を参照。他に本節に関わる研究として、伊藤之雄『日本の歴史　二二』（講談社、二〇一〇年）、北岡伸一『日本の近代　五』（中央公論新社、二〇一三年）、三谷太一郎『増補　日本政党政治の形成』（東京大学出版会、一九九五年）、同「政党内閣期の条件」中村隆英・伊藤隆編『近代日本研究入門［増補版］』（新装版、東京大学出版会、二〇一二年）、同『大正デモクラシー論　第三版』（東京大学出版会、二〇一三年）、伊藤之雄『大正デモクラシーと政党政治』（山川出版社、一九八七年）を特にあげておきたい。

13　清水唯一朗『原敬』（中央公論新社、二〇二一年）二五二頁。

14　奈良岡前掲『加藤高明と政党政治』二二〇頁。

15　女性の政治参加に関して、主として村井良太『市川房枝』（ミネルヴァ書房、二〇二一年）を参照した。以下も同じ。

16　村井前掲『政党内閣制の成立　一九一八～二七年』を参照。

17　中島彌団次述「政界談話　浜口雄幸内閣（昭和四年七月―六年三月）時代のこと」『社会科学討究』一二〇号（一九九五年）二三九頁。

18　「吾党院外団物語」『憲政公論』四巻三号、五〇―五三頁。また一巻二号、三号は「院外団の人々」を特集し、一巻九号、二巻一号は民政党担当記者「桜田会の人々」を特集した。『憲政／憲政公論　復刻版』（全八巻、柏書房、二〇一〇年）を監修した奈良岡聰智による「解題」も参照。

19　渡辺茂雄編『加藤政之助回顧録』（加藤憲章、一九五五年）一五一頁。同時に、党内でも院内院外の差別的待遇撤廃を求めた。一九二三年春には院外団から本部役員の総務一人と常任幹事一人が指名され、政務調査会にも数名、党務委員に若干名が指名された。

20　前掲「吾党院外団物語」五二頁。なお、エイコ・マルコ・シナワ（藤田美菜子訳）『悪党・ヤクザ・ナショナリスト』（朝日新聞出版、二〇二〇年）は、院外団にはインテリ組と暴力組の二種類があり、政友会＝明治大学、憲政会＝早稲田大学という対立構造があったと分析している。

21　中澤俊輔『治安維持法』（中央公論新社、二〇一二年）、奈良岡聰智「１９２５年中選挙区制導入の背景」『年報政治学　二〇〇九Ｉ』（木鐸社、二〇〇九年）。

22　若月剛史『戦前日本の政党内閣と官僚制』（東京大学出版会、二〇一四年）九五―九六頁。

23　松尾尊兊『普通選挙制度成立史の研究』（岩波書店、一九八九年）、村井前掲『市川房枝』を参照。

24　幣原外交に関する近年の研究として、服部龍二『増補版

幣原喜重郎』（吉田書店、二〇一七年）、熊本史雄『幣原喜重郎』（中央公論新社、二〇二一年）、種稲秀司『幣原喜重郎』（吉川弘文館、二〇二一年）を参照。

25 村井前掲『政党内閣制の成立 一九一八～二七年』二四六頁。

26 『官報』一九二四年七月三日。議事録については、帝国議会会議録検索システム（https://teikokugikai-i.ndl.go.jp/）を参照。

27 安達謙蔵『安達謙蔵自叙伝』（新樹社、一九六〇年）二一七―二一八頁。

28 『憲政公論』七巻二号、六―七頁。

29 若槻礼次郎「憲本聯盟訂結の真意義」『憲政公論』七巻四号、五―六頁。

30 松本剛吉／岡義武、林茂校訂『大正デモクラシー期の政治』（岩波書店、一九五九年）五六七頁。

31 第一次若槻内閣期の政治過程が立憲民政党創立につながっていく経緯について、奈良岡聰智「立憲民政党の創立」『法学論叢』一六〇巻五・六号（二〇〇七年）。また、山本四郎【解題】立憲民政党と党報『民政』」文献資料刊行会編『民政』一巻（柏書房、一九八六年）でも結党の経緯が詳しい。本節に関わる研究として、井上寿一『政友会と民政党』（中央公論新社、二〇一二年）と筒井清忠『昭和戦前期の政党政治』（筑摩書房、二〇一二年）を参照。

32 『読売新聞』一九二七年五月一一日付。

33 井上前掲『政友会と民政党』三七頁。

34 猪俣敬太郎『中野正剛』（吉川弘文館、一九六〇年）八七頁。

35 猪俣前掲『中野正剛』九二頁。

36 『民政』一巻一号（一九二七年）八〇頁。また、横山勝太郎監修／樋口秀雄校訂／山本四郎解題『憲政会史』上下（原書房、一九八五年）と塚田昌夫編『立憲民政党史』前後篇（原書房、一九七三年）を参照。

37 若槻礼次郎『明治・大正・昭和政界秘史』（講談社、一九八三年）二九七頁。

38 『読売新聞』一九二七年五月二三日付。

39 斎藤隆夫／伊藤隆編『斎藤隆夫日記』上（中央公論新社、二〇〇九年）五三〇頁。

40 麻生大作編『政友本党誌』（政友本党誌編纂所、一九二七年）二六二頁。

41 立憲民政党史研究会『総史立憲民政党 資料編』（櫻田会、一九八九年）九―一〇頁。創立趣意書に微細な文言の修正が加えられた「宣言」は『民政』一巻一号、六六―六七頁。

42 浜口雄幸「立憲民政党総裁就任の辞」『民政』一巻一号、二―三頁。

43 立憲民政党遊説部『立憲民政党の本領』（立憲民政党遊説部、一九二七年）一頁。

44 中野正剛『国民に訴ふ』（平凡社、一九二九年）。

45 安部磯雄「立憲民政党の政綱を評す」『中央公論』四二巻七号、一九二七年。

46 清水唯一朗「立憲政友会の分裂と政党支持構造の変化」坂本一登・五百旗頭薫前掲『日本政治史の新地平』二三四頁。

第二章

1 村井良太『政党内閣制の展開と崩壊　一九二七〜三六年』（有斐閣、二〇一四年）三一頁。ラモントについて、三谷太一郎『ウォール・ストリートと極東』（東京大学出版会、二〇〇九年）を参照。

2 『民政』一巻七号（一九二七年）二頁。

3 今井清一『濱口雄幸伝』（朔北社、二〇一三年）上、四八頁。川田稔『浜口雄幸』（ミネルヴァ書房、二〇〇七年）、川田稔編『浜口雄幸集　論述・講演篇』（未來社、二〇〇〇年）、川田稔編『浜口雄幸集　議会演説篇』（未來社、二〇〇四年）、波多野勝『浜口雄幸』（中央公論社、一九九三年）も参照。

4 井上寿一『政友会と民政党』（中央公論新社、二〇一二年）四五頁。

5 一例として、丸山福松『長野県政党史』下（信濃毎日新聞、一九二八年）。

6 美濃部達吉『現代憲政評論』（岩波書店、一九三〇年）二四二頁。

7 小山俊樹『憲政常道と政党政治』（思文閣出版、二〇一二年）一九三頁。馬場について、御厨貴『馬場恒吾の面目』（中央公論新社、二〇一三年）を参照。

8 河原彌三郎『民政党総覧』（民政党総覧編纂所、一九三一年）七六頁。

9 杣正夫『日本選挙啓発史』（明るく正しい選挙推進全国協議会、一九七二年）一三一頁。村井良太「戦前から戦後への日本の選挙管理」大西裕編『選挙管理の政治学』（有斐閣、二〇一三年）も参照。伊沢については、大西比呂志『伊沢多喜男』（朔北社、二〇一九年）を参照。

10 市川房枝記念会監修『市川房枝集』一巻（日本図書センター、一九九四年）三七四頁。市川については、村井良太『市川房枝』（ミネルヴァ書房、二〇二一年）を参照。

11 市川房枝記念会前掲『市川房枝集』一巻、三四二頁。

12 市川房枝記念会前掲『市川房枝集』一巻、三七五頁。

13 『民政』二巻三号（一九二八年）三五—三六頁。

14 宇垣一成／角田順校訂『宇垣一成日記』I（みすず書房、一九六八年）六四三—六四八頁。

15 この時期の選挙や政党の支持基盤について、玉井清『第一回普選と選挙ポスター』（慶應義塾大学出版会、二〇一三年）、季武嘉也『選挙違反の歴史』（吉川弘文館、二〇〇七年）、手塚雄太『近現代日本における政党支持基盤の形成と変容』（ミネルヴァ書房、二〇一七年）を参照。

16 宮内庁編『昭和天皇実録』五巻（東京書籍、二〇一六年）三〇頁。
17 『朝鮮朝日』一九二八年二月二〇日付。
18 百瀬孝『事典 昭和戦前期の日本』（吉川弘文館、一九九〇年）四〇頁。
19 武田知己編『松村謙三 三代回顧録』（吉田書店、二〇二一年）一二七頁。粟屋憲太郎『昭和の政党』（岩波書店、二〇〇七年）も参照。
20 「第五十五議会報告書」『民政』臨時号（一九二八年）四〇—四一頁。
21 武田前掲『松村謙三 三代回顧録』一三〇—一三五頁。
22 升味準之輔『［新装版］日本政党史論』五巻（東京大学出版会、二〇一一年）。
23 大麻唯男伝記研究会編『大麻唯男 伝記編』（櫻田会、一九九六年）。
24 渡部寛一郎文書研究会「翻刻 渡部寛一郎宛若槻礼次郎書簡（続）」『山陰研究』九号（二〇一六年）一三一頁。
25 『民政』二巻一〇号（一九二八年）、二二—二三頁。
26 『読売新聞』一九二八年一〇月一五日付。
27 村井前掲『政党内閣制の展開と崩壊 一九二七～三六年』七四頁。また伊藤之雄『昭和天皇と立憲君主制の崩壊』（名古屋大学出版会、二〇〇五年）を参照。
28 寺崎英成、マリコ・テラサキ・ミラー『昭和天皇独白録』（文藝春秋、一九九五年）二七頁。
29 『民政』三巻八号（一九二九年）、二〇—二一頁。
30 財部彪／尚友倶楽部、季武嘉也、櫻井良樹編『財部彪日記 海軍大臣時代』（芙蓉書房出版、二〇二一年）四九九頁。
31 斎藤隆夫／伊藤隆編『斎藤隆夫日記』上（中央公論新社、二〇〇九年）六二三頁。
32 「倉富勇三郎日記」一九二九年七月二〇日条『倉富勇三郎関係文書』国立国会図書館憲政資料室蔵。小川平吉文書研究会編『小川平吉関係文書』一巻（みすず書房、一九七三年）六三六頁。
33 田健治郎／尚友倶楽部、広瀬順晧、季武嘉也、櫻井良樹、内藤一成、松田好史編『田健治郎日記』七巻（芙蓉書房出版、二〇一八年）七四—七七頁。
34 牧野伸顕／伊藤隆、広瀬順晧編『牧野伸顕日記』（中央公論社、一九九〇年）三八〇頁。
35 粟屋前掲『昭和の政党』一八五頁、菅谷幸浩『昭和戦前期の政治と国家像』（木鐸社、二〇一九年）三九—四〇頁。
36 市川房枝編『日本婦人問題資料集成』二巻（ドメス出版、一九七七年）三二三頁。
37 菅谷前掲『昭和戦前期の政治と国家像』三八頁。
38 財部前掲『財部彪日記』五〇九頁。
39 牧野前掲『牧野伸顕日記』三八七頁。
40 浜口雄幸『随感録』（講談社、二〇一一年）三五頁。
41 浜口前掲『随感録』四一—四二頁。
42 浜口前掲『随感録』一三八頁。

43 宇垣前掲『宇垣一成日記』Ⅰ、七二四頁。
44 森恪「昭和四年度実行予算の正体」『政友』臨時増刊号（一九二九年）二頁。
45 市川房枝『市川房枝自伝 戦前編』（新宿書房、一九七四年）二一一頁。
46 「立憲民政党芝民政倶楽部ファイル」『戦前期政党・選挙・東京市等関係資料』四〇、国立国会図書館憲政資料室蔵。
47 川人貞史『日本の政党政治 1890―1937年』（東京大学出版会、一九九二年）。
48 『朝鮮朝日（南鮮版）』一九三〇年二月二二日付。
49 『朝鮮毎日（南部版）』一九三〇年二月二五日付。
50 市川房枝記念会監修『市川房枝集』二巻（日本図書センター、一九九四年）七八頁。
51 市川房枝記念会女性と政治センター所蔵『オンライン版市川房枝資料 1905―1946』（丸善雄松堂、二〇二二年）八〇〇―一。
52 財部前掲『財部彪日記』五二三頁。
53 萩原淳『平沼騏一郎』（中央公論新社、二〇二一年）一一五頁。伊藤隆『昭和初期政治史研究』（東京大学出版会、一九六九年）、関静雄『ロンドン海軍条約成立史』（ミネルヴァ書房、二〇〇七年）を参照。
54 濱口雄幸／池井優・波多野勝・黒沢文貴編『濱口雄幸 日記・随感録』（みすず書房、一九九一年）三一八頁。
55 村井前掲『政党内閣制の展開と崩壊 一九二七～三六年』一一一頁。
56 浜口前掲『随感録』一一〇―一一三頁。浜口内閣の世界史的位置づけについて、Frederick R. Dickinson, *World War I and the Triumph of a New Japan, 1919-1930*, Cambridge University Press, 2013、森靖夫『「国家総動員」の時代』（名古屋大学出版会、二〇二〇年）を参照。
57 五百旗頭真『米国の日本占領政策』下（中央公論社、一九八五年）一七一頁。
58 『第一回衆議院議員選挙革正審議会総会議事速記録』（一九三〇年）一頁。『衆議院議員選挙革正審議会総会議事速記録』一―六号（一九三〇年四月―同一二月）。浜口遭難後の一二月三日、幣原臨時首相代理に答申された。
59 前掲『第一回衆議院議員選挙革正審議会総会議事速記録』一四頁。
60 『第三回衆議院議員選挙革正審議会総会議事速記録』（一九三〇年）一五頁。
61 『民政』四巻四号（一九三〇年）、七〇頁。
62 『民政』四巻五号（一九三〇年）、一二一頁。
63 『民政』四巻一一号（一九三〇年）、一二五頁。
64 村井前掲『政党内閣制の展開と崩壊 一九二七～三六年』一一九頁。
65 井上敬介『立憲民政党と政党改良』（北海道大学出版会、二〇一三年）五一―五九頁で詳しく検討されている。政友会の様子は、奥健太郎『昭和戦前期 立憲政友会の研究』

（慶應義塾大学出版会、二〇〇四年）を参照。
66 市川前掲『市川房枝自伝　戦前編』二五〇頁。
67 立憲民政党史研究会『総史立憲民政党　資料編』（櫻田会、一九八九年）四八四頁。
68 斎藤前掲『斎藤隆夫日記』上、七〇六―七〇七頁。
69 木戸幸一／木戸幸一日記研究会校訂『木戸幸一日記』上（東京大学出版会、一九六六年）六六頁。
70 宇垣前掲『宇垣一成日記』Ⅰ、七八三―七九六頁。中野雅夫『橋本大佐の手記』（みすず書房オンデマンド版、二〇〇〇年）五〇頁。
71 村井前掲『政党内閣制の展開と崩壊　一九二七～三六年』一三六頁。
72 浜口前掲『随感録』五頁。
73 升味前掲『［新装版］日本政党史論』五巻、粟屋前掲『昭和の政党』、三谷太一郎『増補　日本政党政治の形成』（東京大学出版会、一九九五年）。
74 伊東圭一郎編『県政物語』（世界社、一九二八年）。なお、ここでは時間（日程）に注目したが、佐藤信『近代日本の統治と空間』（東京大学出版会、二〇二〇年）三八九―三九九頁では、空間（場所）に注目して浜口総裁体制を論じている。
75 北岡伸一『自民党』（中央公論新社、二〇〇八年）三一―三三頁。
76 加藤正造『政党の表裏』（批評社、一九二八年）序一、八三頁。
77 奈良岡聰智「解題」同監修『憲政／憲政公論（復刻版）』（柏書房、二〇一〇年）。
78 『民政』一巻一号（一九二七年）、一二〇頁。
79 『民政』一巻三号（一九二七年）。
80 伊東前掲『県政物語』一頁。
81 松尾尊兊「政友会と民政党」朝尾直弘ほか篇『岩波講座日本歴史19　近代6』（岩波書店、一九七六年）、伊藤之雄『大正デモクラシーと政党政治』（山川出版社、一九八七年）、伊香俊哉、倉敷伸子解説『昭和初期政党政治関係資料』全四巻（不二出版、一九八八年）。
82 川端道一編『青年民政党小史』（青年民政党本部教育出版部、一九三二年）。
83 小宮京『語られざる占領下日本』（ＮＨＫ出版、二〇二二年）二一八頁。
84 井上前掲『立憲民政党と政党改良』、また北海道に即した分析として、同『戦前期北海道政党史研究』（北海道大学出版会、二〇一九年）、同『立憲民政党の地方組織と北海道』（吉川弘文館、二〇二三年）を参照。
85 丸山鶴吉『七十年ところどころ』（七十年ところどころ刊行会、一九五五年）一二九―一三一頁。

第三章

1 升味準之輔『日本政党史論』第四巻（東京大学出版会、一九六八年）。
2 若月剛史「政党政治と専門官僚」（『歴史評論』八一七号、二〇一八年）。
3 この点については、杉谷直哉「政党政治家のイメージ形成について 若槻礼次郎の伝記と地元評からの検討」（『山陰研究』一二号、二〇一九年）を参照。
4 以下、若槻の青少年時代については、主に若槻礼次郎『古風庵回顧録』（読売新聞社、一九五〇年）、尼子止『平民宰相若槻礼次郎』（モナス、一九二六年）を参照した。
5 若槻前掲『古風庵回顧録』四一—四二頁。
6 原敬の青少年時代については、季武嘉也『原敬』（山川出版社、二〇一〇年）、伊藤之雄『原敬』上（講談社、二〇一四年）、清水唯一朗『原敬』（中央公論新社、二〇二一年）などを参照した。
7 尼子前掲『平民宰相若槻礼次郎』二三〇—二三一頁。
8 若槻前掲『古風庵回顧録』一三七—一四一頁。
9 伊藤隆、広瀬順晧編『牧野伸顕日記』（中央公論社、一九九〇年）一九三一年四月一一日の条。
10 この時期の民政党内の状況については、井上敬介『立憲民政党と政党改良』（北海道大学出版会、二〇一三年）第一章。
11 『若槻内閣』（若槻内閣編纂会、一九三一年）一一八—一一九頁。
12 『朝日新聞』一九三一年四月一五日朝刊。
13 第二次若槻内閣の閣僚の経歴については、野崎政助編『若槻大内閣』（八郡倶楽部、一九三一年）七四—一四六頁を参照。
14 桜内の経歴については、桜内幸雄『桜内幸雄自伝 蒼天一夕談』（蒼天会、一九五二年）、河野幸之助『桜内家の人々』（日本時報社出版局、一九六五年）を参照した。
15 原の経歴については、富岡福寿郎『原脩次郎先生』（弘文社、一九三五年）を参照した。
16 前掲『若槻内閣』一八二頁。
17 前掲『若槻内閣』二〇〇頁。
18 この点については、若月剛史『戦前日本の政党内閣と官僚制』（東京大学出版会、二〇一四年）を参照。
19 この点については、安田浩「総論」（坂野潤治ほか編『シリーズ日本近現代史』三巻、岩波書店、一九九三年に所収）を参照。
20 前掲『若槻内閣』二三五—二四一頁。
21 前掲『若槻内閣』二六九—二七三頁。
22 この点については、十河和貴「第二次若槻内閣の行政制度改革構想と政党内閣制」（『日本史研究』七〇九号、二〇二一年）。
23 以下、官吏減俸問題については前掲『若槻内閣』第四章。
24 こうした治者意識は近世以来のものであるが、この点については、小川和也『牧民の思想』（平凡社、二〇〇八年）

を参照。

25 若月前掲「政党政治と専門官僚」。

26 若月前掲『戦前日本の政党内閣と官僚制』第五章。

27 鉄道省内の高等官・判任官の代表が五月二一日に江木鉄相に提出した陳情書（前掲『若槻内閣』三一九―三二〇頁）。

28 深見貴成「近現代日本官僚制の一側面　官吏減俸と恩給の問題を中心に」（『神戸市立工業高等専門学校研究紀要』五二号、二〇一四年）。

29 二大政党の統合強化構想については、若月前掲『戦前日本の政党内閣と官僚制』第二章。

30 この点に関する最新の研究として、十河前掲「第二次若槻内閣の行政制度改革構想と政党内閣制」が挙げられる。

31 「行政整理案（民政党政務調査総会決定）」（大蔵省財政史室監修『昭和財政史資料　Mフィルム（リール）』日本マイクロ写真、一―一一〇）。

32 十河前掲「第二次若槻内閣の行政制度改革構想と政党内閣制」。

33 満州事変とその後の経過については、臼井勝美『満州事変』（中央公論社、一九七四年）、川田稔『満州事変と政党政治』（講談社、二〇一〇年）、小林道彦『政党内閣の崩壊と満州事変』（ミネルヴァ書房、二〇一〇年）などを参照。

34 原田熊雄『西園寺公と政局』第二巻（岩波書店、一九五〇年）六二―六四頁。

35 川田前掲『満州事変と政党政治』六八頁。

36 川田前掲『満州事変と政党政治』七六―七九頁。

37 坂野潤治「外交官の誤解と満州事変の拡大」（『社会科学研究』三五巻五号、のちに坂野『近代日本の外交と政治』研文出版、一九八五年に収録）。

38 以下、協力内閣運動については、坂野潤治「『憲政常道』と『協力内閣』」（『年報・近代日本研究』六、一九八四年、のちに坂野前掲『近代日本の外交と政治』に所収）、小山俊樹『憲政常道と政党政治』（思文閣出版、二〇一二年）、菅谷幸浩『昭和戦前期の政治と国家像』（木鐸社、二〇一九年）第一章、原田伸一「協力内閣運動と安達謙蔵の政治指導」（『政経論叢』二五巻一号、二〇一三年）、佐藤元英「『協力内閣』形成の構想」（『中央大学政策文化総合研究所年報』二二号、二〇一八年）などを参照。

39 菅谷前掲『昭和戦前期の政治と国家像』五五頁。

40 若槻前掲『古風庵回顧録』三八三―三八四頁。

41 この点については、酒井哲哉『大正デモクラシー体制の崩壊』（東京大学出版会、一九九二年）、村井良太『政党内閣制の展開と崩壊　一九二七〜三六年』（有斐閣、二〇一四年）を参照。

第四章

1 『牧野伸顕日記』（中央公論社、一九九〇年）一九三一年一二月一四日条、四九三頁。なお本章の扱う時期の政局と議会を扱った通史として、林茂・辻清明編『日本内閣史録』第三巻（第一法規出版、一九八一年）および内田健三・金原左門・古屋哲夫編『日本議会史録』三巻（第一法規出版、一九九一年）を参照。

2 安達謙蔵・富田幸次郎の脱党声明書は左記の通り。
（安達）国家内外重大の時期に当り全国民の力を傾倒して国運を開拓せんが為め、協力内閣を組織するの必要なる事は自分の確信であつて、最初から身を挺して之が実現の為めに努力した、然るに此の目的は達せられずして将に単独内閣の出現を見るに至らんとす、自分は内外の情勢に鑑み、此の際党籍を離脱し自由の立場に立つ事に決心した。

（富田）重大なる時機に際して協力内閣を作り、国民的努力を為す事が緊喫の問題であると思惟し努力したのであるが。事志と違ひそれが為め党内諸君に迷惑を与へ、内閣を倒した事は恐縮に堪へない。徳義的自責の念によりこゝに責任を明かにする所以である（加藤政之助編『立憲民政党史』〈後篇、一九三五年／原書房、一九七三年復刻〉九〇七頁）。

3 若槻礼次郎『明治・大正・昭和政界秘史　古風庵回顧録』（講談社学術文庫、一九八三年）三四六頁。

4 伊沢多喜男宛江木翼書簡、一九三二年三月五日付（『伊澤多喜男関係文書』芙蓉書房出版、二〇〇〇年、一四三頁）。

5 斎藤隆夫『斎藤隆夫日記』下（中央公論新社、二〇〇九年）一九三二年二月九日条、九頁。

6 原田熊雄述『西園寺公と政局』（岩波書店、一九五〇年）二巻、一九三頁。

7 斎藤隆夫「国民道徳の根本を紊る犬養内閣」（『民政』六巻四号、一九三二年）。

8 小山俊樹『五・一五事件』（中央公論新社、二〇二〇年）一五五―一五九頁。

9 小山俊樹『評伝森恪』（ウェッジ、二〇一七年）三六一頁。

10 若槻前掲『明治・大正・昭和政界秘史』三四七頁。

11 原田前掲『西園寺公と政局』第二巻、二九三頁。

12 木戸幸一／木戸幸一日記研究会校訂『木戸幸一日記』上（東京大学出版会、一九六六年）一九三二年五月一八日条、一六六頁。

13 大西比呂志『伊澤多喜男』（朔北社、二〇一九年）二〇五頁。

14 原田前掲『西園寺公と政局』第二巻、二九五頁。

15 若槻礼次郎「満蒙権益の確守」（『民政』第六巻一号、一九三二年）。

16 井上寿一『政友会と民政党』（中央公論新社、二〇一二年）一五九―一六〇頁。

17 安達謙蔵宛清浦奎吾書簡、一九三二年一月四日付（「安達謙蔵関係文書」（一二一―七、国立国会図書館憲政資料室蔵）。原田前掲『西園寺公と政局』第二巻、一九七頁。

18 町田忠治「復党問題と新政策の樹立」（『民政』第六巻七号、一九三二年）二八―三〇頁。

19 一九三二年八月三〇日民政党有志代議士会（「党報」『民政』第六巻一〇号、一九三二年）。
20 井上敬介『立憲民政党と政党改良』（北海道大学出版会、二〇一三年）一三六頁。
21 「南次郎日記」一九三二年一一月二〇日条（佐々木隆「陸軍『革新派』の展開」『昭和期の軍部』山川出版社、一九七九年、二八頁）。
22 軍民離間声明の主導者は鈴木貞一（陸軍省新聞班長）であったが、鈴木は声明の政治問題化によって陸大教官へ転出させられる。声明が軍部・政局に与えた影響について、藤田俊「『非常時』における軍民離間声明とその影響　軍人の政治関与をめぐる論争を中心に」（『北九州市立大学基盤教育センター紀要』三九号、二〇二二年一二月）を参照。
23 菅谷幸浩『昭和戦前期の政治と国家像』（木鐸社、二〇一九年）一〇二頁。
24 斎藤隆夫「選挙法改正の大要」（『民政』八巻六号、一九三四年）。
25 「藤沼庄平日記」一九三四年五月一七日条（「藤沼庄平関係文書」国立国会図書館憲政資料室蔵）。
26 若槻礼次郎「政策協定と我党の態度」（『民政』八巻六号、一九三四年）。
27 重臣会議の開催には、次のような経緯がある。一九三二年八月、西園寺は牧野内大臣に元老を拝辞することを希望し、元老の職責にかわるものとして重臣会議を提起した。だが西園寺の元老拝辞は牧野や木戸の説得で流れ、三四年一月に、首相の推薦は元老が枢密院議長や首相のうち前官礼遇を受けた者と協議すると決められた。牧野内大臣は重臣会議に政党関係者が含まれることを嫌い、高橋と若槻を除外しようと画したが、西園寺の強い意志によって牧野の意見は退けられ、初の重臣会議には若槻らを含む首相経験者全員が召集された。なお倉富勇三郎枢密院議長が病のため辞職した後、副議長の平沼騏一郎ではなく、一木が後任に就いたのも西園寺の意向によるものであった（升味準之輔『日本政党史論』六巻、東京大学出版会、一九八〇年、二〇九—二一四頁、同『日本政治史3』東京大学出版会、一九八八年、二〇九—二一一頁）。
28 村井良太『政党内閣制の展開と崩壊』（有斐閣、二〇一四年）二八七頁。
29 原田前掲『西園寺公と政局』三巻、三四八頁。『木戸幸一日記』による牧野の記憶によれば、若槻は次のように述べたという。「自分の平素の主義方針よりすれば多数党の総裁鈴木氏と云ふことにもなるが、それが或事情の為に無理なりとすれば、岡田氏にて結構なり」（上、三四三—三四五頁）。
30 桜内幸雄『蒼天一夕談』（蒼天会、一九五二年）三五〇—三五一頁。
31 一九三四年八月八日付、若槻礼次郎宛川崎卓吉書簡草稿（「川崎卓吉関係文書ＭＦ」二一一、国立国会図書館憲政資料室蔵）。書簡の主要部分は左記の通り。

（前略）我々の仲間では左の三案話題に上り候。

第一案　此際宇垣氏を立たしめ、政民、両党に呼懸けしめ、国同の一部を加へ絶体多数の一党を作る事。

第二案　現政府の与党と見做すべき民政党、床次党、官僚党を打つて一党と為し、政友会に対立し、絶体多数を取る事。

第三案は政民合同或は連繫し政党の強力を図る事。

第一案は宇垣氏の勇気を疑ふものあるも同氏も政界へ乗出す積なれば此際最も其時機なるべく、相当の膳立てせば出馬すべしと見る者も有之候。而して民政党としては此場合最も利益あるべしとの意見に候。

第二案は最も現状に即し居るやも知れず、今回の組閣が政友会に対し都合よく運べば最も容易く行はれたるべきも今日に於ては如何や。殊に、幹部中床次氏に対し全然信頼せざるも多々有之候。又官僚に何処までの決心あるや未不明候。

第三案は政友会に於て山条氏、久原氏の意見なるが加く、殊に山条氏は非常に熱心に勧説し居る様子に候。此際政民を合同し首脳は委員制度とし、若槻氏、鈴木氏を委員とす、総裁を置くの要ある時は、徳望手腕によりて自ら帰する処に帰すべし（以下略）。

32　松村謙三『町田忠治翁伝』（町田忠治翁伝記刊行会、一九五〇年）二六九頁。

33　町田忠治伝記研究会編『町田忠治』伝記編（櫻田会、一九九六年）三〇七―三〇八頁。

34　井上前掲『立憲民政党と政党改良』一五九―一六〇頁。

35　宇垣一成宛町田忠治書簡、一九三五年一月一四日付（『宇垣一成関係文書』芙蓉書房出版、一九九五年、四〇四頁）。前掲『町田忠治』伝記編は、この宇垣への打診について「どのくらい本気でやったのかは、かなり疑わしい」と論じ、拒絶を前提とした町田総裁就任への地ならしと解釈する（三一一頁）。

36　前掲『町田忠治』伝記編、三二一頁。

37　斎藤隆夫『回顧七十年』（中公文庫、一九八七年）一一三頁。

38　菅谷前掲『昭和戦前期の政治と国家像』一三七頁。

39　原田前掲『西園寺公と政局』四巻、一五二頁。

40　「党報」（『民政』九巻六号、一九三五年）。

41　選挙粛正運動は、府県知事の政党離れや厳しい選挙統制などを促しつつも、政民二大政党の地盤を大きく揺るがすには至らなかった。軍や内務官僚に政党排撃の意図けあったが、それに代わる選択肢が提示されず、同様の課題は翼賛選挙にまで継承される（小南浩一「再考・選挙粛正運動とは何であったか」『選挙研究』一五号、二〇〇〇年）。県会議員選挙などでも選挙運動は依然として代議士が主体となる形が多く、買収なども継続していた（車田忠継『昭和戦前期の選挙システム』日本経済評論社、二〇一九年、二一八頁）。そして政民二大政党は、農村では職能団体の長に就くなどし、都市部では町内会等の地域住民組織に関わることで、新興勢力に依拠した支持基盤の再生・拡大をはかったのである（源川真希『近現代日本の地域政治構造』二〇〇一年、日本経済評論社、二六六頁）。当該期の政民両党ら既成政党による支持基盤の拡大や後援会組織の動向について、車田前掲書および手塚雄太『近現代日本における政党支持基盤の形成と変容』（ミネルヴァ書房、二〇一七年）などを参照。

42 川崎卓吉「政党解消論は解消した」（『民政』九巻一〇号、一九三五年）七三頁。川崎の言のように、選挙粛正を経ても政民二大政党が大部分の議席を獲得したことで、政党は自信を深めた。官田光史『戦時期日本の翼賛政治』（吉川弘文館、二〇一六年）五三頁など参照。

43 「地方政戦跡座談会」（『民政』九巻二一号）八三頁。

44 川崎卓吉「我党飛躍の好機に直面す」（『民政』一〇巻二号、一九三五年）。

45 岡田啓介／岡田貞寛編『岡田啓介回顧録』（中公文庫、一九八七年）一五二頁。

46 第一九回総選挙について、井上寿一は民政党が「ファッショ運動を排撃し議会政治を確立せよ」との主張を掲げて支持を得たことに注目する（井上前掲『政友会と民政党』一九〇頁）。これに対して、実際の選挙活動においては候補者によって中国大陸への経済進出などが唱えられたとの指摘がある（杉谷直哉「島根県における政党内閣制崩壊前後の政党勢力の展開」『日本政治法律研究』四号、二〇二二年）が、それをもって直ちに民政党の「反英米的傾向」（同二二七頁）とみなすのは難しいだろう。また政党支部の組織改革が進められた地域では、広域での候補者調整が実現し、選挙を有利に実施することができた。民政党北海道支部では道会議員の主導による集団指導体制が確立し、その地盤は戦後自民党にも継承されたという（井上敬介『立憲民政党の地方組織と北海道』吉川弘文館、二〇二二年、二五七頁）。

47 井上寿一『広田弘毅』（ミネルヴァ書房、二〇二一年）一七七頁。

48 『川崎卓吉』（川崎卓吉伝記編纂会、一九六一年）五〇二—五〇四頁。

49 広田の組閣への陸軍による介入について、筒井清忠『昭和十年代の陸軍と政治』（岩波書店、二〇〇七年）第一章を参照。

50 古川隆久『昭和戦中期の議会と行政』（吉川弘文館、二〇〇五年）二五三頁。

51 同演説については「粛軍に関する質問演説」と題して『斎藤隆夫政治論集』（斎藤隆夫先生顕彰会、一九六一年）に所収されるほか、演説への反響や斎藤宛の書簡類が『資料日本現代史9　二・二六事件前後の国民動員』（大月書店、一九八四年）に収められている。

52 斎藤前掲『斎藤隆夫日記』下、一九三六年五月七日条、一

八八頁。粛軍演説と当時の政治情勢との関係について、井上前掲『広田弘毅』一八四―一八八頁。

53　斎藤前掲『斎藤隆夫日記』下、一九三六年一二月二六日条、二一六頁。防共協定と民政党について、本書第二部六章、および照沼康孝「挙国一致内閣期の民政党の外交政策」(『政府と民間』山川出版社、一九九五年)など参照。

54　斎藤前掲『斎藤隆夫日記』下、一九三七年一月一九日条、二二三頁。

55　「鶴見祐輔日記」一九三七年一月二二・二三日条(「鶴見祐輔関係文書」国立国会図書館憲政記念室蔵)。宇垣への大命降下を知った鶴見は、二三日深夜に宇垣を訪ねて祝福し、組閣への協力を行った。

56　宇垣の組閣失敗について、筒井前掲『昭和十年代の陸軍と政治』三章を参照。

57　宇垣一成／角田順校訂『宇垣一成日記』Ⅱ(みすず書房、一九七〇年)一九三七年一月二七日条。

58　前掲『木戸幸一日記』(上、五四〇頁)。鶴見祐輔も百武三郎侍従長から「血が流れては」との言葉があったと人づてに聞いた(前掲「鶴見祐輔日記」一九三七年一月二八日条)。宮中側近には一年前の二・二六事件の印象が強く、陸軍の反対を押し切ってまで宇垣を擁護する覚悟はなかった。

59　加藤陽子『模索する一九三〇年代』(山川出版社、二〇一二年)、酒井哲哉『大正デモクラシー体制の崩壊』(東京大学出版会、一九九二年)、坂野潤治『昭和史の決定的瞬間』(筑摩書房、二〇〇四年)など。

60　宇垣前掲『宇垣一成日記』Ⅱ、一九三七年一月三一日条。

61　宇垣一成宛川崎克書簡、一九三七年一月二七日付(前掲『宇垣一成関係文書』一七三頁)。

62　井上前掲『立憲民政党と政党改良』二一五頁。

63　髙杉洋平『宇垣一成と戦間期の日本政治』(吉田書店、二〇一五年)一六八頁。

64　菅谷幸浩「広田内閣と宇垣一成」(『政治学論集』二七号、二〇一四年)。『大蔵公望日記』二巻、一九七四年、二六八頁。また対外構想において、宇垣と陸軍との近接性を先駆的に指摘した井上寿一『危機のなかの協調外交』(山川出版社、一九九四年)など参照。

65　髙杉前掲『宇垣一成と戦間期の日本政治』一七六頁。

66　この点について、戸部良一は「宇垣の場合、支持層の中に、現状維持と革新という相互に対立した勢力が含まれていた。対立する支持勢力をつなぎとめておくために、宇垣の立場や主張はことさら曖昧となった」と指摘している(戸部良一「宇垣一成待望論の実相」『近代日本のリーダーシップ』千倉書房、二〇一四年、一四〇頁)。これは宇垣のみならず、近衛においても同様であった。宇垣の問題は革新色を強めても、政党内閣期にリーダーシップを発揮した過去の経緯に発するイメージが軍と政党の双方において充分に拭われず、近衛のもつ「清新さ」の前に魅力を減じたことにあったといえよう。

67 小泉又次郎「林内閣の施政方針を糺明す」（『民政』一一巻三号、一九三七年）一五頁。川崎克「現内閣の財政政策を批判する」（同）二六頁。

68 第二〇回総選挙について、政民両党は依然として多数を保持したが、それぞれ前回に比べて得票を減らし、無産政党の得票は伸びている。さらに棄権率も増加し、投票率は約七三％（前回約七九％）にとどまった。この要因としては、苛烈な選挙干渉が実施されたことにくわえて、抜き打ち解散の影響で候補者調整や運動資金などの準備が充分でなかったことや、総選挙による民意の反映が見込まれる状況になく、林内閣攻撃を訴える二大政党の主張も類似したために選挙の争点が失われたこと、などが挙げられる。また「選挙運動資金の調達困難と再解散説」のため、選挙熱は薄らぎ、立候補者の数も減じていると警視庁情報課は観測している（「衆議院議員総選挙に於ける言論に依る運動状況」（一九三七年四月二〇日、前掲『資料日本現代史9』所収）。菅谷前掲『昭和戦前期の政治と国家像』一九四頁など参照。

69 「党報」（『民政』一一巻五号、一九三七年）九八頁。

第五章

1 『東京朝日新聞』一九三七年五月二九日。

2 原田熊雄述『西園寺公と政局』五巻（岩波書店、一九五一年）三二二―三二三頁。

3 筒井清忠『近衛文麿　教養主義的ポピュリストの悲劇』（岩波書店、二〇〇九年）一五一―一八三頁。

4 中村菊男『昭和政治史』（慶應通信、一九五八年）一三八頁。

5 米山忠寛『昭和立憲制の再建　１９３２～１９４５年』（千倉書房、二〇一五年）四七頁。

6 奥健太郎『昭和戦前期立憲政友会の研究　党内派閥の分析を中心に』（慶應義塾大学出版会、二〇〇四年）二二一―二二二頁。

7 山浦貫一「近衛治下の政局」（『中央公論』一九三七年八月号）一二三―一二四頁。

8 杉本健『海軍の昭和史　提督と新聞記者』（文藝春秋、一九八五年）三八四頁。

9 「鶴見祐輔日記（一九三七年）」（国立国会図書館憲政資料室所蔵「鶴見祐輔関係文書」Ｒ１４９―３７７８）。

10 「松本学日誌（自昭和十二年一月至同年八月）」（国立国会図書館憲政資料室所蔵「松本学関係文書」Ｒ48―６４０）。なお、霞関山人「近衛内閣成立行進曲」（『民政』一一巻七号、一九三七年）は、「閣僚の顔触れを見ると如何にも雑然たる『バランス』」内閣であり、「『現状維持』と『現状打破』と『革新』と『情実』とをゴツチヤになつてゐる所へ『新党計画』までが便乗してゐると云ふ有様」（五〇頁）

と酷評している。

11　斎藤隆夫「世界に於ける政治動向（下）」（『民政』一二巻八号、一九三八年）二五頁。

12　外務省編『日本外交文書　日中戦争』一冊（六一書房、二〇一一年）一四頁。

13　筒井前掲『近衛文麿』一八五―一八八頁。

14　井上敬介『立憲民政党と政党改良　戦前二大政党制の崩壊』（北海道大学出版会、二〇一三年）一六六―一六七頁、一七四頁。

15　同前、一九三頁。

16　町田忠治「正に挙国協力の秋」（『民政』一一巻八号、一九三七年）二―三頁。

17　町田忠治伝記研究会編『町田忠治』伝記編（櫻田会、一九九六年）三五六―三五九頁。

18　井上敬介「立憲民政党の解党　立憲政治構想の観点から」（『ヒストリア』二一五号、二〇〇九年）九一頁。

19　『帝国議会衆議院議事速記録』六九巻（東京大学出版会、一九八四年）一九〇頁。

20　大前信也『事変拡大の政治構造　戦費調達と陸軍、議会、大蔵省』（芙蓉書房出版、二〇二一年）一〇一頁。

21　同前、一〇六―一〇七頁。

22　戸部良一「日中戦争期（一九三七～四一）における日本の戦争指導体制」（川島真、岩谷將編『日中戦争研究の現在』東京大学出版会、二〇二二年）六七頁。

23　矢部貞治『近衛文麿』上（弘文堂、一九五二年）四七四頁。

24　町田忠治「事変と議会意思の健全なる運用」（『民政』一一巻一〇号、一九三七年）一一頁。

25　小川平吉文書研究会編『小川平吉関係文書』一巻（みすず書房、一九七三年）三六六頁。

26　矢部前掲『近衛文麿』上、四七四―四七五頁。

27　白木正之『日本政党史　昭和編』（中央公論社、一九四九年）二五七頁。

28　「立憲民政党々報」（『民政』一二巻三号、一九三八年）一〇五―一〇六頁。

29　斎藤隆夫「国家総動員法案に就て」（『民政』一二巻三号、一九三八年）一一―一七頁。

30　奥前掲『昭和戦前期立憲政友会の研究』一三一―一三四頁。

31　古川隆久『近衛文麿』（吉川弘文館、二〇一五年）一三一頁。

32　中島康比古「国家総動員法案と伊沢多喜男」（大西比呂志編『伊沢多喜男と近代日本』芙蓉書房出版、二〇〇三年）一八六頁。

33　奥前掲『昭和戦前期立憲政友会の研究』一三四頁。

34　渡辺洋三「日本ファシズム法体制・総論」（東京大学社会科学研究所編『戦時日本の法体制』東京大学出版会、一九七九年）三九頁。

35 古川隆久『戦時議会』（吉川弘文館、二〇〇一年）五三―五四頁。
36 古川隆久『昭和戦中期の議会と行政』（吉川弘文館、二〇〇五年）第二章。なお、国家総動員法制定の背景を国際比較も含めて検討したものとして、森靖夫『「国家総動員」の時代　比較の視座から』（名古屋大学出版会、二〇二〇年）を参照。森は日本も英米同様、「国家総動員を軍の占有物とせずに、民間人が積極的に参加する、官民一致の体制を模索していった」（二六七頁）と指摘している。
37 菅谷前掲『昭和戦前期の政治と国家像　「挙国一致」を目指して』（木鐸社、二〇一九年）二二八頁。
38 大前前掲『事変拡大の政治構造』三六五頁。
39 町田忠治「大陸経営綜合政策の確立へ」（『民政』一二巻五号、一九三八年）三―四頁。
40 伊藤隆編『斎藤隆夫日記』下（中央公論新社、二〇〇九年）二九二―二九三頁。
41 これについては、矢部前掲『近衛文麿』上、五六六―五六七頁を参照。
42 酒井正文「新体制運動下の民政党と大麻唯男」（『杏林社会科学研究』四巻一号、一九八七年）二一一―二二二頁。
43 同前、二四―二六頁。
44 これについては、菅谷前掲『昭和戦前期の政治と国家像』二二一―二二三頁を参照。
45 野村重太郎「新党運動を裸にする」（『中央公論』一九三八年一二月特大号）二三九―二四〇頁。
46 伊藤寛崇「町田忠治の民政党総裁就任過程」（『秋田史苑』三五号、二〇二一年）九頁。
47 野村前掲「新党運動を裸にする」二三九―二四〇頁。
48 これについては、伊藤隆『昭和期の政治』（山川出版社、一九八三年）八七―一一一頁、同『近衛新体制　大政翼賛会への道』（中央公論社、一九八三年）七六―九四頁、ゴードン・M・バーガー（坂野潤治訳）『大政翼賛会　国民動員をめぐる相剋』（山川出版社、二〇〇〇年）一二四―一四二頁を参照。
49 川口清栄「東亜再建聯盟と国民再組織の結論」（『民政』一三巻一号、一九三九年）七四頁。
50 「東亜再建講演会日誌」（『民政』一三巻一号、一九三九年）一一二―一一三頁。
51 『東京朝日新聞』一九三九年一月一〇日。
52 萩原淳『平沼騏一郎と近代日本　官僚の国家主義と太平洋戦争への道』（京都大学学術出版会、二〇一六年）二〇五―二〇七頁。
53 町田忠治「戦時議会と我党の指導精神」（『民政』一三巻二号、一九三九年）六頁。
54 「鶴見祐輔日記（一九三九年）」（国立国会図書館憲政資料室所蔵「鶴見祐輔関係文書」R151―3782）。なお、当引用文中の「聾桟敷」は差別的表現であるが、史料としてそのまま掲載する。

55 萩原前掲『平沼騏一郎と近代日本』二一〇頁。
56 「昭和十四年の回顧」（『民政』一三巻一二号、一九三九年）一三頁。
57 髙杉洋平『昭和陸軍と政治　「統帥権」というジレンマ』（吉川弘文館、二〇二〇年）一四〇頁。
58 政友会は一九三九年三月の第七四回帝国議会閉会後、総裁人事をめぐる党内対立が再燃し、四月三〇日の臨時党大会で中島知久平を新総裁に選出するが、五月二〇日に鈴木喜三郎が久原房之助を総裁に指名したことで、革新派（中島派）と正統派（久原派）に分裂していた。これについては、奥前掲『昭和戦前期立憲政友会の研究』一四三―一四八頁を参照。金光は革新派と正統派のいずれでもない中立派であった。
59 一九三九年九月一日付・中村房次郎宛内ヶ崎作三郎書翰（横浜開港資料館所蔵「中村房次郎関係文書」73―7―192）。
60 選挙粛正中央聯盟編『昭和十四年度選挙粛正中央聯盟事業概要』（選挙粛正中央聯盟、一九四〇年）一九〇―一九四頁。
61 内ヶ崎作三郎「府県会選挙の結果を顧みて」（『民政』一三巻一〇号、一九三九年）一二頁。
62 矢次一夫『昭和動乱私史』中巻（経済往来社、一九七一年）一二三―一二四頁、筒井清忠『昭和期日本の構造　その歴史社会学的考察』（有斐閣、一九八四年）二七五―二七七頁。
63 「立憲民政党々報」（『民政』一四巻二号、一九四〇年）一〇二頁。
64 寺崎英成／マリコ・テラサキ・ミラー編『昭和天皇独白録寺崎英成・御用掛日記』（文藝春秋、一九九一年）四九頁。
65 米山前掲『昭和立憲制の再建』二一九頁。
66 『立憲民政党解党報告書』（立憲民政党残務処理事務所、一九四〇年）三八―三九頁。
67 斎藤隆夫『斎藤隆夫政治論集』（斎藤隆夫先生顕彰会、一九六一年）二二三頁。
68 同前、三二頁。
69 同前、三四頁。
70 同前、三九頁。なお、「国民精神総動員運動の現状をどう見る」（『民政』一二巻五号、一九三八年）を見ると、多くの代議士が運動の成果を疑問視する回答をしている。また、井上寿一は一九三九年以降、映画上映や印刷物などの面で国民精神総動員運動の限界が露呈していたことを指摘している（井上寿一『理想だらけの戦時下日本』筑摩書房、二〇一三年、九八頁、一〇六―一〇八頁）。
71 井上寿一『政友会と民政党　戦前の二大政党制に何を学ぶか』（中央公論新社、二〇一二年）二二一―二二二頁、井上前掲『立憲民政党と政党改良』二四三頁。
72 町田忠治「交戦の目的達成に協力邁往せよ」（『民政』一二巻二号、一九三八年）五頁。

73 町田忠治「国民の心理を把握して国政変理へ」(『民政』一四巻二号、一九四〇年)五頁。
74 斎藤前掲『斎藤隆夫政治論集』二一―三頁。
75 同前、九頁。
76 「松本学日誌(昭和十五年自一月至十二月)」(国立国会図書館憲政資料室所蔵「松本学関係文書」R48―643)。
77 衆議院・参議院編『議会制度七十年史 憲政史概観』(大蔵省印刷局、一九六三年)四三一頁。
78 前掲『立憲民政党解党報告書』四三頁。
79 「鶴見祐輔日記(一九四〇年)」(国立国会図書館憲政資料室所蔵「鶴見祐輔関係文書」R152―3783)。
80 「米内首相との会談」(国立国会図書館憲政資料室所蔵「鶴見祐輔文書」R45―516)。
81 大木操『激動の衆議院秘話 舞台裏の生き証人は語る』(第一法規出版、一九八〇年)二五二―二五三頁。
82 前掲「鶴見祐輔日記(一九四〇年)」。
83 内政史研究会・日本近代史料研究会編『大蔵公望日記』三巻(内政史研究会・日本近代史料研究会、一九七四年)二五三―二五四頁。
84 同前、二五八頁。
85 奥前掲『昭和戦前期立憲政友会の研究』一八一―一八三頁。
86 風見章『近衛内閣』(日本出版共同、一九五一年)二〇二―二〇三頁。
87 木戸幸一/木戸日記研究会校訂『木戸幸一日記』下(東京大学出版会、一九六六年)七八七頁。
88 前掲『立憲民政党解党報告書』四八頁。
89 同前、五〇頁。
90 櫻田街人「新政綱誕生の経緯」(『民政』一四巻八号、一九四〇年)五八頁。
91 伊藤隆・照沼康孝編『続・現代史資料4 陸軍 畑俊六日誌』(みすず書房、二〇〇四年)二六七―二六八頁。
92 同前、二六九―二七〇頁。
93 木戸前掲『木戸幸一日記』下、八〇六頁。
94 矢部前掲『近衛文麿』下、一二九頁。
95 「近衛首相会見メモ」(国立国会図書館憲政資料室所蔵「鶴見祐輔関係文書」R45―519)。
96 下中彌三郎編『翼賛国民運動史』(翼賛運動史刊行会、一九五四年)一〇頁。
97 酒井前掲「新体制運動下の民政党と大麻唯男」二六頁。
98 木舎幾三郎『政界五十年の舞台裏』(政界往来社、一九六五年)二六九頁。
99 町田忠治「新政綱の下・大政を翼賛せむ」(『民政』一四巻八号、一九四〇年)五―七頁。
100 「立憲民政党々報」(『民政』一四巻八号、一九四〇年)一〇六―一〇七頁。
101 一九四〇年七月二九日付・有馬頼寧宛永井柳太郎書翰(国立国会図書館憲政資料室所蔵「有馬頼寧関係文書」R1―

44―1)。

102　酔夢徹人「立憲民政党解党始末」(『民政』一四巻八号、一九四〇年）九二―九三頁。

103　これについては、中村隆英・原朗「経済新体制」(日本政治学会編『年報政治学1972　「近衛新体制」の研究』岩波書店、一九七三年）九六―一〇七頁、伊藤前掲『近衛新体制』一八〇―一八四頁、バーガー前掲『大政翼賛会』二三一―二三三頁を参照。

104　一九四〇年〔?〕一二月二九日付・中村房次郎宛町田忠治書翰（横浜開港資料館所蔵「中村房次郎関係文書」73―17―506)。

105　中村勝範「翼賛選挙と旧政党人」(大麻唯男伝記編纂会編『大麻唯男　論文編』櫻田会、一九九六年）四〇二頁。なお、川崎の翼賛会批判と同交会結成以降の活動については、菅谷前掲『昭和戦前期の政治と国家像』二七三―二九四頁で詳しく論じたので参照されたい。

106　前掲『立憲民政党解党報告書』六五頁。

107　古川隆久「大日本政治会覚書」(有馬学・三谷博編『近代日本の政治構造』吉川弘文館、一九九三年）一二三―一二四頁。

108　奥健太郎「翼賛選挙と翼賛政治体制協議会　その組織と活動」(寺崎修・玉井清編『戦前日本の政治と市民意識』慶應義塾大学出版会、二〇〇五年）二二八―二二九頁。なお、米山忠寛も翼賛政治体制協議会について、通説と異なる評価を示している（米山前掲『昭和立憲制の再建』二四一頁)。

109　中山太郎『福蔵どん　中山福蔵の生涯』(中山太郎事務所、一九八四年）一三四頁。

110　二〇二二年八月一〇日、大阪府内でのインタビュー。

111　伊藤前掲「町田忠治の民政党総裁就任過程」一二頁。

第六章

1　「立憲民政党の宣言及び政綱」(『民政』一巻一号、一九二七年六月号）六七頁。

2　なお民政党にとって非西欧世界への脱植民地化の波及は、中国大陸に止まり、日本の植民地には及ばなかったようである。このことの一端は、党の機関誌が「植民地開発号」として、「植民地の開発」を特集していることから知ることができる。ここでの植民地とは「台湾」「朝鮮」「樺太」「満州」だった（『民政』四巻八号、一九三〇年八月号)。付言すると、この特集号の一論考が記すように、植民地統治の困難さは認識されていた。同論考によれば、「世界の弱小民族独立自治の叫びと運動の着々として進められつゝある時」、欧米の植民地統治と比較しても、日本にとって「異民族統一融合上に於ける統治上の重大困難は決して劣るものではない」と指摘している（XYZ「台湾総督石塚英蔵氏」同上『民政』八八頁)。

3　永井柳太郎「黎明の亜細亜と之に処するの途（上）」（『民政』一巻二号、一九二七年七月号）一一、一三頁。
4　鐵腸生「血迷へる対支出兵を嗤ふ」（『民政』一巻二号、一九二七年七月号）二六―二七頁。
5　浜口雄幸「時局を誤る現内閣の施設経綸」（『民政』一巻五号、一九二七年一〇月号）八頁。
6　同前、同頁。
7　同前、九頁。
8　伊東かおり『議員外交の世紀　列国議会同盟と近現代日本』（吉田書店、二〇二二年）一一八―一一九頁。
9　建部遯吾「万国議院同盟大会所感」（『民政』一巻七号、一九二七年一二月号）四四頁。
10　同前、四五―四六頁。
11　同前、四六頁。
12　同前、四七頁。
13　同前、四九頁。
14　浜口雄幸「軍縮会議と我国の態度」（『民政』三巻一二号、一九二九年一二月号）八頁。
15　幣原喜重郎「国際平和に関する世界の大勢」（同）一〇―一一頁。
16　富田幸次郎「現内閣及び我が党当面の責務」（『民政』四巻五号、一九三〇年五月号）二一頁。
17　後藤生「日支関税協定の成立まで」（『民政』四巻四号、一九三〇年四月号）三九―四〇頁。
18　永井柳太郎「満蒙経営は日支の共同責任」（『民政』五巻八号、一九三一年八月号）一六頁。
19　同前、同頁。
20　松岡洋右伝記刊行会編『松岡洋右　その人と生涯』（講談社、一九七四年）三四〇頁。
21　若槻礼次郎「不景気克服と当面の諸政策」（『民政』五巻一〇号、一九三一年一〇月号）四―五頁。
22　小山俊樹「満州事変後の政局と政党政治の終焉」（筒井清忠編『昭和史講義2　専門研究者が見る戦争への道』ちくま新書、二〇一六年）九九―一一四頁。
23　村井良太『政党内閣制の展開と崩壊　一九二七～三六年』（有斐閣、二〇一四年）一七七頁。
24　「聯立内閣夢物語」『民政』（五巻一二号、一九三一年一二月号）四一頁。
25　同前、六四―六五頁。
26　小山前掲「満州事変後の政局と政党政治の終焉」一〇三頁。
27　同前、一〇三―一〇五頁。
28　筒井清忠『昭和戦前期の政党政治　二大政党制はなぜ挫折したのか』（ちくま新書、二〇一二年）二二四―二二五頁。
29　馬場恒吾「総選挙を顧みて」（『民政』六巻三号、一九三二年三月号）二三頁。
30　神田正雄「満洲国と東亜の和平」（『民政』六巻四号、一九三二年四月号）三〇―三一頁。

31　同前、三二頁。
32　筒井前掲『昭和戦前期の政党政治』二一五—二二〇頁。
33　外務省編『日本外交文書　満州事変（第二巻第二冊）』（外務省、一九八〇年）三四五頁。
34　山川端夫「飽まで聯盟を指導せよ」（『民政』七巻三号、一九三三年三月号）二三頁。
35　同前、一九頁。
36　「世界経済会議は我党の首唱」（『民政』七巻六号、一九三三年六月号）四〇頁。
37　若槻礼次郎「世界経済会議を前にして」（『民政』七巻五号、一九三三年五月号）一〇頁。
38　同前、一一頁。
39　田村秀吉「聯盟脱退後の我国際政策」（『民政』七巻四号、一九三三年四月号）八一頁。
40　同前、八一—八二頁。
41　同前、八一頁。
42　同前、八四頁。
43　川崎卓吉「聯盟脱退後の我党の外交方針」（『民政』七巻一一号、一九三三年一一月号）二二、二四頁。
44　同前、二五頁。
45　同前、二六頁。
46　同前、同頁。
47　「倫敦条約に対する謬見を正す」（『民政』七巻一一号、一九三三年一一月号）一〇頁。
48　若槻礼次郎「難局打開の大道」（同前『民政』）五頁。
49　伊東前掲『議員外交の世紀』九、一八五、一九〇、一九七頁。
50　同前、一九一頁。
51　櫻井兵五郎「昭和九年度予算と我党の主張」（『民政』八巻三号、一九三四年三月号）一〇頁。
52　同前、一一頁。
53　新井誠夫「我国今後の外交方策（三）」（『民政』八巻五号、一九三四年五月号）六四頁。
54　新井誠夫「我国今後の外交方策（一）」（『民政』八巻三号、一九三四年三月号）五八頁。
55　同前、六〇頁。
56　波多野乾一「北支那の問題」（『民政』九巻七号、一九三五年七月号）五七頁。
57　坂西利八郎「日支の現情に対する吾等国民の覚悟」（『民政』一〇巻一号、一九三六年一月号）八八頁。
58　小泉又次郎「林内閣の施政方針を糺明す」（『民政』一一巻三号、一九三七年三月号）一二頁。
59　同前、一三頁。
60　鶴見祐輔「速に外交方針を確立せよ」（『民政』一一巻四号、一九三七年四月号）一六頁。
61　同前、一七頁。
62　同前、同頁。
63　同前、一八頁。

64 同前、同頁。
65 同前、一九頁。
66 同前、同頁。
67 同前、二一頁。
68 臼井勝美「佐藤外交と日中関係」(入江昭・有賀貞編『戦間期の日本外交』東京大学出版会、一九八四年)二六四頁。
69 「総選挙に提唱する我党の六大政策」(『民政』一一巻四号、一九三七年四月号)一四頁。
70 一宮房治郎「帝国外交の基調」(『民政』一一巻七号、一九三七年七月号)一九頁。
71 同前、二二頁。
72 同前、二三頁。
73 同前、二二頁。
74 同前、同頁。
75 同前、二一頁。
76 同前、二〇—二一頁。
77 同前、二一頁。
78 池田秀雄「支那の風雲を望みて 日支関係解決の基本問題」(『民政』一一巻九号、一九三七年九月号)一四頁。
79 同前、同頁。
80 同前、一五頁。
81 同前、一八頁。
82 同前、一九頁。
83 「民政党大会に於ける総裁演説」(昭和十三年一月二十日於上野精養軒)(『民政パンフレット』四三号、一九三八年二月号)七頁。
84 同前、八頁。
85 同前、七頁。
86 池田秀雄「東洋精神を復興し東洋の平和を確立せよ」(『民政』一二巻二号、一九三八年二月号)四九頁。なおこの記事の注記は池田をつぎのような人物として紹介している。「池田氏は人も知る外交、植民、行政の通者、其の政治的見解は常に党内の指導的意見として傾聴されて居る」(同上、同頁)。この論考が民政党の基本的な立場を表していると解釈できる所以である。
87 同前、四九、五一、五三頁。
88 同前、五二頁。
89 斎藤隆夫「戦時議会の感想」(『民政』一二巻二号、一九三八年二月号)一九頁。
90 「事変対処に待望の／新任四閣僚素描」(『民政パンフレット』四八号、一九三八年七月号)八頁。
91 戸部良一『ピース・フィーラー 支那事変和平工作の群像』(論創社、一九九一年)二五二頁。
92 同前、二四九、二五二頁。
93 「海洋日本としての対支国策」(『民政』一二巻一〇号、一九三八年一〇月号)六頁。
94 立憲民政党残務処理事務所『立憲民政党解党報告書』(一

九四〇年一〇月）七頁。

95 『民政パンフレット』五三号（一九三八年一二月号）四頁。

96 立憲民政党残務処理事務所前掲『立憲民政党解党報告書』八頁。

97 同前『立憲民政党解党報告書』九―一一頁。

98 川口清栄「東亜再建聯盟と国民再組織の結論」（『民政』一三巻一号、一九三九年一月号）七四頁。

99 立憲民政党残務処理事務所前掲『立憲民政党解党報告書』二七頁。

100 同前、一七頁。

101 同前、同頁。

102 同前、二九頁。

103 同前、同頁。

104 同前、三〇頁。

105 井上寿一『政友会と民政党』（中公新書、二〇一二年）二二一―二二三頁。

106 立憲民政党残務処理事務所前掲『立憲民政党解党報告書』四三頁。

107 同前、四九頁。

108 同前、五四頁。

109 同前、五〇頁。

110 同前、五一頁。

111 同前、五二頁。

112 同前、五九頁。

113 同前、五八頁。

第七章

1 新聞社説は憲政会の緊縮財政と非軍縮の矛盾を批判した（『大阪朝日新聞』一九二一年一二月一日付）。奈良岡聰智『加藤高明と政党政治』（山川出版社、二〇〇六年）二二五―二二六、二三四―二三五頁。

2 奈良岡前掲『加藤高明と政党政治』二三九頁。

3 以下、文官制に関する記述について、森靖夫「軍部大臣文官制の再検討」（『年報政治学』二〇〇八―I）を参照。

4 尚友倶楽部・季武嘉也・櫻井良樹編『財部彪日記　海軍大臣時代』（芙蓉書房出版、二〇二一年）一九二五年一月三〇日条、一六六頁。

5 たとえば財部は摂政裕仁御進講の際、摂政よりとくに文官制について問われたため、「文官大臣論（是は御垂問あり）の首肯するに足るものなき事等を特に力説申上たり」と返答した（前掲『財部彪日記』一九二五年九月二四日条、二一二頁）。この時期の海軍の大臣文官制への対応について、手嶋泰伸「一九二〇年代の日本海軍における軍部大臣文官制導入問題」（『歴史』一二四、二〇一五年四月）、太田久元『戦間期の日本海軍と統帥権』（吉川弘文館、二〇一六年）など参照。

6 前掲『財部彪日記』一九二四年六月三〇日条、一一四頁。

7 石光真臣「清浦内閣組織の際に於ける陸軍大臣銓衡問題」（「宇垣一成関係文書」A四―二〇九、憲政記念館蔵）。

8 小泉策太郎（政友会）の手記には「宇垣人に語る　加藤無条件で陸軍に妥協を申込み来る」とある（「小泉策太郎日記」一九二四年五月末頃（「小泉策太郎関係文書（MF）」国立国会図書館憲政資料室蔵）。

9 森前掲、二四九頁。

10 関口哲矢『強い内閣と近代日本』（吉川弘文館、二〇二一年）、二二四―二二七頁。

11 宇垣一成／角田順校訂『宇垣一成日記』Ⅰ（みすず書房、一九六八年）、一九二四年一〇月中旬条、四五六頁。

12 加藤高明内閣における政務官設置について、奈良岡前掲『加藤高明と政党政治』二八八、二九一頁。

13 前掲『財部彪日記』一九二四年八月一一―一五日条、一三二頁。

14 西尾林太郎『貴族院議員水野直とその時代』（芙蓉書房出版、二〇二一年）三一七―三二〇頁など参照。このとき水野は陸軍中尉であった長兄が八甲田山で殉職したことから、兄の代わりとの意識もあって陸軍を希望したという。

15 宇垣前掲『宇垣一成日記』Ⅰ、一九二六年一月三一日条、五〇三頁。髙杉洋平『昭和陸軍と政治』（吉川弘文館、二〇二〇年）五二頁。

16 陸軍機密費事件に関して、松本清張『昭和史発掘』（文春文庫新装版、一巻、二〇〇五年。初版一九六五年）および、前田英昭『国会の「機密費」論争』（高文堂出版社、二〇〇三年）、筒井清忠『戦前日本のポピュリズム』（中公新書、二〇一八年）など参照。

17 宇垣前掲『宇垣一成日記』Ⅰ、一九二六年三月四日―七日条。五一二―五一三頁。

18 『総史　立憲民政党　資料編』（櫻田会、一九八九年）四七―四八頁。

19 浜口雄幸『強く正しく明るき政治』（春秋社、一九三〇年）一七頁。

20 浜口雄幸演説（一九二九年一〇月一三日、民政党東海大会演説、川田稔編『浜口雄幸集　論述・講演篇』未來社、二〇〇〇年、一八三頁所収）。

21 川田稔『戦前日本の安全保障』（講談社現代新書、二〇一三年）一八六頁。浜口首相の連盟観について、同『昭和初期浜口雄幸の政治構想』（風媒社、二〇二一年）一〇六頁を参照。また戦前日本の集団安全保障論に対する姿勢の変遷について、樋口真魚『国際連盟と日本外交　集団安全保障の「再発見」』（東京大学出版会、二〇二一年）など参照。

22 ロンドン海軍軍縮会議および条約締結については浩瀚な研究があるが、ここでは兒玉州平、手嶋泰伸編『日本海軍と近代社会』（吉川弘文館、二〇二三年）、関静雄『ロンドン海軍条約成立史』（ミネルヴァ書房、二〇〇七年）、麻田貞雄『両大戦間の日米関係　海軍と政策決定過程』（東京大学出版会、一九九三年）、加藤陽子「ロンドン海軍軍縮問題の論理　常備兵額と所要兵力量のあいだ」（『宮中・皇室と政治』年報近代日本研究二〇、山川出版社、一九九八年。のち加藤『戦争の論理』勁草書房、二〇〇五年所収）、升味準之輔『日本政党史論』五巻（東京大学出版会、一九七九年）および太田前掲『戦間期の日本海軍と統帥権』など参照。

23 前掲『財部彪日記』一九二九年九月一七日条、五一六頁。

24 他方でアメリカ側は、日本の七割要求を熟知しており、若槻の背後にある浜口内閣の政策志向を分析していた。そして一九三〇年二月二〇日の総選挙で与党民政党が圧勝すると、浜口内閣が決然と軍縮を敢行できると踏んだのである。スチムソン米全権（国務長官）は、「若槻個人の力を弱めるいかなる行動をとるのも賢明ではない」との観測をフーバー大統領に伝えている（二月一七日）。スチムソンは若槻らに、英米二ヵ国での条約締結にたびたび言及して圧力をかけながら、幣原外相にもキャッスル駐日大使を通して妥結を働きかけた（五百旗頭真「スチムソンと近代日本」猪木正道先生古稀祝賀論集刊行委員会編『現代世界と政治』世界思想社、一九八八年）。

25 関前掲『ロンドン海軍条約成立史』一三九頁。

26 佐藤尚武『回顧八十年』（時事通信社、一九六三年）二四七頁。

27 池井優・波多野勝・黒沢文貴編『浜口雄幸　日記・随感録』（みすず書房、一九九一年）一九三〇年三月二七日条、三一八頁。

28 波多野澄雄、黒沢文貴編『侍従武官長奈良武次　日記・回顧録』三巻（柏書房、二〇〇〇年）一九三〇年四月二日条。

29 この指摘について、伊藤隆『昭和初期政治史研究』（東京大学出版会、一九六九年）一一一―一一二頁、関前掲『ロンドン海軍条約成立史』二〇八―二〇九頁を参照。

30 山梨勝之進『歴史と名将』（毎日新聞社、一九八一年）一七八頁。

31 前掲『財部彪日記』一九三〇年七月八日条、六〇二頁。

32 「党報」（『民政』四巻一一号、一九三〇年）。

33 小林道彦『政党内閣の崩壊と満州事変』（ミネルヴァ書房、二〇一〇年）一一四頁。宇垣前掲『宇垣一成日記』Ⅰ、一九三一年五月三〇日条、七九三頁。浜口・若槻内閣期の第二次軍制改革については、照沼康孝「宇垣陸相と軍制改革案」（『史学雑誌』八九編一二号、一九八〇年一二月）、同「南陸相と軍制改革案」（『近代日本の経済と政治』山川出版社、一九八六年）、髙杉洋平『宇垣一成と戦間期の日本政治』（吉田書店、二〇一五年）第Ⅰ部第二章など参照。

34 宇垣前掲『宇垣一成日記』Ⅰ、一九二九年七月一一日条、七二四頁。

35 小林前掲『政党内閣の崩壊と満州事変』一一八頁。

36 前掲『浜口雄幸　日記・随感録』一九三〇年六月一五日条、

三五三―三五四頁。

37　『東京朝日新聞』一九三一年四月二九日条。小林前掲『政党内閣の崩壊と満州事変』一三六―一三七頁参照。

38　伊藤之雄『昭和天皇と立憲君主制の崩壊』（名古屋大学出版会、二〇〇五年）二〇六―二一七頁、髙杉前掲『昭和陸軍と政治』一〇七―一一二頁。

39　山口一樹「一九二〇年代後半における政党政治と陸軍　政党への系列化をめぐって」（『ヒストリア』二八七、二〇二一年八月）三六頁。

40　山口前掲、三八頁。倉富勇三郎枢相は、浜口首相が福田推薦を急ぐ理由に上原元帥の影響をみている（「倉富勇三郎日記」一九三〇年四月一六日条、国立国会図書館憲政資料室蔵）。

41　浜口雄幸演説「時局を誤る田中内閣の施設経綸」（一九二七年九月八日、民政党議員総会演説、前掲『浜口雄幸集論述・講演篇』所収、三四頁）。

42　浜口雄幸演説「行詰れる局面の展開と民政党の主張」（一九二八年九月一〇日、民政党関西大会演説、前掲『浜口雄幸集　論述・講演篇』九四頁）。

43　松村謙三『三代回顧録』（東洋経済新報社、一九六四年）一二八―一二九頁。木村時夫編『松村謙三』（伝記編下、櫻田会、一九九九年）一〇―一二頁。

44　佐藤勝矢「張作霖爆殺事件における野党民政党の対応」（『日本大学大学院総合社会情報研究科紀要』五号、二〇〇四年）を参照。

45　「対支時局問題座談会」（『民政』二巻七号、一九二八年）三二頁。

46　前掲『総史　立憲民政党　資料編』三五五―四〇三頁。

47　前掲『浜口雄幸　日記・随感録』一九二九年七月一二日条、二〇四頁。

48　浜口の書簡文面は下記の通り。「〔……〕来十一日実行予算説明会開催〔……〕同席上或は、満洲某重大事件の真相を発表せざるの理由如何、現内閣は該事件の真相を調査したるや否や、調査せずとせば其理由如何、調査したりとせば其結果を発表しては如何、満洲に在りたる軍部の某々等それ〳〵処分せられたるは如何の理由に依るや、等に付質問あるやも難測〔……〕貴省〔陸軍省〕に於て外務省当局とも御協議被下候上答弁之要項御作製置相成候様致度。」（宇垣一成宛浜口雄幸書簡、一九二九年九月二日、『宇垣一成関係文書』芙蓉書房出版、一九九五年、三四七頁）。

49　原田熊雄述『西園寺公と政局』二巻（岩波書店、一九五〇年）一二八頁。

50　スティムソンの談話とその影響については、坂野潤治「外交官の誤解と満州事変の拡大」（『社会科学研究』三五巻五号、一九八四年）を参照。

51　「ロンドン条約攻撃に若槻総裁反駁す」（『東京朝日新聞』一九三三年一〇月一二日付夕刊）。

52　「倫敦条約に対する謬見を正す」（『民政』七巻一一号、一九三三年、九―一〇頁）。若槻演説とその経緯については、若槻の回顧録『明治・大正・昭和政界秘史　古風庵回顧録』（講談社学術文庫、一九八三年）三四八―三五一頁のほか、桜内幸雄『蒼天一夕談』（蒼天会、一九五二年）三四一―三四五頁など。

53 「若槻総裁の演説と論評」（『民政』七巻一一号、一九三三年）。

54 斎藤隆夫「陸軍パンフレット問題に就て」（『民政』八巻一一号、一九三四年）。

55 斎藤隆夫「現下の三大脅威を批判す」（『民政』九巻二号、一九三五年）。

56 斎藤隆夫『回顧七十年』（中公文庫、一九八七年）一二二頁。

57 四月二八日に党総務へ就任した斎藤は、五月一日に質問演説の内容を党院内外総務に語った。すると後刻、小山松寿（院内主任総務）が来て斎藤の演説を「都合に依り止める」と通告した。斎藤は「予の演説を恐れ、又一は嫉妬心」によるものと憤懣するが、事態が流動的であるため静観を決めた。はたして四日の幹部会で、小山谷蔵・牧山耕蔵・小山倉之助の三名が、斎藤を起たせるべきだと要望した。牧山は翌日の代議士会でも発議したところ、小泉又次郎（院内総務）が斎藤の登壇を決定したことを説明した（伊藤隆編『斎藤隆夫日記』下、中央公論新社、二〇〇九年、一八七頁）。党幹部中には、軍部を刺激する可能性のある斎藤への警戒が表れている一方で、斎藤を支援する党内の動きもあることがわかる。四年後の「反軍演説」に対する民政党の反応と類似した動きが、すでに表れているのである。

58 斎藤前掲『回顧七十年』一二二―一二三頁。

59 『斎藤隆夫政治論集』（斎藤隆夫先生顕彰会、一九六一年）二九二―二九三頁。

60 「粛軍演説」に対する反応については、「斎藤隆夫『粛軍演説』とその反響」（『資料日本現代史9　二・二六事件前後の国民動員』大月書店、一九八四年）。同書には、斎藤のもとに寄せられた投書一八〇通と、軍警察が収集整理した右翼軍人方面の反応などが収録されている。

61 町田忠治「正に挙国協力の秋」（『民政』一一巻八号、一九三七年）。また日中戦争初期の民政党について、町田忠治伝記研究会編『町田忠治』伝記編（櫻田会、一九九六年）三六二―三六六頁。

62 「戦時対策要綱」の主項目は左の通り。①国民精神昂揚の対策、②外交政策（満州国容認、防共協力、排日政策放棄など）、③財政経済対策（公債発行容認など）、④戦時国民生活対策、⑤行政機構の整備、⑥占拠地対策（『民政』一一巻一二号、一九三七年）。

63 町田忠治（一一月一四日演説）「新亜細亜の創成と我党の革新政策」（『民政』一二巻一二号、一九三八年）。

64 この時まとめられた「第四章　国防の再編成」の全文は下記の通り。「支那事変の成果を収め東亜に加へらるゝ武力脅威を排除し、日満支の国防の安全を保障し、更に太平洋の平和を確保するに足る軍備を整備充実し、以て新国防体制を確立すべし」（「我党の大陸国策を中枢とする革新政策」『民政』一二巻一一号、一九三八年、一一頁）。

65 前掲『斎藤隆夫日記』下、一九四〇年一月二六日条、三五一頁。同月三一日、斎藤は町田総裁の演説を聞かずに党大会を立ち去っており、党幹部に対する不信の念は強まっていたものと思われる（同三五二頁）。

66 前掲『斎藤隆夫政治論集』三〇―三二頁。

67 「反軍演説」の全体構造をみれば、①近衛声明（東亜新秩序）を維持するのは適当ではない、②汪兆銘政権に統治能力はない、③日本の国力は汪政権の建設と重慶討伐の双方を追えるのか、④政府・内閣は弱体続きで国民に精神論ばかりを説いている、と続く。そして「今度の戦争の目的は分らない」と困惑しながら犠牲を払う国民の抱いている疑問をぶつけ、「成べく速に」「成べく有利有効に」事変を終結させせなければならないとして、その見通しを問うたものであった。

68 斎藤に宛てられた書簡のうち九九通を収めた「斎藤隆夫宛書簡類」（『資料日本現代史11　日中戦争期の国民動員②』大月書店、一九八四年）を参照。

69 吉見義明『草の根のファシズム』（岩波現代文庫、二〇二二年、二六―三四頁）。このうち②と③の国民意識は、たとえば日露戦争の無賠償などに憤った民衆により惹起した日比谷焼打ち事件に見られる意識と重なる。

70 この点において、斎藤の評伝を記すにあたって「日記」「覚え書き」などを参照した草柳大蔵が、斎藤を「戦前の〝平均的日本人〟」と評しているのは特筆すべきであろう（草柳大蔵『齋藤隆夫かく戦えり』（文春文庫、一九八四年、一一頁）。

71 斎藤隆夫の戦争観については、有馬学が「斎藤の立場はべつだん反軍でも反戦でもない」として、「聖戦」イデオロギーをめぐる「革新」と「反革新」の対抗関係のなかで、斎藤の位置を「古典的な自由主義の観点」と反「聖戦」の融合（すなわち「反革新」）したものと指摘している（有馬学『帝国の昭和』（講談社学術文庫、二〇一〇年、二一九―二二四頁。この論点は、有馬「戦争のパラダイム　斎藤隆夫のいわゆる『反軍』演説の意味」（九州大学大学院比較社会文化研究科編『比較社会文化』一巻、一九九五年）を継承している）。確かに斎藤の思想的立場は、明治大正期以来の自由主義的世界観にあった。ただしそれをふまえても、斎藤が「戦争」に対して積極的であったかは、注意が必要である。「反軍演説」の約半年前、斎藤は党機関誌上で「何人も平和を好まざるものはない。何人も戦争を好むものはない。凡そ此の世の中に於て戦争ほど惨虐なものはないから、能ふべくんば之を避けて平和の裡に生存を全うしたいと思ふのは人間の通有性である」と論じている（「国家競争と平和論及正議論の価値」『民政』一三巻六号、一九三九年六月、一四頁）。また『中央公論』誌上でも、「反軍演説」と同様に「世界の歴史は戦争の歴史」として優勝劣敗の現実を示しつつも、「武装的平和なるものは決して真の平和に非ず」「軍備の均衡などは断じて得らるべきものではない」などと論じて「武装的平和」の虚構を衝き、緊張の緩和を目的とした戦争以外の外交努力を「国論の後援」と「大政治家の手腕」に求めている（斎藤隆夫「極東外交及び国防の調整」『中央公論』一九三六年一〇月号）。さらに『改造』誌上の論文も同様の論旨である（斎藤隆夫「国家競争と平和論の価値」一九三九年一〇月号、大橋昭夫『斎藤隆夫』明石書店、二〇〇四年、二九九—三〇四頁参照）。「反軍演説」のレトリックの他に、右のような当該期の斎藤の論考に注目すれば、たとえば戦争を人類発展のために必要と論じた『陸軍パンフレット』とは異なる世界観が示されていることは明白であろう。斎藤は戦争を撲滅できない人類の歴史に鑑みて、なおも不可避な戦争の残酷さを悲観的に表現し、そのうえで国民の生活や経済をいかに守るかを議論しているのである。

　なお斎藤の戦争肯定論と、平和を希求する信条の葛藤について、出原政雄「斎藤隆夫の軍部批判の論理と戦争肯定論」（『同志社法学』六三巻一号、二〇一一年）などを参照されたい。

72　大木操『激動の衆議院秘話』（第一法規出版、一九八〇年）二四一—二四二頁。斎藤除名に至る経過、町田忠治総裁の演説などについて『総史 立憲民政党』理論編（櫻田会、一九八九年）を参照。古川隆久は、この点で「斎藤の発言が日本にとって不利な形で海外で報じられたことが最大の問題」であったと論じている（『戦時議会』吉川弘文館、二〇〇一年、九一頁）。

73　「主なる反対棄権者調」（「大木操関係文書」四五—一六、国立国会図書館憲政資料室蔵）。

第八章

1　玉井清『第一回普選と選挙ポスター』（慶應義塾大学出版会、二〇一三年）の図3—6のポスター。

2　小川郷太郎『国債整理』（日本評論社、一九三〇年）一五二—一五六頁。

3　金解禁については、長幸男『日本経済思想史研究』（未來社、一九六三年）、同『昭和恐慌』（岩波書店、一九七三年）、中村隆英『昭和恐慌と経済政策』（講談社、一九九四年）などの研究が代表的なものであるが、世界大恐慌の影響を十分に認識しておらず失敗に終わったと、いずれも否定的評価を与えている。これに対して、本章では、この時期になぜ金解禁を行わないといけなかったのかという点を中心に検討を加えていきたい。

4　杉山伸也「金解禁論争」（杉山伸也責任編集『岩波講座

「帝国」日本の学知　二巻　「帝国」の経済学』岩波書店、二〇〇六年所収)。

5　井上準之助『世界不景気と我国民の覚悟』(経済知識社、一九三〇年)二九頁。

6　杉山前掲「金解禁論争」。

7　以下、金解禁を必要とする論理及び金解禁論争については、市川大祐『歴史はくり返すか』(日本経済評論社、二〇一五年)一二五—一三一頁。

8　中村前掲『昭和恐慌と経済政策』七〇—九七頁。

9　宮島英昭『産業政策と企業統治の経済史』(有斐閣、二〇〇四年)第三章。

10　通商産業省編『商工政策史』一一巻(産業統制)(商工政策史刊行会、一九六四年)四四頁。

11　『若槻内閣』(若槻内閣編纂会、一九三一年)二五〇—二六〇頁。

12　以下、イギリスの金本位制離脱以後の井上たちの動きについては、中村前掲『昭和恐慌と経済政策』一三五—一六二頁。

13　安達謙蔵『安達謙蔵自叙伝』(新樹社、一九六〇年)二六一—二六二頁。安達が金輸出再禁止を主張するに至った経緯については、加藤祐介「立憲民政党と金解禁政策」(『史学雑誌』一二一編一一号、二〇一二年)。

14　青木一男『聖山随想』(日本経済新聞社、一九五九年)二三四—二三五頁。

15　高橋財政に関する経済史研究では、三和良一「高橋財政期の経済政策」(東京大学社会科学研究所編『ファシズム期の国家と社会2　戦時日本経済』東京大学出版会、一九七九年)、中村隆英「『高橋財政』と公共投資政策」(中村編『戦間期の日本経済分析』山川出版社、一九八一年)などが古典的な研究である。高橋財政の研究史については、井手英策『高橋財政の研究』(有斐閣、二〇〇六年)が簡潔に整理している。

16　この点については、橋本寿朗『大恐慌期の日本資本主義』(東京大学出版会、一九八四年)第四章、富永憲生「一九三二〜三六年の日本経済　高度成長過程の分析」(原朗編『近代日本の経済と政治』一九八六年、山川出版社に所収)を参照。

17　時局匡救事業の展開過程については、安富邦雄『昭和恐慌期救農政策史論』(八朔社、一九九四年)や加瀬和俊『戦前日本の失業対策』(日本経済評論社、一九九八年)第三編などを参照。

18　「農村窮状打開座談会」(『民政』六巻七号、一九三二年)。

19　佐藤健太郎『「平等」理念と政治』(吉田書店、二〇一四年)一〇四—一〇五頁。原史料は「内外国策私見(大正九年九月一日稿)」(国立国会図書館憲政資料室所蔵「小川平吉関係文書」六九二)。

20　松浦正孝『財界の政治経済史』(東京大学出版会、二〇〇二年)一三二—一三三頁。

21 「中小商工業者対策座談会」（『民政』六巻八号、一九三二年）。

22 商工中金調査部編『商工中金五十年史』（商工中金、一九八七年）。

23 以下、町田忠治の経済政策については、松村謙三『町田忠治翁伝』（町田忠治翁伝記刊行会、一九五〇年）、町田忠治伝記研究会編著『町田忠治』伝記編（櫻田会、一九九六年）を参照した。

24 この点については、瀧口剛「民政党内閣と大阪財界」一―三（『阪大法学』五七巻四号、五八巻五号、六二巻二号、二〇〇七―二〇一二年）を参照。

25 大竹啓介編著『石黒忠篤の農政思想』（農山漁村文化協会、一九八四年）五八頁。

26 森邊成一「一九二〇年代農政指導の検討」五（『廣島法學』一八巻一号、一九九四年）。

27 松村前掲『町田忠治翁伝』三一二―三一三頁。

28 電力国家管理案成立の経過については、吉田啓『電力管理案の側面史』（交通経済社出版部、一九三八年）、大谷健『興亡』（吉田書店、二〇二一年）、菅谷幸浩「日中戦争期における電力国家管理構想の展開と挫折」（『法史学研究会会報』一二号、二〇〇七年）などを参照。

第九章

1 粟屋憲太郎『昭和の歴史6　昭和の政党』（小学館、一九八三年）九三頁。

2 駒村康平「社会政策の将来展望」（駒村康平・山田篤裕・四方理人・田中聡一郎・丸山桂『社会政策　福祉と労働の経済学』有斐閣、二〇一五年）三九一頁。

3 今津敏晃「流動化する戦後政治　高橋内閣～第一次若槻内閣」（小川原正道編『日本近現代政治史　幕末から占領期まで』ミネルヴァ書房、二〇二三年）二三一―二三三頁。

4 伊藤之雄『大正デモクラシーと政党政治』（山川出版社、一九八七年）二〇九頁。

5 同前、二〇七頁。

6 同前、五八頁。

7 瀧口剛「床次竹二郎と平生釟三郎（一）　一九二〇年代の政党政治をめぐって」（『阪大法学』五二巻二号、二〇〇二年）二二九頁。

8 瀧口剛「床次竹二郎と平生釟三郎（二）　一九二〇年代の政党政治をめぐって」（『阪大法学』五二巻六号、二〇〇三年）一四九〇―一四九一頁。

9 安藤英男『幻の総理大臣　床次竹二郎の足跡』（學藝書林、一九八三年）二〇三頁。

10 立憲民政党遊説部編『立憲民政党の本領』（立憲民政党遊

説部、一九二七年）二頁。
11 井上寿一『政友会と民政党　戦前の二大政党制に何を学ぶか』（中央公論新社、二〇一二年）四二頁。
12 前掲『立憲民政党の本領』五―六頁。
13 同前、一四―一六頁。
14 同前、一八頁。
15 中野正剛は「国家整調主義」について、「社会主義、共産主義、国家主義、自由主義」と異なるものであり、とくに「自由主義のやうに個人主義を尊重して、資本家の横暴に委せんとするものでない」とし、「国民の総意を背景にして、労資の双方に対し強き統制力を有すべきもの」と捉えている（中野正剛「我党の高調する国家整調主義」『民政』二巻二号、一九二八年、二八頁）。
16 加藤鯛一「立憲民政党の本領」（『民政』一巻四号、一九二七年）三三頁。
17 同前、三五頁。
18 一九〇七年一月一日付・渡辺国武宛永井柳太郎書翰（国立国会図書館憲政資料室所蔵「渡辺国武関係文書（その２）」R５―１０２３）。なお、永井のイギリス留学とその影響については、田村裕美「民政党の二つの民主主義　永井柳太郎と斎藤隆夫」（坂野潤治編『自由と平等の昭和史　一九三〇年代の日本政治』講談社選書メチエ、二〇〇九年）一〇〇―一二一頁を参照。また、大正期の貴族院改革については、西尾林太郎『大正デモクラシーの時代と貴族院』（成文堂、二〇〇五年）、同『大正デモクラシーと貴族院改革』（成文堂、二〇一六年）が優れた研究である。
19 一九一八年一一月一〇日付・後藤新平宛永井柳太郎書翰（国立国会図書館憲政資料室所蔵「後藤新平関係文書」R８７―１４９）。
20 一九一九年四月一八日付・後藤新平宛永井柳太郎書翰（国立国会図書館憲政資料室所蔵「後藤新平関係文書」R８７―１４９）。なお、永井が社会主義革命を防止する手段として社会政策の必要性を認識していたことについては、生田頼孝「大正期と昭和期の国家論について　君主（天皇）制への社会的視点から考察する」（『立命館文学』六七三号、二〇二一年）一九―二〇頁、二九―三〇頁も参照。
21 浜口富士子編『随感録　浜口雄幸遺稿』（三省堂、一九三一年）一〇頁。
22 同前、四二頁。
23 笹原昭五「戦間期日本の緊縮政策論争　浜口首相見解と三土前蔵相の批判」（中央大学『経済学論纂』四三巻三・四号、二〇〇三年）三九―四〇頁。
24 これについては、ハロルド・ジェイムス「経済　凋落と再興」（T・C・W・ブランニング編『オックスフォードヨーロッパ近代史』ミネルヴァ書房、二〇〇九年）を参照。
25 大前信也『昭和戦前期の予算編成と政治』（木鐸社、二〇〇六年）七九―八〇頁。
26 浜口雄幸「現内閣の施政方針」（『民政』四巻二号、一九三〇年）一六頁。
27 「我党政策具体化の九大原案」（『民政』三巻六号、一九二九年）九〇頁。
28 筑波四郎「今議会の重要問題（上）」（『民政』五巻三号、一九三一年）四六頁。
29 松尾尊兊「政友会と民政党」（『岩波講座日本歴史19 近代6』岩波書店、一九七六年）一一七―一二一頁。なお、全国大衆党の三輪寿壮も浜口内閣提出の労働組合法案について、同様の見地から批判していた（三輪建二『祖父三輪寿壮 大衆と歩んだ信念の政治家』鳳書房、二〇一七年、一一八頁）。
30 坂野潤治『〈階級〉の日本近代史 政治的平等と社会的不平等』（講談社選書メチエ、二〇一四年）一一五頁。
31 高橋彦博「添田敬一郎論 『厚生・労働』派の国家官僚として」（法政大学『社会志林』五五巻二号、二〇〇八年）七頁。
32 同前、一一頁。
33 村井良太『市川房枝 後退を阻止して前進』（ミネルヴァ書房、二〇二一年）五七―六一頁。
34 五百旗頭真監修、井上正也・上西朗夫・長瀬要石『評伝福田赳夫 戦後日本の繁栄と安定を求めて』（岩波書店、二〇二一年）五〇頁。
35 酒井正文「二大政党対立下における与党勝利の選挙準備 民政党の『選挙第一主義』」（中村勝範編『近代日本政治の諸相 時代による展開と考察』慶應通信、一九八九年）二五九頁。
36 同前、二六三頁。
37 寺脇隆夫『救護法の成立と施行状況の研究』（ドメス出版、二〇〇七年）第一部―第二部。
38 井上準之助「世界不景気と我国民の覚悟」（『民政』四巻九号、一九三〇年）一三―一四頁。
39 笹原前掲「戦間期日本の緊縮政策論争」五五―五八頁。
40 同前、八三頁。
41 小山俊樹『五・一五事件 海軍青年将校たちの「昭和維新」』（中央公論新社、二〇二〇年）は、浜口遭難事件や五・一五事件の背景として民政党内閣期における昭和恐慌対策の失敗を重視している。
42 加藤祐介「立憲民政党と金解禁政策」（『史学雑誌』一二一編一一号、二〇一二年）六九―七二頁、七八―七九頁。
43 立憲民政党本部編『民政党内閣の功績（内務及教育編）』（立憲民政党本部、一九三一年）四―五頁。
44 同前、八頁。
45 小山前掲『五・一五事件』一四七頁。
46 「我党の思想対策要項」（『民政』七巻一二号、一九三三年）七六頁。
47 手塚雄太『近現代日本における政党支持基盤の形成と変容「憲政常道」から「五十五年体制」へ』（ミネルヴァ書房、二〇一七年）第二章―第三章。

48　永井柳太郎「政党再建の秋」（『民政』九巻一号、一九三五年）六頁。
49　若槻礼次郎「難局打開の大道」（『民政』七巻一一号、一九三三年）四―五頁。
50　昭和の政治家を見ると、大蔵官僚出身の福田赳夫は世界恐慌期の経験から、生涯を通じて保護主義には批判的であり、国際的な経済協調を理想としていた（五百旗頭前掲『評伝福田赳夫』一八九頁）。その一方、吉田茂や池田勇人と異なり、政府による経済計画を肯定的に捉え、「社会均衡」の一環としての住宅整備や社会保障の充実を国家の責務と捉えていた（同前、二〇六―二〇七頁）。
51　「政戦場裡に於ける我党の提唱題目」（『民政』一〇巻二号、一九三六年）八三―八六頁。
52　伊香俊哉・倉敷伸子解説『昭和初期政党政治関係資料』三巻（不二出版、一九八八年）二二五頁。
53　これについては、菅谷「戦前二大政党時代における立憲民政党の支持基盤とその地方的展開　神奈川1区を事例として」（学習院大学『政治学論集』二四号、二〇一一年）を参照。
54　『横浜貿易新報』一九三三年一〇月八日。
55　渡部亮「昭和恐慌後における社会大衆党の経済政策　『大衆インフレ』論と『広義国防』論の交錯を中心に」（『史学雑誌』一三一編二号、二〇二二年）四五頁。
56　本章で引用する岡崎憲、戸井嘉作、飯田助夫の「選挙公報」はいずれも横浜市史資料室所蔵『山室宗作家所蔵資料』R103―3251［選挙279］収録のものである。
57　以上の内容については、菅谷幸浩「立憲民政党横浜支部の成立と展開　第19回・第20回総選挙への対応を中心に」（学習院大学『政治学論集』三六号、二〇二三年）を参照。
58　筒井清忠「二・二六事件」（筒井清忠編『昭和史研究の最前線　大衆・軍部・マスコミ、戦争への道』朝日新聞出版、二〇二二年）二二一―二二三頁。
59　村井良太『政党内閣制の展開と崩壊　一九二七～三六年』（ミネルヴァ書房、二〇一四年）四〇―四一頁。
60　「鶴見祐輔日記（一九三六年分）」（国立国会図書館憲政資料室所蔵「鶴見祐輔関係文書」R149―3777）。
61　井上寿一『広田弘毅　常に平和主義者だった』（ミネルヴァ書房、二〇二一年）一八八―一九二頁。
62　同前、一九六頁。
63　手塚前掲『近現代日本における政党支持基盤の形成と変容』九〇―九五頁。
64　これについては、菅谷幸浩『昭和戦前期の政治と国家像「挙国一致」を目指して』（木鐸社、二〇一九年）一九三―一九四頁を参照。
65　「我党の六大政策」（『民政』一〇巻一〇号、一九三六年）八二頁。
66　坂野前掲『〈階級〉の日本近代史』一八一―一八二頁。

67　「鶴見祐輔日記（一九三七年）」（国立国会図書館憲政資料室所蔵「鶴見祐輔関係文書」R149―3778）。
68　同前。
69　永井柳太郎『電力国家管理案の重大使命』（日満経済社、一九三八年）二〇―二一頁。なお、頼母木桂吉も「電力料金は国家的要求を考へ、社会政策産業政策を加味したもの」にすべきと考えていた（頼母木桂吉「何故に電力を国営にするか」『民政』一〇巻九号、一九三六年、八頁）。
70　「立憲民政党第一回大会」（『民政』二巻二号、一九二八年）七九頁。
71　渡邊銕蔵「電力国営問題に就いて」（『民政』一〇巻一〇号、一九三六年）四七頁。
72　「立憲民政党々報」（『民政』一二巻一号、一九三八年）一〇八頁。
73　小谷正雄『電力国家管理法案を繞る帝国議会の動向』（社会思想対策調査会、一九三八年）一〇―一三頁。
74　三輪前掲『祖父三輪寿壮』一五八頁。
75　「藤沼庄平日記」（国立国会図書館憲政資料室所蔵「藤沼庄平関係文書　七一」）一九三八年二月（一二日条か?）。
76　中瀬哲史「第1次電力国家管理と総動員体制の構築　戦時経済移行期における国家と電気事業」（大阪市立大学『経営研究』四五巻二号、一九九四年）一一四―一一六頁。
77　古川隆久『戦時議会』（吉川弘文館、二〇〇一年）五三頁。
78　これについては、茶谷翔「日中戦争の開始前後における国策研究会と大蔵公望の動向　『国策』樹立による『挙国一致』から戦時体制への民智総動員へ」（『史学雑誌』一三一編六号、二〇二二年）四三―五四頁を参照。
79　尚友倶楽部・伊藤隆編『有馬頼寧日記』四巻（山川出版社、二〇〇一年）三八頁。
80　井上前掲『政友会と民政党』二一五頁。
81　島田肇「戦時下の厚生事業とこんにちの社会福祉の方向パラダイム異変下における『人』的自助ファクター」（『東海学園大学研究紀要：経営・経済学研究編』一五号、二〇一〇年）一〇〇―一〇二頁。
82　牧野邦昭「厚生省設置と人口政策」（筒井清忠編『昭和史講義2　専門研究者が見る戦争への道』ちくま新書、二〇一六年）一三三―一三八頁。
83　「我党の行財両政整理原案」（『民政』五巻六号、一九三一年）七四頁。
84　「立憲民政党々報」（『民政』一一巻九号、一九三七年）一〇一頁。
85　「我党の戦時対策要綱」（『民政』一一巻一二号、一九三七年）一七頁。
86　「我党の大陸国策を中枢とする革新政策」（『民政』一二巻一一号、一九三八年）一一―一二頁。
87　『立憲民政党解党報告書』（立憲民政党残務処理事務所、一九四〇年）一五―一六頁。
88　「指導原理と内政改革」（『民政』一三巻六号、一九三九年）

七頁。

89 永井柳太郎「新体制の指導精神」（永井柳太郎ほか『新体制問題大雄弁録』新興之日本社、一九四〇年）七二―七三頁。

第一〇章

1 一九二〇年代の画期性については、大岡聡「大衆社会の端緒的形成」（大津透ほか編『岩波講座日本歴史　第17巻 近現代3』岩波書店、二〇一四年）、吉見俊哉『視覚都市の地政学　まなざしとしての近代』（岩波書店、二〇一六年）、アンドルー・ゴードン「消費、生活、娯楽の『貫戦史』」（倉沢愛子ほか編『岩波講座アジア・太平洋戦争6』岩波書店、二〇〇六年）、安田浩「総論」（坂野潤治ほか編『日本近現代史3　現代社会への転形』岩波書店、一九九三年）など。

2 玉井清『第一回普選と選挙ポスター　昭和初頭の選挙運動に関する研究』（慶應義塾大学出版会、二〇一三年）。

3 倉田喜弘『日本レコード文化史』（東京書籍、一九七九年）、三二一―三二三頁。

4 阿部慎吾「民政党内閣――とブルジョア新聞と――輿論」（『サラリーマン』サラリーマン社、一九三一年四月号）。

5 信濃日日新聞小笠原幸彦のコメント。「政党と新聞　各政党の対新聞態度を批判す」（『新聞及新聞記者』新聞研究所、一九三一年五月号）。

6 新聞研究所編『日本新聞年鑑　昭和五年』（新聞研究所、一九二九年）第一篇二七頁。

7 池井優、波多野勝、黒沢文貴編『浜口雄幸　日記・随感録』（みすず書房、一九九一年）四七七―四七八頁。

8 佐々木隆『メディアと権力』（中央公論新社、二〇一三年）三五〇―三五五頁。

9 某新聞社記者緑水生「立憲民政党幹部と新聞記者」（『新聞及新聞記者』新聞研究所、一九二七年七月一日号）。

10 青年雄弁会編『現代名士濱口雄幸氏名演説集』（春江堂、一九三〇年）一七頁。

11 「ニュース」（『新聞及新聞記者』新聞研究所、一九二九年八月号）。

12 新聞研究所編『日本新聞年鑑　昭和三年』（新聞研究所、一九二七年）第三篇六八頁。

13 「首相晴れの大阪入り」『大阪毎日新聞』一九二九年七月二五日朝刊二面、「来阪した濱口首相」『大阪朝日新聞』同日朝刊二面。

14 前掲新聞研究所編『日本新聞年鑑　昭和五年』第一篇二七頁。

15 「ニュース」（『新聞及新聞記者』新聞研究所、一九二九年一〇月号）。

16 前掲『日本新聞年鑑　昭和三年』第三篇六七頁。

17 前掲『日本新聞年鑑　昭和五年』第一篇二七頁。

18　同右。
19　「新首相難詰」（『新聞及新聞記者』新聞研究所、一九二九年八月号）。
20　社説「宣伝上手な現内閣」『中外商業新報』一九二九年九月二五日朝刊三面。なお、倉田喜弘は、民政党内閣による政策宣伝が「日本の政治はじまって以来の画期的」な「視聴覚PR作戦」と評しているが、言及しているのはレコード、ラジオ、リーフレットに留まる（倉田前掲『日本レコード文化史』三七一―三七二頁）。
21　「節約大宣伝」『東京朝日新聞』一九二九年七月一二日朝刊二面。
22　「『節約』映画―政府の宣伝戦」『時事新報』一九二九年七月三〇日夕刊二面。
23　「政府が大がゝりな節約宣伝の計画」『時事新報』一九二九年七月三一日夕刊一面。
24　「公私経済緊縮委員会ヲ設置ス」ＪＡＣＡＲ（アジア歴史資料センター）Ref.A14100172600、公文類聚・第五十三編・昭和四年・第三巻・官職門一・官制一（通則・内閣・外務省・内務省）（国立公文書館）
25　「消費節約宣伝に乗出した内務省」『読売新聞』一九二九年七月三一日朝刊二面。
26　「公私経済緊縮委員会ヲ廃止ス」ＪＡＣＡＲ Ref. A14100301100、公文類聚・第五十六編・昭和七年・第二巻・官職一・官制一（内閣・宮内省・外務省・内務省）（国立公文書館）
27　「鳴物入りで政策の宣伝」『中外商業新報』一九二九年七月三一日朝刊二面。
28　「歌劇や小唄に作つて政府で「節約」を大宣伝」『国民新聞』一九二九年七月三一日朝刊七面。
29　「首相ラヂオを通じて経済国難を全国民の胸へ」『時事新報』一九二九年七月一七日朝刊二面。
30　「浜口首相の放送　いよ〳〵廿八日夜に」『東京朝日新聞』一九二九年八月一五日朝刊七面。
31　「始めての放送に大満足の浜口首相」『東京朝日新聞』一九二九年八月二九日朝刊七面。
32　倉田前掲『日本レコード文化史』三七一―三七二頁。
33　「礼讃の手紙が毎日数十通　緊縮演説の反響」『報知新聞』一九二九年九月三日朝刊七面、「首相の放送から寄付金の申込み」『都新聞』一九二九年九月一日朝刊一一面。
34　『公私経済緊縮運動概況』内務省社会局社会部、一九三〇年三月（国立国会図書館デジタルコレクション https://dl.ndl.go.jp/pid/1282023　参照 2023-04-11）一六―一七頁。
35　『官報』一九二九年九月五日（国立国会図書館デジタルコレクション https://dl.ndl.go.jp/pid/2957273　参照 2023-04-11）九九―一〇〇頁。
36　「日本映画紹介」（『キネマ旬報』キネマ旬報社、三五八、一九三〇年）。

37　池田重近「主要日本映画批評」（『キネマ旬報』キネマ旬報社、三六三、一九三〇年）。
38　『官報』一九二九年九月二五日（国立国会図書館デジタルコレクション https://dl.ndl.go.jp/pid/2957289 参照 2023-04-16）六〇九頁。
39　前掲『公私経済緊縮運動概況』三四—三五頁。
40　倉田前掲『日本レコード文化史』三三二—三三三頁。『東京行進曲』については、永原宣「《東京行進曲》から探る「アンクール」な日本の再発見」（東谷護編『ポピュラー音楽から問う　日本文化再考』せりか書房、二〇一四年）も参照。
41　「先づ「緊縮節」と踊りで政府の金看板を宣伝」『国民新聞』一九二九年八月二日朝刊八面。
42　「英米と接触を保ちつゝ日本は静観する」『時事新報』一九二九年八月八日朝刊二面。
43　伊東久智「「日雇い労働者の「日記」にみる男性性の「温床」　昭和初期の東京市社会局調査資料を素材として」（『ジェンダー史学』一五、ジェンダー史学会、二〇一九年）。
44　倉田前掲『日本レコード文化史』二四一—二四三頁。
45　「緊縮時代」『東京日日新聞』一九二九年八月二九日朝刊七面。
46　日本放送協会関東支部編『振興の歌　ＪＯＡＫ特選歌曲七篇』（日本放送協会関東支部、一九二九年）。
47　国立国会図書館デジタルコレクションにてレコードの書誌情報の確認および音源の聴取が可能。『緊縮小唄（一）』https://dl.ndl.go.jp/pid/1318918（参照 2023-03-18）、『緊縮小唄（二）』https://dl.ndl.go.jp/pid/1318919（参照 2023-04-17）。
48　「緊縮小唄（消費節約歌、二）」（『民政』一九二九年一〇月号）八五頁。
49　丸山鉄雄「歌謡曲十月新譜」『レコード音楽』名曲堂、一五巻一〇号、一九四一年。
50　戸ノ下達也『「国民歌」を唱和した時代　昭和の大衆歌謡』（吉川弘文館、二〇一〇年）五五—七三頁。
51　「余録」『東京日日新聞』一九二九年九月二一日朝刊二面。
52　「緊縮宣伝に投じた大枚ザット廿万円」『国民新聞』一九二九年八月二五日朝刊七面。
53　「児戯に類する節約宣伝」『時事新報』一九二九年八月二九日朝刊三面。
54　倉田前掲『日本レコード文化史』三三五—三四三頁。
55　上田誠二「音楽教師から敵視されたメロディの教育化「東京音頭」から「建国音頭へ」」（『教育学研究』七四（一）、二〇〇七年）。
56　永井亨「首相とラヂオ、リーフレット、レコード等々」『国民新聞』一九二九年九月一日夕刊一面。
57　日本放送協会編『ラヂオ年鑑　昭和六年』（誠文堂、一九三一年）三一四頁。

58 「劃時代的なメッセージ交換」『国民新聞』一九三〇年九月八日朝刊二面。

59 『国民新聞』一九三〇年一〇月二八日朝刊二面、『報知新聞』同日朝刊二、七面、『中外商業新報』同日朝刊七面など。

60 前掲『ラヂオ年鑑　昭和六年』三六一頁。

61 「小学生が作った『ライオン閣下』」『報知新聞』一九三〇年二月二三日朝刊五面、「自由画」『報知新聞』同年二月二日朝刊五面。

62 「緊縮万灯　お会式に時代の象徴」『東京日日新聞』一九二九年一〇月一三日朝刊一一面。

63 木像は、「濱口総裁の人格を崇敬する」郡山の有志千余名が民政党の粟山博を通じて帝展彫刻部委員三木宗策に製作を委嘱したもの（「濱口首相の像」『国民新聞』一九二九年一二月二九日夕刊一面）。ライオン像は、滋賀県民政党員から成る「伸楽倶楽部」から瀬戸物のライオンの実物大の像が贈られたもの（「皮肉な贈り物」『報知新聞』一九三〇年七月一二日夕刊二面）。

64 玉井前掲『第一回普選と選挙ポスター』一二二―一二九、三三〇頁。

65 「ライオン首相トーキーに吼ゆる」『中外商業新報』一九三〇年一月八日朝刊七面。

66 佐藤忠男『日本映画史Ⅰ　１８９６―１９４０』（岩波書店、一九九五年）三三〇頁。

67 「来るべき政戦の首途に文明利器の応用戦現出」『報知新聞』一九三〇年一月一四日朝刊二面。

68 「政戦の陣頭に起つ身代りにトーキー」『東京日日新聞』一九三〇年一月二五日朝刊二面。

69 「我党内閣自讃の荘重なバス八分」『報知新聞』一九三〇年一月二五日朝刊七面。

70 「首相、内相、蔵相のトーキー撮影」『東京朝日新聞』一九三〇年一月二五日朝刊二面。

71 「些か硬くなつたが大見得で吹込み」『読売新聞』一九三〇年一月二五日朝刊一一面。

72 「首相今度は蓄音機吹込み」『報知新聞』一九三〇年二月八日朝刊三面。

73 「濱口さんの声の聞きどころは？」『報知新聞』一九二九年八月二八日朝刊七面。

74 「この写真売もの」『時事新報』一九三〇年一月三〇日夕刊一面。

75 「濱口さんはなぜ笑はない？」『東京日日新聞』一九三〇年一月一日朝刊五面。

76 「腹の中では多分喜んで居りませう」『時事新報』一九三〇年二月二三日夕刊二面。

77 「ワッ・ライオンが笑つた」『国民新聞』一九三〇年二月一三日朝刊七面。

78 「濱口さんが笑へばその値は四千票？」『報知新聞』一九三〇年二月一三日朝刊七面。

79 「笑った濱口首相」『報知新聞』一九三〇年二月二四日朝刊二面。

80 国産品愛用運動については、社会局、臨時産業合理局編『国産愛用運動概況』社会局ほか、一九三一年（国立国会図書館デジタルコレクション https://dl.ndl.go.jp/pid/1176694 参照 2023-05-13）を参照。

81 「濱口首相上機嫌でカメラにをさまる」『報知新聞』一九三〇年五月二二日朝刊二面、「映画に収まる大臣連」『時事新報』同日付朝刊二面。

82 内川芳美『マス・メディア法政策史研究』（有斐閣、一九八九年）、I部七章。

83 出版統制については、内川前掲『マス・メディア法政策史研究』のほか、中澤俊輔「明治・大正期の出版警察と情報管理」（『日本史研究』六五三、日本史研究会、二〇一七年一月）、安野一之「幻の出版検閲改革　昭和初期の内務省と出版者の相克」（『Intelligence』一四号、20世紀メディア研究所、二〇一四年）。

84 「地方長官警察部長会議書類・昭和4年」ＪＡＣＡＲ Ref. A04010444800、『地方長官警察部長会議書類・昭和4年』（国立公文書館）、七一三頁。

85 同前、五七〇―五七一頁。

86 「言論集会結社の取締を寛大に」『国民新聞』一九二九年九月七日朝刊二面。

87 「地方長官警察部長会議書類・昭和5年」ＪＡＣＡＲ Ref. A04010445000、『地方長官警察部長会議書類・昭和5年』（国立公文書館）、三四、一二九頁。

88 「ニュース」『新聞及新聞記者』新聞研究所、一九三〇年一月号。

89 「警保委員会ヲ廃止ス」ＪＡＣＡＲ Ref.A14100218500、公文類聚・第五十四編・昭和五年・第二巻・官職一・官制一（内閣・宮内省・内務省・大蔵省・陸軍省・海軍省）（国立公文書館）。

90 東京堂編『出版年鑑　昭和6年版』（東京堂、一九三一年）、「出版物法改正案　愈よ来議会へ提出」『読売新聞』一九三〇年八月二五日朝刊二面。

91 紅野謙介『検閲と文学　１９２０年代の攻防』（河出書房新社、二〇〇九年）一二六頁。

92 「警保局長から諸取締につき訓示」『東京日日新聞』一九二九年九月二八日朝刊二面。

93 「発禁に悩む文士　搦め手から懇談　齋藤次官、内ケ崎参与官を招いて「考慮」を頼む」『読売新聞』一九二九年一〇月二四日朝刊七面、「首相と会ふ前に先づ内務省と」『読売新聞』一九二九年一一月一二日朝刊七面。

94 「演劇の取締りにボロを出す　警視庁内の不統一から上演中検束や中止」『読売新聞』一九二九年一〇月三一日朝刊七面。

95 「乱暴な新劇検閲に改革の気運生まる」『東京朝日新聞』一九二九年一一月七日朝刊七面。

96　雨声会については、高橋正『西園寺公望と明治の文人たち』不二出版、二〇〇二年。
97　「文士、劇作家を濱口さんが招待」『東京朝日新聞』一九二九年一一月九日朝刊七面。
98　「首相の招待宴に選ばれた廿一氏」『東京朝日新聞』一九二九年一一月一三日朝刊七面。
99　「首相の文士招待に文藝家協会が声明書」『大阪毎日新聞』一九二九年一一月二一日夕刊二面、「鈴木翰長が個人で文士を招待」『大阪毎日新聞』一九二九年一一月二八日朝刊七面。
100　「嫌気がさして文士招待は中止」『東京朝日新聞』一九二九年一一月二八日朝刊七面、「文芸家招宴急にこじれる」『報知新聞』一九二九年一一月二八日朝刊七面。
101　「『官民合同』の検閲機関」『時事新報』一九二九年一〇月二九日夕刊二面。
102　前掲「文士、劇作家を濱口さんが招待」。
103　「余録」『東京日日新聞』一九二九年七月一三日朝刊二面。
104　寺澤優『戦前日本の私娼・性風俗産業と大衆社会』（有志舎、二〇二二年）。
105　警視庁史編さん委員会編『警視庁史　昭和前編』（警視庁史編さん委員会、一九六二年）頁数記載なし。
106　「ならび大名――ならべ振り（十六）」『中外商業新報』一九三〇年八月一六日朝刊二面。
107　たとえば、「丸山総監今度はダンスホール弾圧」『都新聞』一九二九年九月二八日朝刊一三面。
108　丸山鶴吉「私の眼に映じたるカフェー」『国民新聞』一九三〇年九月一九日夕刊三面。
109　寺澤前掲『戦前日本の私娼・性風俗産業と大衆社会』二〇八頁。
110　「享楽の世界へのびた総監の腕」『東京日日新聞』一九二九年八月一日朝刊七面。
111　丸山鶴吉「東京府民への私の希望」（『自警』警視庁自警会雑誌部、一九二九年一一月号）。
112　宮地忠彦「警察の「大正民主主義」再考」（『日本史研究』六六六、日本史研究会、二〇一八年）。
113　「方針が変つた警官の教養」『都新聞』一九二九年九月二八日朝刊一三面。
114　宮地前掲「警察の「大正民主主義」再考」。
115　古川隆久『皇紀・万博・オリンピック　皇室ブランドと経済発展』（吉川弘文館、二〇二一年）一五一―八頁。
116　管見の限り本件は、東京朝日新聞、東京日日新聞、読売新聞、都新聞、国民新聞、報知新聞、時事新報、中外商業新報が一九三〇年八月八日朝刊で記事化している。
117　「密告や投書　警視庁で歓迎」『国民新聞』一九三〇年八月八日朝刊七面。
118　「先づ試験的に民衆警察の実施」『時事新報』一九三〇年八月八日朝刊七面。
119　「投書密告の歓迎方針は捜査上成績がいゝ」『都新聞』一九

120 「意外な投書密告当の警視庁苦笑」『時事新報』一九三〇年九月一八日朝刊七面。
121 「密告投書に賞与」『国民新聞』一九三一年五月一二日夕刊二面。
122 「この警官不足に更に千名の減員か」『中外商業新報』一九二九年一一月一日夕刊二面。
123 「巡査は神経衰弱」『時事新報』一九三〇年四月九日朝刊七面、「整理、緊縮の警官に勤務過重の声起る」『国民新聞』一九三一年一〇月八日夕刊二面。
124 「帝都の風紀問題を徹底的に革正する」『都新聞』一九二九年八月一日朝刊一三面。
125 「カフェー」に関する調」JACAR Ref.A05020149300、種村氏警察参考資料第32集（国立公文書館）。
126 「カフエー、バーの電灯取締り」『都新聞』一九三〇年一月二三日朝刊一三面。
127 「苦境切り抜けの策にカフェーバーの組合」『都新聞』一九三〇年五月六日朝刊一三面。
128 「まさに殺人的不景気時代　紅い灯の銀座に四苦八苦のカフェー」『都新聞』一九三〇年七月二五日朝刊一三面。
129 「エロ、グロ弾圧から経営取締り励行へ　花時を控へたカフエー業界へ　警視庁の方針一変」『都新聞』一九三一年三月二四日朝刊一三面。
130 「読者と記者」『都新聞』一九二九年一一月二日朝刊一面、一九二九年一〇月一二日朝刊一面。
131 マルヤマツルキチ「佐藤八郎君に御返しする書」『文学時代』新潮社、一九三一年五月号。
132 同前。
133 「雑記帳」『東京日日新聞』一九二九年一〇月二九日朝刊七面。
134 丸山鶴吉「警視庁の窓より」『自警』一九二九年一二月号。
135 「指示事項」JACAR Ref.A06030055800、指示事項（国立公文書館）。
136 「「酒と女」の取締り凡ゆる享楽場所へ」『国民新聞』一九二九年九月二一日朝刊七面。
137 同前。
138 「女給となる勿れ―カフエ退治は全国へ」『国民新聞』一九二九年九月二九日夕刊二面。
139 「警視庁、今度は不良待合征伐へ」『国民新聞』一九二九年一〇月二日朝刊七面。
140 「不良のダンサー九名を処分」『国民新聞』一九二九年一〇月一一日夕刊二面。
141 麻雀博物館編、野口恭一郎監修『麻雀の歴史と文化　麻雀博物館図録』（竹書房、二〇〇五年）五八頁。
142 日下巌「麻雀の流行と取締通牒に就て」（『自警』警視庁自警会雑誌部、一九三〇年八月号）。
143 「麻雀に凝つた父」『時事新報』一九三〇年六月二一日夕刊二面。

144 「深刻な叫びをきけ！　麻雀流行のこの害毒」『中外商業新報』一九三〇年六月二四日朝刊七面。
145 日下前掲「麻雀の流行と取締通牒に就て」。
146 寺沢高信「レヴューに就いて」（『自警』警視庁自警会雑誌部、一九二九年七月号）。
147 「レヴュー時代・検閲の失態　木村時子の『エロ三世相』は果然、不敬問題となるか」『国民新聞』一九三〇年一〇月三〇日夕刊二面。
148 「腰ふりダンス禁止　肉色のズロースも御法度　浅草レヴュー街へ殺人的の厳命」『国民新聞』一九三〇年一一月五日夕刊二面。
149 同前。
150 「取締御難解決法」『国民新聞』一九三〇年一一月八日夕刊三面。
151 「エロ・レヴューは勿論万歳、影芝居も弾圧　こんどは警視庁で」『国民新聞』一九三〇年一一月二五日夕刊二面。
152 「エロ弾圧の浅草興行街」『都新聞』一九三〇年一二月八日夕刊一面。
153 「婦人雑誌最近の傾向」（『出版警察報』一〇、内務省警保局、一九二九年）。
154 「取締上より見たる最近風俗関係出版物の傾向」（『出版警察報』一三、内務省警保局、一九二九年）。
155 「禁止要項」（『出版警察報』一一、内務省警保局、一九二九年）。
156 「禁止要項」（『出版警察報』一三、内務省警保局、一九二九年）。
157 前掲「取締上より見たる最近風俗関係出版物の傾向」。
158 「雑誌界を風靡する漁色読物大征伐　「文藝春秋」と「朝日」の十月号発売禁止となる」『東京朝日新聞』一九二九年九月二二日夕刊二面。
159 同前。
160 平林初之輔「濱口内閣の検閲方針について」『東京朝日新聞』一九二九年一一月一日朝刊五面。
161 中村武羅夫「発売禁止問題と文芸家協会の対抗運動」『週刊朝日』一六（二二）、朝日新聞社、一九二九年一一月。
162 前掲「取締上より見たる最近風俗関係出版物の傾向」。
163 「叱られぬ程度で盛んに大衆化するエログロ物」『中外商業新報』一九三〇年一二月二九日朝刊七面。
164 かつて田崎宣義は、『出版警察報』を参照のうえ、一九二八―三四年頃の風俗関係の発禁件数の減少から、政府は国民の目を赤化思想から逸らすために風俗取締を緩和したと指摘した。しかし本稿で明らかにしたとおり、発禁の件数の減少は出版社が取締規準を内面化させた結果とも考えられ、必ずしも取締基準の緩和と結びつくものではないのではないか。取締件数の増減と取締基準の寛厳の関係は慎重に再考すべきだと考える。田崎「都市文化と国民意識」（歴史学研究会、日本史研究会編『講座日本歴史10』東京大学出版会、一九八五年）。

165 新聞紙法にもとづく検閲および記事差止の概要については、中園裕『新聞検閲制度運用論』（清文堂、二〇〇六年）一九―二三頁参照。

166 中園前掲『新聞検閲制度運用論』六〇頁。

167 簗田欽次郎「抗争の事実及び経過」（『新聞及新聞記者』新聞研究所、一九三〇年一月号）。

168 中園前掲『新聞検閲制度運用論』六〇頁。

169 「新聞取締りに関する政府の処置を調査」『都新聞』一九三〇年一一月一九日朝刊二面。

170 「昭和の不祥事！言論暴圧」（『新聞及新聞記者』新聞研究所、一九三一年一月号）。

171 細越政夫「丸ノ内署が私を取調べた顚末」（『新聞及新聞記者』新聞研究所、一九三一年一月号）。

172 「言論、出版物に組織的の弾圧　政府の根本方針の現れと各方面に非難の声」『東京朝日新聞』一九三〇年一一月一二日夕刊一面、「現内閣になつてからひどい言論文章弾圧」『東京日日新聞』一九三〇年一一月一二日朝刊三面、「暴戻酷烈を極むる政府の言論圧迫」『東京朝日新聞』一九三〇年一一月一五日朝刊二面など。

173 以下、本事件の新聞界の対応については、特段の注記がない限り前掲「昭和の不祥事！言論暴圧」。

174 廊下雀「東都新聞十五社共同宣言　所謂言論圧迫事件の真相」『サラリーマン』サラリーマン社、一九三一年一月号。

175 「成行を静観　政友会の態度」『時事新報』一九三〇年一一月一八日朝刊二面。

176 「弾圧問題重大化す」『国民新聞』一九三〇年一一月一六日朝刊二面、「けふの閣議の席上宇垣陸相極度に憤慨」『東京日日新聞』一九三〇年一一月一七日夕刊一面、「言論弾圧問題　警保局長から事情聴取　政務官会議」『東京日日新聞』一九三〇年一一月一八日夕刊一面。

177 宇垣一成／角田順校訂『宇垣一成日記』Ⅰ、（みすず書房、一九六八年）一九三〇年一一月一七日条。

178 「言論圧迫事件重大化」『時事新報』一九三〇年一一月一七日朝刊二面。

179 「政府を代表して安達内相が陳謝釈明　十五社の共同宣言について」『東京日日新聞』一九三〇年一一月一九日朝刊二面。

180 新聞研究所編『日本新聞年鑑　昭和七年版』（新聞研究所、一九三一年）一五頁。

181 「村山本山両翁勅撰さる」『新聞及新聞記者』新聞研究所、一九三一年一月号。『官報』一九三〇年一二月二四日（国立国会図書館デジタルコレクション https://dl.ndl.go.jp/pid/2957665 参照 2023-04-26）六五一頁。

182 前掲『日本新聞年鑑　昭和七年版』一五頁。

183 「言論取締まり緩和」『新聞及新聞記者』（新聞研究所、一九三一年七月号）。

184 同前。

185 前掲『日本新聞年鑑　昭和七年版』一六頁。なお、本稿脱

稿後に有山輝雄『近代日本メディア史Ⅱ』（吉川弘文館、二〇二三年）を得た。同書中において本事件はより広い文脈に位置づけられ、一九一〇年以降拡大一方であった記事差し止めに対する新聞社からの異議申し立ての希少な事例として扱われている。併せて参照されたい。

186 前掲『日本新聞年鑑　昭和七年版』一三頁。

187 倉田前掲『日本レコード文化史』三七二―三七三頁。

188 筒井清忠『戦前日本のポピュリズム　日米戦争への道』（中央公論新社、二〇一八年）第六章。

189 「民政党も敗けず劣らずトーキーの吹込み」『東京朝日新聞』一九三二年一月二六日朝刊七面。

190 「濱口氏の死去と民政党への影響」『時事新報』一九三一年八月二八日朝刊二面。

191 「久世山から日比谷へ濱口ファンを動員　葬列の沿道人に埋る　場内でも卅万」『東京日日新聞』一九三一年八月三〇日夕刊二面。ちなみに、田中義一も濱口と同様に内閣総辞職後、後継内閣在任中に死去している。田中の葬儀は二九年一〇月に東京で政友会党葬として行われた。同紙は葬儀の模様を「政友会員はもとより民政党内閣の在京の諸公、陸海軍の将星、実業家その他あらゆる方面の名士」が参列したと報じたが、「大衆」や参列者数についての記述は見られない（「雲低く風悲し　前の宰相を葬るの日」『東京日日新聞』一九二九年一〇月四日夕刊二面）。

参考文献一覧

第一章

麻生大作／政友本党編纂所編『政友本党誌』政友本党誌編纂所、一九二七年
安達謙蔵『安達謙蔵自叙伝』新樹社、一九六〇年
安部磯雄「立憲民政党の政綱を評す」『中央公論』四二巻七号、一九二七年
五百旗頭薫『大隈重信と政党政治　複数政党制の起源　明治十四年―大正三年』東京大学出版会、二〇〇三年
伊藤隆監修／百瀬孝『事典　昭和戦前期の日本　制度と実態』吉川弘文館、一九九〇年
伊藤之雄『大正デモクラシーと政党政治』山川出版社、一九八七年
――『日本の歴史　二二　政党政治と天皇』講談社、二〇一〇年
井上寿一『政友会と民政党　戦前の二大政党制に何を学ぶか』中央公論新社、二〇一二年
猪俣敬太郎『中野正剛』吉川弘文館、一九六〇年
加藤高明、奈良岡聰智解説『滞英偶感』中央公論新社、二〇一五年
北岡伸一「政党政治確立過程における立憲同志会・憲政会　政権構想と政党指導」上下『立教法学』二一号（一九八三年）、二五号（一九八五年）
北岡伸一『日本の近代　五　政党から軍部へ　1924～1941』中央公論新社、二〇一三年
――『〔増補版〕日本政治史　外交と権力』有斐閣、二〇一七年
熊本史雄『幣原喜重郎　国際協調の外政家から占領期の首相へ』中央公論新社、二〇二一年
小林道彦『桂太郎　予が生命は政治である』ミネルヴァ書房、二〇〇六年
小宮一夫『条約改正と国内政治』吉川弘文館、二〇〇一年

小山俊樹『憲政常道と政党政治　近代日本二大政党制の構想と挫折』思文閣出版、二〇一二年
斎藤隆夫／伊藤隆編『斎藤隆夫日記』上、中央公論新社、二〇〇九年
櫻井良樹『加藤高明　主義主張を枉ぐるな』ミネルヴァ書房、二〇一三年
清水唯一朗『政党と官僚の近代　日本における立憲統治構造の相克』藤原書店、二〇〇七年
――「立憲政友会の分裂と政党支持構造の変化　一党優位制の崩壊と二大政党制の端緒」坂本一登、五百旗頭薫編『日本政治史の新地平』吉田書店、二〇一三年
――『近代日本の官僚　維新官僚から学歴エリートへ』中央公論新社、二〇一三年
――『原敬　「平民宰相」の虚像と実像』中央公論新社、二〇二一年
清水唯一朗、瀧井一博、村井良太『日本政治史　現代日本を形作るもの』有斐閣、二〇二〇年
季武嘉也『大正期の政治構造』吉川弘文館、一九九八年
季武嘉也、武田知己編『日本政党史』吉川弘文館、二〇一一年
杣正夫『日本選挙啓発史』明るく正しい選挙推進全国協議会、一九七二年
種稲秀司『幣原喜重郎』吉川弘文館、二〇二一年
千葉功「大正政変と桂新党　『立憲統一党』構想の視点から」坂本一登、五百旗頭薫編『日本政治史の新地平』吉田書店、二〇一三年
千葉功『桂太郎　外に帝国主義、内に立憲主義』中央公論新社、二〇一二年
筒井清忠『昭和戦前期の政党政治　二大政党制はなぜ挫折したのか』筑摩書房、二〇一二年
塚田昌夫編『立憲民政党史』前後篇、原書房、一九七三年
中澤俊輔『治安維持法　なぜ政党政治は「悪法」を生んだか』中央公論新社、二〇一二年
中島彌団次述「政界談話　濱口雄幸内閣（昭和四年七月―六年三月）時代のこと」『社会科学討究』一二〇号、一九九五年
奈良岡聰智『加藤高明と政党政治　二大政党制への道』山川出版社、二〇〇六年
――「立憲民政党の創立　戦前期二大政党制の始動」『法学論叢』一六〇巻五・六号、二〇〇七年
――「１９２５年中選挙区制導入の背景」『年報政治学』六〇巻一号、木鐸社、二〇〇九年
――「【解題】憲政会と機関誌『憲政』『憲政公論』」文献資料刊行会編『憲政／憲政公論』柏書房、二〇一〇年

中野正剛『国民に訴ふ』平凡社、一九二九年
服部龍二『増補版　幣原喜重郎　外交と民主主義』吉田書店、二〇一七年
浜口雄幸『随感録』講談社、二〇一一年
坂野潤治『近代日本政治史』岩波書店、二〇〇六年
広瀬順晧監修・編集『政治談話速記録』三、六、八巻、ゆまに書房、一九九八、一九九九年
文献資料刊行会編『憲政』柏書房、二〇一〇年
――『憲政公論』柏書房、一九八八年
――『憲政／憲政公論（復刻版）』柏書房、二〇一〇年
――『民政』柏書房、一九八六年
升味準之輔『［新装版］日本政党史論』全七巻、東京大学出版会、二〇一一年
待鳥聡史『政党システムと政党組織』東京大学出版会、二〇一五年
――『民主主義にとって政党とは何か　対立軸なき時代を考える』ミネルヴァ書房、二〇一八年
松尾尊兊『普通選挙制度成立史の研究』岩波書店、一九八九年
松本剛吉／岡義武、林茂校訂『大正デモクラシー期の政治　松本剛吉政治日誌』岩波書店、一九五九年
シナワ、エイコ・マルコ、藤田美菜子訳『悪党・ヤクザ・ナショナリスト　近代日本の暴力政治』朝日新聞出版、二〇二〇年
御厨貴、牧原出『日本政治史講義　通史と対話』有斐閣、二〇二一年
三谷太一郎『増補　日本政党政治の形成　原敬の政治指導の展開』東京大学出版会、一九九五年
――「政党内閣期の条件」中村隆英・伊藤隆編『近代日本研究入門［増補版］』新装版、東京大学出版会、二〇一二年
――『大正デモクラシー論　吉野作造の時代　第三版』東京大学出版会、二〇一三年
村井良太『政党内閣制の成立　一九一八～二七年』有斐閣、二〇〇五年
――『市川房枝　後退を阻止して前進』ミネルヴァ書房、二〇二一年
山本四郎『日本政党史』下、教育社、一九八〇年
――【解題】立憲民政党と党報『民政』」文献資料刊行会編『民政』一巻、柏書房、一九八六年
吉野作造『憲政の本義　吉野作造デモクラシー論集』中央公論新社、二〇一六年

横山勝太郎監修／樋口秀雄校訂／山本四郎解題『憲政会史』上下、原書房、一九八五年
立憲民政党史研究会『総史 立憲民政党』理論編、資料編、櫻田会、一九八九年
立憲民政党遊説部『立憲民政党の本領』立憲民政党遊説部、一九二七年
若月剛史『戦前日本の政党内閣と官僚制』東京大学出版会、二〇一四年
若槻礼次郎『明治・大正・昭和政界秘史　古風庵回顧録』講談社、一九八三年
渡辺茂雄編『加藤政之助回顧録』加藤憲章、一九五五年

第二章

粟屋憲太郎『昭和の政党』岩波書店、二〇〇七年
五百旗頭真『米国の日本占領政策　戦後日本の設計図』下、中央公論社、一九八五年
伊香俊哉・倉敷伸子解説『昭和初期政党政治関係資料』全四巻、不二出版、一九八八年
市川房枝『市川房枝自伝　戦前編』新宿書房、一九七四年
市川房枝編『日本婦人問題資料集成』二巻、ドメス出版、一九七七年
市川房枝記念会監修『市川房枝集』一・二巻、日本図書センター、一九九四年
市川房枝記念会女性と政治センター所蔵『オンライン版市川房枝資料　1905―1946』丸善雄松堂、二〇二二年
伊東圭一郎編『県政物語』世界社、一九二八年
伊藤隆『昭和初期政治史研究　ロンドン海軍軍縮問題をめぐる諸政治集団の対抗と提携』東京大学出版会、一九六九年
伊藤之雄『大正デモクラシーと政党政治』山川出版社、一九八七年
――『昭和天皇と立憲君主制の崩壊　睦仁・嘉仁から裕仁へ』名古屋大学出版会、二〇〇五年
井上敬介『立憲民政党と政党改良　戦前二大政党制の崩壊』北海道大学出版会、二〇一三年
――『戦前期北海道政党史研究　北海道拓殖政策を中心に』北海道大学出版会、二〇一九年
――『立憲民政党の地方組織と北海道　自由民主党への道』吉川弘文館、二〇二二年
井上寿一『政友会と民政党　戦前の二大政党制に何を学ぶか』中央公論新社、二〇一二年

今井清一『濱口雄幸伝』上下、朔北社、二〇一三年
宇垣一成／角田順校訂『宇垣一成日記』I、みすず書房、一九六八年
大麻唯男伝記研究会編『大麻唯男　伝記編』櫻田会、一九九六年
大西比呂志『伊沢多喜男　知られざる官僚政治家』朔北社、二〇一九年
奥健太郎『昭和戦前期　立憲政友会の研究』慶應義塾大学出版会、二〇〇四年
加藤正造『政党の表裏』批評社、一九二八年
川端道一編『青年民政党小史』青年民政党本部教育出版部、一九三一年
小川平吉文書研究会編『小川平吉関係文書』一巻、みすず書房、一九七三年
川田稔『浜口雄幸　たとえ身命を失うとも』ミネルヴァ書房、二〇〇七年
川田稔編『浜口雄幸集　論述・講演篇』未來社、二〇〇〇年
――――編『浜口雄幸集　議会演説篇』未來社、二〇〇四年
川人貞史『日本の政党政治　１８９０―１９３７年　議会分析と選挙の数量分析』東京大学出版会、一九九二年
河原彌三郎『民政党総覧』民政党総覧編纂所、一九三一年
北岡伸一『自民党　政権党の38年』中央公論新社、二〇〇八年
木戸幸一／木戸幸一日記研究会校訂『木戸幸一日記』上、東京大学出版会、一九六六年
宮内庁編『昭和天皇実録』五巻、東京書籍、二〇一六年
小宮京『語られざる占領下日本　公職追放から「保守本流」へ』ＮＨＫ出版、二〇二二年
小山俊樹『憲政常道と政党政治　近代日本二大政党制の構想と挫折』思文閣出版、二〇一二年
斎藤隆夫／伊藤隆編『斎藤隆夫日記』上、中央公論新社、二〇〇九年
佐藤信『近代日本の統治と空間　私邸・別荘・庁舎』東京大学出版会、二〇二〇年
季武嘉也『選挙違反の歴史　ウラからみた日本の一〇〇年』吉川弘文館、二〇〇七年
菅谷幸浩『昭和戦前期の政治と国家像　「挙国一致」を目指して』木鐸社、二〇一九年
関静雄『ロンドン海軍条約成立史　昭和動乱の序曲』ミネルヴァ書房、二〇〇七年
杣正夫『日本選挙啓発史』明るく正しい選挙推進全国協議会、一九七二年。

財部彪／尚友倶楽部・季武嘉也・櫻井良樹編『財部彪日記 海軍大臣時代』芙蓉書房出版、二〇二一年
玉井清『第一回普選と選挙ポスター 昭和初頭の選挙運動に関する研究』慶應義塾大学出版会、二〇一三年
寺崎英成、マリコ・テラサキ・ミラー『昭和天皇独白録』文藝春秋、一九九五年
田健治郎／尚友倶楽部・広瀬順晧・季武嘉也・櫻井良樹・内藤一成・松田好史編『田健治郎日記』七巻、芙蓉書房出版、二〇一八年
手塚雄太『近現代日本における政党支持基盤の形成と変容 「憲政常道」から「五十五年体制」へ』ミネルヴァ書房、二〇一七年
中野雅夫『橋本大佐の手記』みすず書房オンデマンド版、二〇〇〇年
奈良岡聰智「解題」同監修『憲政／憲政公論（復刻版）』柏書房、二〇一〇年
萩原淳『平沼騏一郎 検事総長、首相からA級戦犯へ』中央公論新社、二〇二一年
波多野勝『浜口雄幸 政党政治の試験時代』中央公論社、一九九三年
浜口雄幸／池井優、波多野勝、黒沢文貴編『浜口雄幸 日記・随感録』みすず書房、一九九一年
浜口雄幸『随感録』講談社、二〇一一年
牧野伸顕／伊藤隆、広瀬順晧編『牧野伸顕日記』中央公論社、一九九〇年
升味準之輔『［新装版］日本政党史論』五巻、東京大学出版会、二〇一一年
松尾尊兊「政友会と民政党」朝尾直弘ほか篇『岩波講座日本歴史19 近代6』岩波書店、一九七六年
松村謙三／武田知己編『松村謙三 三代回顧録』東洋経済新報社、一九六四年［吉田書店、二〇二一年復刊］
丸山鶴吉『七十年ところどころ』七十年ところどころ刊行会、一九五五年
丸山福松『長野県政党史』下、信濃毎日新聞、一九二八年。
御厨貴『馬場恒吾の面目 危機の時代のリベラリスト』中央公論新社、二〇一三年
三谷太一郎『増補 日本政党政治の形成 原敬の政治指導の展開』東京大学出版会、一九九五年
――『ウォール・ストリートと極東 政治における国際金融資本』東京大学出版会、二〇〇九年
美濃部達吉『現代憲政評論 選挙革正論其の他』岩波書店、一九三〇年
村井良太「戦前から戦後への日本の選挙管理」大西裕編『選挙管理の政治学 日本の選挙管理と「韓国モデル」の比較研究』有斐閣、二〇一三年。

――――『政党内閣制の展開と崩壊　一九二七～三六年』有斐閣、二〇一四年
――――『市川房枝　後退を阻止して前進』ミネルヴァ書房、二〇二一年
百瀬孝『事典　昭和戦前期の日本』吉川弘文館、一九九〇年
森靖夫『「国家総動員」の時代　比較の視座から』名古屋大学出版会、二〇二〇年
立憲民政党史研究会『総史　立憲民政党　資料編』櫻田会、一九八九年
渡部寛一郎文書研究会「翻刻　渡部寛一郎宛若槻礼次郎書簡（続）」『山陰研究』九号、二〇一六年
Dickinson, Frederick R., *World War I and the Triumph of a New Japan, 1919-1930*, Cambridge University Press, 2013.

第三章

【研究書・論文】

伊藤之雄『原敬　外交と政治の理想』上、講談社、二〇一四年
井上敬介『立憲民政党と政党改良　戦前二大政党制の崩壊』北海道大学出版会、二〇一三年
臼井勝美『満州事変　戦争と外交と』中央公論社、一九七四年〔講談社、二〇二〇年〕
小川和也『牧民の思想　江戸の治者意識』平凡社、二〇〇八年
川田稔『満州事変と政党政治　軍部と政治の激闘』講談社、二〇一〇年
小林道彦『政党内閣の崩壊と満州事変１９１８～１９３２』ミネルヴァ書房、二〇一〇年
小山俊樹『憲政常道と政党政治　近代日本二大政党制の構想と挫折』思文閣出版、二〇一二年
酒井哲哉『大正デモクラシー体制の崩壊　内政と外交』東京大学出版会、一九九二年
佐藤元英「「協力内閣」形成の構想　満州事変・昭和恐慌の措置を巡る政党政治」『中央大学政策文化総合研究所年報』二一号、二〇一八年
清水唯一朗『原敬　「平民宰相」の虚像と実像』中央公論新社、二〇二一年
季武嘉也『原敬　日本政党政治の原点』山川出版社、二〇一〇年
菅谷幸浩『昭和戦前期の政治と国家像　「挙国一致」を目指して』木鐸社、二〇一九年

杉谷直哉「政党政治家のイメージ形成について　若槻礼次郎の伝記と地元評からの検討」『山陰研究』一二号、二〇一九年
十河和貴「第二次若槻内閣の行政制度改革構想と政党内閣制　拓務省廃止問題再考」『日本史研究』七〇九号、二〇二一年
原田伸一「協力内閣運動と安達謙蔵の政治指導〝多数派主義〟と「デモクラシー」の相克」『政経論叢』二五巻一号、二〇一三年
坂野潤治『近代日本の外交と政治』研文出版、一九八五年
深見貴成「近現代日本官僚制の一側面　官吏減俸と恩給の問題を中心に」『神戸市立工業高等専門学校研究紀要』五二号、二〇一四年
升味準之輔『日本政党史論』四巻、東京大学出版会、一九六八年［新装版、二〇一一年］
村井良太『政党内閣制の展開と崩壊　一九二七～三六年』有斐閣、二〇一四年
安田浩「総論」坂野潤治ほか編『シリーズ日本近現代史　構造と変動』三巻、岩波書店、一九九三年に所収
若月剛史『戦前日本の政党内閣と官僚制』東京大学出版会、二〇一四年
――「政党政治と専門官僚」『歴史評論』八一七号、二〇一八年

【史資料】

尼子止『平民宰相若槻礼次郎』モナス、一九二六年
河野幸之助『桜内家の人々』日本時報社出版局、一九六五年
桜内幸雄『桜内幸雄自伝　蒼天一夕談』蒼天会、一九五二年
富岡福寿郎『原脩次郎先生』弘文社、一九三五年
野崎政助編『若槻大内閣』八郡倶楽部、一九三一年
原田熊雄述『西園寺公と政局』二巻、岩波書店、一九五〇年
牧野伸顕／伊藤隆、広瀬順晧編『牧野伸顕日記』中央公論社、一九九〇年
若槻礼次郎『古風庵回顧録』読売新聞社、一九五〇年
『若槻内閣』若槻内閣編纂会、一九三一年

第四章

【立憲民政党史】
井上寿一『政友会と民政党　戦前の二大政党制に何を学ぶか』中公新書、二〇一二年
加藤政之助編『立憲民政党史』下、一九三五年［原書房、一九七三年復刻］
政党機関誌『民政』『政友』

【刊行史料】
粟屋憲太郎、小田部雄次編・解説『資料日本現代史9　二・二六事件前後の国民動員』大月書店、一九八四年
伊澤多喜男文書研究会編『伊澤多喜男関係文書』芙蓉書房出版、二〇〇〇年
宇垣一成／角田順校訂『宇垣一成日記』Ⅱ、みすず書房、一九七〇年
宇垣一成文書研究会編『宇垣一成関係文書』芙蓉書房出版、一九九五年
岡田啓介／岡田貞寛編『岡田啓介回顧録』中公文庫、一九八七年
大蔵公望『大蔵公望日記』二、内政史研究会・日本近代史料研究会、一九七四年
川崎卓吉伝記編纂会編『川崎卓吉』川崎卓吉伝記編纂会、一九六一年
木戸幸一／木戸幸一日記研究会校訂『木戸幸一日記』上、東京大学出版会、一九六六年
斎藤隆夫『斎藤隆夫政治論集』斎藤隆夫先生顕彰会、一九六一年
――『回顧七十年』中公文庫、一九八七年
斎藤隆夫／伊藤隆編『斎藤隆夫日記』下、中央公論新社、二〇〇九年
桜内幸雄『蒼天一夕談』蒼天会、一九五二年
原田熊雄述『西園寺公と政局』二・三・四巻、岩波書店、一九五〇年
牧野伸顕／伊藤隆、広瀬順晧編『牧野伸顕日記』中央公論社、一九九〇年
町田忠治伝記研究会編『町田忠治』伝記編、櫻田会、一九九六年
松村謙三『町田忠治翁伝』町田忠治翁伝記刊行会、一九五〇年

若槻礼次郎『明治・大正・昭和政界秘史　古風庵回顧録』講談社学術文庫、一九八三年

【未刊行史料】
「川崎卓吉関係文書ＭＦ」国立国会図書館憲政資料室蔵
「鶴見祐輔関係文書」国立国会図書館憲政資料室蔵
「藤沼庄平関係文書」国立国会図書館憲政資料室蔵

【主な研究など】
井上敬介『立憲民政党と政党改良　戦前二大政党制の崩壊』北海道大学出版会、二〇一三年
――『立憲民政党の地方組織と北海道　自由民主党への道』吉川弘文館、二〇二二年
井上寿一『危機のなかの協調外交』山川出版社、一九九四年
――『広田弘毅　常に平和主義者だった』ミネルヴァ書房、二〇二一年
内田健三、金原左門、古屋哲夫編『日本議会史録』三巻、第一法規出版、一九九一年
大西比呂志『伊澤多喜男　知られざる官僚政治家』朔北社、二〇一九年
加藤陽子『模索する一九三〇年代　日米関係と陸軍中堅層』山川出版社、二〇一二年
官田光史『戦時期日本の翼賛政治』吉川弘文館、二〇一六年
車田忠継『昭和戦前期の選挙システム　千葉県第一区と川島正次郎』日本経済評論社、二〇一九年
小南浩一「再考・選挙粛正運動とは何であったか」『選挙研究』一五号、二〇〇〇年
小山俊樹『五・一五事件　海軍青年将校たちの「昭和維新」』中央公論新社、二〇二〇年
――『評伝森恪　日中対立の焦点』ウェッジ、二〇一七年
酒井哲哉『大正デモクラシー体制の崩壊　内政と外政』東京大学出版会、一九九二年
佐々木隆「陸軍『革新派』の展開」『昭和期の軍部』山川出版社、一九七九年
杉谷直哉「島根県における政党内閣制崩壊前後の政党勢力の展開」『日本政治法律研究』四号、二〇二二年
菅谷幸浩「広田内閣と宇垣一成」『政治学論集』二七号、二〇一四年
――『昭和戦前期の政治と国家像　「挙国一致」を目指して』木鐸社、二〇一九年
髙杉洋平『宇垣一成と戦間期の日本政治』吉田書店、二〇一五年

――『昭和陸軍と政治　「統帥権」というジレンマ』吉川弘文館、二〇二〇年
筒井清忠『昭和十年代の陸軍と政治　軍部大臣現役武官制の虚像と実像』岩波書店、二〇〇七年
手塚雄太『近現代日本における政党支持基盤の形成と変容　「憲政常道」から「五十五年体制」へ』ミネルヴァ書房、二〇一七年
照沼康孝「挙国一致内閣期の民政党の外交政策」『政府と民間』山川出版社、一九九五年
戸部良一「宇垣一成待望論の実相」戸部良一編『近代日本のリーダーシップ』千倉書房、二〇一四年
林茂、辻清明編『日本内閣史録』三巻、第一法規出版、一九八一年
坂野潤治『昭和史の決定的瞬間』筑摩書房、二〇〇四年
藤田俊「『非常時』における軍民離間声明とその影響　軍人の政治関与をめぐる論争を中心に」『北九州市立大学基盤教育センター紀要』三九号、二〇二二年一二月
古川隆久『昭和戦中期の議会と行政』吉川弘文館、二〇〇五年
升味準之輔『日本政党史論』六巻、東京大学出版会、一九八〇年［新装版、二〇一一年］
――『日本政治史3』東京大学出版会、一九八八年
源川真希『近現代日本の地域政治構造　大正デモクラシーの崩壊と普選体制の確立』二〇〇一年、日本経済評論社
村井良太『政党内閣制の展開と崩壊　一九二七～三六年』有斐閣、二〇一四年
渡邉行男『宇垣一成　政軍関係の確執』中公新書、一九九三年

第五章

伊藤隆『昭和期の政治』山川出版社、一九八三年
――『近衛新体制　大政翼賛会への道』中央公論社、一九八三年
伊藤隆、照沼康孝編『続・現代史資料4　陸軍　畑俊六日誌』みすず書房、二〇〇四年
伊藤寛崇「町田忠治の民政党総裁就任過程」『秋田史苑』三五号、二〇二一年
井上敬介「立憲民政党の解党　立憲政治構想の観点から」『ヒストリア』二一五号、二〇〇九年
――『立憲民政党と政党改良　戦前二大政党制の崩壊』北海道大学出版会、二〇一三年

井上寿一『政友会と民政党　戦前の二大政党制に何を学ぶか』中央公論新社、二〇一二年
——『理想だらけの戦時下日本』筑摩書房、二〇一三年
内ヶ崎作三郎「府県会選挙の結果を顧みて」『民政』一三巻一〇号、一九三九年
大木操『激動の衆議院秘話　舞台裏の生き証人は語る』第一法規出版、一九八〇年
大前信也『事変拡大の政治構造　戦費調達と陸軍、議会、大蔵省』芙蓉書房出版、二〇二一年
小川平吉文書研究会編『小川平吉関係文書』一巻、みすず書房、一九七三年
奥健太郎『昭和戦前期立憲政友会の研究　党内派閥の分析を中心に』慶應義塾大学出版会、二〇〇四年
——「翼賛選挙と翼賛政治体制協議会　その組織と活動」寺崎修、玉井清編『戦前日本の政治と市民意識』慶應義塾大学出版会、二〇〇五年
外務省編『日本外交文書　日中戦争』一冊、六一書房、二〇一一年
風見章『近衛内閣』日本出版共同、一九五一年
霞関山人「近衛内閣成立行進曲」『民政』一一巻七号、一九三七年
川口清栄「東亜再建聯盟と国民再組織の結論」『民政』一三巻一号、一九三九年
木戸幸一／木戸日記研究会校訂『木戸幸一日記』下、東京大学出版会、一九六六年
木舎幾三郎『政界五十年の舞台裏』政界往来社、一九六五年
バーガー、ゴードン・M（坂野潤治訳）『大政翼賛会　国民動員をめぐる相剋』山川出版社、二〇〇〇年
斎藤隆夫「国家総動員法案に就て」『民政』一二巻三号、一九三八年
——「世界に於ける政治動向（下）」『民政』一二巻八号、一九三八年
——『斎藤隆夫政治論集』斎藤隆夫先生顕彰会、一九六一年
斎藤隆夫／伊藤隆編『斎藤隆夫日記』下、中央公論新社、二〇〇九年
酒井正文「新体制運動下の民政党と大麻唯男」『杏林社会科学研究』四巻一号、一九八七年
櫻田街人「新政綱誕生の経緯」『民政』一四巻八号、一九四〇年
下中彌三郎編『翼賛国民運動史』翼賛運動史刊行会、一九五四年
衆議院・参議院編『議会制度七十年史　憲政史概観』大蔵省印刷局、一九六三年

白木正之『日本政党史　昭和編』中央公論社、一九四九年
酔夢徹人「立憲民政党解党始末」『民政』一四巻八号、一九四〇年
菅谷幸浩『昭和戦前期の政治と国家像　「挙国一致」を目指して』木鐸社、二〇一九年
杉本健『海軍の昭和史　提督と新聞記者』文藝春秋、一九八五年
選挙粛正中央聯盟編『昭和十四年度選挙粛正中央聯盟事業概要』選挙粛正中央聯盟、一九四〇年
髙杉洋平『昭和陸軍と政治　「統帥権」というジレンマ』吉川弘文館、二〇二〇年
筒井清忠『昭和期日本の構造　その歴史社会学的考察』有斐閣、一九八四年
――『近衛文麿　教養主義的ポピュリストの悲劇』岩波書店、二〇〇九年
寺崎英成、マリコ・テラサキ・ミラー編『昭和天皇独白録　寺崎英成・御用掛日記』文藝春秋、一九九一年
戸部良一「日中戦争期（一九三七〜四一）における日本の戦争指導体制」川島真・岩谷將編『日中戦争研究の現在』東京大学出版会、二〇二二年
内政史研究会・日本近代史料研究会編『大蔵公望日記』三巻、内政史研究会・日本近代史料研究会、一九七四年
中島康比古「国家総動員法案と伊沢多喜男」大西比呂志編『伊沢多喜男と近代日本』芙蓉書房出版、二〇〇三年
中村勝範「翼賛選挙と旧政党人」（大麻唯男伝記編纂会編『大麻唯男　論文編』櫻田会、一九九六年
中村菊男『昭和政治史』慶應通信、一九五八年
中村隆英、原朗「経済新体制」日本政治学会編『年報政治学１９７２　「近衛新体制」の研究』岩波書店、一九七三年
中山太郎『福蔵どん　中山福蔵の生涯』中山太郎事務所、一九八四年
野村重太郎「新党運動を裸にする」『中央公論』一九三八年一一月特大号
萩原淳『平沼騏一郎と近代日本　官僚の国家主義と太平洋戦争への道』京都大学学術出版会、二〇一六年
原田熊雄述『西園寺公と政局』五巻、岩波書店、一九五一年
古川隆久「大日本政治会覚書」有馬学、三谷博編『近代日本の政治構造』吉川弘文館、一九九三年
――『戦時議会』吉川弘文館、二〇〇一年
――『昭和戦中期の議会と行政』吉川弘文館、二〇〇五年
――『近衛文麿』吉川弘文館、二〇一五年

町田忠治「正に挙国協力の秋」『民政』一一巻八号、一九三七年
――――「事変と議会意思の健全なる運用」『民政』一一巻一〇号、一九三七年
――――「交戦の目的達成に協力邁往せよ」『民政』一二巻二号、一九三八年
――――「大陸経営綜合政策の確立へ」『民政』一二巻五号、一九三八年
――――「戦時議会と我党の指導精神」『民政』一三巻二号、一九三九年
――――「国民の心理を把握して国政を変理へ」『民政』一四巻二号、一九四〇年
――――「新政綱の下・大政を翼賛せむ」『民政』一四巻八号、一九四〇年
町田忠治伝記研究会編『町田忠治』伝記編、櫻田会、一九九六年
森靖夫『「国家総動員」の時代　比較の視座から』名古屋大学出版会、二〇二〇年
矢次一夫『昭和動乱私史』中巻、経済往来社、一九七一年
矢部貞治『近衛文麿』上・下、弘文堂、一九五二年
山浦貫一「近衛治下の政局」『中央公論』一九三七年八月号
米山忠寛『昭和立憲制の再建　1932～1945年』千倉書房、二〇一五年
渡辺洋三「日本ファシズム法体制・総論」（東京大学社会科学研究所編『戦時日本の法体制』東京大学出版会、一九七九年

「立憲民政党々報」『民政』一二巻三号、一九三八年
「国民精神総動員運動の現状をどう見る」『民政』一二巻五号、一九三八年
「東亜再建講演会日誌」『民政』一三巻一号、一九三九年
「昭和十四年の回顧」『民政』一三巻一二号、一九三九年
「立憲民政党々報」『民政』一四巻二号、一九四〇年
「立憲民政党々報」『民政』一四巻八号、一九四〇年
『立憲民政党解党報告書』立憲民政党残務処理事務所、一九四〇年
『帝国議会衆議院議事速記録』六九巻、東京大学出版会、一九八四年

第六章

新井誠夫「我国今後の外交方策（一）」『民政』八巻三号、一九三四年三月号
――「我国今後の外交方策（三）」『民政』八巻五号、一九三四年五月号
池田秀雄「支那の風雲を望みて　日支関係解決の基本問題」『民政』一一巻九号、一九三七年九月号
――「東洋精神を復興し東洋の平和を確立せよ」『民政』一二巻二号、一九三八年二月号
一宮房治郎「帝国外交の基調」『民政』一一巻七号、一九三七年七月号
伊東かおり『議員外交の世紀　列国議会同盟と近現代日本』吉田書店、二〇二二年
井上寿一『政友会と民政党　戦前の二大政党制に何を学ぶか』中公新書、二〇一二年
臼井勝美「佐藤外交と日中関係」入江昭・有賀貞編『戦間期の日本外交』東京大学出版会、一九八四年
外務省編『日本外交文書　満州事変（第二巻第二冊）』外務省、一九八〇年
川口清栄「東亜再建聯盟と国民再組織の結論」『民政』一三巻一号、一九三九年一月号
川崎卓吉「聯盟脱退後の我党の外交方針」『民政』七巻一一号、一九三三年一一月号
神田正雄「満洲国と東亜の和平」『民政』六巻四号、一九三二年四月号
小泉又次郎「林内閣の施政方針を糺明す」『民政』一一巻三号、一九三七年三月号
後藤生「日支関税協定の成立まで」『民政』四巻四号、一九三〇年四月号
小山俊樹「満州事変後の政局と政党政治の終焉」筒井清忠編『昭和史講義2　専門研究者が見る戦争への道』ちくま新書、二〇一六年
斎藤隆夫「戦時議会の感想」『民政』一二巻二号、一九三八年二月号
幣原喜重郎「国際平和に関する世界の大勢」『民政』三巻一二号、一九二九年一二月号
建部遯吾「万国議院同盟大会所感」『民政』一巻七号、一九二七年一二月号
田村秀吉「聯盟脱退後の我国際政策」『民政』七巻四号、一九三三年四月号
筒井清忠『昭和戦前期の政党政治　二大政党制はなぜ挫折したのか』ちくま新書、二〇一二年

鶴見祐輔「速に外交方針を確立せよ」『民政』一一巻四号、一九三七年四月号
鐵腸生「血迷へる対支出兵を嗤ふ」『民政』一巻二号、一九二七年七月号
戸部良一『ピース・フィーラー　支那事変和平工作の群像』論創社、一九九一年
富田幸次郎「現内閣及び我が党当面の責務」『民政』四巻五号、一九三〇年五月号
永井柳太郎「黎明の亜細亜と之に処するの途（上）」『民政』一巻二号、一九二七年七月号
――――「満蒙経営は日支の共同責任」『民政』五巻八号、一九三一年八月号
波多野乾一「北支那の問題」『民政』九巻七号、一九三五年七月号
馬場恒吾「総選挙を顧みて」『民政』六巻三号、一九三二年三月号
浜口雄幸「時局を誤る現内閣の施設経綸」『民政』一巻五号、一九二七年一〇月号
――――「軍縮会議と我国の態度」『民政』三巻一二号、一九二九年一二月号
坂西利八郎「日支の現情に対する吾等国民の覚悟」『民政』一〇巻一号、一九三六年一月号
松岡洋右伝記刊行会編『松岡洋右　その人と生涯』講談社、一九七四年
村井良太『政党内閣制の展開と崩壊　一九二七〜三六年』有斐閣、二〇一四年
山川端夫「飽まで聯盟を指導せよ」『民政』七巻三号、一九三三年三月号
立憲民政党残務処理事務所『立憲民政党解党報告書』一九四〇年一〇月
若槻礼次郎「不景気克服と当面の諸政策」『民政』五巻一〇号、一九三一年一〇月号
――――「世界経済会議を前にして」『民政』七巻五号、一九三三年五月号
――――「難局打開の大道」『民政』七巻一一号、一九三三年一一月号
XYZ「台湾総督石塚英蔵氏」『民政』四巻八号、一九三〇年八月号
「海洋日本としての対支国策」『民政』一二巻一〇号、一九三八年一〇月号
「事変対処に待望の／新任四閣僚素描」『民政パンフレット』四八号、一九三八年七月号
「世界経済会議は我党の首唱」『民政』七巻六号、一九三三年六月号
「総選挙に提唱する我党の六大政策」『民政』一一巻四号、一九三七年四月号
「大陸国策を中枢とする鴻業翼賛の革新政策」『民政パンフレット』五三号、一九三八年一二月号

「民政党大会に於ける総裁演説（昭和十三年一月二十日於上野精養軒）」『民政パンフレット』四三号、一九三八年二月号
「立憲民政党の宣言及び政綱」『民政』一巻一号、一九二七年六月号
「聯立内閣夢物語」『民政』五巻一二号、一九三一年一二月号
「倫敦条約に対する謬見を正す」『民政』七巻一一号、一九三三年一一月号

第七章

【立憲民政党史】
井上寿一『政友会と民政党　戦前の二大政党制に何を学ぶか』中公新書、二〇一二年
加藤政之助編『立憲民政党史』後篇、一九三五年［原書房、一九七三年復刻］
政党機関誌『民政』『政友』
【刊行史料】
粟屋憲太郎、小田部雄次編・解説『資料日本現代史9　二・二六事件前後の国民動員』大月書店、一九八四年
池井優、波多野勝、黒沢文貴編『浜口雄幸日記・随感録』みすず書房、一九九一年
宇垣一成／角田順校訂『宇垣一成日記』I、みすず書房、一九六八年
宇垣一成文書研究会編『宇垣一成関係文書』芙蓉書房出版、一九九五年
大木操『激動の衆議院秘話　舞台裏の生き証人は語る』第一法規出版、一九八〇年
川田稔編『浜口雄幸集　論述・講演篇』未來社、二〇〇〇年
木村時夫編『松村謙三』伝記編、下、櫻田会、一九九九年
斎藤隆夫『斎藤隆夫政治論集』斎藤隆夫先生顕彰会、一九六一年
――『回顧七十年』中公文庫、一九八七年
斎藤隆夫／伊藤隆編『斎藤隆夫日記』下、中央公論新社、二〇〇九年
桜内幸雄『桜内幸雄自伝　蒼天一夕談』蒼天会、一九五二年
佐藤尚武『回顧八十年』時事通信社、一九六三年

財部彪／尚友倶楽部、季武嘉也、櫻井良樹編『財部彪日記　海軍大臣時代』芙蓉書房出版、二〇二一年
波多野澄雄、黒沢文貴編『侍従武官長奈良武次 日記・回顧録』第三巻、柏書房、二〇〇〇年
浜口雄幸『強く正しく明るき政治』春秋社、一九三〇年
原田熊雄述『西園寺公と政局』岩波書店、一九五〇年
町田忠治伝記編纂会編『町田忠治』伝記編、櫻田会、一九九六年
松村謙三／武田知己編『松村謙三 三代回顧録』東洋経済新報社、一九六四年［吉田書店、二〇二一年復刊］
山梨勝之進『歴史と名将』毎日新聞社、一九八一年
吉見義明ほか編・解説『資料日本現代史11　日中戦争期の国民動員②』大月書店、一九八四年
若槻礼次郎『明治・大正・昭和政界秘史　古風庵回顧録』講談社学術文庫、一九八三年

【未刊行史料】

「宇垣一成関係文書」憲政記念館蔵
「大木操関係文書」国立国会図書館憲政資料室蔵
「小泉策太郎関係文書（ＭＦ）」国立国会図書館憲政資料室蔵
「倉富勇三郎関係文書」国立国会図書館憲政資料室蔵

【主な研究など】

麻田貞雄『両大戦間の日米関係　海軍と政策決定過程』東京大学出版会、一九九三年
有馬学「戦争のパラダイム　斎藤隆夫のいわゆる『反軍』演説の意味」九州大学大学院比較社会文化研究科編『比較社会文化』一巻、一九九五年
——『日本の歴史 二三　帝国の昭和』講談社学術文庫、二〇一〇年
五百旗頭真「スチムソンと近代日本」猪木正道先生古稀祝賀論集刊行委員会編『現代世界と政治』世界思想社、一九八八年
出原政雄「斎藤隆夫の軍部批判の論理と戦争肯定論」『同志社法学』六三巻一号、二〇一一年
伊藤隆『昭和初期政治史研究　ロンドン海軍軍縮問題をめぐる諸政治集団の対抗と提携』東京大学出版会、一九六九年
伊藤之雄『昭和天皇と立憲君主制の崩壊　睦仁・嘉仁から裕仁へ』名古屋大学出版会、二〇〇五年
内田健三、金原左門、古屋哲夫編『日本議会史録』三、第一法規出版、一九九一年

太田久元『戦間期の日本海軍と統帥権』吉川弘文館、二〇一六年
大橋昭夫『斎藤隆夫　立憲政治家の誕生と軌跡』明石書店、二〇〇四年
加藤陽子『戦争の論理　日露戦争から太平洋戦争まで』勁草書房、二〇〇五年
川田稔『戦前日本の安全保障』講談社、二〇一三年
―――『昭和初期浜口雄幸の政治構想』風媒社、二〇二一年
草柳大蔵『齋藤隆夫かく戦えり』文春文庫、一九八四年
兒玉州平、手嶋泰伸編『日本海軍と近代社会』吉川弘文館、二〇二三年
小林道彦『政党内閣の崩壊と満州事変1918～1932』ミネルヴァ書房、二〇一〇年
佐藤勝矢「張作霖爆殺事件における野党民政党の対応」『日本大学大学院総合社会情報研究科紀要』五号、二〇〇四年
関口哲矢『強い内閣と近代日本　国策決定の主導権確保へ』吉川弘文館、二〇二一年
関静雄『ロンドン海軍条約成立史　昭和動乱の序曲』ミネルヴァ書房、二〇〇七年
髙杉洋平『宇垣一成と戦間期の日本政治　デモクラシーと戦争の時代』吉田書店、二〇一五年
―――『昭和陸軍と政治　「統帥権」というジレンマ』吉川弘文館、二〇二〇年
筒井清忠『戦前日本のポピュリズム　日米戦争への道』中公新書、二〇一八年
手嶋泰伸「一九二〇年代の日本海軍における軍部大臣文官制導入問題」『歴史』一二四、二〇一五年四月
照沼康孝「宇垣陸相と軍制改革案」『史学雑誌』八九編一二号、一九八〇年一二月
―――「南陸相と軍制改革案」『近代日本の経済と政治』山川出版社、一九八六年
奈良岡聰智『加藤高明と政党政治　二大政党制への道』山川出版社、二〇〇六年
西尾林太郎『貴族院議員水野直とその時代』芙蓉書房出版、二〇二一年
波多野勝『浜口雄幸　政党政治の試験時代』中央公論社、一九九三年
林茂、辻清明編『日本内閣史録』三・四、第一法規出版、一九八一年
坂野潤治「外交官の誤解と満州事変の拡大」『社会科学研究』三五巻五号、一九八四年
樋口真魚『国際連盟と日本外交　集団安全保障の「再発見」』東京大学出版会、二〇二一年
古川隆久『戦時議会』吉川弘文館、二〇〇一年

前田英昭『国会の「機密費」論争』高文堂出版社、二〇〇三年
升味準之輔『日本政党史論』五巻、東京大学出版会、一九七九年［新装版、二〇一一年］
松本健一『評伝斎藤隆夫　孤高のパトリオット』東洋経済新報社、二〇〇二年
松本清張『昭和史発掘』文春文庫新装版、一巻、二〇〇五年。初版一九六五年
森靖夫「軍部大臣文官制の再検討」『年報政治学』二〇〇八―I
山口一樹「一九二〇年代後半における政党政治と陸軍　政党への系列化をめぐって」『ヒストリア』二八七、二〇二一年八月
吉見義明『草の根のファシズム　日本民衆の戦争体験』岩波現代文庫、二〇二二年
渡邉行男『宇垣一成　政軍関係の確執』中公新書、一九九三年

第八章

【研究書・論文】

市川大祐『歴史はくり返すか　近代日本経済史入門』日本経済評論社、二〇一五年
井手英策『高橋財政の研究　昭和恐慌からの脱出と財政再建への苦闘』有斐閣、二〇〇六年
大谷健『興亡　電力をめぐる政治と経済』吉田書店、二〇一一年
加瀬和俊『戦前日本の失業対策　救済型公共土木事業の史的分析』日本経済評論社、一九九八年
加藤祐介「立憲民政党と金解禁政策」『史学雑誌』一二一編一一号、二〇一二年
佐藤健太郎『「平等」理念と政治　大正・昭和戦前期の税制改正と地域主義』吉田書店、二〇一四年
菅谷幸浩「日中戦争期における電力国家管理構想の展開と挫折　昭和13年電力国家管理法制定過程を中心に」『法史学研究会会報』一二号、二〇〇七年
杉山伸也「金解禁論争」杉山伸也責任編集『岩波講座「帝国」日本の学知　二巻「帝国」の経済学』岩波書店、二〇〇六年
瀧口剛「民政党内閣と大阪財界　井上準之助蔵相と経済的自由主義」一―三『阪大法学』五七巻四号、五八巻五号、六二巻一号、二〇〇七―二〇一二年
玉井清『第一回普選と選挙ポスター　昭和初頭の選挙運動に関する研究』慶應義塾大学出版会、二〇一三年

長幸男『日本経済思想史研究　ブルジョア・デモクラシーの発展と財政金融政策』未來社、一九六三年
――『昭和恐慌　日本ファシズム前夜』岩波書店、一九七三年
通商産業省編『商工政策史』一一巻（産業統制）商工政策史刊行会、一九六四年
富永憲生「一九三二～三六年の日本経済　高度成長過程の分析」原朗編『近代日本の経済と政治』一九八六年、山川出版社
中村隆英『昭和恐慌と経済政策』講談社、一九九四年
――「『高橋財政』と公共投資政策」中村編『戦間期の日本経済分析』山川出版社、一九八一年
橋本寿朗『大恐慌期の日本資本主義』東京大学出版会、一九八四年
町田忠治伝記編纂会編著『町田忠治』伝記編、櫻田会、一九九六年
松浦正孝『財界の政治経済史　井上準之助・郷誠之助・池田成彬の時代』東京大学出版会、二〇〇二年
宮島英昭『産業政策と企業統治の経済史　日本経済発展のミクロ分析』有斐閣、二〇〇四年
三和良一「高橋財政期の経済政策」東京大学社会科学研究所編『ファシズム期の国家と社会２　戦時日本経済』東京大学出版会、一九七九年
森邊成一「一九二〇年代農政指導の検討　産業組合中央会会頭志村源太郎をとおして」五『廣島法學』一八巻一号、一九九四年
安富邦雄『昭和恐慌期救農政策史論』八朔社、一九九四年

【史資料】

青木一男『聖山随想』日本経済新聞社、一九五九年
安達謙蔵『安達謙蔵自叙伝』新樹社、一九六〇年
井上準之助『世界不景気と我国民の覚悟』経済知識社、一九三〇年
――『国民経済の立直しと金解禁』千倉書房、一九二九年
大竹啓介編著『石黒忠篤の農政思想』農山漁村文化協会、一九八四年
小川郷太郎『国債整理』日本評論社、一九三〇年
商工中金調査部編『商工中金五十年史』商工中金、一九八七年
頼母木桂吉『電力国営の急務』大日本雄弁会講談社、一九三六年
松村謙三『町田忠治翁伝』町田忠治翁伝記刊行会、一九五〇年

吉田啓『電力管理案の側面史』交通経済社出版部、一九三八年
『金の輸出再禁止と地方産業及国民経済』立憲民政党、一九三二年
『若槻内閣』若槻内閣編纂会、一九三一年
「農村窮状打開座談会」『民政』六巻七号、一九三二年
「中小商工業者対策座談会」『民政』六巻八号、一九三二年

第九章

粟屋憲太郎『昭和の歴史6　昭和の政党』小学館、一九八三年［岩波書店、二〇〇七年］
安藤英男『幻の総理大臣　床次竹二郎の足跡』學藝書林、一九八三年
五百旗頭真監修、井上正也、上西朗夫、長瀬要石『評伝福田赳夫　戦後日本の繁栄と安定を求めて』岩波書店、二〇二一年
生田頼孝「大正期と昭和期の国家論について　君主（天皇）制への社会的視点から考察する」『立命館文学』六七三号、二〇二一年
伊香俊哉、倉敷伸子解説『昭和初期政党政治関係資料』三巻、不二出版、一九八八年
伊藤之雄『大正デモクラシーと政党政治』山川出版社、一九八七年
井上準之助「世界不景気と我国民の覚悟」『民政』四巻九号、一九三〇年
井上寿一『政友会と民政党　戦前の二大政党制に何を学ぶか』中央公論新社、二〇一二年
――『広田弘毅　常に平和主義者だった』ミネルヴァ書房、二〇二一年
今津敏晃「流動化する戦後政治　高橋内閣～第一次若槻内閣」小川原正道編『日本近現代政治史　幕末から占領期まで』ミネルヴァ書房、二〇二三年
大前信也『昭和戦前期の予算編成と政治』木鐸社、二〇〇六年
加藤鯛一「立憲民政党の本領」『民政』一巻四号、一九二七年
加藤祐介「立憲民政党と金解禁政策」『史学雑誌』一二一編一一号、二〇一二年
小谷正雄『電力国家管理法案を繞る帝国議会の動向』社会思想対策調査会、一九三八年

駒村康平「社会政策の将来展望」駒村康平、山田篤裕、四方理人、田中聡一郎、丸山桂『社会政策　福祉と労働の経済学』有斐閣、二〇一五年
小山俊樹『五・一五事件　海軍青年将校たちの「昭和維新」』中央公論新社、二〇二〇年
酒井正文「二大政党対立下における与党勝利の選挙準備　民政党の『選挙第一主義』」中村勝範編『近代日本政治の諸相　時代による展開と考察』慶應通信、一九八九年
笹原昭五「戦間期日本の緊縮政策論争　浜口首相見解と三土前蔵相の批判」中央大学『経済学論纂』四三巻三・四号、二〇〇三年
ジェイムス，ハロルド「経済　凋落と再興」T・C・W・ブランニング編『オックスフォードヨーロッパ近代史』ミネルヴァ書房、二〇〇九年
島田肇「戦時下の厚生事業とこんにちの社会福祉の方向　パラダイム異変下における『人』的自助ファクター」『東海学園大学研究紀要：経営・経済学研究編』一五号、二〇一〇年
尚友倶楽部、伊藤隆編『有馬頼寧日記』四巻、山川出版社、二〇〇一年
菅谷幸浩「戦前二大政党時代における立憲民政党の支持基盤とその地方的展開　神奈川1区を事例として」学習院大学『政治学論集』二四号、二〇一一年
――「立憲民政党横浜支部の成立と展開　第19回・第20回総選挙への対応を中心に」学習院大学『政治学論集』三六号、二〇二三年
――『昭和戦前期の政治と国家像　「挙国一致」を目指して』木鐸社、二〇一九年
高橋彦博「添田敬一郎論　『厚生・労働』派の国家官僚として」法政大学『社会志林』五五巻二号、二〇〇八年
滝口剛「床次竹二郎と平生釟三郎（一）　一九二〇年代の政党政治をめぐって」『阪大法学』五二巻二号、二〇〇二年
――「床次竹二郎と平生釟三郎（二）　一九二〇年代の政党政治をめぐって」『阪大法学』五二巻六号、二〇〇三年
頼母木桂吉「何故に電力を国営にするか」『民政』一〇巻九号、一九三六年
田村裕美「民政党の二つの民主主義　永井柳太郎と斎藤隆夫」坂野潤治編『自由と平等の昭和史　一九三〇年代の日本政治』講談社選書メチエ、二〇〇九年
茶谷翔「日中戦争の開始前後における国策研究会と大蔵公望の動向　『国策』樹立による『挙国一致』から戦時体制への民智総動員へ」『史学雑誌』一三一編六号、二〇二二年

筑波四郎「今議会の重要問題（上）」『民政』五巻三号、一九三一年
筒井清忠「二・二六事件」筒井清忠編『昭和史研究の最前線　大衆・軍部・マスコミ、戦争への道』朝日新聞出版、二〇二二年
手塚雄太『近現代日本における政党支持基盤の形成と変容　「憲政常道」から「五十五年体制」へ』ミネルヴァ書房、二〇一七年
寺脇隆夫『救護法の成立と施行状況の研究』ドメス出版、二〇〇七年
永井柳太郎「政党再建の秋」『民政』九巻一号、一九三五年
――『電力国家管理案の重大使命』日満経済社、一九三八年
――「新体制の指導精神」永井柳太郎ほか『新体制問題大雄弁録』新興之日本社、一九四〇年
中瀬哲史「第1次電力国家管理と総動員体制の構築　戦時経済移行期における国家と電気事業」（大阪市立大学『経営研究』四五巻二号、一九九四年
中野正剛「我党の高調する国家整調主義」『民政』二巻二号、一九二八年
西尾林太郎『大正デモクラシーの時代と貴族院』成文堂、二〇〇五年
――『大正デモクラシーと貴族院改革』成文堂、二〇一六年
浜口雄幸「現内閣の施政方針」『民政』四巻二号、一九三〇年
浜口富士子編『随感録　浜口雄幸遺稿』三省堂、一九三一年
坂野潤治『〈階級〉の日本近代史　政治的平等と社会的不平等』講談社選書メチエ、二〇一四年
古川隆久『戦時議会』吉川弘文館、二〇〇一年
牧野邦昭「厚生省設置と人口政策」筒井清忠編『昭和史講義2　専門研究者が見る戦争への道』ちくま新書、二〇一六年
松尾尊兊「政友会と民政党」『岩波講座日本歴史19　近代6』岩波書店、一九七六年
三輪建二『祖父三輪寿壮　大衆と歩んだ信念の政治家』鳳書房、二〇一七年
村井良太『政党内閣制の展開と崩壊　一九二七～三六年』ミネルヴァ書房、二〇一四年
――『市川房枝　後退を阻止して前進』ミネルヴァ書房、二〇二一年
立憲民政党本部編『民政党内閣の功績（内務及教育編）』立憲民政党本部、一九三一年
立憲民政党遊説部編『立憲民政党の本領』立憲民政党遊説部、一九二七年
若槻礼次郎「難局打開の大道」『民政』七巻一一号、一九三三年

渡邊銕蔵「電力国営問題に就いて」『民政』一〇巻一〇号、一九三六年
渡部亮「昭和恐慌後における社会大衆党の経済政策　『大衆インフレ』論と『広義国防』論の交錯を中心に」『史学雑誌』一三一編二号、二〇二二年

「立憲民政党第一回大会」『民政』二巻二号、一九二八年
「我党政策具体化の九大原案」『民政』三巻六号、一九二九年
「我党の行財両政整理原案」『民政』五巻六号、一九三一年
「我党の思想対策要項」『民政』七巻一二号、一九三三年
「政戦場裡に於ける我党の提唱題目」『民政』一〇巻二号、一九三六年
「我党の六大政策」『民政』一〇巻一〇号、一九三六年
「立憲民政党々報」『民政』一一巻九号、一九三七年
「我党の戦時対策要綱」『民政』一一巻一二号、一九三七年
「立憲民政党々報」『民政』一二巻一号、一九三八年
「我党の大陸国策を中枢とする革新政策」『民政』一二巻一一号、一九三八年
「指導原理と内政改革」『民政』一三巻六号、一九三九年
『立憲民政党解党報告書』立憲民政党残務処理事務所、一九四〇年

第一〇章

【刊行書】
伊東久智「日雇い労働者の「日記」にみる男性性の「温床」　昭和初期の東京市社会局調査資料を素材として」『ジェンダー史学』一五、ジェンダー史学会、二〇一九年
内川芳美『マス・メディア法政策史研究』有斐閣、一九八九年
大岡聡「大衆社会の端緒的形成」大津透ほか編『岩波講座日本歴史　第17巻　近現代3』岩波書店、二〇一四年

上田誠二「音楽教師から敵視されたメロディの教育化　「東京音頭」から「建国音頭」へ」『教育学研究』七四巻一号、二〇〇七年
警視庁史編さん委員会編『警視庁史　昭和前編』警視庁史編さん委員会、一九六二年
倉田喜弘『日本レコード文化史』東京書籍、一九七九年
紅野謙介『検閲と文学　１９２０年代の攻防』河出書房新社、二〇〇九年
ゴードン、アンドルー「消費、生活、娯楽の「貫戦史」」倉沢愛子ほか編『岩波講座アジア・太平洋戦争6』岩波書店、二〇〇六年
佐々木隆『メディアと権力』中央公論新社、二〇一三年
佐藤忠男『日本映画史Ⅰ　１８９６―１９４０』岩波書店、一九九五年
高橋正『西園寺公望と明治の文人たち』不二出版、二〇〇二年
田崎宣義「都市文化と国民意識」歴史学研究会、日本史研究会編『講座日本歴史10』東京大学出版会、一九八五年
玉井清『第一回普選と選挙ポスター　昭和初頭の選挙運動に関する研究』慶應義塾大学出版会、二〇一三年
寺澤優『戦前日本の私娼・性風俗産業と大衆社会　売買春・恋愛の近現代史』有志舎、二〇二二年
戸ノ下達也『「国民歌」を唱和した時代　昭和の大衆歌謡』吉川弘文館、二〇一〇年
中澤俊輔「明治・大正期の出版警察と情報管理」『日本史研究』六五三、日本史研究会、二〇一七年
中園裕『新聞検閲制度運用論』清文堂、二〇〇六年
永原宣「《東京行進曲》から探る「アンクール」な日本の再発見」東谷護編『ポピュラー音楽から問う　日本文化再考』せりか書房、二〇一四年
古川隆久『皇紀・万博・オリンピック　皇室ブランドと経済発展』吉川弘文館、二〇二〇年
宮地忠彦「警察の「大正民主主義」再考」『日本史研究』日本史研究会、六六六、二〇一八年
安田浩「総論」坂野潤治ほか編『日本近現代史3　現代社会への転形』岩波書店、一九九三年
安野一之「幻の出版検閲改革　昭和初期の内務省と出版者の相克」『Intelligence』一四号、20世紀メディア研究所、二〇一四年
吉見俊哉『視覚都市の地政学　まなざしとしての近代』岩波書店、二〇一六年

【史料】

阿部慎吾「民政党内閣――とブルジヨア新聞と――輿論」『サラリーマン』サラリーマン社、一九三一年四月号

池井優、波多野勝、黒沢文貴編『浜口雄幸 日記・随感録』みすず書房、一九九一年
池田重近「主要日本映画批評」『キネマ旬報』三六三、キネマ旬報社、一九三〇年五月一日号
宇垣一成／角田順校訂『宇垣一成日記』Ⅰ、みすず書房、一九六八年
日下巌「麻雀の流行と取締通牒に就て」『自警』警視庁自警会雑誌部、一九三〇年八月号
新聞研究所編『日本新聞年鑑　昭和三年』新聞研究所、一九二七年
――『日本新聞年鑑　昭和五年』新聞研究所、一九二九年
――『日本新聞年鑑　昭和七年』新聞研究所、一九三一年
社会局、臨時産業合理局編『国産愛用運動概況』社会局ほか、一九三一年、国立国会図書館デジタルコレクション https://dl.ndl.go.jp/pid/1176694（参照 2023-05-13）
社会局社会部『公私経済緊縮運動概況』内務省社会局社会部、一九三〇年三月、国立国会図書館デジタルコレクション https://dl.ndl.go.jp/pid/1282023（参照 2023-04-11）
青年雄弁会編『現代名士濱口雄幸氏名演説集』春江堂、一九三〇年
寺沢高信「レヴューに就いて」『自警』警視庁自警会雑誌部、一九二九年七月号
東京堂編『出版年鑑　昭和6年版』東京堂、一九三一年
日本放送協会編『ラヂオ年鑑　昭和六年』誠文堂、一九三一年
日本放送協会関東支部編『振興の歌　ＪＯＡＫ特選歌曲七篇』日本放送協会関東支部、一九二九年
某新聞社記者緑水生「立憲民政党幹部と新聞記者」『新聞及新聞記者』新聞研究所、一九二七年七月一日号
細越政夫「丸ノ内署が私を取調べた顚末」『新聞及新聞記者』新聞研究所、一九三一年一月号
中村武羅夫「発売禁止問題と文芸家協会の対抗運動」『週刊朝日』朝日新聞社、一六巻二三号、一九二九年一一月
丸山鶴吉「東京府民への私の希望」『自警』警視庁自警会雑誌部、一九二九年一一月号
――「警視庁の窓より」『自警』警視庁自警会雑誌部、一九二九年一二月号
マルヤマツルキチ「佐藤八郎君に御返しする書」『文学時代』新潮社、一九三一年五月号
丸山鉄雄「歌謡曲十月新譜」『レコード音楽』名曲堂、一五巻一〇号、一九四一年
簗田欽次郎「抗争の事実及び経過」『新聞及新聞記者』新聞研究所、一九三〇年一月号

廊下雀「東都新聞十五社共同宣言　所謂言論圧迫事件の真相」『サラリーマン』サラリーマン社、一九三一年一月
「「カフェー」に関する調」ＪＡＣＡＲ（アジア歴史資料センター）Ref.A05020149300、種村氏警察参考資料第32集（国立公文書館）
「禁止事項」『出版警察報』内務省警保局、一三、一九二九年
「緊縮小唄（消費節約歌、二）」『民政』一九二九年一〇月号
「警保委員会ヲ廃止ス」ＪＡＣＡＲ Ref.A14100218500、公文類聚・第五十四編・昭和五年・第二巻・官職一・官制一（内閣・宮内省・内務省・大蔵省・陸軍省・海軍省）（国立公文書館）
「言論取締まり緩和」『新聞及新聞記者』新聞研究所、一九三一年七月号
「公私経済緊縮委員会ヲ設置ス」ＪＡＣＡＲ Ref.A14100172600、公文類聚・第五十三編・昭和四年・第三巻・官職門一・官制一（通則・内閣・外務省・内務省）（国立公文書館）
「公私経済緊縮委員会ヲ廃止ス」ＪＡＣＡＲ Ref.A14100301100、公文類聚・第五十六編・昭和七年・第二巻・官職一・官制一（内閣・宮内省・外務省・内務省）（国立公文書館）
「指示事項」ＪＡＣＡＲ Ref.A06030055800、指示事項（国立公文書館）
「昭和の不祥事！言論暴圧」『新聞及新聞記者』新聞研究所、一九三一年一月号
「新首相難詰」『新聞及新聞記者』新聞研究所、一九二九年八月号
「政党と新聞　各政党の対新聞態度を批判す」『新聞及新聞記者』新聞研究所、一九三一年五月号
「地方長官警察部長会議書類・昭和４年」ＪＡＣＡＲ Ref.A04010444800、『地方長官警察部長会議書類・昭和４年』（国立公文書館）
「地方長官警察部長会議書類・昭和５年」ＪＡＣＡＲ Ref.A04010445000、『地方長官警察部長会議書類・昭和５年』（国立公文書館）
「取締上より見たる最近風俗関係出版物の傾向」『出版警察報』一三、内務省警保局、一九二九年
「日本映画紹介」『キネマ旬報』キネマ旬報社、三五八、一九三〇年四月二〇日号
「ニュース」『新聞及新聞記者』新聞研究所、一九二九年八月号

「ニュース」『新聞及新聞記者』新聞研究所、一九二九年一〇月号
「ニュース」『新聞及新聞記者』新聞研究所、一九三〇年一月号
「婦人雑誌最近の傾向」『出版警察報』一〇、内務省警保局、一九二九年
「村山本山両翁勅撰さる」『新聞及新聞記者』新聞研究所、一九三一年一月号
【新聞等】
『官報』
『大阪毎日新聞』
『国民新聞』
『時事新報』
『中外商業新報』
『東京朝日新聞』
『東京日日新聞』
『報知新聞』
『都新聞』
『読売新聞』

あとがき

本書は一般財団法人櫻田會の設立九〇周年記念事業の一つとして刊行されるものである。

二〇一九（令和元）年度の立憲民政党史をテーマとする一般財団法人櫻田會の政治研究助成に採択されたことによって、私たちは同年一〇月一日から立憲民政党史研究プロジェクトを開始した。研究期間は二〇二二年三月までの予定だった。

二〇二〇年一月一一日にプロジェクトメンバー全員の参加を得て、第一回研究会を開催した。当日は研究代表が本プロジェクトの概要の説明をしたのち、研究テーマの分担を決めた。併せて研究プロジェクトの成果報告は、個別論文集というよりも、立憲民政党のオーソドックスな通史としてまとめることが確認された。

第二回研究会は三月二九日に開催を予定していた。しかしながら社会情勢が急変するなかで、中止の止むなきに至った。新型コロナウイルス感染症の急速な拡大が始まったからである。今後の研究会をどのように運営するのか、抜本的な見直しを迫られることになった。

さらに緊急事態宣言等によって、〈対面〉での研究会の実施が不可能になり、原則〈非対面〉の書面審議やオンラインの形式でおこなうことを余儀なくされた。海外での史料調査はもちろんのこと、国内での史料調査も困難な状況に陥った。図書館、史料館、文書館などの休館や利用制限が相次いだ。

このままでは完成年度の二〇二一年度に研究をまとめることは不可能になった。そこで研究期間の一年延長をお許しいただき、翌二〇二二年度も研究を続けた。幸いなことにこの最終年度には新型コロナウイルス感染症も緩和の方向に向かったことによって、研究会の〈対面〉での実施を再開することができた。

研究成果を講談社から出版することも決まった。毎回の研究会には担当編集者の青山遊氏の出席を得るようになった。研究会では講談社の編集者の所澤淳氏からもご助言を賜わった。

以上が本書の成立の経緯である。

ここであらためて増田勝彦理事長をはじめとする一般財団法人櫻田會の関係者の皆様に感謝の気持ちを表させていただく。研究期間の一年延長をお認めいただいただけでなく、コロナ禍下の困難な状況のなかにもかかわらず、さまざまなご配慮とご支援のおかげをもって、研究成果をまとめることができた。

本書が多くの読者に届き、国内外の図書館等に所蔵されることで、末永く読み継がれることを願っている。立憲民政党の歴史は国民の知的共有財産である。

二〇二四年一月

著者代表　井上寿一

追記　本書が『総史 立憲民政党』（一九八九年刊）の志を継ぐことの証として、同書に掲載された小楠正雄櫻田會理事長（当時）による「序」を巻末にそのまま転載した。

付録『総史　立憲民政党』序

序

本書は議会制民主主義本来の姿である、保守・進歩二大政党によって相互に政権交替が行われた大正中期より昭和十五年の政党解消に至る間の立憲民政党の歴史を、あらゆる資料に基づいて詳述した文献である。

近代日本の黎明は、いうまでもなく〝萬機公論に決すべし〟と示された五箇条の御誓文であり、その思想の中核は即ち民主主義であったのである。

しかるに昭和六年、満州（現中国東北部）事変に端を発し、わが国は軍国調一色の時代に突入した。軍の政治介入は日を逐って強化され、反対に政党の勢力は目に見えて凋落し、巷には政党不信の声さえ起こった。この異状な世相の急変に痛心した当時の民政党総裁・町田忠治は、局面打開の方途として自党の構内に政務調査会館を建設し、非常時対策を策定し、国民的協力を得て事態を正常に復さんと企図したが、如何せん時流激しく、実現を見るに至らなかった。

この間、時局に便乗して政党解消を唱えるもの多く、左翼諸政党をはじめ政友会も亦解党を決するに至り、それまで頑強に抵抗を続けてきた町田総裁も自党内に脱党者数十名を出すに及んで、遂に昭和十五年八月十五日、『流れに随って流れに委せず』の一語を残し、やがて来るべき平和の日を心に画きつつ、万斛の涙を呑んで、自ら解党を宣言したのである。

顧みれば、大正十三年加藤高明憲政会総裁が苦節十年にして組閣(護憲三派)して以来、若槻(大正一五年)、田中(昭和二年)、浜口(昭和四年)、若槻二次(昭和六年)、犬養(昭和六年)と政党内閣の基礎も確立されたかに見えたが、不幸にして五・一五事件によって、再び日本は超然内閣の時代に戻されてしまった。

これより先、田中政友会内閣の成立を見るや、前の清浦内閣の与党・政友本党と憲政会との間に合同の議が起こり、昭和二年六月、新たに『立憲民政党』が誕生し、翌三年、浜口内閣によって普通選挙制による最初の総選挙が施行された。この一事は、日本の政治史上特筆すべき劃時代的大事業であった。爾後、立憲民政党は本書に示す如く、軍縮の実現、ロンドン条約の締結、金解禁など専ら清明を旨とし、内政に外交に果敢な進歩的政策を実施した。浜口も井上(準)も、共にその尊い犠牲であった。

財団法人櫻田會は、町田総裁の主唱により前述の非常時局匡救策を樹立すべく〝政治に関する調査研究〟を目指して創設されたもので、現在は時勢も異なり、事情の変遷もあって昔日の俤ではないが、苟くも先人の遺業を継承する本財団として希求する所は、政界の浄化刷新にあるのである。

去る昭和五十九年、われ等は五十周年の記念事業として民政党史の刊行を企て、明治大学政経学部沖田哲也教授を長とする特別研究グループに委嘱し、三年有余年の歳月と不休の努力をもってこの

『総史　立憲民政党』を完成させた。
ここに執筆・出版に協力された関係各位に対し深く感謝すると共に、これを広く江湖に捧げて将来史家の研究に供したいと望むものである。

平成元年四月

財団法人櫻田會
理事長　小　楠　　正　雄

略年譜

1927（昭和2）年

1・6 若槻・田中・床次三党首、国会混乱の事前妥協工作開始（極秘裡に20日より議会停会の段取り申合せ）。
1・18 野党、衆議院で朴烈事件・松島事件につき政府を追及。
1・20 野党、衆議院で内閣不信任案を提出。賛成反対演説後、三日間停会の詔書発表される。
若槻首相、政友会田中義一及び政友本党床次竹二郎両総裁と「三党首会談」、政争中止を申合せ。
2・7 大正天皇大葬挙行。
2・25 憲政会・政友本党、憲本連盟の覚書を交換。
3・1 憲政会と政友本党が憲本連盟締結。
3・3 憲本連盟に憤激の政友会、震災手形善後処理法案・震災手形損失補償公債法案に反対し、議場混乱。後、衆議院可決。
3・6 若槻（安達謙蔵も）床次会談。法案成立の打合せ。共同政務調査会設置、憲政・政本懇親会開催の話し合いまとまる。覚書発表。
3・14 片岡直温蔵相、衆議院予算総会で東京渡辺銀行が破綻したと発言。
3・24 中国国民革命軍、南京入城にさいし、日本領事館を暴行、海軍軍人も無抵抗で武装解除される（南京事件）。
4・3 中国漢口で中国人と日本陸戦隊衝突（漢口事件）。
4・6 幣原喜重郎外相、駐華公使芳沢謙吉に南京事件の解決は外交交渉によると訓令。
4・17 枢密院で、台湾銀行救済緊急勅令案を否決され、若槻内閣総辞職。田中義一に組閣命令下る。
4・20 田中義一政友会内閣成立。
4・22 枢密院、金銭債務支払延期の緊急勅令公布の件を可決。
4・23 憲政会・政友本党・新政倶楽部（非政友三派連合）、連合懇親会を開き申合せを発表（民政党の母体づくり）。政友会、本党の切崩し開始。本党より三〇名の脱党者を出す。5・10 この殆どが政友会入り。
5・13 立憲民政党（新党）と命名。若槻、新党総裁就任固辞。浜口雄幸、総裁就任の交渉を受け、病弱を理由に渋る。

5・28 政府、関東軍に山東出兵を命令（第一次山東出兵）。
5・29 浜口雄幸、小泉又次郎・松田源治・小橋一太・原敬らを私邸に招き、総裁就任を受諾。
6・1 憲政会と政友本党、合同して立憲民政党を結成（総裁浜口雄幸）。「議会中心政治」などを標榜。
6・17 民政党、枢密院改革の必要性を提唱。
6・27 外務省・陸軍省・関東軍の首脳ら、対華政策決定のため東方会議を開催。
8・30 政府、山東派遣軍の撤退を声明。
11・5 来日中の蒋介石、田中首相と会談、国民政府による中国統一に協力を要請。
11・10 首相、地租移譲案を三年後に延期発表。

1928（昭和3）年

1・16 民政党、2月20日の第一回普選に備え、選挙委員会を開き公認候補の選考に入る。
1・21 民政党の内閣不信任案上程に先立ち、衆議院解散。
1・27 民政党系貴族院議員ら、選挙革正会を結成、政府の選挙干渉を監視。
2・19 鈴木喜三郎内相、総選挙の開票を前に、議会中心主義を否認。
2・20 第一六回総選挙（第一回普通選挙、政友会217・民政党216・無産諸派8・実業同志会4・革新3・中立その他18）。鈴木内務大臣（政友会）、新聞朝刊で国民に総選挙を棄権しない旨を勧告。同時に、民政党の「議会中心主義」の標榜を「帝国憲法の大精神を蹂躙するもの」と非難。
3・15 共産党員全国的大検挙。
4・19 閣議、第二次山東出兵を決定、第六師団に動員命令。
4・26 斎藤隆夫議員（民政党）、衆議院で鈴木内相の『皇室中心主義』の危険性ならびに選挙干渉の責任を追及。
5・3 日本軍、山東省済南で国民政府軍と衝突（済南事件）。
5・8 済南総攻撃開始。
5・22 水野錬太郎文相、久原房之助の入閣に反対し辞表提出。5・23 優諚があり留任。
6・2 貴族院各派、水野前文相の優諚問題につき政府問責の共同声明を発表。
6・4 張作霖、奉天に引揚げの途中、関東軍により列車ごと爆殺される。
6・21 民政党、田中内閣の山東出兵を軽挙妄動と非難声明。
6・29 治安維持法改正を公布、即日施行。
7・6 床次、第三党樹立計画を秘め西園寺を訪問。

7・19 中国国民政府、日華通商条約廃棄を通告。
7・22 無産大衆党結成（書記長鈴木茂三郎）。
7・26 民政党、日本の対華外交を批判する第二次声明。
8・1 民政党顧問床次竹二郎脱党、新党樹立を声明。
8・3 田中首相、民政党総裁浜口雄幸に外交調査会参加を要請。8・6 浜口拒絶。
8・9 新党俱楽部を結成。床次、浜口総裁に民政党脱党届を郵送。
8・27 パリで不戦条約調印。
9・7 田中善立ら三代議士、民政党を脱党し、憲政一新会結成を宣言。
9・9 田中善立・樋口秀雄・斯波貞吉ら民政党を批判、党より除名処分。憲政一新党創立。
11・10 天皇、即位礼を挙行。
11・15 久原逓相、憲政一新会と会合し、対華外交で提携成立。
11・17 久原逓相、床次竹二郎と対華外交につき会談。
12・2 田中首相、床次と会見し、対華外交につき了解成立。
12・20 日本労農党など中間派、合同して日本大衆党結成（委員長高野岩三郎）。
12・22 新労働農民党結成大会開催。

1929（昭和4）年

1・25 民政党中野正剛、衆議院予算委員会で張作霖爆殺事件につき田中首相を追及。
1・31 衆議院、同事件調査結果発表要求決議案を否決。
2・10 衆議院、内閣不信任決議案を否決。
2・22 貴族院、優諚問題に関し首相非難決議案を可決。
3・9 政友会・新党俱楽部、衆議院に小選挙区制案を提出、議場混乱。3・22 衆議院を通過（貴族院では審議未了）。
3・28 日華間に、済南事件解決に関する文書調印。5・20 日本済南派遣軍内地に撤退。
4・16 共産党員大検挙。党組織壊滅的打撃を受ける。
5・2 南京・漢口両事件解決の文書調印。
6・3 政府、中国国民政府を正式承認。
6・26 枢密院、留保宣言付で不戦条約を可決。
7・1 政府、張作霖爆殺事件の責任者処分を発表。
7・2 田中内閣総辞職。浜口雄幸民政党内閣成立（第二次幣原外交始まる）。
7・3 民政党、浜口内閣成立祝賀会。
7・4 政友会森恪幹事長、床次に入党を勧誘。
7・5 浜口内閣初閣議、昭和4年実行予算・昭和5年予算編成方針決める。十大政綱も決定（9日発表）。
7・9 浜口内閣、対華外交刷新・軍縮促進・財政整理・金

解禁断行などの十大政綱を発表。井上準之助、民政党に入党。
7・12 浜口内閣、定例閣議。
⑴各省経費緊縮・節約の範を示す。
⑵景気回復、財政立直しのために整理緊縮等を決める。
大正9年の国勢調査に基づく衆議院総選挙の定数を、人口移動に基づき定数の是正を申し合せ。
7・14 尾崎行雄、内閣の金解禁、行財政整理（歳出一〇億円切下げ）に賛意。
7・16 定例閣議にて緊縮のため、緊急の他は地方債の不許可及び植民地にも緊縮を訓令。
7・18 政府、社会政策審議会（安達内相、井上蔵相他一四委員）、国債貸借審議会（井上蔵相、町田忠治農相他一四委員）、関税改正審議会（幣原外相、井上蔵相他一四委員）を設置。
7・24 首相、大阪商工会議所にて財政整理緊縮、金解禁につき講演。
7・25 不戦条約、日本国が批准宣言。
7・29 浜口内閣、九一〇〇万円の緊縮実行予算を発表。
8・5、6 首相、蔵相、外相、拓相、海相、内相、地方長官会議において演説。
8・17 首相、朝鮮総督に山梨半造の後任（依願免官）として斎藤実を再任（大正8年新任）。
8・28 浜口首相「全国民に訴ふ」として不況、財政整理緊縮、金解禁等につき、ラジオ放送、同リーフレット印刷、国の全世帯に配布、レコードに吹き込み徹底をはかる。
8・29 首相、安達、井上、俵孫一、町田の四相と総選挙（昭和5年2月20日執行）対策の政策討議を開始。
8・下 北海道鉄道・東大阪電軌両会社の疑獄事件、売勲疑獄事件起こる。ついで疑獄続出。
9・11 政府、昭和4年度実行予算説明会においてその編成主旨を貴・衆院代表に説明。野党側政府案を攻撃。
9・13 政府、米穀調査会を設置、第一総会及び特別委開設。
10・7 英国、日・米・仏・伊をロンドン海軍軍縮会議に招請。
10・12 政友会、臨時大会で犬養毅を第六代総裁に推戴。
10・15 内閣、官吏減俸案を発表。
政府、全国官吏の一割減俸を声明。判検事・鉄道省官吏らの反対運動起こり、10・22撤回。
10・30 政友会議員総会、新政策を決定し、産業の不振を批判。
11・1 労農党結成大会。
11・9 閣議、昭和5年度予算案を決定、一般会計一六億八

○○万円余（1907年以来はじめて一般会計で公債を発行せず）。

11・26 法相、若槻全権の身上について見解発表。閣議、ロンドン会議全権にたいする訓令を決定、対米七割を要求。

11・29 五私鉄疑獄事件に関し文相小橋辞職、後任に田中隆三任ぜられる。

12・7 社会政策審議会、労働組合法に関する答申案提出。

12・10 社会民衆党分裂。脱退派、全国民衆党を結成。

12・25 堺利彦ら、東京無産党を結成。

1930（昭和5）年

1・20 民政党・政友会それぞれ第五七議会に臨み、党大会。選挙革正審議会設置。

1・21 衆議院解散。政府解散理由を発表。ロンドン海軍軍縮会議に、日本全権若槻礼次郎元首相・財部彪海相ら出席。

1・31 政友会、八大政策を発表。

2・20 第一七回総選挙（民政党273・政友会174・国民同志会6・無産諸派5・革新党3・中立その他5）。

2・24 労働組合法案と労働争議調停法改正案、議会に上程。

2・26 共産党全国的大検挙。

3・17 衆議院、労働組合法案と労働争議調停法改正案を可決。

4・1 首相浜口雄幸、米国妥協案承認の訓令を加藤寛治海軍軍令部長に内示。

4・2 ロンドン会議で、日・英・米三国間に、補助艦の比率につき妥協成立。

4・22 日本、ロンドン（海軍軍縮）条約に調印。

4・25 首相、貴族院で施政方針演説。衆議院予算委員会の質問で政友会前田米蔵氏統帥権問題にふれる。

5・6 衆議院で追加予算案可決。日華関税協定調印。

5・10 婦人に公民権を認める市制・町村制等改正法案、衆議院で可決（貴族院で審議未了）。

5・12 貴族院、義務教育費可決。

6・10 加藤寛治海軍軍令部長、帷幄上奏して天皇に辞表提出。

7・24 ロンドン条約を枢密院に諮詢。

8・6 首相、ロンドン会議に関する天皇への奉答文枢密院提出を、奉答文内覧勅許がなければならないと拒む。西園寺これを条理のたたないことはしてはならぬと激励。

8・18 枢密院、第一回ロンドン条約審査委員会を開催。

8・19 閣議、農漁村救済のため七○○○万円の融資を決定。
8・25 全国町村長会臨時総会、農村救済宣言を議決し政府に陳情。
8・29 労農党大阪連合会、党の解消を決議。
9・10 民政党有志代議士会、「枢密院の圧力を跳ね返すべき」と強硬論展開。
9・15 民政党、「枢密院の態度を監視し、非違に対しては徹底的に糾弾せん」と決議。
9・16 政友会臨時大会、ロンドン条約問題で政府を攻撃。
9・17 枢密院審査委員会、ロンドン条約諮詢案可決す。
10・2 ロンドン条約批准。
11・11 閣議、昭和6年度総予算案一四億四八〇〇万円、海軍補充計画三億九四〇〇万円と決定。
11・14 浜口首相、東京駅頭で佐郷屋留雄にピストル狙撃され重傷。外相幣原喜重郎、首相臨時代理となる。
12・15 東京の一五新聞、官憲による新聞政治記事等への弾圧に抗議、共同宣言。12・18 安達内相陳謝声明。

1931（昭和6）年

2・3 衆議院予算総会で首相代理幣原喜重郎失言、乱闘事件。
2・9 幣原首相代理の失言につき、安達内相、犬養総裁を訪れ、この取消しを表明、落着。
2・18 昭和6年歳入歳出総予算案、同特別会計予算案、衆議院を通過。
3・6 宇垣一成、大川周明らの政府転覆陰謀（いわゆる三月事件）の実行に付き中止命令（後年、東京裁判で証言）。
3・10 浜口首相、衆・貴両院本会議に事件後初出席。
3・19 昭和6年歳入歳出総予算、特別会計歳入歳出予算、両追加予算、衆議院を通過。
3・20 衆議院で政友会提出の浜口内閣不信任案を否決。
4・10 民政党、後継総裁に若槻礼次郎を決定。
4・13 首相病状悪化のため浜口内閣総辞職。西園寺、後継内閣につき若槻を首班に内奏。若槻礼次郎、民政党総裁に就任。
4・14 若槻礼次郎に組閣命令。第二次若槻礼次郎内閣成立。
5・9 行政整理準備委員会で官吏減俸の原案決定。
5・21 東京地裁・区裁の判事連合協議会、減俸反対を申合せ。
5・25 鉄道省職員も減俸反対のため辞表提出。
5・27 俸給令改正公布（約一割減俸）。
6・17 宇垣一成、朝鮮総督に任ぜられる。
6・20 臨時行政財政審議会が設置。
7・5 全国労農大衆党を結成。

8・4　陸相南次郎、軍司令官・師団長会議で満蒙問題の積極的解決を訓示。
9・12　西園寺、南陸相に軍が満州無頼の徒を利用するのは陛下の軍隊の面目にかかわると注意。陸相、陛下からも御注意があったと恐縮。
9・18　関東軍、奉天（瀋陽）郊外柳条湖の満鉄線路を爆破（満州事変始まる）。
9・19　関東軍、奉天城を占領。
9・21　関東軍、吉林に出動。朝鮮軍司令官林銑十郎、独断で朝鮮軍の満州越境を開始。
9・22　閣議、朝鮮軍の満州派遣を追認。
9・24　政府、満州事変に関し不拡大方針の第一次声明を発表。
10・8　関東軍の飛行隊、錦州を爆撃。
10・17　橋本欣五郎中佐ら軍部内閣樹立のクーデター発覚。
10・26　政府、満州事変に関し第二次声明を発表。
11・8　天津で日中両軍衝突。
11・10　政友会議員総会、金輸出再禁止断行を決議。井上蔵相、金本位制維持を表明。
11・12　南陸相、陸軍が今回のように政府から行動制限をうけたのは軍始まって以来と語る（『西園寺公と政局』による）。
11・18　閣議、満州へ軍隊増派を決定。
11・21　安達謙蔵内相、政友・民政両党協力内閣を声明。
11・26　天津で日中両軍再衝突。
11・27　スティムソン米国国務長官談話。
12・11　若槻首相、協力内閣の実現をのぞまず、安達内相に辞職要求の意あり。井上蔵相、田中文相による首相の意向申入れに、内相、単独辞職を拒絶。若槻内閣、安達内相の辞職拒否により閣内不統一で総辞職。
12・12　西園寺参内し、後継内閣首班に犬養毅を奉答。犬養に組閣命令下る。
12・13　犬養毅政友会内閣成立。初閣議で金輸出再禁止を決定。安達前内相ら、民政党を脱党。
12・28　関東軍・錦州に進撃を開始。

1932（昭和7）年

1・3　関東軍、錦州を占領。
1・8　朝鮮人李奉昌、桜田門外で天皇の馬車に爆弾を投げる（桜田門事件）。
1・21　衆議院解散。
1・28　上海で海軍陸戦隊、交戦開始（上海事変）。
1・29　外務省、上海事件につき、権益擁護の政府声明を発表。
2・5　関東軍、ハルビンを占領。

2・9　井上準之助前蔵相、選挙応援の途上、血盟団員に射殺される。
2・20　第一八回総選挙（政友301・民政146・無産各派5）。
2・29　国際連盟のリットン調査団、東京着。日本・中国・満州の現地調査を行う。
3・1　満州国、建国宣言。
3・5　三井合名理事長団琢磨、血盟団員に射殺される。
3・16　中橋内相、耳疾により議会出席不能のため辞職。首相、内相を兼任。
3・22　衆議院、緊急上程の満州事変軍事予算を可決す。
4・9　詔勅により貴族院の多額納税議員の定数を指定。
5・5　上海停戦協定調印。
5・15　五・一五事件起こる。犬養首相、射殺される。実行犯の海軍将校ら麴町憲兵隊に自首。
5・16　高橋是清蔵相、臨時首相代理を兼任。犬養内閣総辞職。
5・20　政友会総裁に鈴木喜三郎就任。
5・26　斎藤実内閣成立。
6・14　衆議院、満州国承認決議を満場一致で可決。
6・22　民政党の山道襄一、古屋慶隆、脱党。
6・29　警視庁に特別高等警察部（いわゆる特高）設置を公布。
7・6　内田康哉、外相に任ぜられる。
7・24　全国労農大衆党・社会民衆党、合同して社会大衆党を結成。
8・2　三木武吉、民政党脱党（七ヵ月後復党）。
8・8　安達謙蔵ら民政党脱党派、国民同盟を結成。
8・22　第六三臨時議会召集。
9・4　衆議院閉会。
9・15　日満議定書調印（満州国承認）。
10・1　リットン調査団、日本政府に報告書を通達。
12・13　内田外相、ソ連大使に不可侵条約拒絶の口上書を手交。

1933（昭和8）年

1・1　日本軍、山海関で中国軍と衝突。
1・3　日本軍、山海関を占領。
2・20　閣議、対日勧告案を国際連盟が可決した場合には連盟を脱退することを決定。枢密院本会議、政府の連盟脱退決議を承認。
2・24　国際連盟の対日勧告採択に抗議して、日本代表松岡洋右退場。
2・25　閣議、国際連盟の脱退決定。
3・27　内田康哉外相、連盟事務総長に脱退通告文を通達。
5・7　関東軍、関内作戦を開始。

7・11 天野辰夫らクーデタ計画発覚（神兵隊事件）。
9・11 五・一五事件、陸軍側判決（全員禁固四年）。
9・14 内田康哉外相辞任、後任に広田弘毅。
10・3 国防・外交・財政調整のため、五相会議（首・蔵・陸・海・外の五相）開催。
11・15 民政党政務調査総会、「思想対策要項」決定。
11・21 民政党総裁若槻礼次郎、上野駅でロンドン条約に反対する暴漢に襲われる。
12・9 陸軍・海軍両省、最近の軍部批判は軍民離間の行動で黙視できぬと声明。
12・20 中島久万吉商相、民政党・政友会連携の斡旋を声明。
12・29 勝田主計、政友会を脱党。

1934（昭和9）年

1・22 荒木陸相、病弱を理由に辞表提出。後任に林銑十郎任ぜられる。
2・13 貴族院で昭和9年度歳入歳出総予算案、同特別会計予算案通過。
2・27 政友会久原房之助、政党合同は急務と声明。
3・1 満州国、帝政実施。
3・14 貴族院で昭和9年度予算案通過成立。
3・16 衆議院、取締強化をはかる治安維持法改正案を修正可決。
4・10 閣議、時局指導三方針を決定（税財政、教育、農村対策）。
5・3 枢密院議長倉富勇三郎辞職、後任に一木喜徳郎。
7・4 岡田啓介大将に組閣命令下る。
7・5 床次竹二郎、入閣受諾（政友会を除名される）。
7・7 政友会総裁鈴木喜三郎、入閣援助を拒絶。
7・8 岡田啓介内閣成立。
10・3 政友会、陸軍パンフレットを非難声明。
11・1 若槻礼次郎、民政党総裁辞任。
11・7 蔵相藤井真信、陸海両相に予算復活要求の削減を要請。
11・9 町田忠治、民政党総務会長に就任。
12・3 閣議、ワシントン条約破棄を決定。

1935（昭和10）年

1・20 町田忠治、立憲民政党総裁に就任し役員指名（総務に勝田永吉、大麻唯男ら）。
1・22 外相広田弘毅、議会で日華親善論を発表。1・25 さらに在任中戦争なしと演説。
1・24 民政党斎藤隆夫、衆議院本会議で陸軍武力主義、国防偏重を痛撃。
2・25 美濃部達吉貴族院議員、貴族院で天皇機関説につき弁明。
3・4 袴田里見検挙され、日本共産党中央委員会壊滅。
3・23 衆議院、国体明徴決議案（政友・民政・国民同盟の三派共同提案）を可決。
4・9 美濃部達吉の三著書発禁。
4・18 政友会総務会、内閣審議会不参加の党議を決定。
5・22 民政党、政友会に提携破棄を通告。
5・28 選挙粛正中央連盟（会長斎藤実）結成。
8・3 政府、第一次国体明徴声明。
9・4 林陸相、永田鉄山の刺殺事件の責により辞職。
9・18 美濃部達吉、貴族院議員辞職。
9・25 二府二八県で府県会議選挙、政府500、民政510をとる。
10・15 政府、第二次国体明徴声明。
12・23 逓相望月圭介、内田信也鉄相、山崎達之輔農相ら政友会脱退派、昭和会を結成。

1936（昭和11）年

1・15 ロンドン軍縮会議の日本全権、脱退を通告。1・16 政府声明発表。
1・21 広田弘毅外相、議会で日中提携・満州国承認・共同防共の対華三原則を演説。政友会、内閣不信任案を提出。衆議院解散。
2・20 第一九回総選挙（民政党205・政友会174・昭和会20・社会大衆党22・国民同盟15・中立その他30）。
2・26 皇道派青年将校、千四百余人の部隊を率い、内大臣斎藤実・蔵相高橋是清・教育総監渡辺錠太郎らを殺害（二・二六事件）。内閣総辞職。
2・27 東京市に戒厳令布告される。
2・29 戒厳部隊、討伐行動を開始、反乱軍帰順。
3・4 近衛文麿に組閣命令下る、近衛辞退。
3・5 広田弘毅に組閣命令下る。
3・9 広田弘毅内閣成立。
8・7 首・外・陸・海四相で帝国外交方針を、蔵相を加えた五相会議で国策の基準を決定。
11・5 社会大衆党、議会制度改正軍部案に反対声明。斎藤隆夫ら民政党有志代議士、軍人の政治干与排撃決議。
12・31 ワシントン海軍軍縮条約失効。

1937（昭和12）年

1・21 政友会浜田国松、衆議院での質問演説で陸相寺内寿一と腹切り問答。
1・23 解散を主張する寺内陸相と政党出身閣僚対立し、広田内閣総辞職。

1・25　宇垣一成、組閣命令下るも、陸軍の反対で陸相得られず、辞退。
2・2　林銑十郎内閣成立（政友・民政両党からの入閣なし）。
2・21　労農無産協議会、東京で第1回全国大会を開催、政党への転換を決定。3・11　日本無産党と改称。
2・28　鳩山一郎・前田米蔵・島田俊雄・中島知久平、政友会総裁代行委員に就任。
4・30　第二〇回総選挙（民政党179・政友会175・社会大衆党37・昭和会19・国民同盟11・東方会11・日本無産党3・中立その他31）。
5・24　昭和会解党。
5・28　政友・民政倒閣連合懇親会、林内閣の即時退陣を要求。
5・31　林内閣総辞職。
6・4　第一次近衛文麿内閣成立（陸海両相留任、民政・政友両党より入閣）。
7・7　深夜、盧溝橋で日中両軍衝突。首相、陸相の出兵申出を拒否。
7・9　閣議、「保健社会省（仮称）設置要綱」決定。
7・11　政府、華北の治安維持のため派兵を声明。首相官邸に各界代表者を招いて挙国一致の協力を要望。
7・27　町田忠治、民政党貴衆両院議員・評議員連合会で政府との協調方針を表明。
8・6　衆議院本会議、対中国強硬決議案を全会一致で可決。
8・20　民政党戦時対策特別委員会第一回会合。
8・24　閣議、国民精神総動員実施要綱を決定。
9・2　閣議、「北支事変」から「支那事変」への改称を決定。
9・11　首相、日比谷公会堂において国民精神総動員につき演説。
10・15　臨時内閣参議制公布
11・7　民政党戦時対策委員会、戦時対策要綱発表。
12・11　厚生省発足。
12・15　山川均・加藤勘十・大森義太郎ら労農派など四〇〇人余を検挙（第一次人民戦線事件）。
12・24　第七三通常議会召集。

1938（昭和13）年

1・11　厚生省発足。
1・19　閣議。電力国家管理法案決定。
2・1　大内兵衛、美濃部亮吉ら人民戦線派の教員三八名検挙。
2・14　民政党有志代議士会、国家総動員法案反対の会合。
3・3　陸軍省軍務課員佐藤賢了中佐、衆議院国家総動員法

案委員会で説明員として答弁中、委員に「だまれ」とどなって問題化。
3・7 衆議院、電力国家管理法案可決。
3・16 衆議院、国家総動員法案可決。
3・23 西尾末広、議員除名処分。
3・24 貴族院、国家総動員法案可決。
3・25 貴族院、電力国家管理法案可決。
4・1 国家総動員法公布（軍需工業動員法は廃止）。5・5 施行。
4・6 電力国家管理法公布。5・25 施行。
4・7 大本営、徐州作戦の発動を命令。
5・4 国家総動員審議会官制公布。
5・11 民政党内に大陸国策調査会設置。
5・26 近衛内閣改造（外相に宇垣一成。蔵相兼商工相に池田成彬、文相に荒木貞夫）。
6・10 閣議、最高国策検討機関として五相会議（首・陸・海・外・蔵相）の設置決定。議会制度審議会官制公布。
6・15 大本営、御前会議で武漢作戦・広東作戦実施を決定。
6・23 政府、物資総動員計画を発表。
10・27 日本軍、武漢三鎮を占領。
11・3 近衛首相、東亜新秩序建設を声明（第2次近衛声明）。
11・12 民政党、「大陸国策を中枢とする革新政策」発表。
11・15 東亜再建国民連盟結成。
12・20 国民党副総裁・汪兆銘が重慶を脱出。

1939（昭和14）年

1・4 近衛内閣総辞職。平沼騏一郎に組閣命令下る。
1・5 平沼騏一郎内閣成立。
1・20 民政党大会、町田忠治を総裁に再選出。
2・9 政府、国民精神総動員強化方策を決定。社会大衆党・東方会両首脳、合同を申合せ、新党結成を表明。2・21 社会大衆党首安部磯雄、引退を表明。
2・22 新党結成中止共同声明。
4・28 政友会、四代行委員解任され、久原房之助・三土忠造・芳沢謙吉の三代行委員を指名。
4・30 政友会「革新派」大会で中島知久平総裁となる。
5・12 満蒙国境ノモンハンで、満・外蒙両国軍衝突（ノモンハン事件の発端）。
5・20 政友会「正統派」大会で久原房之助総裁となる（政友会、二派に分裂）。
8・23 独ソ不可侵条約調印。
8・28 平沼内閣、欧州情勢「複雑怪奇」と声明して総辞職。

8・30 阿部信行内閣成立。
9・1 ドイツ、ポーランドに侵攻。
9・3 英仏、ドイツに宣戦布告。

1940（昭和15）年

1・14 阿部信行内閣、陸海軍の支持を失って総辞職。
1・16 米内光政内閣成立。
2・2 民政党斎藤隆夫、衆議院で「支那事変処理を中心とした質問演説」。
3・5 民政党代議士会、斎藤除名処分を決定。
3・6 衆議院懲罰委員会、斎藤の議員除名処分決定。
3・7 衆議院本会議、斎藤隆夫の除名を可決す。
3・9 社会大衆党、斎藤除名に反対した片山哲ら除名。衆議院、聖戦貫徹決議案可決す。
3・25 各派議員一〇〇人余、聖戦貫徹議員連盟を結成。
6・11 聖戦貫徹議員連盟、各党党首に解党を進言。
6・21 民政党総務会、「指導精神に関する特別委員会」設置を決定。
6・24 近衛文麿、枢密院議長を辞任、新体制運動推進の決意を表明。
7・6 社会大衆党解党。
7・16 畑陸相の単独辞職により、米内内閣総辞職。政友会正統派解党。
重臣会議開催、近衛文麿に組閣命令下る。
7・20 民政党連合会で新政綱決定。
7・22 第二次近衛文麿内閣成立。
7・25 永井柳太郎ら三六名が民政党を脱党。
7・26 閣議、基本国策要綱決定（大東亜新秩序・国防国家の建設方針）。
7・30 政友会革新派解党。
8・5 解党した諸会派、新体制促進同志会を結成。
8・6 民政党支部長会議、解党方針を承認。
8・15 立憲民政党解党。
9・27 日独伊三国同盟、ベルリンで調印。
10・12 大政翼賛会発会式（総裁近衛首相）。

執筆者略歴（五十音順）

井上寿一（いのうえ　としかず）
一九五六年、東京都に生まれる。一橋大学大学院法学研究科博士課程単位取得退学。現在、学習院大学法学部教授。法学博士。専攻は、日本政治外交史。学習院大学学長、内閣府公文書管理委員会委員、国家安全保障局顧問などを歴任。主な著書に、『危機のなかの協調外交』（山川出版社、吉田茂賞）、『日中戦争』（講談社学術文庫）、『戦争調査会　幻の政府文書を読み解く』（講談社現代新書）、『矢部貞治　知識人と政治』（中公選書、政治研究櫻田會特別功労賞）など。

金子龍司（かねこ　りょうじ）
一九八四年、東京都に生まれる。学習院大学大学院政治学研究科博士後期課程単位取得退学。現在、宮崎公立大学人文学部講師、法政大学大原社会問題研究所嘱託研究員。博士（政治学）。専攻は、日本近現代史。著書に、『昭和戦時期の娯楽と検閲』（吉川弘文館）がある。

小山俊樹（こやま　としき）
一九七六年、広島県に生まれる。京都大学大学院人間・環境学研究科博士後期課程修了。現在、帝京大学文学部教授。博士（人間・環境学）。専攻は、日本政治史、政党政治研究。主な著書に、『五・一五事件　海軍青年将校たちの「昭和維新」』（中公新書、サントリー学芸賞）、『憲政常道と政党政治　近代日本二大政党制の構想と挫折』（思文閣出版）など。

菅谷幸浩（すがや　ゆきひろ）

一九七八年、茨城県に生まれる。学習院大学大学院政治学研究科博士後期課程単位取得退学。現在、亜細亜大学法学部・高崎商科大学商学部兼任講師。博士（政治学）。専攻は、日本政治外交史、政治学。主な著書に、『昭和戦前期の政治と国家像　「挙国一致を目指して」』（木鐸社）、『昭和史研究の最前線』（共著、朝日新聞出版）『昭和史講義2』（共著、ちくま新書）など。

村井良太（むらい　りょうた）

一九七二年、香川県に生まれる。神戸大学大学院法学研究科博士課程修了。現在、駒澤大学法学部教授。博士（政治学）。専攻は、日本政治外交史。主な著書に、『政党内閣制の成立　一九一八〜二七年』（有斐閣、サントリー学芸賞）、『政党内閣制の展開と崩壊　一九二七〜三六年』（有斐閣）、『佐藤栄作　戦後日本の政治指導者』（中公新書、日本防衛学会猪木正道賞特別賞）など。

若月剛史（わかつき　つよし）

一九七七年、広島県に生まれる。東京大学大学院人文社会系研究科博士課程修了。現在、関西大学法学部教授。博士（文学）。専攻は、日本政治史。主な著書に、『戦前日本の政党内閣と官僚制』（東京大学出版会）、『公正から問う近代日本史』（共著、吉田書店）、『日本近・現代史研究入門』（共著、岩波書店）など。

ラ行

ワ行

マ行

ヤ行

ナ行

ハ行

タ行

サ行

索　引

立《りっ》憲《けん》民《みん》政《せい》党《とう》全《ぜん》史《し》　1927―1940

二〇二四年二月二八日　第一刷発行

編　者　一般財団法人　櫻田會《さくらだかい》

著　者　井上寿一《いのうえとしかず》　金子龍司《かねこりょうじ》　小山俊樹《こやまとしき》
　　　　菅谷幸浩《すがやゆきひろ》　村井良太《むらいりょうた》　若月剛史《わかつきつよし》

発行者　森田浩章

発行所　株式会社講談社
　東京都文京区音羽二―一二―二一　〒一一二―八〇〇一
　電話　(編集)　〇三―五三九五―三五一二
　　　　(販売)　〇三―五三九五―五八一七
　　　　(業務)　〇三―五三九五―三六一五

装幀者　山田英春

本文データ制作　講談社デジタル製作

印刷所　株式会社KPSプロダクツ

製本所　大口製本印刷株式会社

定価はカバーに表示してあります。

Printed in Japan　N.D.C. 210.6　398p 21cm

ISBN 978-4-06-532227-7

KODANSHA